WITH
BONUS
CONTENT

SUMARIO

Respira hondo y sumérgete en el *Guinness World Records 2024*, totalmente revisado y actualizado. El tema de este año es nuesto Planeta Azul, y te traemos un mar de superlativos acuáticos, junto con nuestra selección de los miles de nuevos récords que hemos pescado en los últimos 12 meses para ti…

Jóvenes de récord
Como parte de la misión de GWR de inspirar a gente de todas las edades a batir un récord, presentamos a seis menores de 16 años que han demostrado un valor, una determinación y una pasión impropias de su edad. No te pierdas, entre otros, a una contorsionista ucraniana, a un batería australiano y a un profesor de yoga indio.

Entrevistas con jóvenes talentosos

Salón de la fama de GWR
Conoce a los últimos miembros del Salón de la Fama de GWR: ¡aquellos que baten récords y encarnan a la perfección lo que significa ser Oficialmente Increíble! Este año damos la bienvenida a la familia a la leyenda de la música Elton John, a las estrellas del tenis en silla de ruedas Shingo Kunieda y Diede de Groot, a los magos del baloncesto, los Harlem Globetrotters, y a la **monarca más longeva de la historia**.

PLANETA AZUL

VIDA ACUÁTICA

SERES HUMANOS

RECORDOLOGÍA

AVENTURAS

¡TU LISTA DE DESEOS TE ESPERA!
Mucha gente nos dice que batir un récord está en su lista de deseos… Para ponértelo más fácil, te proponemos una lista con las 100 «cosas que hacer antes de morir» más populares, según la clasificación de Bucketlist.net. Encontrarás de todo, desde hacer paracaidismo hasta avistar ballenas, y siempre con un récord relacionado. ¿Qué lugar ocupan estas propuestas en tus sueños?

En la sección «A todo detalle», una ilustración en 3D desvela las capas de una selección de récords para revelar su funcionamiento interno.

Fotografías exclusivas

El viaje continúa en línea en guinnessworldrecords.com
Cuando veas este símbolo, visita guinnessworldrecords.com/2024 para acceder al contenido audiovisual adicional. Nuestro equipo te ha preparado algunos de los vídeos de los récords más impresionantes del mundo. ¡No te pierdas la oportunidad de ver cómo se logra un récord en vivo!

Historia superlativa
Retrocede en el tiempo con *GWR 2024*. En estas páginas echamos un peculiar vistazo a los rompedores de récords de antaño: egipcios, piratas, caballeros catapultados e incluso brujas y vampiros reales compiten por tu atención en esta crónica del pasado superlativo.

HISTORIA

CIENCIA Y TECNOLOGÍA

ARTE Y MEDIOS DE COMUNICACIÓN

DEPORTES

CARTA DEL EDITOR

Bienvenido a la nueva edición, totalmente actualizada, del anuario más vendido del mundo. Las 250 páginas siguientes reúnen una selección de nuestros récords favoritos de las 2.638 propuestas que superaron el proceso de aprobación ¡de un total de 29.100 solicitudes!

Batir un récord mundial y mostrar con orgullo un certificado oficial de Guinness World Records ocupa un lugar destacado en las listas de deseos de mucha gente. Una buena prueba son los miles de personas, grupos y comunidades de todos los rincones del mundo que se esfuerzan por ampliar los límites de lo posible y obtener un reconocimiento a su esfuerzo. Para nosotros, es un privilegio desempeñar un pequeño papel en la celebración y promoción de esas grandes hazañas. El resultado es este libro que tienes en tus manos.

Inspirados en la idea de «cosas que hacer antes de morir», en esta edición hemos contado con la colaboración de BucketList.net, un sitio web que recopila los sueños y ambiciones de personas de todo el mundo, y los clasifica por orden de popularidad.

A partir del pie de la página 18 encontrarás una lista con los 100 principales objetivos para cumplir en la vida, cada uno con un GWR relacionado. ¿Cómo sería tu lista de deseos? ¿Incluiría montar en una limusina (como el **coche más largo**)? ¿Contemplar el paisaje de París desde lo alto de la Torre Eiffel (la **estructura de hierro más alta**)? ¿O tal vez avistar ballenas azules (el **animal más grande**) en plena naturaleza? Si no puedes esperar a saber qué es lo que más anhela la mayoría de la gente, ve directo a la pág. 242, donde aparece el objetivo n.º 1.

PLANETA AZUL

El tema de la edición de este año es el mundo acuático, asunto que inspira nuestra selección de récords. Nos sumergimos en él nada más empezar con la cuarta y última portada de la serie «Descubre tu mundo» del galardonado ilustrador Rod Hunt. Esta vez, Rod nos guía hasta

El DJ más bajo
Yeison Enrique Delgado Castro (Colombia), alias YEYE, mide 102,46 cm, tal como pudo comprobarse el 12 de noviembre de 2022 en Caracas, Venezuela. Yeison lleva más de 10 años perfeccionando sus habilidades como DJ y ha actuado en América Latina con artistas nacionales e internacionales.

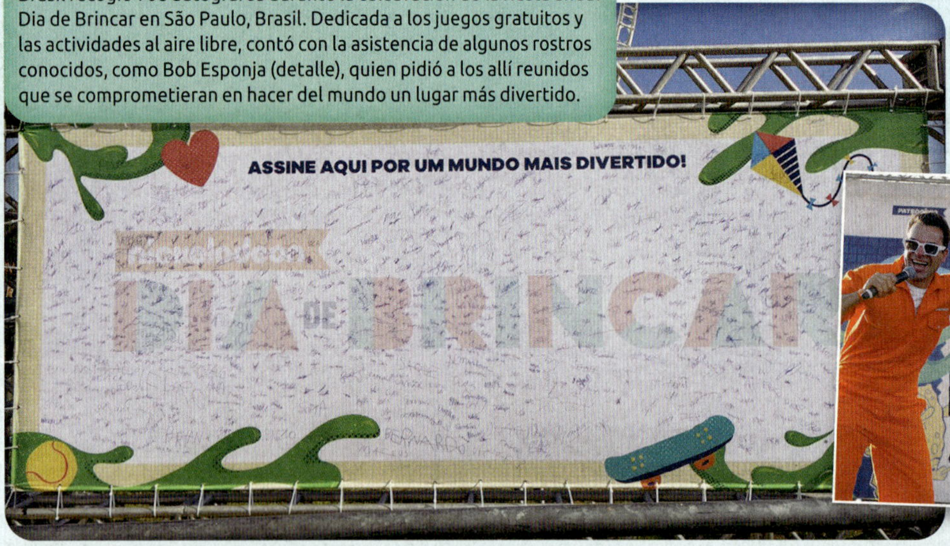

Más firmas en un cartel en una hora
El 8 de octubre de 2022, la cadena de televisión infantil Nickelodeon Brasil recogió 708 autógrafos durante la celebración de la fiesta anual Dia de Brincar en São Paulo, Brasil. Dedicada a los juegos gratuitos y las actividades al aire libre, contó con la asistencia de algunos rostros conocidos, como Bob Esponja (detalle), quien pidió a los allí reunidos que se comprometieran en hacer del mundo un lugar más divertido.

Cuando el festival finalizó, la tela empleada en el atuendo de Catrina se donó a costureras y modistas locales.

La Calavera Catrina más alta
El 2 de noviembre de 2022, la ciudad de Puerto Vallarta, en el estado de Jalisco, México, instaló un esqueleto femenino de 22,67 m de altura junto al Faro del Malecón. Esta enorme estructura se inauguró con motivo de la festividad anual del Día de los Muertos. Fue necesario más de un año para idear y construir la escultura, hecha de metal y fibra de vidrio.

La clase de *software* más multitudinaria
El 19 de octubre de 2022, la alcaldía de Medellín, en Antioquía, Colombia, organizó un seminario de programación para 3.119 alumnos. El objetivo de esa jornada informática era promover el acceso a la tecnología de todos los jóvenes.

El certamen de proyectos de desarrollo social/global más grande
Establecida por la cantautora panameña Erika Ender (arriba, con un certificado GWR), TalenPro Panamá es una iniciativa que premia a adolescentes por su talento musical y su acción social. En octubre de 2019, un nutrido grupo de estudiantes y profesores colaboraron para renovar 12 instalaciones educativas en algunas de las comunidades más pobres de Panamá. En total, 612 personas se implicaron en los proyectos de remodelación (arriba).

El hombre más longevo
El 18 de marzo de 2023, el venezolano Juan Vicente Pérez Mora (n. el 27 de mayo de 1909) tenía 113 años y 295 días (consulta la pág. 56 para saber qué lugar ocupa en el top 10 de las personas más longevas). «El Tío», como se le conoce, tiene una gran familia, con 18 nietos, 41 bisnietos y 12 tataranietos.

CON CONTENIDO EXTRA

Contenido extra
Como es materialmente imposible incluir todos los récords en el *GWR 2024*... ¡te ofrecemos un océano virtual de contenido adicional en línea! Fíjate en los submarinistas y tritones que sujetan códigos QR. Cuando los escanees con la cámara de tu teléfono accederás directamente a vídeos de TikTok, publicaciones de Facebook, historias de Instagram y artículos de nuestra web. ¡Incluso encontrarás los pasos a seguir para hacerte con un certificado GWR! Fíjate también en el icono «reproducir» (▶), que indica que podrás encontrar un vídeo en nuestro canal de YouTube sobre el récord que acompaña. Escanea el código QR que hay encima y te llevará a él. Por último, si eres *snapchatter*, desbloquea aún más contenido en vídeo escaneando los *snapcodes* que hay por todo el libro. Abre la aplicación, apunta la cámara hacia el icono del fantasma Ghostface Chillah ¡y a disfrutar!

la zona más profunda del océano para descubrir todo tipo de hazañas submarinas. En el interior, arrancamos con el capítulo PLANETA AZUL (págs. 14-27), que explora los ríos, lagos, océanos y mares de la Tierra. Le sigue VIDA ACUÁTICA (págs. 30-49); como el título sugiere, te proponemos una selección de peces, moluscos y demás criaturas de las profundidades (aunque también presta atención a algunas mascotas que batieron récords en tierra firme).

Otros capítulos se asoman al mundo acuático a través de los barcos (págs. 162-165), los naufragios (págs. 146-147), los submarinos (págs. 116-17) y los marineros (págs. 120-121). También te contamos las grandes historias que hay detrás de los faros (págs. 158-159), de la natación en aguas heladas (pág. 123) e incluso de las sirenas (págs. 80-81). En el capítulo dedicado a la historia (págs. 136-151) cambiamos de temática y hacemos un breve recorrido por el pasado para sacar a la luz récords relacionados con pirámides y momias, castillos y caballeros, piratas y bucaneros, brujas y hombres lobo. Nuestros socios artísticos de 55Design han dado lo mejor de sí para hacer de todo ello una experiencia visual divertida y atractiva en lugar de una sesuda lección magistral.

A TODO DETALLE

Para disfrutar de una perspectiva diferente, hemos incluido un enfoque tridimensional con una infografía al inicio de cada capítulo. En ellas, nuestros artistas digitales te guían por el **coche más caro** (págs. 156-157),

La danza folclórica mexicana más multitudinaria
Con motivo del 426.º aniversario de la fundación de la ciudad de Monterrey en 1596, el gobierno local organizó un festival de música mexicana. Al encuentro, celebrado el 11 de septiembre de 2022 en la plaza Zaragoza, se sumaron 1.095 bailarines, muchos de ellos ataviados con el traje tradicional, que realizaron una serie de danzas folclóricas, entre ellas «El Corrido de Monterrey».

CARTA DEL EDITOR

exponen el funcionamiento interno del **dinosaurio animatrónico más grande** (págs. 180-181) y revelan lo que sucede dentro del cuerpo del **pulpo más grande del mundo** (págs. 32-33), entre otras cosas. Para saber todavía más sobre estos extraordinarios titulares de récords, puedes continuar indagando en línea; solo tienes que seguir los códigos QR que encontrarás a lo largo del libro.

Seguimos rindiendo homenaje a los artífices de récords más célebres en el Salón de la Fama de GWR, que acoge a aquellos que encarnan fielmente el espíritu de Guinness World Records y reflejan con más fidelidad nuestra misión y valores. Entre los nuevos miembros de este año se incluyen un oceanógrafo, una futbolista *freestyle*, un aventurero pionero y un equipo deportivo que rompe moldes.

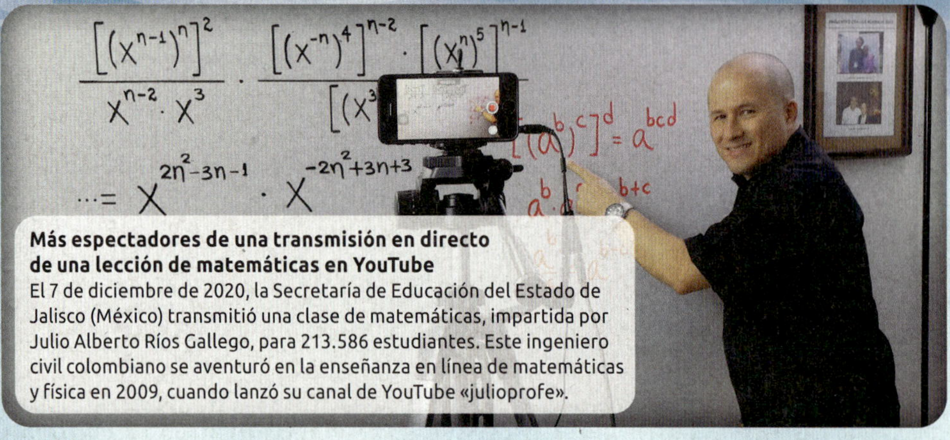

Más espectadores de una transmisión en directo de una lección de matemáticas en YouTube
El 7 de diciembre de 2020, la Secretaría de Educación del Estado de Jalisco (México) transmitió una clase de matemáticas, impartida por Julio Alberto Ríos Gallego, para 213.586 estudiantes. Este ingeniero civil colombiano se aventuró en la enseñanza en línea de matemáticas y física en 2009, cuando lanzó su canal de YouTube «julioprofe».

La hilera más larga de sándwiches torpedo
El 25 de enero de 2023, un equipo de 40 voluntarios del productor de comida brasileño Perdigão preparó y sirvió 1.180 bocadillos, que formaban una hilera de 368,5 m de largo, en São Paulo, Brasil. El acto se organizó para celebrar el 469 aniversario del parque Ibirapuera de la ciudad.

JÓVENES DE RÉCORD

En las págs. 104-109, presentamos a seis menores de 16 años que ya se han abierto camino en los libros de récords. Esta nueva generación incluye a un bateria australiano, una novelista británica y un profesor de yoga indio, además de una extraordinaria joven acróbata de Ucrania que sigue batiendo récords a pesar de los desafíos de vivir en una zona golpeada por la guerra. Estos inspiradores jóvenes demuestran que la edad nunca es una barrera para lograr grandes cosas.

Y a propósito de esto, en el *GWR 2023* presentamos un nuevo proyecto para animar a los menores de 16 años a intentar batir un récord. En las págs. 10-11 encontrarás los progresos de algunas de estas jóvenes estrellas. En esta sección también te ofrecemos alternativas para que los niños pueden acceder a contenido especialmente seleccionado para ellos, ¡y cómo pueden conseguir que sus nombres aparezcan en la próxima edición del *GWR*!

La colección más grande de artículos sobre Iron Man
Miguel Andrés Javier Hidalgo (Perú) posee 1.548 artículos relacionados con el superhéroe de cómic Iron Man, tal como pudo comprobarse el 24 de abril de 2021 en Lima, Perú. La colección incluye figuritas, llaveros, camisetas y tarjetas que representan al personaje de Marvel y a su *alter ego*, el multimillonario experto en tecnología Tony Stark.

El artículo favorito de Miguel es una figura de acción de 15 cm de alto ataviada con la armadura mark IV de Iron Man.

Más modificaciones corporales (mujeres)
En 2012, la abogada y tatuadora María José Cristerna (México), también conocida como la «mujer vampiro», sumaba 49 modificaciones corporales, entre ellas varios implantes transdérmicos en la frente, el pecho y los brazos, *piercings*, implantes dentales y una lengua bífida, además de numerosos tatuajes.

La carrera más larga como presentador de programas de televisión de variedades (hombres)
El 23 de marzo de 2023, el chileno Mario Kreutzberger, más conocido como Don Francisco, llevaba 60 años y 227 días presentando programas de talentos como *Sábado Gigante*, *Don Francisco presenta*, *Don Francisco te invita* y *Reflexiones con Don Francisco*. De 1962 a 2015, Kreutzberger pasó 53 años y 42 días al frente de *Sábado Gigante*, de Canal 13, que sigue siendo el **programa de televisión de variedades con el mismo presentador más longevo**.

GURÚS DEL *GWR*

Un nutrido equipo de expertos en un amplio espectro de temas ayuda a los editores a compilar el libro, así que me gustaría aprovechar esta oportunidad para dar la bienvenida a las nuevas incorporaciones. Entre los que colaboran con nosotros por primera vez se encuentran la experta en anime y manga Andrea Horbinksi, el periodista especializado en comedia Bruce Dessau, el mitólogo y folclorista Ceri Houlbrook, la experta en sirenas Sarah Peverley y el historiador marítimo Sam Willis. Gracias de corazón a todos los que nos han ayudado a elaborar el libro. En las págs. 252-253 encontrarás la lista completa de colaboradores.

¡TU TURNO!

Mi último agradecimiento lo reservo para esos miles de aspirantes a lograr un récord que mantenéis «batir un récord» en vuestras listas de deseos. Seguid confiándonos vuestras solicitudes, ¡Guinness World Records no sería nada sin vuestro entusiasmo inquebrantable y vuestro esfuerzo!

Si albergas el deseo de lograr uno de esos codiciados certificados, no dudes en enviarnos tu solicitud. La mejor manera de hacerlo es entrar en **guinnessworldrecords.es** y hacer clic en «Presentar una solicitud para establecer o batir un récord» en el menú RÉCORDS. Ahí encontrarás las instrucciones para comenzar tu propio viaje superlativo. Batir récords está abierto a todos, y hay miles de categorías entre las que elegir, dirigidas a personas de todas las edades y capacidades. Seguro que encontrarás una que se adapte a tus intereses o habilidades; en caso contrario, nuestro equipo puede ayudarte con una propuesta que se adapte a tus necesidades. ¡Esta es tu oportunidad para demostrarte a ti mismo y a todo el mundo que eres Oficialmente Increíble! Buena suerte.

Craig Glenday
Editor jefe

La taza de café más grande
El 10 de diciembre de 2022, estudiantes de la Universidad de Guanajuato, México, prepararon una taza de café de nada menos que 26.939,22 l. Se necesitaron alrededor de 300 kg de granos de café para llenar sus 3 m de altura. Tonic World Center (México) patrocinó este evento para los amantes de la cafeína.

La danza rueda de casino más multitudinaria
El 27 de noviembre de 2022, un grupo de 1.585 bailarines coreografiados por Retomando el Son «Bailando Casino» (Venezuela) se movieron al ritmo del son cubano en Caracas, Venezuela, para asegurarse un lugar en la historia del GWR. Bailarines de más de 100 academias ensayaron durante seis meses para afrontar este récord.

DÍA DEL GWR

Todos los años, miles de personas se enfrentan a desafíos de toda clase para celebrar el Día del Guinness World Records. La primera edición, que tuvo lugar en 2004, conmemoró que *Guinness World Records* se había convertido en el **libro con derechos de autor más vendido del mundo**. El 10 de noviembre de 2022, se celebró la decimonovena edición, cuyo tema central fueron las «superhabilidades»: talentos especiales (¡y a menudo poco ortodoxos!) que algunas personas perfeccionan a lo largo de toda su vida con la esperanza de convertirse en… ¡Oficialmente Increíble!

Para dar inicio a la jornada, GWR invitó a cuatro aspirantes a batir un récord para poner sus habilidades a prueba frente al Parlamento del Reino Unido en Londres: el *speedcuber* George Scholey, la contorsionista y sensación de YouTube Liberty Barros, la experta en hula-hoops Amazí y el futbolista *freestyle* Ben Nuttall (ver pág. siguiente). El talentoso cuarteto, que estaba más que preparado para el desafío, solo fue una representación de la asombrosa variedad de superhabilidades que se pudieron admirar a lo largo del día.

Los 30 m más rápidos arrastrando un coche con los dientes: 18,13 s, por Saleh Yazan (Siria) en Lattakia, Siria.

*Todas las banderas indican el lugar donde se batieron los récords.

Más *arm rolls* en un minuto (con tres balones de baloncesto): 56, por Junji Nakasone (Japón) en Kōtō, Tokio, Japón.

Dinesh practica *parkour* y ostenta múltiples títulos GWR gracias a sus hazañas gimnásticas.

Más saltos mortales hacia atrás cayendo de pie con los ojos vendados en un minuto: 21, por Dinesh Sunar (Nepal) en Orlando, Florida, EE.UU.

El más rápido en poner de pie y tumbar 10 libros: 13,07 s, por Rocco Mercurio (Italia) en Reggio Calabria, Italia.

Más toques a un balón de fútbol consecutivos colgado de una mano en 30 s: 87, por Ammar Ahmed Alkhudhiri (EAU) en Dubái, EAU.

Más tarjetas de visita colgadas a la vez: 509, por Salacnib *Sonny* Molina (EE.UU.) en Woodstock, Illinois, EE.UU. (ver págs. 100-101).

Más giros de un hula-hoop en un brazo haciendo el puente en 30 s: 98, por N Sidhiksha Lakshanyaa (India) en Chennai, Tamil Nadu, India.

Más toques a un balón de fútbol consecutivos subido en un quad haciendo el caballito: 70, por el futbolista *freestyle* Ammar Ahmed Alkhudhiri (arriba a la derecha) y el conductor Abdulla Saeed Alhattawi (ambos de EAU) en Dubái, EAU.

El más rápido en anudar tres pares de zapatillas: 9,99 s, por Álvaro Martín Mendieta (España) en Rivas-Vaciamadrid, España.

Más saltos a la comba hacia atrás con una pierna y con los ojos vendados en 30 s: 117, por Cristian Sabba (Italia) en Milán, Italia.

Más Smarties comidos con palillos con los ojos vendados en un minuto: 25, por Avery Chin (Malasia) en Kuala Lumpur, Malasia.

Más tenedores insertados en la barba: 126, por Joel Strasser (EE.UU.) en Kuna, Idaho, EE.UU.

Más *bunny hops* sobre una barra (rueda trasera) en un minuto: 14, por Zhang Jingkun (China) en Qingdao, Shandong, China.

Más equilibrios invertidos alternando los brazos en un minuto: 32, por Nicolás Montes de Oca (México) en Barcelona, España.

Más flechas atrapadas con una mano en un minuto: 17, por Anthony Kelly (Australia) en Armidale, Nueva Gales del Sur, Australia.

Los 400 más rápidos de espaldas haciendo malabares con tres objetos: 1 min y 35,36 s, por Christian Rodríguez (España) en Toledo, España.

Récords logrados el Día del GWR en Londres (de izquierda a derecha)...

- **Más cubos rompecabezas giratorios resueltos en 24 h:** 6.931, por George Scholey.
- **Los 20 m con la espalda flexionada hacia atrás y bloqueo de rodillas más rápidos:** 22,53 s, por Liberty Barros.
- **Más hula-hoops girando simultáneamente sobre zancos:** 25, por Amazí, alias de Mariam Olayiwola.
- **Más *crossovers* con un balón de fútbol en un minuto:** 53, por Ben Nuttall (todos del R.U.).

¡NO SE ADMITEN ADULTOS!

RÉCORDS INFANTILES

En GWR no nos parece justo que los adultos acaparen toda la diversión, de modo que ¡hemos inaugurado la categoría sub-16! Ya sea ponerse calcetines o identificar personajes de *Pokémon*, hay un montón de desafíos de GWR perfectos para los más jóvenes. Encontrarás algunos en esta sección, pero hay muchos más en la página web GWR Kids (ver a la derecha). De modo que, ¡a practicar! Quién sabe, el año que viene podrías ser TÚ quien aparezca en el libro *GWR*...

Los hermanos ecoconscientes Sathvika Sree y Lakshine Vel Vivek (India) establecieron el récord del **tiempo más rápido en clasificar dos bolsas de materiales reciclables (equipo de dos)**: 39,5 s.

PARA OBTENER LA LISTA COMPLETA DE RÉCORDS DE NUESTRA NUEVA CATEGORÍA SUB-16, ESCANEA EL CÓDIGO QR DE MÁS ABAJO, QUE TE LLEVARÁ DIRECTAMENTE A LA PÁGINA WEB **GWR KIDS**. AHÍ TAMBIÉN ENCONTRARÁS LOS PERFILES DE LOS ACTUALES ARTÍFICES DE RÉCORDS, Y PODRÁS ECHAR UN VISTAZO A LA COMPETENCIA. ¿TE VES CAPAZ DE CONVERTIRTE TÚ TAMBIÉN EN **OFICIALMENTE INCREÍBLE?**

¡No hay nada que le guste más a Ashwin Sudhan Palani Kumar (India) que intentar batir récords mundiales en su tiempo libre! Este colegial de Chennai ha ostentado cinco títulos diferentes, incluidos los de **más latas apiladas en una pirámide en 30 s** (28) y **más blancos alcanzados con un avión de papel en tres minutos**: 33. ¿Te atreves a superarlo?

Josiah Tom Joss (derecha), de Niles, Illinois, EE.UU., ha establecido el **tiempo más rápido en ganar una partida 1 contra 3 en *Nickelodeon All-Star Brawl***: 44,72 s. Su hermana Jayden (arriba) es la exposeedora del récord del **triplete más rápido con un portero en el *FIFA 22***.

sensical

common sense media

Los lectores de EE.UU. pueden consultar la GWR Zone en Sensical, la plataforma de *streaming* en línea segura y gratuita para los espectadores más jóvenes. Ahí encontrarás vídeos hechos por niños sobre nuestros récords más divertidos, locos e inspiradores. Desde perros bailando la conga a atrevidas hazañas en pogos saltarines, ¡seguro que descubres algo que te deja boquiabierto!

JÓVENES DE RÉCORD

Pasa a la pág. 104 para disfrutar de una sección especial dedicada a los poseedores de récords júnior. Encontrarás a talentos asombrosos, como la gimnasta Sofia Tepla y el malabarista Simeon Graham.

KIDS

La página web para niños de GWR está repleta de acrobacias geniales, animales encantadores y colecciones loquísimas. Conoce a los protagonistas de récords más jóvenes en nuestros vídeos exclusivos. También puedes divertirte con juegos y poner a prueba tus conocimientos con diabólicos cuestionarios: ¡todo pensado para ti! Y no te olvides de echar un vistazo a nuestro canal GWR Kids de YouTube. Nuestra nueva serie, «Game the Record», está dedicada a los récords logrados por menores de 16 años.

Me llaman *Bini*, el conejito baloncestista. ¿Por qué? Pues porque puedo encestar esta pelota siete veces en un minuto, ¡el récord de **más mates de baloncesto de un conejo**!

Hola, soy Wylie J. Brys, y tenía 4 años y 337 días cuando me convertí en la **persona más joven en descubrir un nuevo fósil de dinosaurio**. ¡Encontré unos restos de 100 millones de años cerca de un centro comercial en Texas!

Hola, me llamo McCauley Hoover. El verano pasado busqué en GWR «récords de *skate* para chicas», y ya he batido dos: **más *grinds* de frente** (33) y **más *grinds* de espaldas en un minuto** (34).

¡Hola! ¿Conoces a Aneeshwar Kunchala (R.U.), el **presentador de documentales más joven**? Tenía 7 años y 288 días cuando se emitió *COP27 – Six Ways to Save Our Planet* el 5 de noviembre de 2022.

THE ONE THING

Da Vinci

¿Qué es esa «cosa única» que puedes hacer mejor que los demás? En este divertido e inspirador programa de televisión, 26 artífices de récords comparten los secretos de su éxito e intentan enseñar a nuestros presentadores sus asombrosas habilidades (¡buena suerte para el reto!). Entre esos talentos se cuentan jóvenes que han demostrado que la edad no es barrera para ser el mejor...

Me llamo Bianca Ciocirlan. Soy bailarina y le he dado a mi baile un toque del siglo XXI al realizar **más piruetas sentadas en un *hoverboard*** en 30 s. ¿Puedes mejorar mi récord de 10 giros?

¿Quieres convertirte en un gran goleador? Soy Kaden Galatiuk, y puedo explicarte cómo lograr **más blancos golpeando un disco de hockey sobre patines en línea en un minuto**. Mi récord a batir es 38. ¡Buena suerte!

Soy Creole. ¿Te ves capaz de superar a mi entrenadora Zoe Tomas? Ella me ayudó a lograr la **finalización más rápida de un recorrido de agilidad de un pollo**: ¡apenas 1 min y 0,02 s!

Soy Dashaun Jiwe Morris II, también conocido como «Dflash». Tengo el récord de **más capturas de un minibalón de fútbol americano con una sola mano en un minuto**: 23. Déjame enseñarte cómo lo conseguí...

ESFUERZOS SOLIDARIOS

Además de suponer un logro personal, batir récords ofrece oportunidades ilimitadas a cualquiera que busque apoyar una buena causa. Millones de personas han recurrido a un intento de récord para poner el foco sobre una organización benéfica, recaudar fondos y concienciar a la opinión pública. GWR se enorgullece de haber dado visibilidad a muchos filántropos a lo largo de décadas.

A continuación, te mostramos solo un puñado de récords logrados con fines benéficos, entre ellos la última cosecha de récords a la carrera logrados en la Maratón de Londres, una prueba que todos los años convoca a miles de filántropos; de hecho, en la edición de 2019, anterior a la pandemia de COVID-19, se reunió la cifra sin precedentes de 85,7 millones de dólares, el récord de **más dinero recaudado en una maratón**.

Más lazos solidarios...

- **Hechos en una hora (equipo)**: El 4 de febrero de 2022, Día Mundial contra el Cáncer, la Sociedad de Oncología de Emiratos (EAU) preparó 2.828 lazos de ocho colores como símbolo de las distintas formas de la enfermedad.
- **En un coche**: El 26 de junio de 2022, los hermanos Amaar, Baraa, Rawan y Muaaz Amir (todos de Arabia Saudí) decoraron un vehículo con 5.637 lazos de 16 colores diferentes en Dhahran, Arabia Saudí, con el objetivo de educar a la población sobre los diferentes tipos de cáncer y fomentar la detección precoz.

El lazo solidario más grande
Para conmemorar el Mes de Sensibilización sobre el Cáncer de Mama en octubre de 2022, el Ayuntamiento de Trillo (España) reunió a más de 500 voluntarios para adornar la cima de uno de los cerros de Tetas de Viana, en Guadalajara, España, con un lazo rosa de 5.620,5 m², más grande que 21 pistas de tenis. Muchos participantes se habían visto afectados por el cáncer de mama.

Más cabezas afeitadas en una hora
El 20 de noviembre de 2015, 462 valientes recaudaron más de 60.000 dólares renunciando a su pelo en pro de la organización benéfica Bald Angels Charitable Trust en Kerikeri, Nueva Zelanda. El objetivo del récord era recaudar fondos para las familias de Northland, una de las zonas con mayor índice de pobreza del país.

Más suéteres donados en una hora
El 28 de enero de 2022, Lakshyaraj Singh Mewar (India), príncipe del antiguo estado de Mewar, en Udaipur, India, donó 2.800 suéteres con motivo de su cumpleaños. Fue el quinto año consecutivo en que lo celebraba con una buena acción. Ese mismo día, también entregó 2.800 paquetes de alimentos, con lo que se formó la **hilera más larga de paquetes de alimentos con fines benéficos**.

Más tiempo en contacto directo con la nieve
El 13 de mayo de 2022, el ingeniero Valerjan Romanovski (Lituania, n. en Polonia) enterró todo su cuerpo (menos la cabeza) en la nieve durante 105 min y 2 s en Cracovia, Polonia, lo que mejoraba el récord anterior en casi 45 min. Romanovski asumió este desafío no solo para demostrar su resistencia al frío (para saber más, consulta las págs. 70-71), sino también como parte de sus funciones como embajador para la Fundación DKMS, una organización benéfica que ayuda a personas con cáncer de sangre.

Más n.º 1 navideños en la Official Singles Chart del R.U.
El 29 de diciembre de 2022, LadBaby, formación compuesta por Mark y Roxanne Hoyle (ambos del R.U.), consiguieron su quinto n.º 1 navideño con «Food Aid». Al clásico de Band Aid de 1984 «¿Do They Know It's Christmas?» le siguieron otros cuatro éxitos festivos desde 2018, incluidos «Sausage Rolls for Everyone» en 2021. Los beneficios por las ventas de «Food Aid» se donaron a The Trussell Trust, una organización benéfica que busca acabar con la necesidad de los bancos de alimentos en el R.U., y a The Band Aid Charitable Trust.

Más cabello donado por una persona
El 26 de agosto de 2021, la jugadora de squash Zahab Kamal Khan (EE.UU.) se cortó 155 cm de sus trenzas de 190 cm de largo para donarlas a Children with Hair Loss en McLean, Virginia, EE.UU. A diciembre de 2021, Zahab también ostentaba el récord de **más horquillas en la cabeza** (1.100).

TCS LONDON MARATHON

El 2 de octubre de 2022, la Maratón de Londres congregó a miles de atletas que participaron disfrazados para recaudar fondos para una organización benéfica de su elección. En total, se establecieron 25 récords nuevos, recogidos aquí por orden de llegada...

La gominola más grande
El 27 de enero de 2022, la empresa de confitería iraní Shiba elaboró una gominola con forma de delfín de 1.212,5 kg en Teherán, Irán. Con 64 cm de alto y 207 cm de ancho, sirvió en parte para promover la conservación de estos queridos mamíferos marinos.

La mayor donación de pavo en 24 horas
El 14 de noviembre de 2022, los chefs de TikTok Nick DiGiovanni (EE.UU.) y Lynn Davis (Japón) donaron 64.463,44 kg de este alimento tan presente en Acción de Gracias a los bancos de alimentos de Boston, Massachusetts, EE.UU. Descubre algunos de los bocadillos gigantes de estos cocineros en la pág. 95.

Más dinero recaudado con una acampada
Max Woosey (R.U.) durmió en una tienda de campaña en su jardín durante tres años (2020-23) y recaudó 840.800 dólares, que destinó al North Devon Hospice, una organización benéfica que se ocupó de su vecino de 74 años durante sus últimos días. En reconocimiento a su épica acampada, fue premiado con la Medalla del Imperio Británico en 2022.

La mayor distancia recorrida remolcando un vehículo en 24 horas
Del 25 al 26 de agosto de 2022, John Darwen (arriba) y su cuñado James Baker (derecha; ambos del R.U.) remolcaron una furgoneta de 1,5 t durante 51,499 km. Recaudaron más de 3.100 dólares para Cancer Research UK y Redeeming our Communities Garden Services, una organización benéfica con sede en Blackpool, Lancashire, que apoya a los desempleados locales. Batieron su récord anterior de 35,701 km, establecido en octubre de 2021.

El encuentro de Papás Noel más multitudinario
El 27 de diciembre de 2014, una ho-ho-horda de 18.112 Papás Noel se reunió en Thrissur, Kerala, India, para recaudar dinero para los más necesitados. Thrissur Citizenry y la archidiócesis de Thrissur (ambos de la India) organizaron este acto para el programa benéfico Buon Natale.

La mayor distancia recorrida en una cinta para caminar en una semana
Del 29 de abril al 6 de mayo de 2019, Jamie McDonald (R.U.) recorrió 843,94 km en Gloucester, R.U., en apoyo de la Superhero Foundation, una organización benéfica que ayuda a niños enfermos. En reconocimiento, Jamie recibió el premio al recaudador de fondos del año de Pride of Britain.

Estrella (hombres): Matt Brooks (R.U.); 3:44:00

Arlequín (hombres): Martín Porter (R.U.); 3:51:35

Copa (hombres): Joan Pons Laplana (R.U.); 3:58:52

Vestido galés tradicional (mujeres): Kranti Salvi (India); 4:03:51

Aeronave (hombres): Thomas Langdown (R.U.); 4:23:03

Confite (mujeres): Kellie Clark (R.U.); 4:24:06

Traje para seis personas: Tristan Clark, Freddie Wright, Freddie Flanagan, Juan Lavelle, George Peirson y Hugh Williams (todos de R.U.); 4:25:12

Parte del cuerpo (mujeres): Sadie Smith (R.U.); 4:26:43

Llevando palos de golf (hombres): Will Ridgway (R.U.); 4:30:22

En silla de ruedas convencional (mujeres): Lexi Alyx Chambers (R.U.); 4:32:11

Uniforme de policía (mujeres): Beth Goucher (R.U.); 4:45:03

Libro (hombres): Philip Beer (R.U.); 5:34:31

PLANETA AZUL

La mayor superficie cubierta por agua líquida
No resulta sorprendente que la Tierra se conozca con el nombre de «planeta azul», ya que alrededor de un 71 % de su superficie es H_2O en estado líquido. Esta cifra aumenta a un 81 % si se incluye el agua helada (por ejemplo, las capas de hielo y los glaciares). Los océanos y los mares contienen un 96,5 % del agua líquida de la Tierra, que asciende a 1.338.000.000 km³. La inmensa mayoría del agua de nuestro planeta es salada, y solo un 2,5 % es agua dulce; pasa la página para saber más.

	Volumen de agua líquida	% del astro
Ganímedes	35,4 ZL	69 %
Titán	18,6 ZL	44 %
Calisto	5,3 ZL	33 %
Europa	2,6 ZL	18 %
La Tierra	1,335 ZL	0,12 %

Sabemos con certeza que la Tierra contiene la **mayor cantidad de agua líquida en el sistema solar**: unos 1.361.620.510 km³ (1,3 ZL [zetalitros]), ya sea en su superficie o en su atmósfera. No obstante, algunos científicos especulan con la posibilidad de que haya algunos objetos astronómicos en los que podría existir un océano de agua bajo su corteza helada de varios kilómetros de grosor.

Ganímedes es el satélite más grande de Júpiter y la **mayor luna** del sistema solar, con un diámetro 5.262,4 km. El científico planetario de la NASA Steve Vance, autor de las cifras del gráfico, calcula que podría contener hasta 35,4 ZL de agua líquida, ¡lo que equivaldría a más de dos tercios de su volumen total! En comparación, el agua en la Tierra solamente constituye un minúsculo 0,12 % del volumen del planeta.

A todo detalle:

El astronauta Thomas Pesquet tomó esta foto desde la Estación Espacial Internacional en 2021.

Un mililitro de agua marina de superficie próxima a la costa puede albergar 1 millón de bacterias y 10 millones de partículas virales.

EL AGUA DE LA TIERRA

En su forma líquida, cubre el 71 % del globo, pero también está presente en forma de hielo y de vapor. Sin ella, no existiría la especie humana ni, de hecho, ninguna otra forma de vida tal y como la conocemos, y el planeta sería drásticamente distinto. No hay otra sustancia que haya contribuido más a modelar nuestro mundo.

Nuestro planeta existe en un punto cósmico ideal: la distancia que lo separa del Sol, así como la composición de su atmósfera se combinan para que nuestro «planeta azul» siga siendo azul. Si estuviera más cerca del Sol, el aumento de la temperatura fundiría las regiones congeladas, el nivel del mar subiría y la mayor parte de la tierra firme quedaría sumergida, por lo que sería un «planeta aún más azul».

La gran mayoría del agua terrestre está en los océanos. La diminuta proporción restante es agua dulce, que contiene menos de un 1 % de sal. La mayoría está congelada, fundamentalmente en las banquisas de la Antártida y de Groenlandia. Los lagos y los ríos son una minúscula proporción del agua dulce distribuida en todo el mundo y, sin embargo, son el origen de la mayoría del agua que usamos a diario. Toda la vida en la Tierra, incluida la especie humana, depende del agua, pero ¿cómo llegó a nuestro planeta?

Un disco protoplanetario (una masa giratoria de gas y de polvo) orbitaba alrededor de nuestro Sol cuando aún era una estrella joven. Con el tiempo, partículas de polvo se empezaron a aglutinar junto a hielo y agua y formaron asteroides. Muchos científicos creen que estos cuerpos, formados en las regiones distantes del sistema solar, aportaron el agua a la Tierra cuando impactaron contra ella. Una de las teorías plantea que los iones de hidrógeno de los vientos solares penetran la superficie de los asteroides que los atraviesan y alteran su composición química, de modo que forman H_2O en sus minerales. En 2022, se confirmó que un meteorito caído en Winchcombe, R.U., contenía agua con una composición química casi idéntica a la de la Tierra.

Soporte vital
Muchas personas agradecen a las plantas terrestres, como los árboles, el aire que respiramos, pero al menos la mitad del oxígeno de la atmósfera procede de organismos marinos diminutos, como las algas y las bacterias. Además, el océano es clave para combatir el cambio climático, ya que absorbe casi un 25 % de todas las emisiones de CO_2.

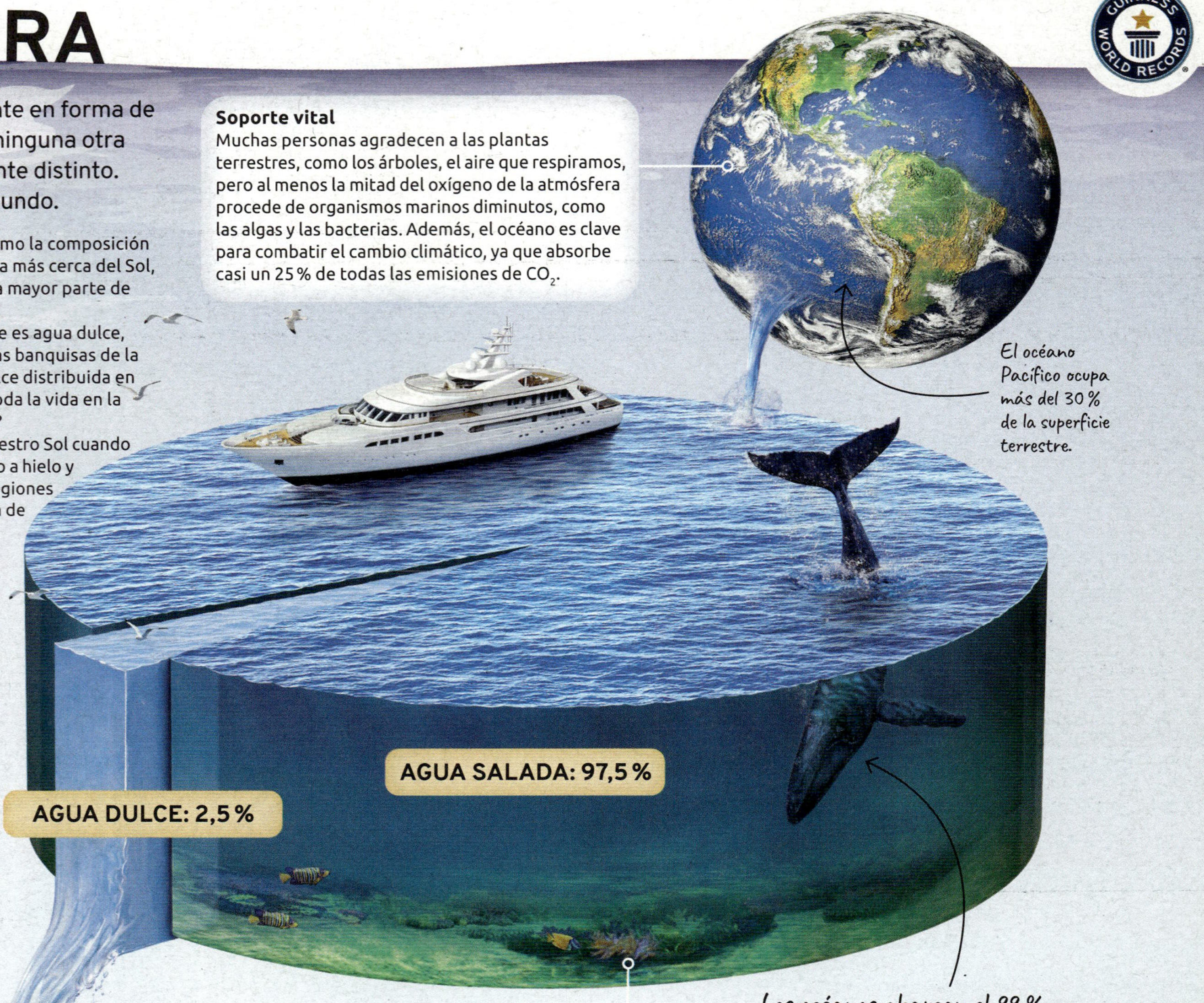

VOLUMEN DE AGUA DE LOS CINCO OCÉANOS

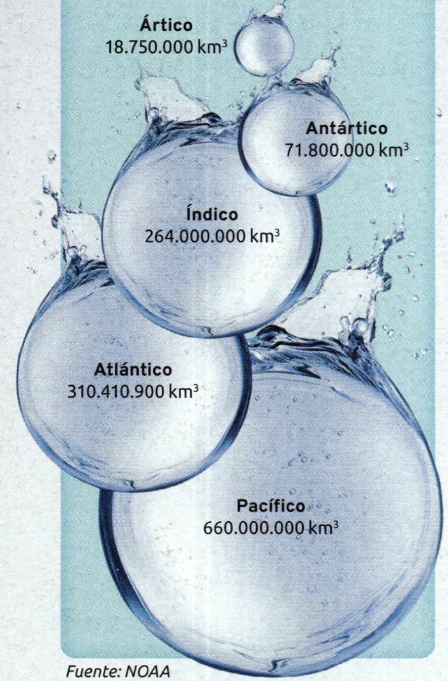

Fuente: NOAA

Azul marino
¿Qué otorga a los océanos terrestres su color característico? Las moléculas de agua de la superficie absorben las longitudes de onda naranjas y rojas de la luz solar. Sin embargo, la luz azul y ultravioleta penetra a mayor profundidad y, por lo tanto, son los tonos dominantes que apreciamos. Al final, a medida que la profundidad aumenta, la luz desaparece y las zonas más profundas quedan sumidas en una noche eterna. Cerca de tierra, otras partículas, como limo y arena, o plantas diminutas llamadas microalgas, hacen que el agua parezca parda o verde.

Hasta un 60 % del cuerpo humano (y el 90 % de la sangre) es agua. De ahí que sea tan crucial mantenerse hidratado.

AGUA GLOBAL

El 97,5 % de toda el agua que contiene el planeta azul es salada. De esta, el 96,5 % está en los enormes océanos, mares y bahías del planeta. (A la izquierda, se especifica el volumen de cada uno de los cinco océanos principales, del **más pequeño** al **más grande**.) El otro 1 % de agua salada está en lagos interiores, como el mar Muerto (ver pág. 18) y en reservas subterráneas. Esto significa que solo aproximadamente el 2,5 % de toda el agua terrestre es dulce, es decir, no salada (ver abajo).

AGUA DULCE GLOBAL

Solo el 2,5 % de agua del planeta es dulce y, además, poquísima de esa cantidad es accesible con facilidad. Un asombroso 98,8 % de toda el agua dulce está atrapada o escondida: el 68,7 % está congelada, en casquetes de hielo y glaciares, mientras que el 30,1 % está en el subsuelo, bajo la corteza terrestre en enormes acuíferos subterráneos. Un diminuto 1,2 % del agua dulce existe en forma de líquido (o vapor) en la superficie, como ilustra el gráfico de al lado.

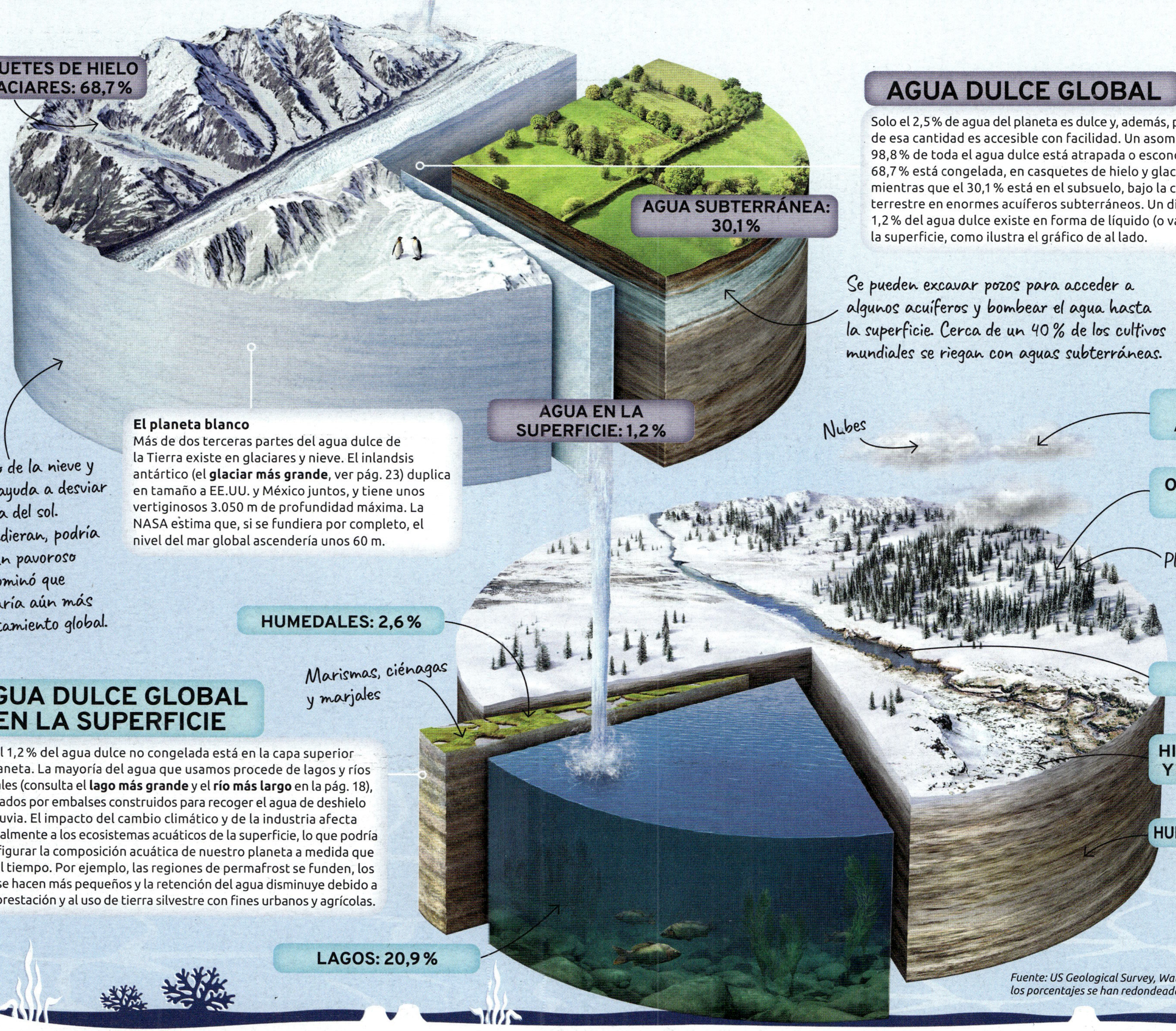

El planeta blanco
Más de dos terceras partes del agua dulce de la Tierra existe en glaciares y nieve. El inlandsis antártico (el **glaciar más grande**, ver pág. 23) duplica en tamaño a EE.UU. y México juntos, y tiene unos vertiginosos 3.050 m de profundidad máxima. La NASA estima que, si se fundiera por completo, el nivel del mar global ascendería unos 60 m.

AGUA DULCE GLOBAL EN LA SUPERFICIE

Solo el 1,2 % del agua dulce no congelada está en la capa superior del planeta. La mayoría del agua que usamos procede de lagos y ríos naturales (consulta el **lago más grande** y el **río más largo** en la pág. 18), reforzados por embalses construidos para recoger el agua de deshielo o de lluvia. El impacto del cambio climático y de la industria afecta especialmente a los ecosistemas acuáticos de la superficie, lo que podría reconfigurar la composición acuática de nuestro planeta a medida que pase el tiempo. Por ejemplo, las regiones de permafrost se funden, los lagos se hacen más pequeños y la retención del agua disminuye debido a la deforestación y al uso de tierra silvestre con fines urbanos y agrícolas.

Fuente: US Geological Survey, Water Science School; los porcentajes se han redondeado.

AGUAS INTERIORES

LOS RÍOS MÁS LARGOS

El Nilo fluye hacia el norte desde Burundi (donde se ubica su fuente más meridional), en África Central, hasta el mar Mediterráneo a través de otros 10 países. No es solo el río más largo de su continente, sino del mundo. Dispuesto en línea recta, podría unir las ciudades de París y Delhi. El Amazonas, que ocupa la segunda posición a poca distancia, ostenta, no obstante, toda una plétora de registros fluviales (ver a la derecha).

El río a más altura

La fuente del Yarlung Tsangpo se encuentra a 6.020 m sobre el nivel del mar, al pie del glaciar Angsi en el Tíbet, China.

El **río a menos altura** es el Jordán. Su desembocadura en el mar Muerto (ver más abajo) se sitúa a 436 m por debajo del nivel del mar.

El río más grande por descarga

El Amazonas arroja 200.000 m^3 de agua dulce en el océano cada segundo, lo que representa el 17 % del total global, suficiente para llenar el mar Muerto en menos de una semana. La cifra puede aumentar hasta los 340.000 m^3 durante la temporada de lluvias.

El Amazonas se alimenta de la **cuenca fluvial más grande**, que cubre 7,04 millones de km^2 en ocho países, lo que supone 14 veces la superficie de España. En su punto más amplio (sin desbordamientos), se extiende 11 km, lo que también lo convierte en el **río más ancho**.

El lago de agua dulce más grande

- **Por área de superficie**: Uno de los cinco Grandes Lagos, el lago Superior, ocupa 82.414 km^2 de Canadá y EE.UU.
- **Por volumen**: El lago Baikal, en Siberia, Rusia, tiene una capacidad de unos 23.615 km^3. En su parte central, el lecho está 1.642 m bajo la superficie, lo que también lo convierte en el **lago más profundo**.
- **En los trópicos**: Con 59.947 km^2, el lago Victoria (también conocido como Nyanza, Nam Lolwe o Nalubaale) es el lago más grande de África por área. Es el depósito principal del río Nilo (ver a la izquierda).

El humedal tropical más grande

Aproximadamente el 0,03 % del agua dulce de la Tierra se encuentra en pantanos, ciénagas y humedales. El Pantanal, en Sudamérica, es uno de los más destacados. Abarca 160.000 km^2, principalmente en Brasil, pero también en Bolivia y Paraguay, y es un paraíso para la flora y la fauna, incluidos los jaguares. Durante la temporada de lluvias (de diciembre a mayo), entre el 70 % y el 80 % del Pantanal está inundado.

El lago efímero más grande

Tal y como indica su nombre, los lagos efímeros aparecen y desaparecen. El Katy Thanda (también conocido como lago Eyre), en el sur de Australia, ubicado en una cuenca que forma el punto natural más bajo del país, es el mayor cuerpo de agua no permanente. Cuando estas salinas se inundan cada ocho años más o menos, el Kati Thanda puede alcanzar los 9.690 km^2, un tamaño similar al de la ciudad de Melbourne. La proliferación de algas y bacterias puede teñirlo de tonos rosas y naranjas.

El lago más grande

El mar Caspio es el cuerpo de agua interior más grande de la Tierra, con una superficie de 371.000 km^2. La costa de este lago de agua salada bordeado por Kazajstán, Rusia, Azerbaiyán, Irán y Turkmenistán se extiende unos 7.000 km.

La cascada más alta

Las aguas de la Kerepakupai Merú (también conocida como Salto del Ángel), en el este de Venezuela, se precipitan un total de 979 m, lo que incluye la **caída de agua ininterrumpida más larga**, un tramo de 807 m.

El lago hipersalino más profundo

El mar Muerto, en la frontera entre Israel y Jordania, tiene una profundidad media de 120 m, y una máxima de unos 306 m. También es la **masa de agua a menor altitud**: 436 m por debajo del nivel medio del mar. Con una salinidad casi 10 veces superior a la del agua de mar, las rocas con incrustaciones de sal son una imagen común en sus costas.

La cascada más ancha

Las cataratas Khône, en el río Mekong en el sur de Laos, tienen un ancho de cresta de 10.783 m entre las orillas occidental y oriental. Eso es cuatro veces la anchura de las cataratas del Iguazú, en Sudamérica. Aunque son excepcionalmente anchas, esta serie de cascadas y rápidos que se precipitan entre islotes y peñascos rocosos tiene una caída vertical máxima de apenas 21 m.

100

DUCHARSE EN UNA CASCADA

Sigue las huellas húmedas de quienes desde 1846 suben en barcas para darse una ducha bajo las aguas turbulentas de las cataratas del Niágara, en la frontera entre EE.UU. y Canadá. Estarás en buena compañía: los 22,5 millones de turistas que se acercan hasta ellas todos los años las convierten en las **cataratas más visitadas**.

Los cenotes son la parte visible de un sistema anquialino: uno que parece no tener salida al mar pero que está vinculado con el océano.

EL SISTEMA DE CUEVAS INUNDADAS MÁS LARGO

Vista desde la superficie, la península de Yucatán, en México, parece estar bastante desprovista de agua, pero las apariencias engañan... Bajo la superficie se extiende un laberinto de cavernas y túneles llenos de agua, una auténtica red fluvial subterránea.

De acuerdo con los estudios más recientes (2019), la sección contigua más extensa, el sistema Sac Actun, mide al menos 371,9 km de largo. Se alzó con el récord en 2018, cuando se confirmó que las redes de cuevas Sac Actun («Cueva Blanca») y Dos Ojos estaban conectadas. La erosión subterránea (junto al mar) y en superficie (el agua de la lluvia) ha tallado este laberinto acuático en la piedra caliza del terreno a lo largo de milenios (consulta la topografía kárstica de Yucatán en la esquina superior derecha).

Unos 220 cenotes (piscinas naturales que han quedado al descubierto por el colapso de sumideros) permiten vislumbrar el mundo oculto de Sac Actun. Presentan muchas formas y tamaños, desde los 40 m de profundidad de El Pit (imagen principal) hasta el menos profundo, bordeado por la selva, de Nicte-Ha (detalle).

Nicte-Ha es un término maya que se traduce por «Flor del Agua», referencia a los muchos nenúfares que crecen en este cenote.

Aunque la base rocosa principal de El Pit que visitan los buceadores se encuentra a 40 m de profundidad, las cavernas contiguas descienden mucho más, hasta 121 m bajo tierra.

OCÉANOS Y MARES

CAPAS OCEÁNICAS

El océano abierto presume de ser el mayor bioma en vertical, con una altura de hasta 11 km. Los ecologistas oceánicos lo dividen en capas o «zonas». La vida marina se ha adaptado para proliferar en los distintos niveles de luz solar y presión, desde la superficie saturada de luz hasta las fosas más profundas y oscuras...

Epipelágica (zona iluminada)

Altifótica: 0-40 m

Mesofótica: 40-130 m

Rarifótica: 130-310 m; **zona oceánica más reciente**, definida oficialmente en 2018

500 m

Mesopelágica (zona crepuscular)
310-1.000 m

1.000 m

2.000 m

Batipelágica (zona de medianoche)
1.000-4.000 m

3.000 m

4.000 m

Abisopelágica (zona abisal)
4.000-6.000 m

5.000 m

Ver págs. 116-117

6.000 m

Hadopelágica (zona hadal/fosas)
6.000+ m

La mayor ola de marea

Las olas de marea (o macareos) se producen cuando una marea entrante penetra en una bahía estrecha o estuario y genera olas que remontan el río. Este fenómeno ocurre en varios lugares, pero especialmente en el río Qiantang, en China. En las mareas extremas de la primavera, los macareos han alcanzado los 9 m de altura y una velocidad de 40 km/h.

El océano más grande

El Pacífico tiene una superficie de 161.760.000 km² (más de 16 veces la de EE.UU.) y constituye un 44,7 % de los océanos de la Tierra, o un 31,7 % de toda su superficie.

Con una superficie de 15.558.000 km² (menos que Rusia), el Ártico es el **océano más pequeño**. Su profundidad media de 1.205 m lo convierte también en el **océano menos profundo**.

El mar más extenso

Los mares son reservorios de agua más pequeños que los océanos, delimitados en parte por una masa de tierra, pero conectados con un océano. Con una superficie aproximada de 3.500.000 km², el mar de China Meridional es el más extenso. Limita con China, Filipinas, Malasia, Brunéi, Indonesia, Singapur y Vietnam.

El mar de Mármara, en Turquía, con 11.350 km² es el **mar más pequeño**. Conecta el mar Negro con el Egeo, en el Mediterráneo, que a su vez se comunica con el Atlántico.

La primera ola gigante documentada

Las olas gigantes u olas monstruo son aquellas que alcanzan mayores dimensiones que las que las preceden o siguen. Al ser tan difíciles de registrar o medir, durante mucho tiempo se consideraron producto de la fantasía de los marineros. Sin embargo, el 1 de enero de 1995, se confirmó la existencia de las olas gigantes cuando una ola monstruo de 25,6 m embistió la plataforma Draupner en el mar del Norte.

La **ola más grande registrada por una boya** (ratificada por la Organización Meteorológica Mundial) midió 19 m de alto y se detectó en el Atlántico Norte entre Islandia y el Reino Unido el 4 de febrero de 2013.

Las primeras olas protegidas

El 18 de febrero de 2016, Perú promulgó la Ley de Rompientes, que prohibía construir en 1 km a la redonda de Punta Malabrigo. La legislación pretende salvaguardar las olas de la región, conocidas como Chicama o Mamape, que son famosas entre los surfistas de todo el mundo por su regularidad. Son de las olas más largas del planeta, ya que recorren hasta 4 km antes de romper.

El océano más cálido

El océano Índico, que ocupa cerca del 20 % de la superficie, alberga las aguas más cálidas de todos los océanos, ya que se sitúa mayoritariamente en los trópicos. La temperatura mínima media de su superficie es de unos 22 °C, pero puede alcanzar los 35 °C en el golfo Pérsico. Sus tramos más fríos se hallan en el sur, hacia la Antártida, donde se une con el océano Meridional.

La mayor amplitud de marea

Las mayores mareas tienen lugar en la bahía de Fundy, que tiene forma de embudo y separa la provincia peninsular de Nueva Escocia, en Canadá, de Nuevo Brunswick (Canadá) y Maine (EE. UU.). Burntcoat Head (abajo), en la bahía de Minas de Nueva Escocia, registra la amplitud media de marea más extrema: 14,5 m. Las mareas suben y bajan a lo largo de 3,2 km de costas cenagosas, desde la marca de agua más baja hasta la punta de la bahía.

La marea baja permite a los visitantes andar sobre las llanuras fangosas.

Durante la marea alta, el mar rodea por completo la isla de Flowerpot Island.

99

VIAJAR EN LIMUSINA

Hay limusinas grandes y ¡limusinas enormes! El 1 de marzo de 2022, la American Dream, con sus 30,51 m de largo, revalidó el título de **coche más largo** tras ser restaurada por Michael Manning y Michael Dezer (ambos de EE.UU.). ¡En ella podrás invitar a subir hasta a 74 amigos!

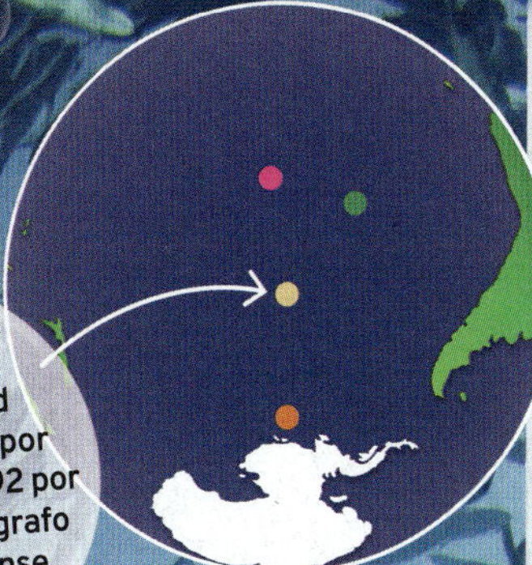

El polo oceánico de inaccesibilidad fue identificado por primera vez en 1992 por el ingeniero topógrafo croata-canadiense Hrvoje Lukatela.

EL MAYOR BIOMA

El océano abierto, excluyendo las aguas próximas a la orilla, es conocido como la «zona pelágica». En todo el planeta contiene unos 1.330 millones km³ de agua, con una profundidad máxima de casi 11 km. Este inmenso reino marino alberga muchos de los animales más grandes de la Tierra (ver págs. 44-45), así como enormes acumulaciones de seres marinos más pequeños, como plancton y bancos de peces, que forman la base de todo el ecosistema marino.

El **lugar más remoto del océano** es el punto Nemo en el Pacífico Sur (izquierda, punto amarillo), cuya latitud es 48.87 °S, 123.39 °O. La tierra firme más cercana está a unas 1.451 millas náuticas (2.688 km) de distancia, distribuida en tres islas prácticamente equidistantes: Pitcairn al norte (punto rosa); Rapa Nui, o isla de Pascua, al nordeste (verde), y la isla Maher, en la Antártida, al sur (naranja).

La mayor «isla de basura» oceánica

La basura que genera la humanidad, incluidos los 8 millones de toneladas de plásticos anuales, amenaza los océanos de la Tierra. Debido a las corrientes, una gran parte se acumula en unos vórtices conocidos como giros oceánicos. Los residuos en el giro central del Pacífico Norte son unos de los más prolíficos, ya que ocupan, al menos, una superficie equivalente a la del estado de Texas, EE.UU. Según un estudio de 2001, contiene 5.114 kg de plástico por km² de agua marina.

98

ACUDIR A CLASES DE BAILE

Tanto si sabes moverte con elegancia por una sala de baile como menear el esqueleto en la discoteca, hay muchas formas de entrar en los libros de récords marcándose un bailecito. Por ejemplo, Bandana Nepal (Nepal) estuvo bailando durante 126 horas consecutivas entre el 23 y el 28 de noviembre de 2018, lo que le valió el récord de la **maratón de baile más larga**.

PAISAJES HELADOS

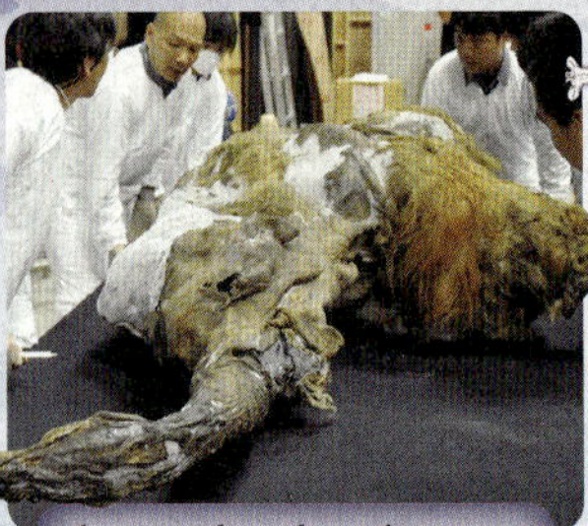

El mamut lanudo mejor conservado
En agosto de 2010, se halló una hembra de mamut lanudo (*Mammuthus primigenius*) joven en el permafrost siberiano. Conocida como «Yuka», mide 3 m de altura y pesa 5 toneladas. El entorno helado ha conservado el cadáver (incluido el pelo, el cerebro y sangre líquida) en condiciones casi prístinas.

La primera fotografía de un cristal de hielo
El 15 de enero de 1885, Wilson Bentley (EE.UU.) fotografió un cristal de hielo en la granja de su familia cerca de Jericho, Vermont, EE.UU. Los cristales de hielo que aparecen en esta página también fueron fotografiados por Bentley hacia 1902.

En la noche del 27 de enero de 1887, una tormenta invernal dejó caer copos de nieve (cúmulos de cristales de hielo) «más grandes que un cazo para la leche» sobre el valle del río Clark Fork, cerca de Missoula, Montana, EE.UU. Las crónicas recogen que medían hasta 38 cm de ancho y 20 cm de grosor, por los que son los **copos de nieve más grandes**. Ver el **cristal de hielo más grande** en la pág. 27.

El río subglacial más largo
Los modelos informáticos y las imágenes de radar han permitido a los científicos inferir que hay un río de 460 km de longitud que fluye desde las profundidades de la capa de hielo de la Antártida oriental hasta debajo de la superficie de la barrera de hielo Filchner-Ronne antes de desembocar en el mar de Weddell. El hallazgo se publicó en octubre de 2022.

Al aumentar la temperatura global, los ríos empiezan a fluir también sobre la superficie de las capas de hielo. El **río supraglacial más largo**, detectado por satélite el 22 de enero de 2015 sobre la barrera de hielo Amery, en la Antártida oriental, medía 120 km.

El glaciar más alto
La altitud del glaciar de Khumbu, en el noreste de Nepal, varía de los 4.900 m a más de 8.000 m. Nace del Cwm Occidental, entre el Everest y la cordillera Lhotse-Nuptse y es una ruta clave para escalar la **montaña más alta sobre el nivel del mar** (ver págs. 118-119) desde el sur.

El glaciar tropical más grande
Los dos casquetes de hielo más grandes de los trópicos están en los Andes peruanos. A 2021, el del Coropuna tenía una superficie de 42,3 km² (aproximadamente como 26.800 pistas de hielo de la NHL). Es muy probable que superara al del Quelccaya, antes el más grande de los dos, hace unos 40 años.

El iceberg más grande de todos los tiempos
El 12 de noviembre de 1956, el USS Glacier avistó un iceberg con una superficie estimada de más de 31.000 km², más que la de Bélgica. Ubicado al oeste de la isla de Scott en el océano Antártico, se calculó que medía unos 335 km de longitud y unos 97 de anchura.

Medido a partir de imágenes por satélite, el **iceberg más grande** a 6 de enero de 2023 era el A23A. Tenía unas dimensiones máximas de 40 × 34 millas náuticas, más de 4.000 km². El A23A es inusualmente longevo y se formó a partir de la barrera de hielo Filchner-Ronne en 1986.

La mayor concentración de pingos
Los pingos (o hidrolacolitos) se hallan en zonas con permafrost y son montículos de tierra con un núcleo de hielo, formados a medida que el agua congelada es empujada hacia arriba. La península de Tuktoyaktuk, en el Canadá ártico occidental, presenta unos 1.350 pingos, el mayor de los cuales es el Ibyuk (imagen), de 49 m de altura. El **más alto** de todos, con 54 m, es el pingo Kadleroshilik, cerca de la bahía Prudhoe, Alaska, EE.UU.

La mayor fundición de una capa de hielo en un día
El 31 de julio de 2019, la capa de hielo de Groenlandia, el segundo glaciar más grande, perdió más de 24.000 millones de toneladas de agua de deshielo, ¡suficiente para llenar 10 millones de piscinas olímpicas! Alrededor de un 60 % del total de la capa de hielo se fundió en mayor o menor medida. Esta fotografía muestra un molino glaciar (el agua de deshielo cava un surco sobre la superficie). La tomó el glaciólogo suizo Konrad Steffen, que dedicó su carrera a evaluar cómo el cambio climático ha afectado al hielo de Groenlandia. Durante una expedición en esta zona en 2020, cayó por una grieta y falleció.

PERMAFROST: EL CONGELADOR DE LA NATURALEZA

El 15 % de la Tierra está cubierto de terreno permanentemente congelado. El **permafrost más profundo** está en Siberia, Rusia, donde, históricamente, el suelo ha permanecido congelado hasta una profundidad de unos 1.000 m. Sin embargo, el calentamiento climático está reduciendo el grosor del hielo, y la flora y fauna arcaicas, que llevan milenios ultracongeladas, se están empezando a descongelar…

En 2012, se cultivaron plantas nuevas a partir de una *Silene stenophylla* de 32.000 años hallada cerca del río Kolimá. Es el **tejido vegetal recuperado más antiguo.**

En mayo de 2018, se reanimó a dos especies de nematodos que llevaban hasta 42.000 años congelados en el permafrost ártico. Han superado la **criptobiosis animal más prolongada.**

La sangre líquida más antigua se extrajo de un potrillo Lenskaya de la República de Sajá en junio de 2018. La datación con radiocarbono indicó que tenía al menos 41.000-42.000 años.

En 2021, se halló un cachorro de león excepcionalmente bien conservado cerca del río Senyalyakh, sobre el círculo ártico. Tiene unos 28.000 años y conservaba incluso los bigotes.

En 2020, se halló en la isla Gran Liajovskiun un oso cavernario fallecido durante la última Edad de Hielo. La piel, los órganos internos y los tejidos blandos permanecían intactos.

El retroceso más rápido de un glaciar terrestre
Entre los veranos de 2003 y 2005, el calentamiento global provocó un retroceso de 350 m del glaciar Trift, en los Alpes suizos. Una de las consecuencias de este fenómeno es que el agua del deshielo ha creado un gran lago (el Triftsee) a los pies del frente glaciar. El lago no hace más que acelerar el retroceso, porque calienta el hielo glacial y provoca el desprendimiento de más fragmentos. Entre 2000 y 2021, la longitud del glaciar se ha reducido en casi 1,9 km.

97

ASISTIR A UN FESTIVAL DE MÚSICA
Sí, tienes Coachella y Glastonbury, pero si te gusta la música en vivo al aire libre, ¿qué mejor opción que disfrutar del **festival de música glacial más antiguo**? El Ice Music Festival, repleto de instrumentos helados, se celebra anualmente en Noruega desde 2006.

EL GLACIAR MÁS GRANDE

La capa de hielo de la Antártida cubre 13.924.000 km^2 contiguos de la Antártida (la mayoría del continente), incluyendo las secciones flotantes o barreras de hielo. Tiene un volumen total de 26.920.000 km^3.

En el punto en el que la capa descansa sobre la cuenca subglacial Astrolabio, al sur de la costa de Adélie, tiene 4.897 m de profundidad; es el **hielo más grueso** de la Tierra.

El interior del continente solo recibe unos 50 mm de precipitaciones anuales. Como los desiertos se definen como áreas sin ninguna o con muy escasas precipitaciones, estos datos convierten a la capa de hielo de la Antártida en el **desierto más grande**.

Sin embargo, en este desierto no se pasa nada de calor. La temperatura mínima de -89,2 °C registrada en la estación de investigación Vostok el 21 de julio de 1983 constituye la **temperatura más fría registrada en la Tierra**.

La barrera de hielo más grande

Las barreras de hielo se forman cuando un glaciar llega al océano y empieza a flotar, creando así una gran plataforma conectada con el hielo de tierra firme. A 2021, la barrera de hielo de Ross tenía unos 800 km de ancho y cubría 511.371 km^2. El borde frontal asciende hasta 50 m sobre el mar.

En 2010, la cámara de un robot sumergible detectó la **primera anémona marina que habita en el hielo**, bajo la barrera de hielo de Ross, que fue bautizada como *Edwardsiella andrillae*. Se sabe muy poco de cómo sobreviven estos cnidarios al frío.

Los pingüinos emperador (*Aptenodytes forsteri*) están clasificados «en peligro crítico de extinción» desde 2022, debido al cambio climático.

La primera grabación de la formación de un *brinicle*

Los *brinicles* (o brazos de la muerte) son columnas de hielo submarinas que se forman bajo el hielo marino cuando agua supersalina y superfría desciende. Si un *brinicle* toca el lecho marino y no es muy profundo, desarrolla pequeños tentáculos de hielo que se extienden sobre el fondo y matan a todo organismo. La serie documental *Frozen Planet* de la BBC filmó por primera vez este fenómeno en el estrecho de McMurdo, en el Antártico.

AGUA CALIENTE

¿SABÍAS QUE...?

El término «géiser» procede del islandés *geysir*, que significa «emanar».

Las fumarolas son grietas en el suelo por donde salen gases sulfurosos calientes.

Las piscinas de barro se forman al mezclarse el agua termal ácida con el lodo y con la arcilla circundante.

Hoy en día, la energía geotérmica contribuye al abastecimiento eléctrico en 26 países.

El agua marina más caliente registrada

En agosto de 2008, un equipo internacional de científicos anunció que había registrado agua a una temperatura de 464 °C manando de una fumarola hidrotermal a 3.000 m de profundidad en el lecho del océano Atlántico. Las fumarolas hidrotermales son conductos que descargan agua marina, supercalentada por el magma fundido bajo la corteza terrestre. A esa profundidad, el agua a más de 407 °C se vuelve «supercrítica» y es más ligera de lo habitual.

Las fumarolas hidrotermales a mayor profundidad

En 2013, científicos británicos informaron del descubrimiento de fumarolas de agua caliente a una profundidad de 4.968 m. Se hallan en la fosa de las Islas Caimán, en el mar Caribe.

Las **fumarolas hidrotermales más altas** alcanzan los 55 m, y fueron descubiertas por el barco de investigación Atlantis, de la Wood Holes Oceanographic Institution (EE.UU.) en diciembre de 2000. Se las conoce como «la Ciudad Perdida» y forman parte de un sistema de fumarolas hidrotermales en la dorsal mesoatlántica.

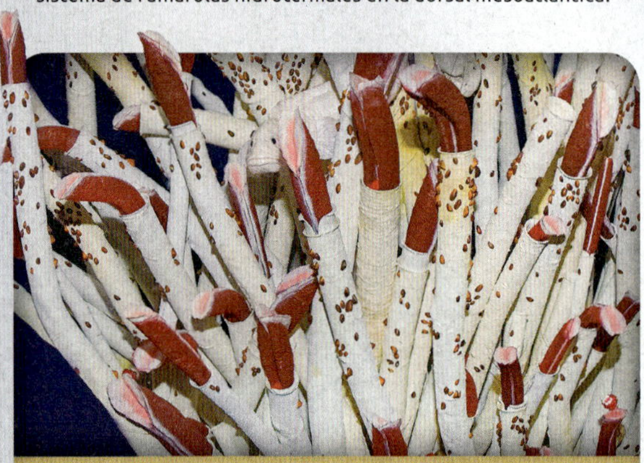

Los invertebrados de crecimiento más acelerado

Se han documentado gusanos de tubo gigantes (*Riftia pachyptila*) colonizando un emplazamiento nuevo y alcanzando 1,5 m de longitud en menos de dos años. Viven cerca de fumarolas hidrotermales en el lecho marino y forman una relación simbiótica con las bacterias. Si hay depósitos de sulfuro de hierro, tiñen el agua de las fumarolas, que entonces reciben el nombre de «fumarolas negras» (detalle).

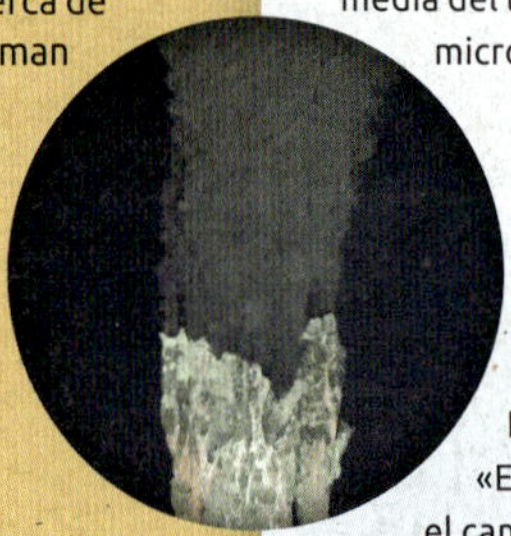

Los gusanos de tubo no son los únicos organismos extremófilos que sobreviven en este ecosistema nutrido por el calor y los minerales volcánicos (en lugar de por la luz solar). Quizá, el más resistente de todos sea el llamado cepa121, un microbio del grupo de las arqueas, semejantes a las bacterias. Es el **organismo más tolerante al calor** y puede soportar temperaturas de hasta 121 °C.

El géiser activo que alcanza mayor altura

El géiser Steamboat puede producir chorros de más de 90 m de altura y, en julio de 2020, alcanzó una altura de récord con 137 m, ¡más que la pirámide de Guiza! Está en el Parque Nacional de Yellowstone, EE.UU., que, con más de 500 géiseres, alberga la **mayor concentración de géiseres**. Más de 250 de ellos, como el Old Faithful (izquierda), están activos.

En total, el parque, que yace sobre un supervolcán, cuenta con más de 10.000 elementos geotérmicos, que equivalen a al menos la mitad de todos los que se conocen en el mundo. Esto incluye a miles de manantiales termales, como la Gran Fuente Prismática (derecha), y a piscinas de barro y de fumarolas.

El **géiser más alto de todos los tiempos** fue el Waimangu, cerca de Rotorua, en la isla Norte de Nueva Zelanda. La primera erupción documentada se remonta a 1900 y expulsaba chorros de más de 460 m de altura, más que las torres Petronas de Malasia. Permanece inactivo desde el 1 de noviembre de 1904.

La isla creada por erupciones volcánicas más grande

Con un área de 102.775 km^2, Islandia se formó a partir de lava expulsada por la dorsal mesoatlántica tras convertirse en basalto al enfriarse. La continuada actividad volcánica es la responsable de sus populares géiseres y manantiales termales (como el de la imagen) y permite generar el 66 % de la energía del país a partir de fuentes geotérmicas.

Islandia también alberga el **campo de géiseres más septentrional**. Se trata de Hveravellir, en Reykjahverfi,18 km al sur de la ciudad de Husavík, a 65,9 °N.

El campo de géiseres a mayor altitud

El campo geotérmico de Dagejia, que contiene unos 100 manantiales termales, 20 de los cuales son géiseres, está situado a unos 5.100 m sobre el nivel del mar. Se ubica cerca del nacimiento del río Yarlung Tsangpo (ver pág. 18), en el sur del Tíbet, China.

El manantial termal más grande

La caldera Waimangu (o lago Frying Pan) es un manantial termal con una superficie de unos 3,8 ha, más que cinco campos de fútbol. Está en el cráter Echo en la isla Norte de Nueva Zelanda. La temperatura media del lago es de entre 50 y 60 °C, ideal para la proliferación de microorganismos termofílicos.

A menos de 50 km de distancia se halla el **campo de géiseres activos más meridional** del mundo, Ōrākei Kōrako, a una latitud de 38,4 °S, a unos 35 km de la ciudad de Rotorua.

El géiser más regular

Los científicos registraron la actividad del géiser «El Jefe», el más grande del hemisferio sur, emplazado en el campo geotermal de El Tatio, en el norte de Chile, entre el 20 y el 27 de octubre de 2012. El intervalo promedio entre las erupciones durante esos seis días fue de 132,2 segundos, la mitad de lo que tarda en hervir un hervidor de agua eléctrico.

La erupción volcánica submarina más profunda

En diciembre de 2015, un vehículo submarino no tripulado encontró una franja de oscura lava vítrea a unos 4.450 m de profundidad, al oeste de la fosa de las Marianas, en el océano Pacífico.

96

VISITAR ROMA

Si viajas a la capital de Italia, no dejes de entrar en el icónico Coliseo, el **anfiteatro más grande**. Se terminó el año 80 d. C., tiene una superficie de 2 ha y ofrecía un aforo para 87.000 espectadores, que disfrutaban de combates entre gladiadores, esclavos y animales salvajes.

El lago ácido multicolor no es el único atractivo para los turistas que acuden al volcán Kawah Ijen. El lugar ofrece más fenómenos inusuales, como el humo ondulado de las fumarolas y el «fuego azul», que se produce cuando el gas sulfuroso escapa por las grietas del volcán, prende con la lava y reacciona con el aire rico en oxígeno.

El cráter del Kawah Ijen alberga una de las pocas minas artesanales de azufre que quedan en activo. Es muy importante para la economía local, a pesar de la dureza de las condiciones de trabajo y del impacto para la salud de los mineros. Una vez procesado, el azufre tiene múltiples aplicaciones, desde la producción de fertilizante al blanqueamiento del azúcar.

EL LAGO HIPERÁCIDO MÁS GRANDE

El ovalado lago del cráter del volcán Kawah Ijen, en la isla de Java, Indonesia, tiene un área de unos 0,6 km^2, una profundidad máxima de 200 m y un volumen de 27,5 millones de m^3. El lago debe su intenso color turquesa a los elevados niveles de sustancias químicas, como los ácidos sulfúrico y clorhídrico. El pH del agua es inferior a 0 (el nivel más ácido en la escala de pH) y es tan corrosiva que se come el metal. Para ponerlo en contexto, el ácido de la batería de los automóviles tiene un pH de 1. La temperatura promedio del agua es de 37 °C, la misma que la del cuerpo humano.

El lago debe su elevado nivel de acidez al agua hidrotermal, infusionada con gases del magma subterráneo.

RECOPILATORIO

El lago más grande de todos los tiempos

El megalago Paratetis, formado hace unos 12 millones de años (MDA), se extendía desde los Alpes, en Europa, hasta lo que hoy es Kazajistán, en Asia central (ver mapa inferior). En su cénit, hace unos 10 MDA, abarcaba 2,8 millones de km² y albergaba especies endémicas, como focas y ballenas diminutas. Los mares Negro, Caspio y Aral actuales son los principales fragmentos que han persistido del Paratetis. El oceanógrafo Dan Palcu determinó su magnitud completa en junio de 2021 en *Scientific Reports*.

La estación meteorológica terrestre a mayor altitud

El 9 de mayo de 2022, un equipo de científicos y de sherpas instalaron una estación meteorológica a 8.810 m sobre Bishop Rock, en la cara nepalí del Everest, la **montaña más alta sobre el nivel del mar**. En la expedición de National Geographic/Rolex colaboraron la Appalachian State University (EE.UU.), el King's College London (R.U.), la Tribhuvan University (Nepal) y varios departamentos de Parques Nacionales y Conservación de la Vida Silvestre del gobierno nepalí.

La extensión más reducida de las banquisas antárticas

El 21 de febrero de 2023, las banquisas (hielo marino) antárticas alcanzaron su mínimo histórico con una superficie de solo 1,79 millones de km², determinada por satélite. A diferencia del Ártico, donde la superficie de las banquisas en verano se ha reducido drásticamente desde finales de la década de 1970, la superficie del hielo marino en el Antártico había aumentado gradualmente durante ese período. Sin embargo, la investigación ha constatado que todo el aumento alcanzado en esa zona se había perdido ya en 2014 y que la tendencia a la baja persiste.

El 17 de septiembre de 2012, se documentó la **extensión más reducida de las banquisas árticas**, con solo 3,39 millones de km² de hielo al final del verano ártico. Cada invierno, el océano Ártico se congela y forma banquisas de solo unas decenas de centímetros de grosor que menguan al verano siguiente. Al ritmo actual, el promedio anual se reduce en unos 80.000 km² (el tamaño aproximado de Austria) anuales.

La mayor concentración de piscinas de salmuera submarinas

Las piscinas de salmuera submarinas son lagos anóxicos (sin oxígeno) hipersalinos que se forman en el fondo del mar, y su elevado contenido en sal hace que sean más densas que el océano que las rodea. Hay al menos 25 complejos de piscinas de salmuera en el fondo del mar Rojo, más que en cualquier otro lugar de la Tierra. Los únicos otros lugares que se sabe que contienen piscinas de salmuera son el mar Mediterráneo y el golfo de México.

La **piscina de salmuera más profunda** está en el golfo de México, en la cuenca Orca, a unos 2.200 m bajo el nivel del mar. El agua tiene un contenido de sal de unos 300 g/l, ocho veces superior al del agua del golfo de México que la rodea.

La temperatura de rocío más elevada

El punto o temperatura de rocío permite evaluar el nivel de humedad para que (cuando se determina con la temperatura del aire medida con un termómetro) pueda obtenerse una impresión más precisa de la sensación térmica. A las 15:00 del 8 de julio de 2003, la ciudad de Dhahran en Arabia Saudí registró una temperatura de rocío de 35 °C, acompañada de una temperatura seca de 42 °C. Esto equivale a un índice térmico total (es decir, la temperatura que el cuerpo humano «experimenta») de 81,1 °C.

La mayor inyección de vapor de agua en la atmósfera terrestre

La erupción del volcán submarino Hunga Tonga-Hunga Ha'apai, en el Pacífico Sur, acontecida el 15 de enero de 2022, lanzó 146 millones de toneladas de vapor a la estratosfera terrestre, a hasta 53 km de altura. El penacho contenía el equivalente a 58.000 piscinas olímpicas de agua.

El evento explosivo desató la **tormenta eléctrica más grande** (detalle), debido a la electricidad estática generada por la ceniza. Entre el 13 y el 15 de enero, se detectaron 589.754 relámpagos en la zona. También causó las **olas atmosféricas más rápidas**, con una velocidad máxima de 968 km/h (casi la velocidad del sonido) en la estratosfera. Duraron 12 horas y dieron la vuelta al mundo seis veces.

Más banderas azules (país)

La Fundación para la Educación Ambiental es un programa internacional voluntario que reconoce las regiones costeras que respetan una estricta serie de criterios de excelencia. Algunos de ellos son: la calidad del agua, la gestión ambiental y la accesibilidad. A 2022, España es el país con más playas con bandera azules (621), seguido de Grecia con 581 y de Turquía con 529. En la imagen, la playa asturiana de Penarronda, en el noroeste de España.

95

VISITAR CANADÁ

Una naturaleza extraordinaria, la posibilidad de practicar deportes de invierno épicos y la oportunidad de tachar el primer objetivo de la lista (ver pág. 242)... El segundo país más grande lo tiene todo. No te pierdas la experiencia de subir en funicular a la Torre de Montreal, en el Estadio Olímpico, la **torre inclinada más alta**, con 165 m de altura y una inclinación de 45°.

Más precipitaciones en un mes

En la temporada del monzón, sobre el golfo de Bengala se forman nubes que avanzan tierra adentro hasta las montañas Khasi, en el este de la India. Aquí, el cambio de altitud hace que el vapor de agua se condense y provoca precipitaciones colosales. En julio de 1861, cayeron 9.300 mm de lluvia sobre la ciudad de Cherrapunji (o Sohra), en Meghalaya. A ese ritmo, el agua hubiera llenado una piscina olímpica en 16 días. Esto contribuyó también al récord de **un año**: Cherrapunji recibió 26.470 mm de precipitaciones entre el 1 de agosto de 1860 y el 31 de julio de 1861.

El cristal de nieve más grande

El 30 de diciembre de 2003, el experto en cristales de nieve Kenneth Libbrecht (EE.UU.) midió un cristal de nieve de 10 mm de punta a punta en Cochrane, Ontario, Canadá. Se conoce como «dendrita estelar con forma de helecho», en un guiño a su estructura parecida a las frondas. Más información sobre el **copo de nieve** (cúmulo de cristales de nieve) **más grande** en la pág. 22.

La cueva subacuática de agua dulce más profunda

Las exploraciones del abismo de Hranicc, situado en el este de la República Checa, se suceden desde 1960, llevadas a cabo por submarinistas humanos y, más recientemente, también robots. Y, sin embargo, aún se desconoce su profundidad total. En agosto de 2022, la Sociedad Checa de Espeleología actualizó la profundidad de esta sima kárstica hasta los 519,5 m, de los que 450 m están bajo el agua. Los estudios *in situ* llevados a cabo en 2020 indican que las fosas en el fondo del sistema de cavernas podrían descender hasta 1 km.

El agujero azul más profundo

En ocasiones llamados «pupilas del mar», los agujeros azules son simas submarinas de paredes verticales que se suelen encontrar en zonas de arrecifes y que, desde la superficie, parecen círculos oscuros. El más profundo, con 300,89 m, es el Dragon Hole, frente a las islas Paracelso en el mar de China Meridional.

El relámpago ascendente más potente

El 14 de mayo de 2018, se registró un relámpago colosal, conocido como «chorro gigante», sobre el sudoeste de Oklahoma, EE.UU. Ascendió desde una nube a unos 80 km de altura hasta la ionosfera (el límite entre la atmósfera terrestre y el espacio). La descarga transfirió 300 culombios de carga eléctrica, que es entre 60 y 300 veces más que la de un relámpago corriente.

El **relámpago más prolongado** prendió el cielo sobre Uruguay y el norte de Argentina el 18 de junio de 2020 durante 17,102 segundos. La mayoría de los relámpagos no superan los 0,2 segundos. El evento fue verificado por la Organización Meteorológica Mundial (WMO) el 1 de febrero de 2022.

Más precipitaciones en...*

- **Un minuto**: 31,2 mm en Unionville, Maryland, EE.UU., el 4 de julio de 1956
- **Una hora**: 304,8 mm en Holt, Misuri, EE.UU., el 22 de junio de 1947
- **24 horas**: 1.825 mm en Foc-Foc, en la isla de Reunión del océano Índico, el 7-8 de enero de 1966
- **48 horas**: 2.493 mm en Cherrapunji (ver arriba), en Meghalaya, India, el 15-16 de junio de 1995

**La WMO ha ratificado todos los récords de precipitaciones.*

En 2022, el 91 % del coral analizado en la Gran Barrera de Coral presentaba cierto nivel de decoloración como consecuencia del calentamiento del agua.

La temperatura promedio más elevada del los océanos

En 2022, el contenido en calor de los 2.000 m superiores de los océanos terrestres fue de 245,4 zettajulios (245,4 trillardos de julios) por encima del promedio ente 1981-2010. Esta energía bastaría para hacer hervir 700 millones de hervidores eléctricos por segundo durante un año. La tendencia del calentamiento de los océanos es una de las principales causas del deterioro global de los hábitats marinos, como los arrecifes de coral.

94

ABRIR UN NEGOCIO

Si das con un buen nicho de mercado, tu nueva empresa podría llegar a ser un clásico. Por ejemplo, Ichimonjiya Wasuke, una confitería y cafetería tradicional en Kita-Ku, Kioto, Japón, es la **confitería más antigua del mundo**. Inaugurada hacia el 1000 d. C., actualmente es regentada por la 25.ª generación de la familia fundadora.

DEFENSORA DE LOS OCÉANOS

SYLVIA EARLE

La buceadora Sylvia Earle ha dedicado su vida a la exploración y protección de los océanos de la Tierra. Sus icónicas expediciones submarinas y contribuciones al desarrollo del buceo autónomo y de la tecnología para inmersiones le han valido un reconocimiento generalizado. Sylvia se enamoró del océano siendo muy niña. «Cuando tenía tres años, me arrolló una ola grande. No me asusté, me entusiasmé», recuerda. Aprendió a bucear en la Universidad Estatal de Florida, donde se especializó en botánica, y recolectó más de 20.000 muestras de algas para su tesis doctoral. En 1970, fue seleccionada para encabezar la misión *Tektite II*, durante la cual pasó una quincena con otros cuatro científicos en un hábitat sumergido 15 m por debajo de la superficie del océano Atlántico, frente a las Islas Vírgenes de EE.UU. Allí, mientras estudiaba los arrecifes de coral locales, fue testigo por primera vez del impacto de la contaminación en los ecosistemas marinos.

En las décadas de 1970 y 1980, Sylvia se aventuró en varias inmersiones de récord (ver **1** y **5**) que ampliaron los límites de la exploración acuática, y que también la convirtieron en una referente del avance de la mujer en la ciencia. Fundó Deep Ocean Engineering y se involucró en el diseño del sumergible Deep Rover. En 1990, Sylvia se convirtió en la primera científica jefe de la National Oceanic and Atmospheric Administration, donde asesoró sobre el coste ambiental de la Guerra del Golfo gracias a sus conocimientos sobre los vertidos de petróleo.

Ahora, con 80 años, Sylvia sigue siendo una apasionada defensora de los océanos. Como homenaje a una científica y activista que ha pasado más de seis décadas explorando los mares, en noviembre de 2022 se botó un barco para expediciones polares de última generación que lleva su nombre, con la esperanza de descubrir más datos acerca de las maravillas acuáticas de nuestro planeta.

1

DATOS PERSONALES

Nombre	Sylvia Earle (Reade al nacer)
Lugar de nacimiento	Gibbstown, Nueva Jersey, EE.UU.
Fecha de nacimiento	30 de agosto de 1935
Títulos GWR vigentes	5, entre ellos los de la **primera persona Hero of the Planet de *TIME*** y el **descenso en solitario a más profundidad de una buceadora.**
Horas sumergida	Más de 7.500, en más de 100 expediciones
Reconocimientos	Medalla del Explorers Club, premio SeaKeepers, pemio NOGI, premio Rachel Carson

2

El proyecto Mission Blue ha establecido más de 140 «puntos de esperanza» tras cubrir unos 57 millones de km² de territorio oceánico.

4

Descubre más información sobre Sylvia en la sección del Salón de la Fama en **www.guinnessworldrecords.com/2024.**

3

Sylvia muestra a Barack Obama imágenes de un pez recién descubierto al que pusieron su nombre: *Tosanoides obama*.

5

1. Sylvia se prepara para una inmersión en el sumergible DeepSee cerca de Panamá. Tras casi 40 años, todavía ostenta el récord femenino del **descenso en solitario en sumergible a más profundidad**: 1.000 m, a bordo del Deep Rover en las costas de Isla San Clemente, EE.UU., en 1985.

2. En 1970, Sylvia lideró el **primer equipo exclusivamente femenino de investigación submarina**, la misión *Tektite II*, junto con Alina Szmant, Ann Hartline, *Peggy* Lucas Bond (todas de EE.UU.) y Renate True (Brasil). La comunidad científica veía a los buceadores como pioneros.

3. Sylvia se reunió con el entonces presidente estadounidense Barack Obama en el atolón Midway de Hawái en 2016. La administración de Obama acababa de ampliar el Monumento Nacional Marino Papahānaumokuākea para convertirlo en el **área marina protegida más extensa del mundo (UICN)**. Hoy, cubre 1.508.870 km², tres veces la superficie de España.

4. *Mission Blue* (2014), un documental de Netflix que ganó el premio Emmy, difundió el trabajo de la ONG que Sylvia fundó en 2009 a un público más amplio. Esta ONG busca preservar «puntos de esperanza»: hábitats marinos considerados críticos para la salud de los océanos.

5. El 19 de septiembre de 1979, Sylvia se puso un traje de buceo JIM y descendió 381 m hasta el lecho marino de Hawái, donde realizó el **paseo marino sin sujeciones a más profundidad (mujeres)**. Pasó dos horas explorando el fondo marino, caminando entre tiburones de ojos verdes y peces bioluminiscentes. El traje, llamado así por el buzo Jim Jarrett, tenía un cuerpo de metal, una cúpula de observación de plexiglás y miembros articulados.

VIDA ACUÁTICA

EL DRAGÓN DE MAR MÁS GRANDE
Los dragones de mar son vertebrados marinos emparentados con los caballitos de mar. De las tres especies conocidas de la familia, el dragón de mar común (*Phyllopteryx taeniolatus*) es la de mayor tamaño, ya que puede medir hasta 45 cm del hocico al extremo de la cola. Esta especie vive entre las algas y el coral frente a las costas del sur de Australia y de Tasmania, donde su cuerpo de colores chillones y sus apéndices en forma de hoja le proporcionan un camuflaje excelente. Por desgracia, el número de ejemplares de esta especie ha disminuido en los últimos años, muy probablemente a causa de la destrucción de su hábitat.

Muy pocas crías de dragones de mar han nacido en cautividad. Un lugar que lo ha conseguido es el...

100 %

... Birch Aquarium del Instituto Scripps de Oceanografía de California, EE.UU., donde eclosionaron dos ejemplares en 2020.

A todo detalle:

Una puesta se incuba durante unas ocho semanas y ¡puede producir 250 crías de dragones de mar!

Tras la fertilización, el dragón de mar macho transporta los huevos en su cola hasta que eclosionan.

EL PULPO GIGANTE

Ocho extremidades, cuerpos blanduchos, piel que cambia de color... quizá creas que sabes todo lo que hay que saber acerca de la biología de los pulpos, pero no vayas tan rápido... Si el exterior de estas criaturas marinas que cambian de forma te parece raro, espera a ver qué se esconde en su interior...

Los pulpos son moluscos marinos que, como sus parientes, los calamares, han evolucionado para sobrevivir sin caparazón. De las aproximadamente 300 especies de octópodos conocidas, el **más grande** es el pulpo gigante (*Enteroctopus dofleini*), PG para abreviar, que habita cerca de las zonas costeras a ambos lados del norte del Pacífico.

El ejemplar más grande que se pudo medir con fiabilidad alcanzó los 4 m de longitud y pesó 71 kg, lo mismo que un hombre adulto. Informes anecdóticos hablan de un monstruo con una envergadura de brazos de más de 9,1 m, lo bastante grande para estirarse a lo largo de un helipuerto, y un peso estimado de 272 kg, aunque estas cifras se han puesto en duda.

Aunque los PG destacan por su tamaño, comparten muchas de sus características anatómicas más sorprendentes con los demás pulpos. Por ejemplo, tienen tres corazones, nueve cerebros (todas las extremidades son semiautónomas) y sangre azul. Son uno de los invertebrados más inteligentes del planeta y pueden usar herramientas, navegar por laberintos y, si están en cautividad, fugarse de los tanques.

Cuando un animal se hace célebre por ser un coloso, es fácil olvidar que no nace así. Los huevos de pulpo gigante (hasta 100.000 por puesta) no superan el tamaño de un grano de arroz. Las crías (abajo) solo miden 6 mm de longitud y pesan 22 mg. Mientras que los ejemplares adultos son depredadores formidables (ver a la derecha), los juveniles forman parte del menú de otros animales. De hecho, solo un puñado de las crías del pulpo gigante sobreviven hasta la edad adulta.

Gustos eclécticos

Cuanto mayor es el animal, mayor es su apetito. Los pulpos gigantes pueden llegar a consumir a diario hasta el 4 % de su propio peso. Cazan de noche y sus presas preferidas son crustáceos, como los cangrejos y las gambas, moluscos, como las almejas y las vieiras, e incluso otros pulpos. También comen huevos de peces y, en ocasiones, se atreven con tiburones pequeños como la mielga de la imagen.

Brazos y piernas

En realidad, los pulpos no tienen tentáculos, sino extremidades. La observación en acuarios ha permitido determinar que seis son «brazos» (los usan para nadar, cazar y manipular objetos) y dos son «patas» (que usan sobre todo para arrastrarse y escalar).

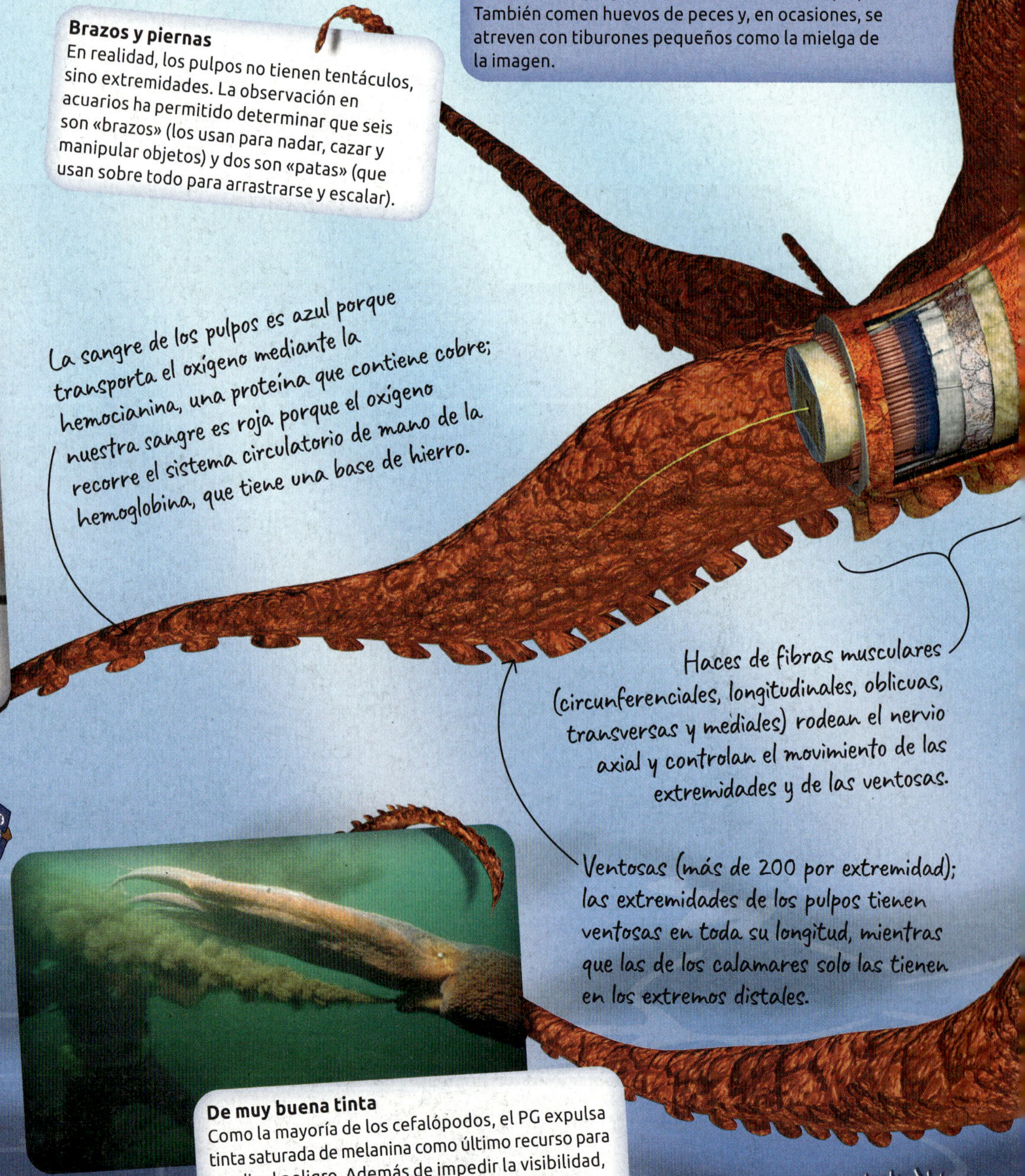

¿SABÍAS QUE?

- Una sola ventosa tiene fuerza suficiente para sujetar 16 kg, ¡o cuatro gatos!
- Aunque los PG son de los pulpos más longevos, no superan los cinco años de edad.
- Como el de todos los pulpos, el mordisco de un PG es venenoso, aunque no letal para los humanos.
- En 2017, se identificó una especie nueva, el pulpo gigante de volantes.

De muy buena tinta

Como la mayoría de los cefalópodos, el PG expulsa tinta saturada de melanina como último recurso para evadir el peligro. Además de impedir la visibilidad, contiene sustancias tóxicas que irritan los ojos y afectan a los sentidos del olfato y del gusto.

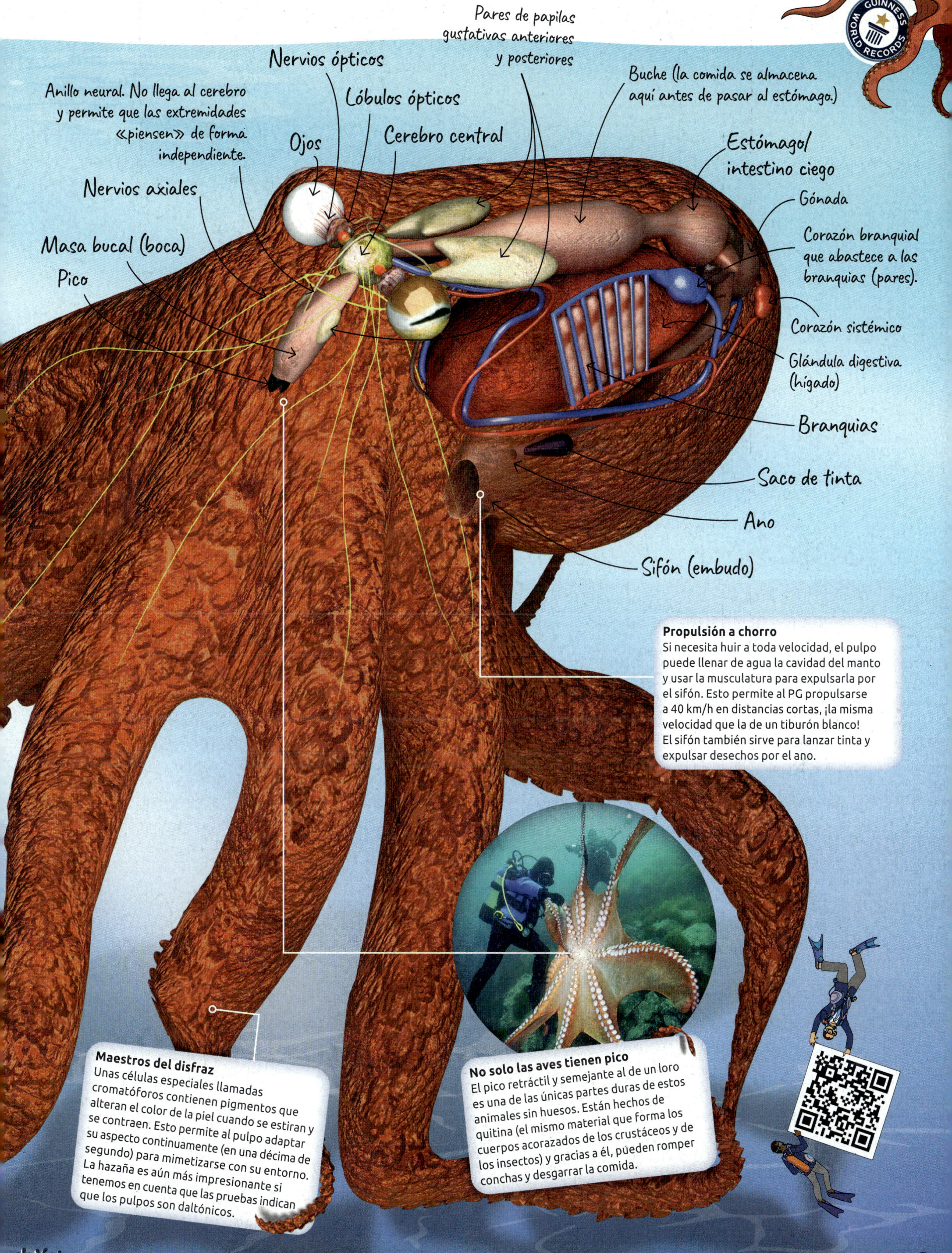

Propulsión a chorro

Si necesita huir a toda velocidad, el pulpo puede llenar de agua la cavidad del manto y usar la musculatura para expulsarla por el sifón. Esto permite al PG propulsarse a 40 km/h en distancias cortas, ¡la misma velocidad que la de un tiburón blanco! El sifón también sirve para lanzar tinta y expulsar desechos por el ano.

Maestros del disfraz

Unas células especiales llamadas cromatóforos contienen pigmentos que alteran el color de la piel cuando se estiran y se contraen. Esto permite al pulpo adaptar su aspecto continuamente (en una décima de segundo) para mimetizarse con su entorno. La hazaña es aún más impresionante si tenemos en cuenta que las pruebas indican que los pulpos son daltónicos.

No solo las aves tienen pico

El pico retráctil y semejante al de un loro es una de las únicas partes duras de estos animales sin huesos. Están hechos de quitina (el mismo material que forma los cuerpos acorazados de los crustáceos y de los insectos) y gracias a él, pueden romper conchas y desgarrar la comida.

AGUA DULCE

110

El cocodrilo con más dientes
El gavial (*Gavialis gangeticus*), endémico del subcontinente indio, posee hasta 110 dientes afilados como cuchillos en su estrecho hocico. Esta dentadura letal le permite capturar peces en ríos con corrientes rápidas.

¿SABÍAS QUE...?

Solo un 3 % del agua del planeta es dulce; el resto es salina y se concentra principalmente en los océanos.

La mayoría se encuentra en forma de hielo (70 %) o bajo tierra (29 %); solo alrededor de un 0,5 % se halla en lagos y ríos.

Aun así, un 10 % de las especies animales y un 50 % de las especies de peces viven en hábitats de agua dulce.

LA MAYOR COLONIA DE FLAMENCOS

Los lagos salados del este de África alojan una población permanente de entre 1,5 y 2,5 millones de flamencos enanos (*Phoeniconaias minor*), la mayoría de los cuales se encuentran en el norte de Tanzania. Esta cifra representa el 75 % de todos los flamencos enanos, y la mayor proliferación de una especie de flamencos en el planeta.

«Bandada» es el nombre colectivo para designar un grupo de flamencos.

El pez de agua dulce más ligero
Un gobio pigmeo macho totalmente desarrollado (*Pandaka pygmaea*) mide unos 10 mm de largo y pesa tan solo unos 4-5 mg, es decir, alrededor de una sexta parte de lo que pesa una grapa estándar. Las hembras son ligeramente más grandes. Viven en canales navegables sombríos de Filipinas y en los manglares salobres de Singapur e Indonesia. Aunque es muy pequeño, un pez rival reivindica la diminuta corona a juzgar por su longitud (ver a la derecha).

El pez de agua dulce más longevo
Una hembra de búfalo de boca grande (*Ictiobus cyprinellus*) capturada cerca de Pelican Rapids en Minesota, EE.UU., alcanzó los 112 años de edad. Esta especie forma parte de la familia de los *Catostomidae*, endémica de la cuenca del Misisipi y de la bahía de Hudson, en Norteamérica. Un estudio de 2019 sobre los otolitos de los peces (cuerpos calcáreos en los oídos) reveló que hasta un 90 % de algunas poblaciones de estos búfalos eran octogenarias, superando en más de 26 años la considerada edad máxima (cinco eran centenarios).
Ver también el **pez más longevo en cautividad** en la pág. 46.

La araña más acuática
La única especie de araña que pasa casi toda su vida sumergida es la araña de agua (*Argyroneta aquatica*). Vive en una cámara de aire, que transporta desde la superficie en una «red» de pelos que atrapan el aire. Aunque puede subir a la superficie para reponer sus reservas de aire, este arácnido siempre caza, se reproduce y pone sus huevos bajo el agua.

El lago con mayor diversidad (de peces)
Aunque sea el noveno lago más grande del mundo en cuanto a superficie, el lago Malawi (o Nyasa), situado en el África oriental, es el que acumula una mayor variedad de peces en sus 29.544 km². Alberga al menos 700 especies de cíclidos (algunos ictiólogos hablan incluso de 1.000), pero solo cuatro son endémicas. También es el hábitat de especies únicas de siluros, peces tetra y anguilas.

El mustélido más largo
El miembro de la familia de las comadrejas (*Mustelidae*) que alcanza una mayor longitud es la nutria gigante (*Pteronura brasiliensis*), endémica de los ríos y pantanos de Sudamérica. Puede medir hasta 1,8 m del hocico al extremo de la cola, y pesar hasta 32 kg. La nutria marina (*Enhydra lutris*; ver pág. 36) puede superarla en peso ya que es más baja, pero más recia.

El ave acuática más grande
Dos especies de cisne comparten este título: el cisne blanco (*Cygnus olor*), con un mayor peso, y el cisne trompetero (*C. buccinator*), con una mayor envergadura alar. Endémico de Europa, los machos adultos de cisne blanco suelen pesar 15 kg, aunque en 1935 el naturalista alemán Walter von Sanden documentó un ejemplar excepcional de 22,5 kg. El cisne trompetero de Norteamérica presume de una envergadura alar de hasta 2,5 m.

El pene más ruidoso
El *Micronecta scholtzi* es un insecto de 2 mm de largo que vive cerca de la superficie del agua y emite un canto muy peculiar para atraer a las hembras. Cuando un macho frota el pene contra su abdomen (lo que se denomina «estridulación»), emite un chirrido de hasta 99,2 dB, el equivalente a escuchar una orquesta en primera fila.

La mordida más potente (con relación al tamaño del cuerpo)
Durante unas pruebas, una piraña negra (*Serrasalmus rhombeus*) con una masa de 1,12 kg y una longitud de 36,8 cm efectuó una mordida de 320,27 N (equivalente a 29 veces su propio peso). En proporción, su mordida es aún más potente que la del *T. rex*, al que se atribuye probablemente la **mordida más fuerte de todos los tiempos**: 53,735 N.

LOS MÁS GRANDES EN AGUA DULCE...

Mamífero
El hipopótamo común (*Hippopotamus amphibius*, o caballo de río) del África subsahariana pesa un promedio de 1.400 kg, aunque puede alcanzar los 3.630 kg. Es 1.000 veces más pesado que el **mamífero acuático más pequeño**: la musaraña acuática (*Sorex palustris*), que pesa entre 8 y 18 g.

Tortuga
Las tortugas de caparazón blando gigante del Yangtsé (*Rafetus swinhoei*) miden más de 1 m de longitud y pesan hasta 250 kg. Antiguamente vivían en China y Vietnam, pero hoy solo quedan tres ejemplares, por lo que también es la **tortuga menos común**.

Crustáceo
Endémico de Tasmania, Australia, el cangrejo gigante de agua dulce (*Astacopsis gouldi*) puede alcanzar los 80 cm de largo, casi como un collie. Es también el **invertebrado de agua dulce más grande** del mundo.

El delfín con peor visión
Los delfines de río *Platanista*, que viven en ríos turbios como el Ganges, en el sur de Asia, son completamente ciegos. Son los únicos delfines que carecen de cristalino en los ojos. Además, sus aperturas oculares son tan diminutas (un simple agujerito) que apenas puede penetrar la luz. Para desplazarse y atrapar a sus presas se sirven exclusivamente de la ecolocalización.

93

ESCRIBIR UNA CANCIÓN
Los compositores principiantes pueden inspirarse en el *youtuber* Jonathan Mann (EE.UU.). A 17 de octubre de 2022, había escrito 5.186 canciones en el mismo número de días: el **mayor número de días consecutivos componiendo canciones**. Entre sus extravagantes temas, se cuentan «Duet with Siri», «Non-Existent Cat» y «Baby Yoda Baby Baby Yoda».

El anterior **pez de agua dulce más grande**, que sigue siendo un poderoso rival entre las **mayores especies de peces de agua dulce**, también vivía en el río Mekong. Este siluro gigante del Mekong (*Pangasianodon gigas*), capturado en Tailandia en 2005, pesaba 293 kg y medía 2,7 m de la cabeza a la cola.

El pez de agua dulce más corto
En el otro extremo está una carpa diminuta llamada *Paedocypris progenetica*. Una hembra adulta hallada en 2006 en los pantanos de turba ácidos de las islas de Borneo y Sumatra, en el sudeste asiático, medía solo 7,9 mm de largo. Ver en la página anterior el **pez de agua dulce más ligero**.

EL PEZ DE AGUA DULCE MÁS GRANDE (EJEMPLAR)

El 13 de junio de 2022, se capturó una hembra de raya gigante de agua dulce (*Urogymnus polylepis*) de 300 kg en el río Mekong, en Camboya. Científicos del proyecto camboyano-estadounidense Wonders of the Mekong (WOTM) constataron que medía 2,2 m de ancho y que su longitud total incluida la cola era de 3,98 m. Los lugareños la bautizaron Boramy («Luna Llena»). El doctor Zeb Hogan, que presenta la serie televisiva *Monster Fish* y dirige WOTM, afirmó: «Es un descubrimiento realmente asombroso y justifica los esfuerzos para entender mejor los misterios que rodean a esta especie y el increíble tramo de río en el que vive».

Esta raya de récord fue arrojada de nuevo al Mekong con un chip localizador para poder conocer mejor estos enigmáticos titanes de río.

EN LA COSTA

Los bigotes más largos
Los pinnípedos (como las focas) pueden presumir de tener los bigotes, o vibrisas, más largos del reino animal. En 1968, se halló un lobo marino antártico (*Arctocephalus gazella*) con un bigote de 48 cm de longitud. El mostacho completo medía 106,5 cm.

LOS 5 PAÍSES CON MÁS KILÓMETROS DE COSTA*

- Canadá: 202.080 km
- Noruega: 83.281 km
- Indonesia: 54.716 km
- Rusia: 37.653 km
- Filipinas: 36.289 km

La longitud de la costa canadiense prácticamente duplica la de cualquier otra nación soberana del planeta. Incluye el territorio continental y múltiples islas, que suman varias decenas de millar. La isla más grande, Groenlandia (con 44.087 km de costa), ocuparía el cuarto lugar, pero se ha omitido porque es territorio del reino de Dinamarca.

*CIA World Factbook

El pelaje más denso
La nutria marina (*Enhydra lutris*) tiene hasta 160.000 pelos por cm² en algunas partes de su cuerpo. Como la nutria no tiene grasa, su espeso pelaje atrapa una capa de aire aislante cerca de la piel que le ayuda a soportar las gélidas aguas costeras del Pacífico Norte. Conoce a uno de sus familiares de agua dulce en la pág. 34.

La estrella de mar más pesada
El 14 de septiembre de 1969, se pescó un ejemplar de estrella de mar gigante *Thromidia catalai* que pesaba casi 6 kg frente a la isla de Amédée (Nueva Caledonia). Este invertebrado mide hasta 70 cm de ancho y se alimenta envolviendo con el estómago a sus presas para digerirlas.

El tiburón que habita a mayor altitud
Se han observado pintarrojas (*Hemiscyllium*) cazando en pozas de marea a varios metros sobre el nivel del mar. La pintarroja, descrita por primera vez en 1788, puede alcanzar 1 m de longitud y, en mayo de 2022, Forrest Galante filmó por primera vez un ejemplar «caminando» sobre tierra al arrastrarse entre poza y poza en Papúa Nueva Guinea.

El alga marina que crece más rápido
El macroalga parda *Macrocystis pyrifera* crece hasta 0,5 m al día: ¡1.250 veces más rápido que el cabello humano! Se reproduce frente a las costas rocosas del Pacífico, donde se ancla al lecho marino con una especie de raíz y crece hacia la superficie iluminada por el sol gracias a vesículas llenas de aire (neumatocistos). Sus frondas, que pueden alcanzar los 60 m de longitud, la convierten también en el **alga más larga**.

El cangrejo herradura más grande
El cangrejo herradura (*Limulus polyphemus*) común mide hasta 60 cm de longitud y es autóctono de la costa atlántica de Norteamérica y del golfo de México. Este pariente acuático de los arácnidos es un fósil vivo que apenas ha cambiado desde que apareció hace unos 445 millones de años, 200 millones de años antes que los dinosaurios.

El pico más largo
El pico del pelícano australiano (*Pelecanus conspicillatus*) alcanza los 47 cm, aproximadamente la longitud del libro de *GWR* abierto. Puede contener hasta 13 litros de agua.

La babosa de mar más grande
La liebre de mar negra de California (*Aplysia vaccaria*) alcanza los 99 cm de longitud: ¡el doble que un bebé recién nacido! Y puede llegar a pesar casi 14 kg.

La bacteria más grande
La *Thiomargarita magnifica*, descubierta en 2009 en los manglares de la isla de Guadalupe, en el Caribe, mide 1 cm de longitud. Es la primera bacteria visible a simple vista de toda la historia. La nueva especie se describió en la revista *Science* en junio de 2022.

Longitud de la bacteria más grande

La colonia de tortugas verdes más grande
Durante la temporada de apareamiento, hasta 60.000 tortugas verdes hembra (*Chelonia mydas*) se reúnen en la isla Raine (frente a la costa de Queensland, en Australia) para desovar. Hasta 15.000 ejemplares anidan al mismo tiempo a lo largo de una playa de 1,8 km de longitud. Se cree que hace 1.000 años que celebran esta reunión multitudinaria.

El oso más grande
Los osos polares (*Ursus maritimus*) macho adultos acostumbran a pesar entre 400-600 kg, con una longitud de morro a cola de hasta 2,6 m. Son los **carnívoros terrestres más grandes** y cazan focas, morsas jóvenes e incluso ballenas beluga. Los machos doblan en tamaño a las hembras, probablemente como ventaja evolutiva para competir en la temporada de apareamiento. Los osos polares habitan en todo el Ártico, a lo largo de la costa en verano y en banquisas cada vez más reducidas en invierno.

92

ASISTIR A UNA CENA ESCALOFRIANTE
La muerte condimenta la sopa de la cena. ¿Podrás desenmascarar al asesino? Prepárate para una noche de cuchillos por la espalda asistiendo a *La ratonera*, de Agatha Christie. La **obra de teatro más longeva** cautiva al público en el West End londinense desde el 25 de noviembre de 1952.

GUÍA PARA LA OBSERVACIÓN DE FRAILECILLOS

Frailecillo atlántico (*Fratercula arctica*)
El frailecillo atlántico es el **frailecillo más pequeño**, con 28-30 cm del pico a la punta de la cola. Es autóctono del R.U., Islandia, Noruega y el noreste de Canadá y viaja a algunas regiones más meridionales. En enero de 2020, se descubrió que esta especie agarra palitos con el pico para rascarse la espalda, por lo que es la **primera ave marina que usa herramientas** que se haya podido documentar.

Frailecillo coletudo (*F. cirrhata*)
También conocido como frailecillo crestado, durante la temporada de apareamiento le crece un penacho de plumas de color amarillo brillante. Es el **frailecillo más grande** y los adultos pueden alcanzar hasta 40 cm de longitud y 1 kg de peso. Viven a lo largo de la costa norteamericana y en Rusia y Japón, en el Pacífico Oeste. Se sumergen hasta los 106 m de profundidad.

Frailecillo corniculado (*F. corniculata*)
El frailecillo corniculado debe su nombre a la punta negra que crece sobre el ojo de los adultos durante la temporada de apareamiento. Suele anidar en los resquicios de acantilados situados en el golfo de Alaska, las islas Aleutianas y a lo largo de la costa rusa. Puede llegar a coger hasta 65 peces pequeños con el pico a la vez.

Su espinosa lengua ayuda al frailecillo a sujetar a los escurridizos peces en el pico para alimentar a sus crías.

Los frailecillos deben su nombre a su plumaje blanco y negro, semejante al hábito de un monje.

LA SUPERCOLONIA DE FRAILECILLOS MÁS GRANDE

Las islas Vestman, frente al sudoeste de Groenlandia, albergan unas 830.000 parejas reproductoras de frailecillos atlánticos (*F. arctica*) durante la temporada de anidación, entre abril y agosto. Equivalen a cerca del 20 % de la población mundial de la especie. Estos cálculos se basan en «madrigueras aparentemente ocupadas», que se pueden extender hasta 1 m bajo el suelo.

Estas carismáticas aves de pico multicolor pasan casi dos tercios de su vida en el mar, descansando sobre las olas. Hace años que la población de frailecillos atlánticos disminuye, como consecuencia de los derrames de petróleo, la disminución de sus alimentos preferidos y el incremento de episodios meteorológicos extremos.

VIAJAR A ÁMSTERDAM
La capital de los Países Bajos es Patrimonio de la Humanidad de la UNESCO y un paraíso para los turistas, que pueden disfrutar de un riquísimo patrimonio cultural, de una vida nocturna vibrante y de más canales que en Venecia. No te vayas sin antes visitar la Casa de Ana Frank y conocer la vida de la desdichada autora del **diario más vendido**.

LA ZONA FÓTICA

El zooide más largo
La carabela portuguesa (*Physalia physalis*) es un organismo colonial compuesto por miles de organismos independientes conocidos como zooides. Los más largos son los tentáculos urticantes, que pueden alcanzar los 50 m de longitud.

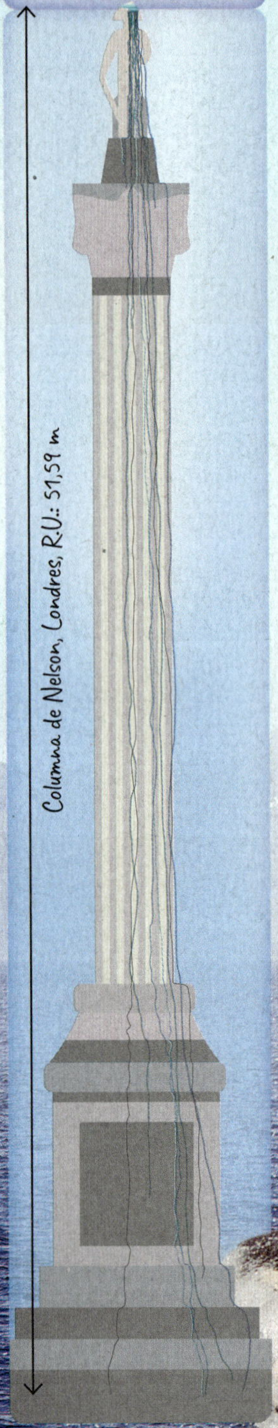

También conocida como zona epipelágica, la zona fótica comprende los 200 m superiores del océano, donde la fotosíntesis aún es viable. Aunque equivale solo al 3 % de los océanos terrestres, alberga a un 90 % de toda la vida marina.

El arrecife más largo
La Gran Barrera de Coral (GBC), que en realidad es una cadena de casi 3.000 arrecifes individuales, se extiende a lo largo de unos 2.300 km. La GBC representa el 10 % de los arrecifes de coral de todo el mundo.

La serpiente marina más larga
La serpiente marina amarilla (*Hydrophis spiralis*), de la familia de los Elapidae, puede crecer hasta los 2,75 m. Este reptil marino venenoso vive en el océano Índico, se alimenta de anguilas y es catemeral, es decir, está activo de día y de noche.

La **serpiente que nada más rápido** es la serpiente de vientre amarillo (*H. platurus*), capaz de nadar en fogonazos de 1 m/s.

El tiburón más rápido
El marrajo común (*Isurus oxyrinchus*) es capaz de surcar los mares a 56 km/h gracias a su piel cubierta de escamas minerales cristalinas llamadas dentículos dérmicos, que reducen la fricción. El marrajo común se propulsa a hasta unos 6 m sobre el agua y es también el **tiburón que salta más alto**.

El erizo de mar más grande
El erizo rojo (*Mesocentrotus franciscanus*) habita en las costas ricas en algas kelp del nordeste del Pacífico, tiene espinas de hasta 8 cm de longitud, y un esqueleto externo (exoesqueleto) que puede superar los 18 cm de diámetro.

Es casi 30 veces más grande que el **erizo de mar más pequeño** (*Echinocyamus scaber*), que mide 5,5 mm de ancho y habita en las aguas costeras de Nueva Gales del Sur, Australia.

El pez más tóxico
El pez globo (familia de los Tetraodontidae) del mar Rojo y de la región del Indo-Pacífico contiene tetrodotoxina (TTX), una neurotoxina muy potente derivada de las bacterias que portan los invertebrados de los que se alimenta. Una dosis de solo 16 mg puede ser letal para un ser humano adulto. Un solo pez globo contiene TTX suficiente para matar a 30 personas.

Los animales ciliados más grandes
Los ctenóforos («portadores de peines») son invertebrados marinos primitivos que deben su nombre a las características placas de cilios fusionados con los que se propulsan en el agua. El cinturón de Venus (*Cestum veneris*), una especie con aspecto de cinta y que habita en la superficie, puede alcanzar 1,5 m de longitud.

El diente de ballena más largo
El colmillo de marfil en espiral del narval (*Monodon monoceros*) macho adulto puede superar los 3 m de longitud. Aunque se debate su utilidad, se estima que el diente semejante a un cuerno de estos «unicornios del Ártico» puede detectar cambios sutiles en el agua.

El organismo no colonial más longevo
En 2006, se extrajo del fondo marino cerca de Islandia un ejemplar de almeja de Islandia (*Arctica islándica*) al que se le atribuyó una edad de 507 años. El molusco fue examinado por dendrocronólogos de la Facultad de Ciencias Oceánicas de la Universidad de Bangor (R.U.).

El reptil con la distribución más amplia
Se pueden encontrar ejemplares de tortuga laúd (*Dermochelys coriácea*) en el círculo ártico, al norte, y en el extremo meridional de Nueva Zelanda, al sur. Es un rango de latitud de 115°.

El mamífero marino más veloz
El 12 de octubre de 1958, se registró en el nordeste del Pacífico una orca (*Orcinus orca*) macho nadando a 55,5 km/h (más veloz que un caballo al galope). Este cetáceo alcanza los 10 m de longitud y las 10 toneladas de peso y, a pesar de que también se lo conoce como ballena asesina, en realidad es el **delfín más grande**. Habitan en todos los océanos y son depredadores muy inteligentes que cazan en grupo (vainas), por lo que también son descritos como «lobos del mar.»

DORMIR EN UN CASTILLO
Las aspirantes a bellas durmientes que quieran dormir 40 noches en un entorno propio de un cuento de hadas deberían incluir en su itinerario el **castillo más alto** del mundo. No en vano, el castillo de Neuschwanstein, de 65 m de altura y situado en Baviera (Alemania), inspiró el emblemático castillo de Cenicienta de Disney World.

90

EL MAMÍFERO MARINO MÁS HERBÍVORO

El dugongo (*Dugong dugon*) es el único mamífero exclusivamente marino al que se considera vegetariano. Este gigante amable es un sirenio, un orden al que también pertenecen los manatíes, que viven en aguas dulces. Consume unos 40 kg diarios de algas (aproximadamente el peso de un saco de 200 patatas). Habita en las cálidas aguas de los océanos Pacífico e Índico, y unos 10.000 dugongos (un 10 % de la población mundial) viven en las enormes praderas marinas de Shark Bay (ver abajo). La drástica reducción de estos hábitats como consecuencia de la contaminación y del calentamiento de los océanos supone una amenaza para esta especie.

Se puede estimar la edad de los ejemplares de dugongo contando los anillos de sus incisivos.

Se sabe que los dugongos consumen invertebrados como medusas o crustáceos, aunque muy ocasionalmente.

LA PLANTA MÁS GRANDE (POR SUPERFICIE)

Un solo ejemplar de hierba cinta (*Posidonia australis*) ubicado en Shark Bay, frente a Australia occidental, cubre aproximadamente 200 km^2 de lecho marino, por lo que también es el **organismo más grande**. Equivale a unas 450 veces la ciudad del Vaticano, el **país más pequeño**. Todo el prado marino creció de una sola semilla, que se propagó mediante rizomas, o brotes clonales subterráneos. Se estima que esta alga superlativa tiene unos 4.500 años y se describió en un artículo publicado en la revista *Proceedings of the Royal Society* en junio de 2022.

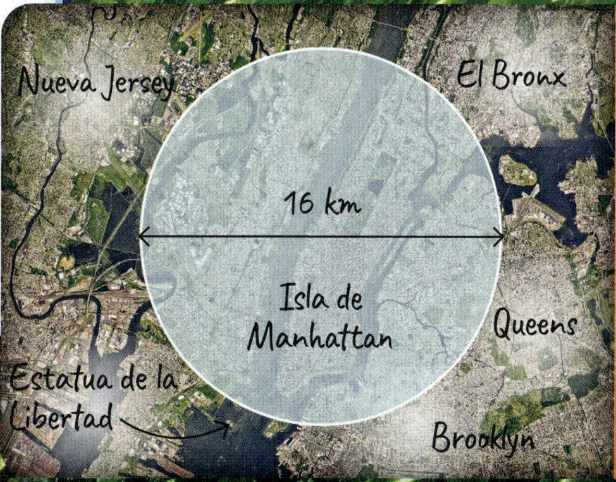

En realidad, esta vasta pradera marina clonal se extiende sobre diferentes zonas de Shark Bay, pero para plasmar su enorme tamaño, aquí hemos querido representar la extensión de la superficie del centro de Nueva York y de la vecina Nueva Jersey que quedaría cubierta si se aglutinara la planta en una vasta circunferencia.

LA ZONA MESOPELÁGICA

A medida que se desciende en el océano, la luz del sol disminuye y la presión aumenta, dos dificultades que sus habitantes han de superar. La zona mesopelágica es la capa entre los 200 m y los 1.000 m de profundidad. Más allá, está la zona batial, entre los 1.000 m y los 4.000 m de profundidad.

Los animales más oscuros

La piel negra de los *Oneroides*, unos rapes de las profundidades, absorbe hasta el 99,95 % de la luz porque, a pesar de que la luz solar no llega a su hábitat, la luz de sus presas bioluminiscentes podría revelar su presencia. Las múltiples capas de pigmento negro (melanina) consiguen hacerlos prácticamente invisibles.

El *Photocorynus spiniceps*, otro rape de las profundidades, es el **vertebrado más pequeño**. Un macho adulto recogido a 1.425 m de profundidad en el mar de Filipinas solo medía 6,2 mm, como un grano de arroz mediano. Theodore W. Pietsch (EE.UU.) publicó los hallazgos.

LOS VERTEBRADOS MÁS ASIMÉTRICOS

Cuando aún son larvas, los peces planos (Pleuronectiformes) son muy parecidos a cualquier otro pez y tienen cuerpos con rasgos simétricos. Sin embargo, se vuelven característicamente asimétricos a medida que se van desarrollando. Un ojo se desplaza sobre el cráneo hasta quedar junto al otro y se inclina hacia la boca torcida; por su parte, las aletas quedan aplanadas lateralmente. El lado del cuerpo que tiene ambos ojos pasa a ser el flanco dorsal (superior) y sigue pigmentado, mientras que el lado ventral (inferior) pierde la pigmentación.

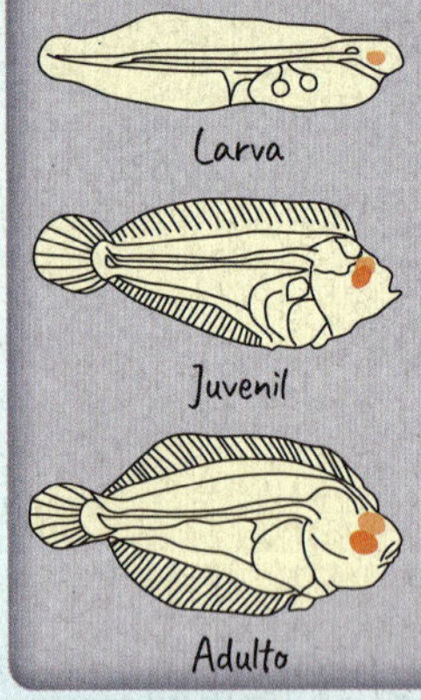

El crustáceo marino más grande (envergadura de patas)

El cangrejo gigante japonés (*Macrocheira kaempferi*) vive en las costas del sur de Japón. El tamaño medio del cuerpo es de 25 × 31 cm, con una envergadura de patas de 2,4-2,7 m. La envergadura de patas del ejemplar más grande era de 3,69 m, casi la longitud de un Mini Cooper. Estos cangrejos colosales viven a profundidades de hasta 600 m y se alimentan de gusanos, moluscos y otros crustáceos.

Los ojos de pez más calientes

El pez espada (*Xiphias gladius*) usa órganos especiales para calentar sus globos oculares hasta los 28 °C, incluso en aguas frías y profundidades de 2.870 m. Esto le permite seguir con la mirada a presas veloces, como los calamares.

La mayor variación morfológica en un pez

Un estudio de 2009 liderado por el ictiólogo G. David Johnson, del Instituto Smithsoniano, arrojó luz sobre uno de los misterios de la zona mesopelágica. Un análisis de ADN reveló que lo que hasta entonces habían sido tres familias de peces distintas eran, en realidad, los machos adultos, las hembras adultas y las larvas de una misma familia. Antes, los juveniles pertenecían a la familia de los Mirapinnidae, los machos a la de los Megalomycteridae y las hembras a la de los Cetomimidae, conocidos como peces ballena flácidos. La investigación confirmó que los tres pertenecen, en realidad, a esta última familia.

La estrella de mar más rápida

Las estrellas de mar no son conocidas precisamente por su velocidad, pero se ha registrado a la estrella girasol (*Pycnopodia helianthoides*) avanzando a una velocidad de 1 m por minuto. Se mueve sobre 15.000 pies tubulares fijados a 16-24 extremidades. Esta especie depredadora de gran tamaño vive en el océano Pacífico entre Alaska y el sur de California.

El tiburón a mayor profundidad

Se han encontrado pailonas (*Centroscymnus coelolepis*) alimentándose en el lecho marino, a unos 3.700 m de profundidad. Pocos tiburones se aventuran más allá de los 3.000 m.

La inmersión a mayor profundidad de...

- **Una serpiente marina**: Una especie no identificada de *Hydrophis*, detectada a 245 m el 16 de noviembre de 2014
- **Un ave**: Pingüino emperador (*Aptenodytes forsteri*), registrado el 19 de julio de 2006 a 564 m de profundidad
- **Un reptil**: Tortuga laúd (*Dermochelys coriácea*), a 1.280 m el 16 de diciembre de 2006
- **Un pinnípedo**: Elefante marino del norte (*Mirounga angustirostris*), a 1.529 m en mayo de 1989
- **Un mamífero**: Ballenato de Cuvier (*Ziphius cavirostris*), a 2.292 m, según datos recogidos en 2010-2012.

100 %

El migrante más pequeño

Los copépodos (pequeños crustáceos) son formas de vida planctónicas de unos 1-2 mm de promedio. Aunque habitan en el fondo marino para evitar a los depredadores, por la noche, ascienden a la superficie, en la **migración animal más grande**. Con unas 14.000 especies conocidas, son uno de los grupos de animales más diversos.

La mayor proporción ojo-cuerpo

Los ojos del *Vampyroteuthis infernalis* (literalmente, «calamar vampiro infernal») pueden alcanzar los 2,5 cm de diámetro, mientras que la longitud media del cuerpo adulto es de unos 28 cm, una proporción de 1:11. Descubierto en 1903 por Carl Chun, prefiere las aguas tropicales y profundidades superiores a los 600 m.

El calamar debe su nombre a la disposición de las patas, que recuerda a una capa, y al oscuro color rojo de su piel. En realidad, es inofensivo.

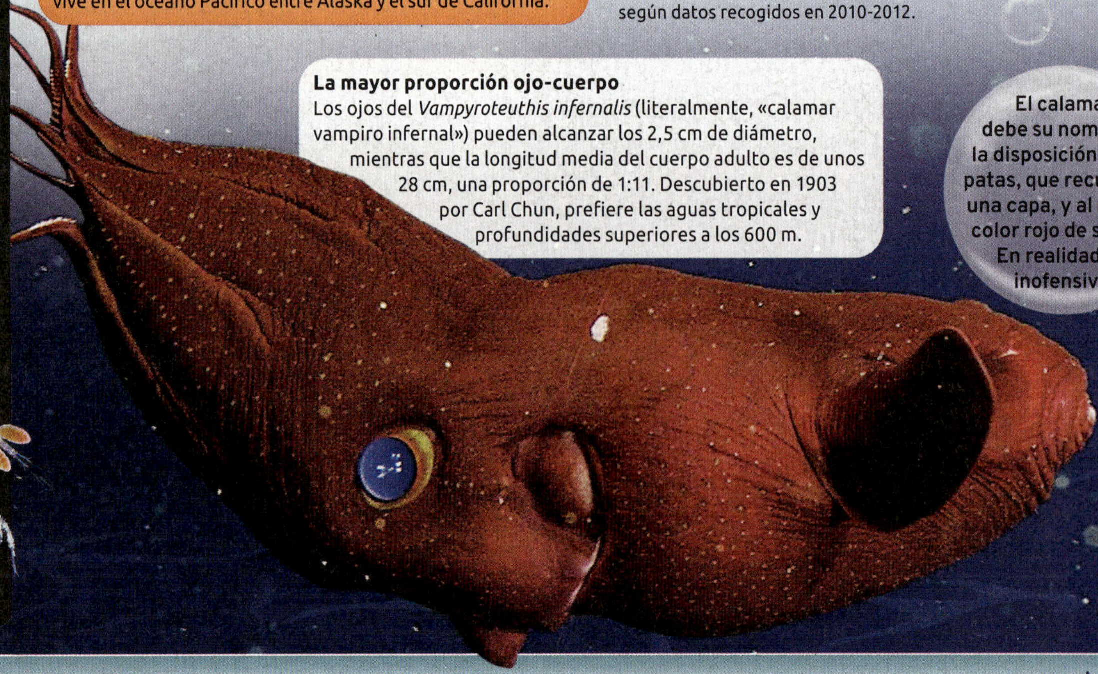

89

SALIR A NAVEGAR

Despídete de tierra firme y zambúllete en la vida marítima. La **regata en solitario sin escalas y sin asistencia más larga** es la Vendée Globe, que comienza y termina en Les Sables d'Olonne, Francia. Recorre unas 22.500 millas náuticas, por lo que quizá sea más recomendable que comiences por retos menos ambiciosos.

Con frecuencia, los ojos del tiburón albergan parásitos gusaniformes (en la imagen) que causan ceguera, aunque el tiburón no depende de la vista.

EL VERTEBRADO MÁS LONGEVO

Según un estudio de 2016, el tiburón boreal (*Somniosus microcephalus*), que se deja ver en muy raras ocasiones, tiene una esperanza de vida de hasta 392 años, incluso más. Este pez habita en las profundidades, solo crece 1 cm cada año y no madura sexualmente hasta los 150 años. Tiene una distribución muy amplia en las aguas del Atlántico Norte y a profundidades de unos 2.000 m, donde la temperatura es de -1 °C. Los científicos creen que este hábitat ha contribuido a su longevidad y a su largo proceso madurativo, ya que este tiburón ha desarrollado un metabolismo muy lento para adaptarse a su gélido entorno.

El vertebrado luminiscente más grande
El carocho (*Dalatias licha*) puede medir hasta 1,8 m de morro a cola. Vive a profundidades de 200-600 m, normalmente cerca del fondo marino, y habita en todo el mundo. Tanto su superficie ventral como las dos alas dorsales relucen gracias a una combinación de hormonas que emiten luz mediante los «fotóforos» de su piel. Aunque se desconoce el propósito de su bioluminiscencia, se cree que podría ayudarle a cazar entre las tinieblas de la capa mesopelágica.

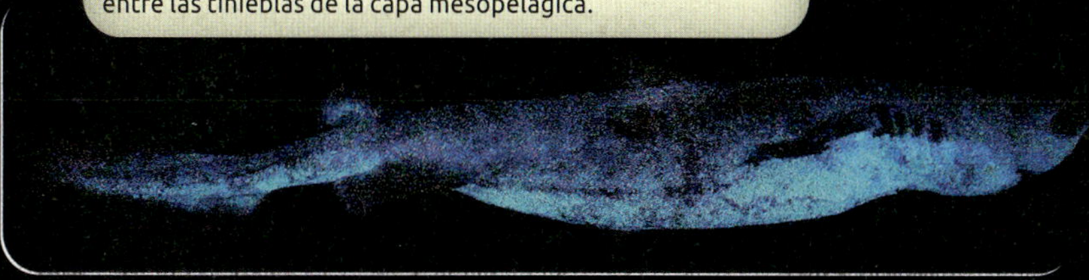

El pez con los ojos más grandes
Los globos oculares del tiburón zorro (*Alopias superciliosus*) pueden alcanzar los 12,5 cm y superan incluso a los del **pez más grande**, el tiburón ballena (ver págs. 44-45). Son peculiares, porque son más altos que anchos y tienen una forma semejante a la de una pera invertida, en lugar de ser esféricos.

EN EL ABISMO...

Por debajo de los 4.000 m de profundidad, la oscuridad eterna impera en el inframundo inhóspito que es la zona abisal del océano. Aún a mayor profundidad, en vastas simas en el fondo marino, la temperatura apenas supera el umbral de congelación y la aplastante presión multiplica por 1.000 la de la superficie. Bienvenido a la zona hadal (que lleva el nombre de Hades, el dios griego del inframundo), que comienza a 6.000 m bajo la superficie.

El 23 de marzo de 1875, los científicos a bordo del barco de investigación HMS Challenger hicieron la primera observación del mundo hadal. Anclados al sur de las islas Marianas, en el océano Pacífico, documentaron una profundidad de 4.475 brazas (8.184 m). El nombre de la expedición perdura en el **punto más profundo** del océano (ver págs. 116-117). A pesar de estas condiciones extremas, la vida ha encontrado el modo de abrirse camino en este hábitat. En 1901, se recogieron los **primeros organismos hadales**: el Princess Alice II arrastró equiuros, estrellas de mar, ofiuroideos y peces demersales (que viven a grandes profundidades) de la fosa de Zeleniy Mys en el Atlántico Norte. Desde entonces, se han descubierto muchos más extremófilos abisales y hadales, algunos de ellos gracias al doctor Alan Jamieson (izquierda), biólogo marino y asesor de GWR. En la imagen aparece con el **crustáceo anfípodo más grande**, el *Alicella gigantea*, que puede alcanzar los 34 cm de longitud. Embárcate junto a nosotros en este safari submarino superlativo. Y, sobre todo, ¡no te olvides de la linterna!

Los anfípodos submarinos gigantes alcanzan hasta 20 veces el tamaño de sus parientes en aguas menos profundas.

El granadero más grande
Los granaderos también se conocen como colas de rata, por la longitud y la forma ahusada de sus colas. Se han encontrado algunas especies a hasta 6.500 m de profundidad, a la que se han adaptado desarrollando ojos bulbosos y órganos que emiten luz y con los que atraen a sus presas. El más grande es el granadero gigante (*Albatrossia pectoralis*), que alcanza los 2,1 m de longitud. Son originarios del Pacífico Norte, y el *A. pectoralis* documentado a mayor profundidad llegó a los 3.500 m.

El crinoideo a mayor profundidad
Los crinoideos son unos invertebrados marinos que incluyen a un grupo de animales conocidos como lirios de mar. Se aferran a superficies duras, como corales o rocas, con el tallo y se alimentan de plancton y de detritus flotantes que atrapan con sus extremidades plumosas. Se encontró un lirio de mar, el *Bathycrinus kirilli*, a 9.735 m de profundidad en la fosa de Izu-Ogasawara, en el océano Pacífico Oeste.

El pulpo a mayor profundidad
En 2019, se registró un pulpo Dumbo (*Grimpoteuthis*) alimentándose cerca del fondo del mar, a 6.957 m de profundidad en la fosa de Java, en el océano Índico. Esto amplió en 1.812 m la profundidad máxima conocida para este género y es la primera evidencia irrefutable de un cefalópodo (el grupo al que pertenecen los pulpos, las sepias y los calamares) en la zona hadal. El cuerpo del pulpo es blando y semigelatinoso, por lo que puede resistir la inmensa presión que existe a esas profundidades. Debe su nombre común a las dos aletas especializadas que tiene en la cabeza y que recuerdan a orejas de elefante (de ahí la referencia al personaje de Disney).

El pez con las aletas más largas (en relación con el tamaño del cuerpo)
El pez trípode (*Bathypterois grallator*) mide unos 30 cm de longitud, pero las dos aletas pélvicas y la aleta caudal inferior tienen unas largas extensiones que pueden alcanzar más del triple que la longitud del cuerpo del pez. Cuando apuntan hacia abajo, se vuelven rígidas y permiten al acertadamente llamado pez trípode anclarse en la arena del fondo del mar para atrapar la comida que pase. El *B. grallator* se distribuye ampliamente por los océanos Atlántico, Pacífico e Índico.

El equinodermo a mayor profundidad
Los equinodermos son un grupo de invertebrados marinos entre los que se encuentran las estrellas de mar y los pepinos de mar. Estos últimos viven en el fondo del mar y tienen cuerpos blandos, bocas rodeadas de tentáculos semejantes a dedos y pies de oruga. Los cerdos de mar (abajo), que habitan en la zona abisal, son pepinos de mar atípicos, porque «caminan» sobre largos pies tubulares que parecen patas. El equinodermo que vive a mayor profundidad es el pepino de mar *Prototrochus bruuni*. En 1977, se halló un ejemplar a 10.730 m de profundidad en la fosa de Tonga, en el sudoeste del Pacífico.

*Los animales no están representados a escala.

ASISTIR A LOS JUEGOS OLÍMPICOS
De existir la medalla de oro al mejor fan olímpico, se le habría llevado Harry Nelson, de California, EE.UU. Harry asistió a 19 ediciones de esta reunión deportiva de élite entre Los Ángeles 1932 y Río 2016, la **mayor cantidad de Juegos Olímpicos de Verano presenciados en directo**. Las pruebas de atletismo eran sus preferidas.

El calamar a mayor profundidad
Se ha documentado una especie no identificada de calamar gigante (*Magnapinna*) a 6.212 m de profundidad en la fosa de Filipinas. Además de las grandes aletas que presenta en el manto, esta especie tiene brazos y tentáculos como espaguetis (y de un tamaño inusualmente regular) que alcanzan los 8 m de longitud. Se sabe poco de ellos, porque aún no se ha podido estudiar ningún ejemplar adulto.

Las branquias de este tipo de anguila están ubicadas muy abajo del cuello, que parece cortado.

La anguila a mayor profundidad
Las anguilas son peces actinopterigios y pertenecen al orden de los anguiliformes. El 14 de mayo de 2014, Thomas Linley (R.U.) y Alan Jamieson documentaron un ejemplar de *Ilyophis robinsae*, una especie de anguila de branquias bajas, a 6.068 m de profundidad en la fosa de Kermadec, frente a Nueva Zelanda. Es la única grabación de un anguiliforme a profundidades hadales.

El ofidio a mayor profundidad
Aunque también tienen el cuerpo alargado, los ofidios no son anguiliformes. La mayor profundidad a la que se ha filmado un ejemplar fue a 7.176 m y se trató de un *Bassozetus* (imagen) en la fosa de Java. Otro ofidio, el *Abyssobrotula galatheae*, se consideró durante mucho tiempo el **pez que habita a mayor profundidad**, cuando se informó de que se había pescado uno a 8.370 m en la fosa de Puerto Rico, en el Atlántico. Sin embargo, este dato genera controversia, porque es posible que mordiera el anzuelo más cerca de la superficie. Por lo tanto, los peces babosos (abajo) son, de momento, los campeones de las profundidades.

En la imagen, ejemplares del pez baboso de las Marianas (*P. swirei*), que ostentaba el récord del pez que habita a mayor profundidad: 8.178 m.

El pez que habita a mayor profundidad
Algunas especies de peces babosos (Liparidae), con sus cuerpos sin escamas y forma de renacuajo, moran en las regiones más profundas del océano. Para soportar la inmensa presión, han desarrollado huesos blandos y fundamentalmente cartilaginosos, además de cráneos con orificios. La enormidad de su alcance se conoció a finales de la década de 2000, y avistamientos posteriores han revisado la profundidad máxima a cotas cada vez más vastas. El ejemplar detectado a mayor profundidad es un *Pseudoliparis* juvenil filmado a 8.336 m el 15 de agosto de 2022. Días después, se recogieron dos ejemplares de *P. belyaevi* a 8.022 m de profundidad (el **pez pescado a mayor profundidad de todos los tiempos**) en la cercana fosa de Japón. El equipo del doctor Jamieson, de la Universidad de Australia Occidental, lideró ambos descubrimientos con la colaboración de la Universidad de Tokio de Ciencias y Tecnologías Marinas (Japón).

La primera nueva especie contaminada con plástico
El *Eurythenes plasticus* es un anfípodo que habita en el fondo del mar y que se descubrió en 2014. Recibió este nombre tras encontrarse un fragmento de microplástico en el intestino posterior de un ejemplar, pese a que estos crustáceos viven en la zona hadal.

Diez anfípodos *Hirondellea gigas* recogidos el 29 de enero de 2017 a 10.890 m en la fosa de las Marianas tenían fibras sintéticas o semisintéticas en el sistema digestivo. Esto concede al *H. gigas* el récord de ser el **animal a mayor profundidad contaminado con microplásticos**.

MEGAFAUNA MARINA

Las leyendas sobre gigantescos monstruos marinos que acechan bajo las aguas, como el Kraken, abundan desde la época clásica... Y, sin embargo, los organismos marinos que realmente habitan nuestros océanos son tan o más increíbles que los mitológicos (en las págs. 32-33 verás el interior de uno de estos gigantes del mar). Aquí, hemos ordenado a los colosos oceánicos por orden de tamaño de sus ejemplares más grandes documentados y los mostramos junto a un buceador humano.

1. Medusa melena de león ártica
Longitud promedio: 9 m, tentáculos incluidos
La *Cyanea capillata* habita en las frías aguas del Ártico y del norte del océano Pacífico y es la **medusa más grande**. Puede pesar hasta 1 tonelada, a pesar de que se compone fundamentalmente de agua y de partes blandas. En 1870, se encontró una melena de león ártica arrastrada a tierra en la bahía de Massachusetts, EE.UU., cuya umbrela medía 2,3 m de diámetro y cuyos tentáculos alcanzaban los 36,5 m de longitud, ¡como tres autobuses escolares y medio!

2. Ballena azul
Longitud promedio: 25 m
La *Balaenoptera musculus* es un coloso marino y el **animal más grande de todos los tiempos**. Una hembra registrada en una estación ballenera en el sur del Atlántico en 1909 midió 33,57 m, como tres autobuses de dos pisos londinenses. La ballena azul también tiene el **corazón más grande** (199 kg) y los **pulmones más grandes**, con una capacidad de 5.000 litros. Incluso las crías son gigantescas: los ballenatos recién nacidos pueden medir 8 m de longitud y pesar 2,3 toneladas, por lo que son las **crías más grandes**.

3. Tiburón ballena
Longitud promedio: 10-12 m
El tiburón ballena (*Rhincodon typus*) prefiere las aguas ecuatoriales y es el **pez más grande**. Una hembra capturada en el mar de Arabia, frente a la India, en mayo de 2001, midió 18,8 m de longitud. Un estudio publicado en julio de 2022 reveló que el tiburón ballena no solo se alimenta de krill (como se consideraba hasta entonces), sino también de algas, por lo que es el **omnívoro más grande**.

4. Pez remo gigante
Longitud promedio: 6 m
El pez remo gigante (*Regalecus glesne*) tiene forma de cinta y un esqueleto compuesto de tejido óseo, en lugar de cartílago, lo que lo distingue de los tiburones y de las rayas. El pez remo es el **pez óseo más largo**. El 18 de julio de 1963, un equipo de oceanógrafos observó un ejemplar gigantesco de unos 15,2 m de longitud frente a la costa de Nueva Jersey.

5. Calamar gigante
Longitud promedio: 3-9 m
Se sabe muy poco del escurridizo calamar gigante (*Architeuthis dux*), del que hay muy pocos ejemplares completos para su estudio. Crecen casi hasta los 13 m y son el **cefalópodo más grande** (la clase de moluscos a la que pertenecen los calamares, los pulpos y las sepias). Su pariente cercano, el calamar colosal (*Mesonychoteuthis hamiltoni*) suele medir menos, pero pesar más, como atestigua un ejemplar documentado de 495 kg. Ambos calamares son los animales sin esqueleto interno más grandes, es decir, los **invertebrados más grandes**.

6. Elefante marino meridional
Longitud promedio: 5 m
El elefante marino meridional (*Mirounga leonina*) de las islas subantárticas es tanto la **foca más grande** como el **pinnípedo más grande**. El 28 de febrero de 1913, se mató a un macho de 6,85 m de longitud en el Atlántico Sur. Pesó al menos 4 toneladas, aproximadamente lo mismo que nueve pianos de cola.

7. Gran tiburón blanco
Longitud promedio: 4,3-4,6 m
El gran tiburón blanco (*Carcharodon carcharias*) es el **pez depredador más grande**. Se ha informado de múltiples avistamientos de ejemplares de más de 6 m de longitud; a 2022, el ejemplar vivo más grande conocido era *Deep Blue*, una hembra de 50 años con una longitud estimada de 6,1 m y un peso de más de 2 toneladas.

8. Pez luna
Longitud promedio: 1,8 m
Estos habitantes de aguas tropicales tienen forma de disco y es habitual verlos tomar el sol cerca de la superficie. El *Mola alexandrini* es el **pez óseo más pesado** documentado. Un ejemplar muerto encontrado en las aguas de las Azores, Portugal, el 9 de diciembre de 2021, pesaba 2,74 toneladas y medía 3,25 m. Más información en la pág. 46.

La colonia animal más grande
La *Apolemia uvaria* es un «superanimal» que flota a la deriva y se compone de numerosos organismos urticantes llamados zooides, como si se tratara de una red de arrastre depredadora. El 16 de marzo de 2020, se avistó un ejemplar enorme que formaba una espiral frente a la costa de Australia occidental. Se estima que tenía una longitud total de 119 m, el triple que la medusa melena de león ártica más grande (ver **1**).

VISITAR LA GRAN BARRERA DE CORAL
El **arrecife de coral más largo**, ubicado frente a la costa de Queensland, Australia, mide 2.300 m de longitud y es una de las bellezas naturales más celebradas del planeta. Más de un millón de personas lo visitan anualmente para nadar entre peces payaso, mantarrayas y tiburones. (Ver pág. 38 para más información.)

87

La medusa melena de león ártica debe su nombre a la masa enredada de sus cerca de 1.200 tentáculos semejantes a cabellos.
Las ballenas azules pueden consumir hasta 14 toneladas de krill en un día, ¡lo mismo que el peso de cuatro hipopótamos!
3
El tiburón ballena tiene la **piel animal más gruesa**, de unos 10 cm de grosor.
4
5
El calamar gigante y el calamar colosal tienen los **ojos más grandes** del reino animal, de hasta 28 cm de diámetro, ¡más que una pelota de baloncesto!
6
La mitad del volumen de un elefante marino es grasa de ballena.
7
El gran tiburón blanco puede tener hasta 300 dientes serrados.
Ser humano de 1,8 m
El pez luna tiene un pico fusionado parecido al de un loro.
8

RECOPILATORIO

El pez en cautividad más longevo de todos los tiempos

A su fallecimiento en 2017, un pez pulmonado de Queensland (*Neoceratodus forsteri*) macho con el acertado nombre de *Granddad* (Abuelo) tenía una edad estimada de 109 años. Adquirido en 1933 del Taronga Zoo and Aquarium de Sídney, Australia, fue trasladado al John G. Shedd Aquarium de Chicago, Illinois, EE.UU., y, durante 84 años, fue visitado por más de 100 millones de personas.

El corazón más antiguo

En septiembre de 2022, se anunció el extraordinario descubrimiento de un corazón preservado que se remonta al Devónico Superior, hace unos 380 MDA. Constaba de dos cámaras discretas y se encontró en el interior de un ejemplar fosilizado del pez *Mcnamaraspis kaprios*, desenterrado en el yacimiento de la Formación Gogo en Australia occidental. Un tipo de mineralización muy rara había conservado intactos no solo el corazón, sino también muchos otros órganos internos blandos, como el hígado, el estómago y el intestino.

El ictiosaurio más antiguo

El 13 de marzo de 2023, un estudio publicado en *Current Biology* reveló que los fósiles de un reptil marino aún no nombrado encontrado en 2014 en Svalbard, Noruega, se remontaban a hace 250 MDA. La criatura marina se asemejaba a un delfín y medía unos 3 m de longitud. Los científicos creen que una especie tan avanzada tuvo que ser anterior (y, por lo tanto, sobrevivió) a la «Gran Mortandad», una extinción masiva que eliminó a hasta el 90 % de toda la vida en la Tierra hace unos 251,9 MDA.

La primera alga polinizada por animales

El isótopo báltico (*Idotea balthica*) poliniza el alga marina roja *Gracilaria gracilis*. Este pariente de las cochinillas transporta diminutos *spermatia* (gametos masculinos) de algas macho a algas hembra. Sin ellos, el proceso dependería de las corrientes aleatorias. Los **primeros polinizadores animales de flores marinas** se identificaron en 2016 y son larvas de crustáceos y gusanos marinos, que transfieren el polen del pasto marino.

El depredador más antiguo

El *Auroralumina attenboroughii* es un cnidario (grupo de las medusas y las anémonas marinas) extinto hace 560 millones de años. Se remonta al período Ediacárico y vivió unos 20 millones de años (MDA) antes que los siguientes depredadores conocidos, las medusas prehistóricas. Un fósil de un ejemplar de 20 cm de altura de *A. attenboroughii* fue encontrado en Charnwood Forest, Leicestershire, R.U. Presenta dos pólipos ramificados sobre un esqueleto orgánico rígido, y se cree que atrapaba a sus presas con unos tentáculos sencillos. Esta criatura marina lleva el nombre del naturalista David Attenborough (R.U.), el **presentador televisivo con una trayectoria más larga**, carrera que, a 9 de abril de 2023, se prolongaba 69 años y 219 días.

La migración sin escalas más larga de un ave

En 2022, un ejemplar joven de aguja colipinta (*Limosa lapponica baueri*) seguida por satélite voló unos 13.560 km sobre el océano Pacífico sin detenerse ni una sola vez a comer o a descansar. Partió de Alaska, EE.UU., el 13 de octubre y llegó a Tasmania, Australia, 11 días y 1 h después. El ave, de cinco meses de edad, se conoce como «234684», el número de su anillo. Durante la migración, estas aves vuelan de día y de noche y pueden consumir más de la mitad de su peso corporal.

Las aves logran mantenerse durante sus épicas travesías encogiendo los órganos internos para dejar espacio a grasa rica en energía.

El pez óseo más pesado

Un pez luna (*Mola*) adulto puede llegar a alcanzar una longitud media de 1,8 m y un peso de 1 tonelada. Sin embargo, el ejemplar más pesado registrado, un pez luna gigante (*M. alexandrini*) casi triplicaba ese peso, con 2.744 kg. Se halló el 9 de diciembre de 2021 cerca de la isla de Fayal, en las Azores, frente a la costa portuguesa. (Ver también págs. 44-45).

La migración más larga de un pez (viaje de ida y vuelta)

Un marrajo común (*Isurus oxyrinchus*) macho llamado *Hell's Bay* nadó más de 21.000 km en el océano Atlántico durante un período de 600 días. Anillado y seguido por los investigadores de la Nova Southeastern University de Florida, su épico viaje equivale a haber completado a nado la mitad de la vuelta al mundo. Nadó desde Ocean City, Maryland, EE.UU., hacia el norte a lo largo de la costa este estadounidense hasta Nueva Escocia, Canadá, y luego volvió a descender hasta el sur de Bermudas antes de regresar a Ocean City.

El caminante sobre agua más grande

Varios animales han desarrollado sistemas para caminar sobre el agua durante unos segundos. Uno de los más icónicos es el basilisco común de Latinoamérica. Sin embargo, las criaturas más grandes conocidas capaces de lograr esta hazaña son los lagartos de cola de vela (*Hydrosaurus*) del sudeste asiático. Al igual que los basiliscos, corren sobre dos pies, y los dedos aplanados forman un colchón de aire sobre la superficie del agua. La cola, larga y sólida, también los ayuda a mantener el equilibrio. El ejemplar más grande documentado, un *H. microlophus*, midió 1,07 m de longitud y, probablemente, había sido incluso mayor, porque le faltaba la punta de la cola.

APRENDER A IR EN MOTO

98

Si sientes la llamada de la carretera, ¿por qué no sigues las rodadas de Benka Pulko (Eslovenia)? Pulko se embarcó en una travesía sobre ruedas de cinco años entre 1997 y 2002, durante los que recorrió 180.016 km por 69 países y siete continentes. Es el **viaje en motocicleta en solitario más largo**.

La especie de tortuga menos longeva

Las tortugas terrestres y marinas son unos de los animales más longevos. Sin embargo, la esperanza de vida de la tortuga pollo (*Deirochelys reticularia*) es de solo 21 años. Madura rápidamente y las hembras pueden hacer hasta dos puestas al año.

Por el contrario, una tortuga gigante de Seychelles (*Aldabrachelys gigantea hololissa*) llamada *Jonathan*, que vive en la isla de Santa Helena, es el **animal terrestre más longevo**, con una edad estimada de 190 años a 2022.

El hidrozoo a mayor profundidad

Los hidrozoos son criaturas marinas de cuerpo blando emparentadas con las medusas. Se filmó una especie, identificada provisionalmente como *Pectis profundicola*, a 10.063 m de profundidad en la fosa de Filipinas, en el noroeste del Pacífico, durante una expedición del DSV Limiting Factor (ver págs. 116-117) en 2021-2022. Es una profundidad 997 m mayor de lo detectado hasta entonces.

Las observaciones durante esta expedición también alargaron el alcance del **tunicado a mayor profundidad** hasta los 8.077 m, para un ejemplar de Octacnemidae en la fosa de Izu-Ogasawara. Los dos hallazgos se publicaron el 9 de febrero de 2023.

La marea marrón más grande

Las acumulaciones de sargazos, unas macroalgas marrones, son cada vez más abundantes. En junio de 2022, el Gran cinturón de Sargazo del Atlántico alcanzó un nuevo máximo, con una cobertura mensual media de 6.989 km^2. Se extendía desde el golfo de México hasta la costa oeste de África. Algunos de los posibles catalizadores son el calentamiento de los océanos y el nivel cada vez mayor de aguas residuales y de fertilizantes en el mar.

La especie de pingüino más grande de todos los tiempos

El 8 de febrero de 2023, un artículo del *Journal of Paleontology* reveló que el recién descrito pingüino prehistórico *Kumimanu fordycei* habría pesado 154 kg, tres veces más que la **especie de pingüino más grande** actual, el pingüino emperador (*Aptenodytes forsteri*). Los fósiles de *K. fordycei* se encontraron en rocas de hace 55,5-59,5 MDA en North Otago, en la isla Sur de Nueva Zelanda.

El diente de megalodonte más grande

En junio de 2022, se encontró el diente de un megalodonte (*Otodus megalodon*; ver muestra en la imagen) extinto a 3.089 m de profundidad. Se halló a unos 240 km del atolón de Johnston en el océano Pacífico. El megalodonte fue el **pez más grande de todos los tiempos** y es posible que midiera hasta 20 m de longitud. Para el **pez más grande actual**, consulta las págs. 44-45.

La especie de nenúfar más grande

Las hojas de la *Victoria boliviana*, originarias de El Beni, en el nordeste de Bolivia, pueden superar los 2,8 m de diámetro. Carlos Magdalena, del Jardín Botánico de Kew (a la izquierda, con su hijo de seis años, Mateo, y la artista botánica Lucy Smith), ha desempeñado un papel crucial en la identificación de esta nueva especie, descubierta en julio de 2022. Durante casi 200 años, se la había confundido con otro nenúfar gigante (*V. amazónica*).

El 3 de febrero de 2012, una hoja de *V. boliviana* cultivada en el ecoparque de La Rinconada (abajo), en Santa Cruz, Bolivia, midió 3,2 m de diámetro, por lo que es la **hoja de nenúfar más grande**. Su borde medía 17 cm de altura. La superficie de 7,55 m^2 equivale a la de dos camas de matrimonio y es la **hoja no dividida más grande** de todas las plantas registradas.

El ecoparque de La Rinconada es propiedad de Gastón Ribero, «Tonchi», a la derecha en la imagen.

Las efímeras flores de la *V. boliviana* son del tamaño de un volante de automóvil y pasan de blanco a rosa de la noche a la mañana.

85

VISITAR LONDRES

Hay tantas cosas que ver en la bulliciosa capital londinense que cuesta decidir por dónde empezar... Una manera de hacerlo es convertirlo en un juego, como hizo Alex Radford (R.U.) el 5 de agosto de 2018. Radford logró el **menor tiempo en visitar todas las calles del Monopoly® de Londres a pie** con 1 h y 35 s. Por cierto, ¡cuando pases por la cárcel basta con que hagas la foto desde fuera!

ANIMALES DOMÉSTICOS

LOS MÁS LONGEVOS...

Gato: El 10 de noviembre de 2022, se verificó que *Flossie* (R.U., n. el 29 de diciembre de 1995) tenía 26 años y 316 días. La venerable felina había sido entregada al refugio Cats Protection, que ya le ha encontrado un nuevo hogar.

Perro: *Bobi* (Portugal, n. en 1992), 30 años y 243 días a 9 de enero de 2023

Ratón: *Patrick Stewart* (EE.UU., n. en 2013), 9 años y 180 días a 10 de enero de 2023

Gallina: *Peanut* (EE.UU., n. en 2002), 20 años y 272 días a 28 de enero de 2023

Alpaca: *Hawthornden Wainui* (Nueva Zelanda, n. en 1998), 25 años y 47 días a 18 de febrero de 2023

El conejo más rápido en saltar 10 vallas

El 30 de enero de 2023, *Penelope* saltó las 10 vallas de una carrera de obstáculos en solo 7,16 s durante el rodaje de *Lo Show dei Record* en Milán, Italia. Las vallas medían 25 cm de altura. Ole Roski (Alemania), el propietario de *Penelope*, la animó durante todo el recorrido.

Creole, otra estrella de la televisión, superó una sucesión de saltos, rampas y un balancín para convertirse en la **gallina más rápida en completar una carrera de agilidad**: 1 min y 0,02 s el 14 de febrero de 2023. Zoe Amaya Tomas (EE.UU.), de 13 años, fue su guía.

El salto de altura más alto de una cobaya

El 15 de agosto de 2022, *Abby*, una cobaya crestada americana propiedad de Grace Hoiness (EE.UU.), voló sobre una barra a 22 cm de altura en Bend, Oregón, EE.UU. y batió un récord vigente 19 años.

Más perros haciendo la conga

Wolfgang Lauenburger (Alemania) encabezó una fila de 14 superperros (*Emma, Filou, Fin, Simon, Susy, Maya, Ulf, Speck, Bibi, Katie, Jennifer, Elvis, Charly* y *Cathy*) en Stukenbrock, Alemania, el 25 de agosto de 2022. El mismo año, la perra *Maya* también logró hacer **más croquetas en un minuto** (62) y **más giros sobre sí misma en 30 segundos** (49).

El más rápido en zigzaguear entre cinco varas montando un caballo ciego

El 29 de octubre de 2022, el jinete Morgan Wagner (EE.UU.) guio a su caballo *Endo* para que zigzagueara entre cinco varas en 6,93 s en Corvallis, Oregón, EE.UU. *Endo*, a quien se le tuvieron que extirpar los ojos tras una enfermedad, también logró los récords del **salto libre más alto** (106 cm) y de **más cambios de pie en un minuto** (39) de un caballo ciego.

El perro más bajo

Pearl, una chihuahua de 2 años, midió 9,14 cm hasta la cruz el 23 de agosto de 2022 en Orlando, Florida, EE.UU. Superaba de esta forma el récord que ostentaba su pariente, *Miracle Milly*, que en 2013 midió 9,65 cm hasta la cruz. *Pearl* es la joya de Vanesa Semler (Puerto Rico), que también fue la propietaria de *Milly*.

Más muestras médicas consecutivas identificadas por perros

La ONG Medical Detection Dogs (R.U.) entrena a canes para detectar hasta 28 enfermedades o trastornos distintos gracias a su capacidad olfativa. El 24 de noviembre de 2022, un escuadrón de cinco labradores y retrievers identificó 24 muestras consecutivas, entre las que había muestras de COVID-19, enfermedad de Parkinson y cáncer de próstata, en Great Horwood, Buckinghamshire, R.U.

El mayor salto de un perro

Sounders, el whippet de siete años de Laurel Behnke (EE.UU.), saltó 11,12 m para zambullirse en una piscina de competición de saltos caninos en Gig Harbor, Washington, EE.UU., el 30 de julio de 2022. Los jueces de North America Diving Dogs ratificaron el salto.

El perro con la lengua más larga

La lengua de *Zoey*, un cruce de labrador negro y pastor alemán, mide 12,7 cm, como se ratificó el 27 de octubre de 2022 en Metairie, Luisiana, EE.UU. La familia Williams disfruta de sus húmedos lametazos.

El perro con las pestañas más largas es *Coco*, un newfypoo con unas pestañas de 17,8 cm, como se comprobó el 18 de noviembre de 2022. Su propietaria es Rachelle Parks (EE.UU.).

Más trucos realizados por una cobaya en un minuto

La cobaya abisinia *Coco* hizo 16 trucos (giros, saltos y distintas interacciones con objetos) en High Point, Carolina del Norte, EE.UU., el 6 de marzo de 2022. El 16 de noviembre de 2022, añadió el récord de los **30 segundos** (10). La astuta roedora fue adoptada en 2018 por Gwen Ford (EE.UU.), que la empezó a entrenar al constatar su energía y su curiosidad. Ahora es una campeona certificada, con más de 70 trucos en su repertorio.

MONTAR EN UN TRINEO TIRADO POR PERROS

Deslízate sobre un paisaje nevado montando un trineo tirado por huskies. La **carrera de trineos tirados por perros anual más larga** es el Iditarod Trail, que cruza Alaska, EE.UU. (1.688 km). Los perros soportan condiciones meteorológicas extremas, con temperaturas de hasta -73 °C. Inaugurada en 1967, también es la **carrera de trineos tirados por perros más antigua**.

84

La vaca con la mayor envergadura de cuernos
A 8 de octubre de 2022, las puntas de los cuernos de *Sweet Maxi* distaban 284,16 cm (aproximadamente como dos palos de hockey), como se verificó en un concurso de la Texas Longhorn Breeders Association en Corsicana, Texas, EE.UU. *Sweet Maxi* es propiedad de Kali y Mike Smith (ambos de EE.UU.), que la definen como «un peluche enorme». *Poncho Via*, un buey de la raza Texas longhorn, ostenta el récord del **buey con la mayor envergadura de cuernos**: 323,74 cm, ratificado el 8 de mayo de 2019 en Goodwater, Alabama, EE.UU. Es propiedad de la familia Pope.

La vaca más alta de todos los tiempos
El 24 de mayo de 2014, una Holstein llamada *Blosom* (fallecida en 2015) midió 190 cm de la pezuña a la cruz en Orangeville, Illinois, EE.UU. Estaba al cuidado de Patty Meads-Hanson (EE.UU.), que la conoció cuando era una ternerita de ocho semanas. Según Patty, a la colosal vaca le encantaba que le rascaran la barbilla y las orejas.

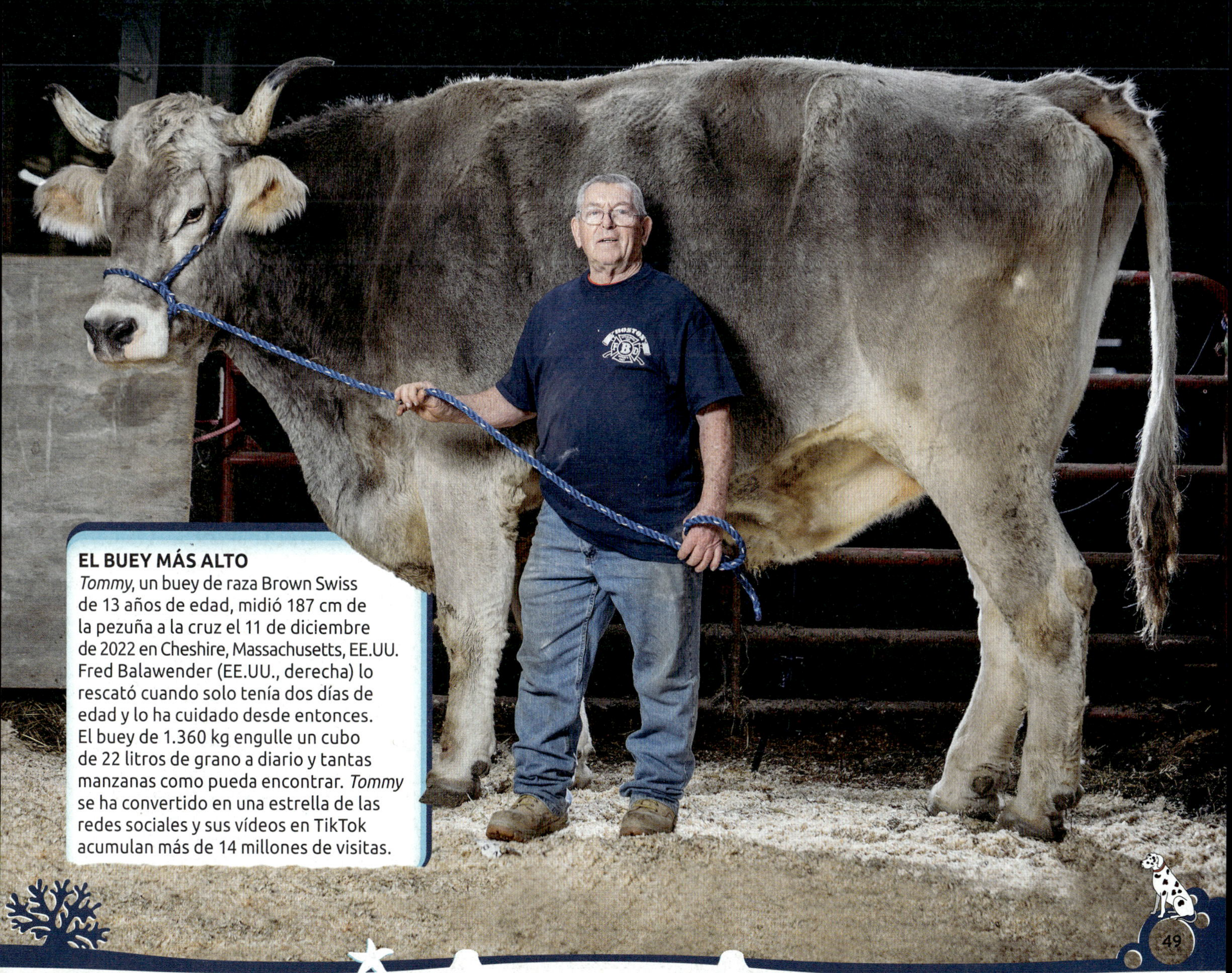

EL BUEY MÁS ALTO
Tommy, un buey de raza Brown Swiss de 13 años de edad, midió 187 cm de la pezuña a la cruz el 11 de diciembre de 2022 en Cheshire, Massachusetts, EE.UU. Fred Balawender (EE.UU., derecha) lo rescató cuando solo tenía dos días de edad y lo ha cuidado desde entonces. El buey de 1.360 kg engulle un cubo de 22 litros de grano a diario y tantas manzanas como pueda encontrar. *Tommy* se ha convertido en una estrella de las redes sociales y sus vídeos en TikTok acumulan más de 14 millones de visitas.

PIONERA DEL *FREESTYLE*

LAURA BIONDO

El fútbol siempre ha formado parte de la vida de Laura Biondo, aunque el camino no fue fácil... Ahora, a los treinta y tantos, esta experimentada futbolista *freestyle* quiere encontrar a las estrellas del futuro, en particular a las femeninas. Laura cree que ha llegado el momento de sacar la tarjeta roja a los estereotipos de género.

Laura nació en Venezuela en una familia italiana, y creció entre EE.UU. e Italia. A la edad de 10 años, decidió jugar al fútbol animada por su hermano, y comenzó a entrenar en la Academia Schulz, en Florida. Después, jugó en varios equipos de la primera división italiana de fútbol. Al final de su adolescencia, una lesión en la rodilla truncó su carrera, pero Laura no se vino abajo y afrontó la situación como una nueva oportunidad. Lejos de la alta competición, aprendió por su cuenta a hacer malabarismos y trucos con el balón, y se dio cuenta de que se le abría un nuevo camino por delante: el fútbol *freestyle*.

Desde aquella epifanía, se ha convertido en una de las grandes estrellas de la disciplina, y en el único latinoamericano, hombre o mujer, en coronarse campeón mundial. En 2011, también se convirtió en la primera futbolista *freestyle* en lograr un título GWR tras establecer el récord de **más toques «alrededor del mundo» en un minuto**: 43, más adelante mejorado a 63. Su colaboración con el Cirque du Soleil en el espectáculo aclamado por la crítica *Luzia* puso de manifiesto que el *freestyle* es una disciplina a medio camino entre el deporte y el espectáculo. La lista cada vez mayor de grandes marcas en su currículo, como la UEFA, Sony, Google y Lamborghini, demuestra la insaciable demanda de este nuevo paradigma de arte y deporte.

Desde el principio, Laura no ha dejado que la tradición o las expectativas sociales se interpusieran entre ella y sus objetivos. Ahora, como jefa de desarrollo de la mujer para la Asociación Mundial de Fútbol Freestyle, busca romper con los estereotipos de género de cara a las futuras generaciones.

Laura es cuatrilingüe. Habla con fluidez español, inglés, italiano y francés.

1

2

DATOS PERSONALES

Nombre	Laura Biondo
Lugar de nacimiento	Caracas, Venezuela
Fecha de nacimiento	27 de enero de 1989
Títulos GWR vigentes	8, entre ellos: **más toques a un balón de fútbol con la cabeza en un minuto** (206) y **más toques «clipper» en un minuto** (33)
Medallas ganadas	Campeonatos Superball World Open (2 oros, 2 platas, 4 bronces); Campeonatos de Latinoamérica (1 oro, 1 plata); Campeonatos de Europa (2 oros, 1 plata)
Espectáculos con el Cirque du Soleil	Más de 1.000 actuaciones en *Luzia*

3

4

5

1. La formación futbolística de Laura empezó en Boca Ratón, Florida, donde fue una de las jugadoras del equipo de la Academia Schulz. Más adelante, fichó por el Weston Fury (en la imagen).

2. En 2016, Laura se convirtió en la primera venezolana en trabajar en el Cirque du Soleil tras unirse al elenco de *Luzia*, una historia apasionante que celebra la cultura mexicana. En el programa, compartía un número con su colega de *freestyle* Abou Traore; juntos asombraban al público con su control del balón. Hasta la fecha, unos 2 millones de personas han visto *Luzia*.

3. Laura ha acumulado una considerable colección de premios, medallas y trofeos desde el inicio de su carrera en el fútbol *freestyle* a finales de la década de 2000, incluidos 15 certificados GWR.

4. Estrellas del fútbol como Ronaldinho (en la imagen) y la estadounidense Mia Hamm han sido dos de sus mayores influencias. Al principio, sus intentos de imitar los malabarismos de sus referentes no siempre salían bien… Tras muchas horas de entrenamiento, vio que sus esfuerzos daban frutos, y pronto logró competir al máximo nivel.

5. Laura no teme salir del camino trillado y asumir nuevos retos. El 19 de junio de 2020, combinó su pasión por el ejercicio físico y la habilidad con el balón para establecer el récord de **➊ más toques a un balón de fútbol en una cinta de correr en un minuto**: 170, con distintas partes del cuerpo; en Miami, Florida, donde reside actualmente.

«El *freestyle* es un arte… porque podemos expresarnos a través de un balón y transmitir una emoción.»

Descubre más información sobre Laura en la sección del Salón de la Fama en **www.guinnessworldrecords.com/2024.**

El caminante sobre alas más veterano

Para Ivor Button (R.U., n. el 10 de diciembre de 1926), el cielo es su único límite. El 9 de abril de 2022, con 95 años y 120 días, despegó del aeródromo de Rendcomb en Gloucestershire, R.U., sujeto a las alas de un biplano. La pasión de Ivor por los aviones comenzó con seis años, cuando sus padres lo llevaron a ver un circo volador.

El récord **femenino** lo ostenta Elizabeth *Betty* Bromage (R.U., n. el 12 de marzo de 1929). El 4 de agosto de 2022, tenía 93 años y 145 días cuando completó un rizo y un tonel sobre el mismo aeródromo. A diferencia de Ivor, Betty se aficionó a caminar sobre alas a avanzada edad. Empezó con 87 años, tras ver un anuncio de un chocolate en el que se mostraba esa temeraria acrobacia y decirse: «¡Yo podría hacer eso!».

Para más proezas increíbles de personas que piensan que la edad es solo un número, consulta las págs. 56 y 57.

Nuestros protagonistas de altos vuelos iban montados en un Boeing Stearman; el vuelo de Betty (derecha) incluyó una inversión acrobática.

A todo detalle:

JON BROWER MINNOCH

En 1978, los médicos estimaron que el taxista estadounidense Jon Brower pesaba casi ocho veces más que un hombre promedio, lo que lo convirtió en la **persona más pesada de todos los tiempos.** Por icónico que sea el récord, es un título poco envidiable, que viene acompañado de muchas complicaciones médicas…

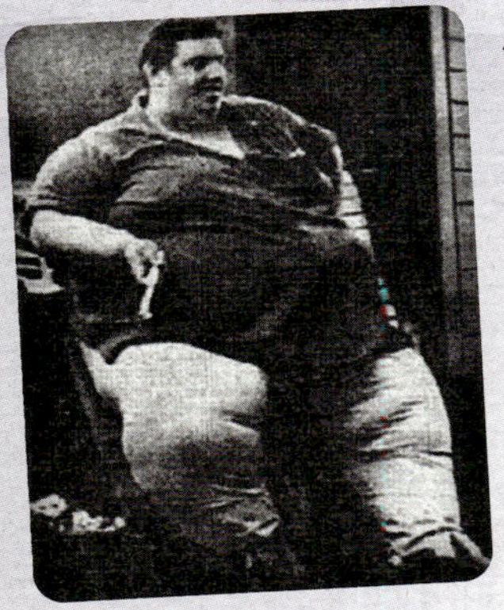

Jon Brower Minnoch nació en Washington, EE.UU., en 1941. Sus problemas de salud comenzaron en la infancia: a los 12 años, ya pesaba 178 kg, un peso que prácticamente había duplicado a los 25.

Siguió aumentando de peso y, en marzo de 1978, los consiguientes problemas cardíacos, respiratorios y circulatorios exigieron un tratamiento médico urgente. «Estaba siendo aplastado por mi propio peso», declaró más tarde. Se necesitaron doce bomberos para depositar a Jon sobre una camilla hecha para la ocasión, tras lo que fue trasladado en ferri al University Hospital de Seattle. Aunque era demasiado pesado para poder subir a una báscula, el endocrinólogo del hospital, el doctor Robert Schwartz, estimó que su masa superaba los 635 kg y le diagnosticó un edema (acumulación de líquidos) generalizado.

Jon, que medía 185,4 cm, tuvo que adoptar inmediatamente una estricta dieta de 1.200 calorías diarias, con lo que consiguió adelgazar hasta los 216 kg. Sin embargo, ningún tratamiento fue efectivo a largo plazo y su peso fluctuó durante toda su vida. En 1984, falleció a los 41 años por complicaciones de su edema.

Aunque nunca se determinó la causa del aumento de peso de Jon, más allá de un consumo de calorías excesivo, su caso ayudó a los médicos a estudiar los efectos de la obesidad mórbida. En estas páginas, estudiaremos el interior de un paciente como Jon, para analizar cómo el sobrepeso extremo afecta a casi todas las esferas de nuestra anatomía y fisiología.

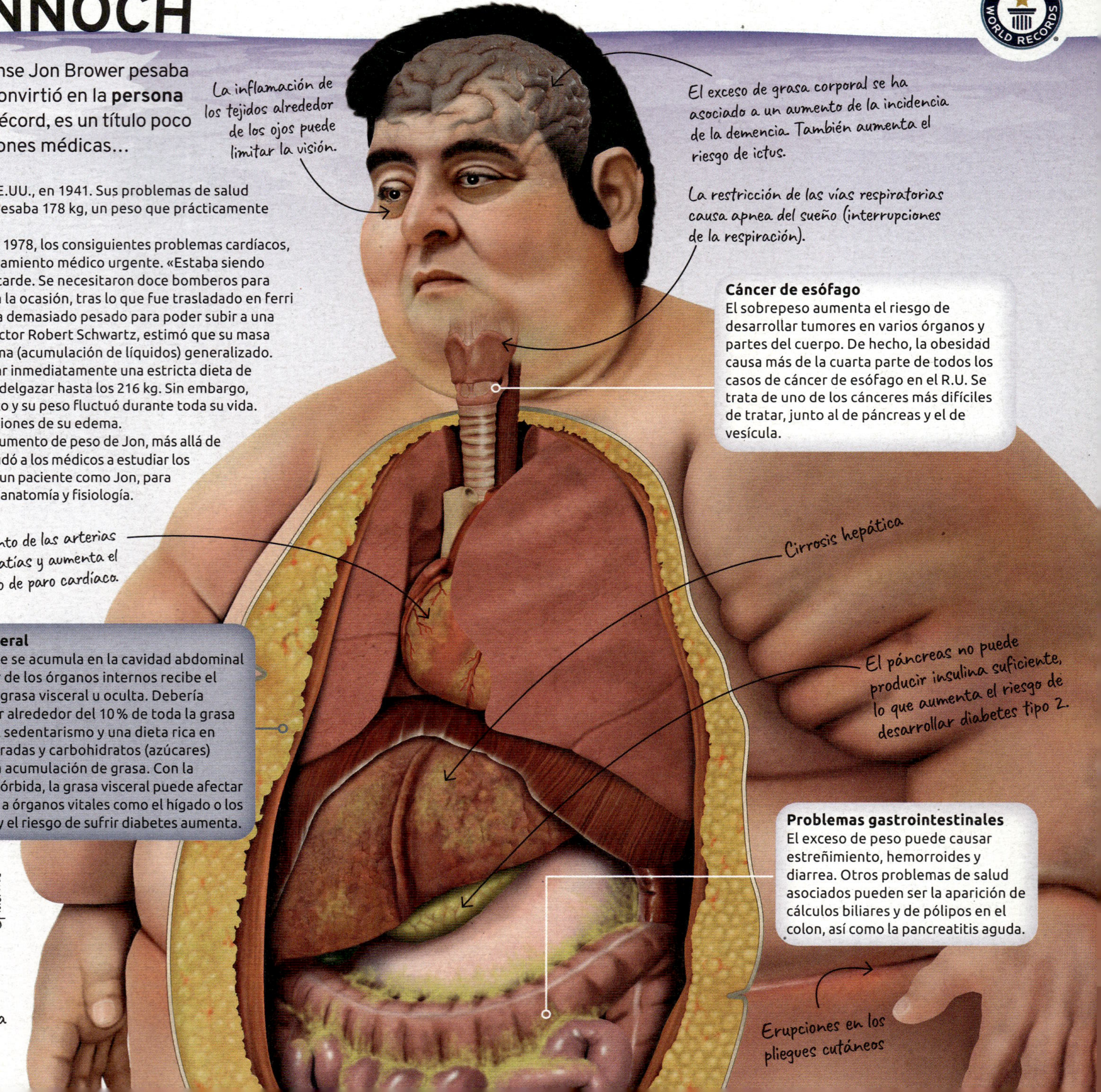

Cáncer de esófago
El sobrepeso aumenta el riesgo de desarrollar tumores en varios órganos y partes del cuerpo. De hecho, la obesidad causa más de la cuarta parte de todos los casos de cáncer de esófago en el R.U. Se trata de uno de los cánceres más difíciles de tratar, junto al de páncreas y el de vesícula.

Grasa visceral
La grasa que se acumula en la cavidad abdominal y alrededor de los órganos internos recibe el nombre de grasa visceral u oculta. Debería representar alrededor del 10 % de toda la grasa corporal. El sedentarismo y una dieta rica en grasas saturadas y carbohidratos (azúcares) provocan la acumulación de grasa. Con la obesidad mórbida, la grasa visceral puede afectar seriamente a órganos vitales como el hígado o los intestinos, y el riesgo de sufrir diabetes aumenta.

Problemas gastrointestinales
El exceso de peso puede causar estreñimiento, hemorroides y diarrea. Otros problemas de salud asociados pueden ser la aparición de cálculos biliares y de pólipos en el colon, así como la pancreatitis aguda.

Grasa corporal
El tejido adiposo (o grasa corporal) almacena calorías en forma de lípidos, a partir de los que el cuerpo produce energía. La grasa también interviene en la secreción de hormonas y proporciona al cuerpo cierto nivel de amortiguamiento y aislamiento térmico, entre otras cosas. Se considera que la proporción de grasa corporal es saludable cuando equivale al 20-30 % del peso corporal en mujeres y al 10-20 % en hombres (en función de la edad).

Hay dos tipos principales de grasa corporal, la visceral (ver derecha) y la subcutánea. Un exceso de cualquiera de las dos es perjudicial. La grasa subcutánea está justo bajo la piel y equivale a cerca del 90 % de toda la grasa corporal. Este tipo de grasa, que, a diferencia de la visceral, es visible, acostumbra a ser el primer signo de obesidad y se mide con calibres de pliegues cutáneos.

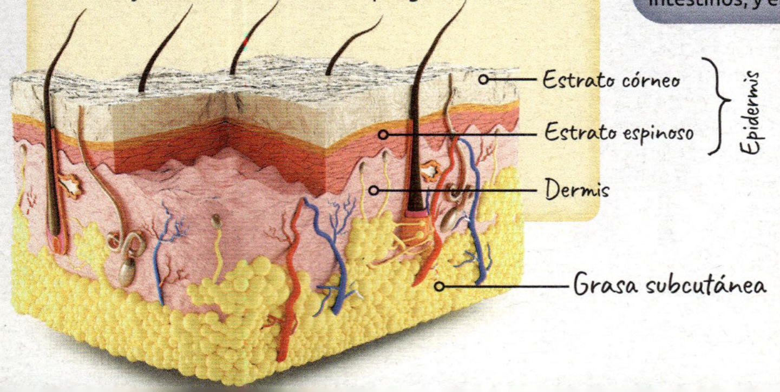

LOS SERES HUMANOS MÁS PESADOS

A continuación, enumeramos solo a las personas que se sabe que superaron los 500 kg de peso junto a sus pesos máximos respectivos, documentados o estimados por profesionales médicos.

- 635 kg — **Jon Brower Minnoch** (EE.UU., 1941-1983). (Ver arriba.)
- 610 kg — **Khalid bin Mohsen Shaari** (Arabia Saudí, 1991-). Se documentó por primera vez en agosto de 2013, con un índice de masa corporal de 204. Adelgazó hasta los 322 kg en solo seis meses.
- 594,6 kg — **Juan Pedro Franco Salas** (México, 1985-). A septiembre de 2020, había adelgazado hasta los 207,7 kg gracias al ejercicio físico, dieta y una reducción de estómago.
- 558,8 kg — **Manuel Uribe** (México, 1965-2014). Se documentó por primera vez en enero de 2006. Cuando falleció, pesaba 394 kg.
- 544,7 kg — **Walter Hudson** (EE.UU., 1944-1991). En su peso máximo, tenía la **cintura más ancha**, con 3,02 m de diámetro. Cuando falleció, pesaba unos 408,2 kg.
- 544,3 kg — **Robert Butler** (EE.UU., 1972–2015). En 2006, pesaba 408,2 kg. Alcanzó su peso máximo un años antes de su fallecimiento por sepsis.
- 538,4 kg — **Francis J. Lang**, alias Michael Walker (EE.UU., 1934-1982). Atribuía su aumento de peso excesivo al abuso de fármacos con receta.
- 513,4 kg — **Johnny Alee** (EE.UU., 1853-1887). Aumentó de peso exponencialmente durante su infancia. Se dice que a los 15 años pesaba tanto que no podía aguantar su propio peso.
- 511,6 kg — **Carol Yager** (EE.UU., 1960-1994). Perdió unos 54,8 kg en tres meses (sin intervenciones quirúrgicas) antes de morir por fallo orgánico múltiple.
- 500 kg — **Eman Ahmed Abd El Aty** (Egipto, 1980-2017). Fue la segunda mujer más pesada. Falleció debido a múltiples complicaciones derivadas de la obesidad, a pesar de que había perdido unos 325 kg los meses anteriores.

Anasarca

También conocida como edema generalizado, esta afección (que no es una enfermedad, sino un síntoma de otros problemas) provoca retención de líquidos e inflamación en todo el cuerpo. Puede causar incomodidad severa, dificultades de movimiento, dificultades de visión y, en casos extremos, fallos orgánicos y la muerte. El edema generalizado de Minnoch fue la causa de la muerte prematura de Jon.

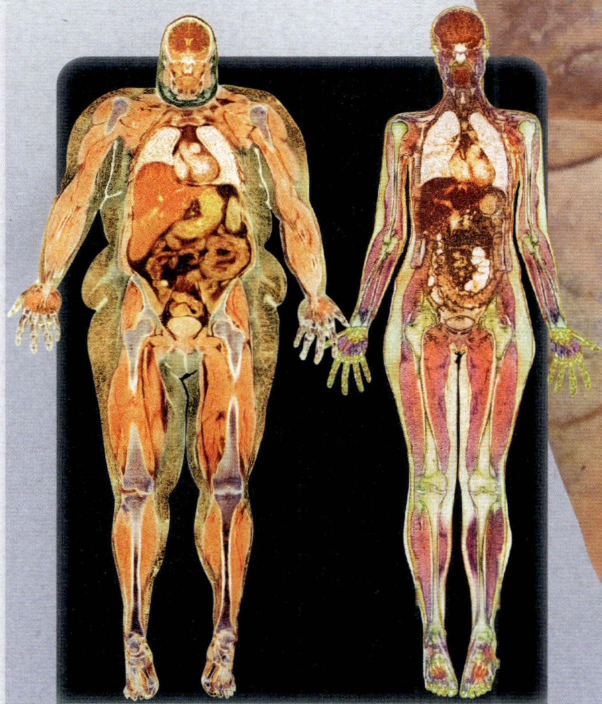

La obesidad vista por dentro

Estas resonancias magnéticas comparan el cuerpo de una mujer obesa con el de una mujer delgada. Si las observas, verás que la mujer de la izquierda presenta pulmones más comprimidos y órganos intestinales hipertrofiados, como el hígado (la forma triangular naranja debajo de los pulmones). Las capas de grasa también se acumulan sobre los músculos en la imagen de la izquierda.

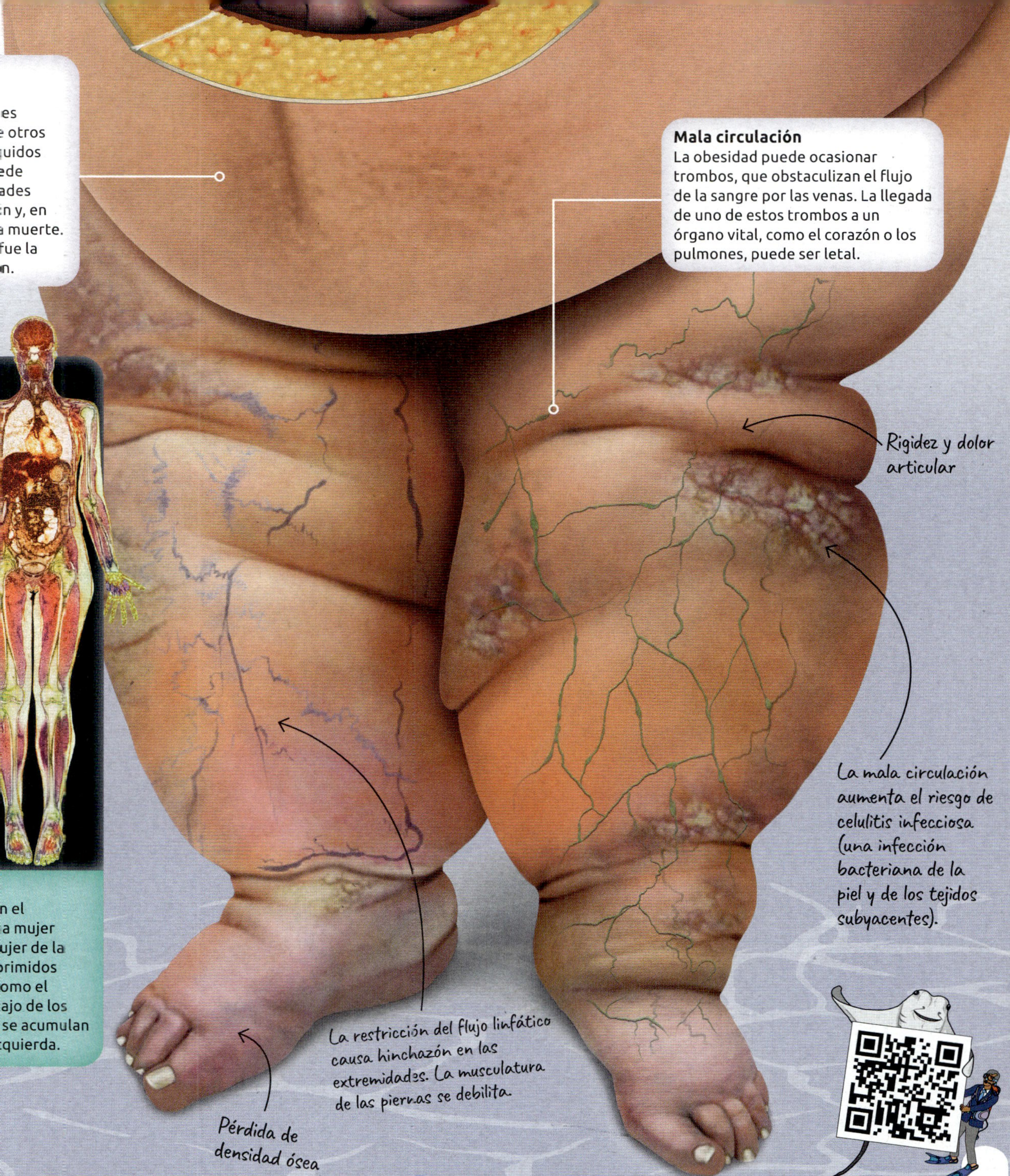

Mala circulación

La obesidad puede ocasionar trombos, que obstaculizan el flujo de la sangre por las venas. La llegada de uno de estos trombos a un órgano vital, como el corazón o los pulmones, puede ser letal.

SUPERLONGEVOS

TOP 10 DE LOS MÁS LONGEVOS...

1 **La persona más longeva**
María Branyas Morera
(EE.UU./España, n. el 4 de marzo de 1907)
116 años y 14 días

2 Fusa Tatsumi
(Japón, n. el 25 de abril de 1907)
115 años y 327 días

3 Edith *Edie* Ceccarelli
(EE.UU. n. el 5 de febrero de 1908)
115 años y 41 días

4 Tomiko Itooka
(Japón, n. el 23 de mayo de 1908)
114 años y 299 días

5 Inah Canabarro Lucas
(Brasil, n. el 8 de junio de 1908)
114 años y 283 días

6 Hazel Plummer
(EE.UU., n. el 19 de junio de 1908)
114 años y 272 días

7 Nina Willis
(EE.UU., n. el 14 de enero de 1909)
114 años y 63 días

8 Ushi Makishi
(Japón, n. el 15 de febrero de 1909)
114 añosy 31 días

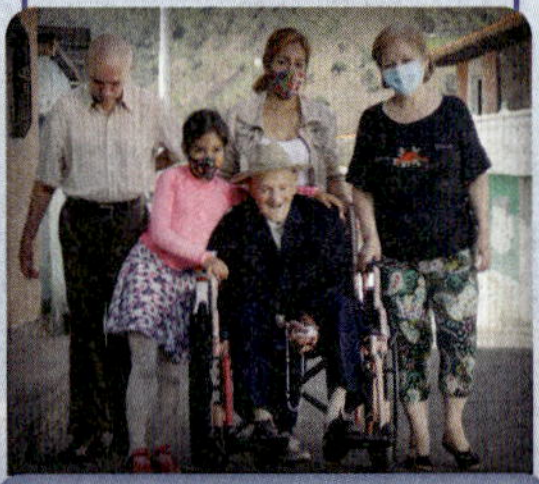

9 **El hombre más longevo**
Juan Vicente Pérez Mora
(Venezuela, n. el 27 de mayo de 1909)
113 años y 295 días

10 Elizabeth Francis
(EE.UU., n. el 25 de julio de 1909)
113 años y 236 días

Fuente: Grupo de Investigación en Gerontología. Datos actualizados a 18 de marzo de 2023.

LOS MÁS LONGEVOS...

Persona

María Branyas Morera (izquierda) se convirtió en la **mujer** y la **persona más longeva** tras el fallecimiento de la hermana André (Lucile Randon), el 17 de enero de 2023. Con 118 años y 340 días, la hermana André fue la cuarta persona más longeva de todos los tiempos, la **monja más longeva** y la **superviviente de más edad de COVID-19**.

María nació en San Francisco, California, en una familia catalana que regresó a España en 1915. Ahora vive en una residencia de la tercera edad en Olot, Cataluña. Atribuye su longevidad al «orden, a la tranquilidad, a no arrepentirse de nada, a no tener preocupaciones y a mantener a distancia a las personas tóxicas», además de a toda una vida sin tabaco, alcohol ni dietas milagrosas.

Jugador de fútbol profesional

El australiano David Mudge (n. el 26 de enero de 1943) tenía 79 años y 89 días cuando jugó con el Kissing Point FC contra el North Turramurra en un partido de la Northern Suburbs Football Association el 25 de abril de 2022. Su equipo perdió por 6-0.

El paracaidista en tándem de más edad

Rut Linnéa Ingegärd Larsson (Suecia, n. el 12 de septiembre de 1918) saltó al vacío a los 103 años y 259 días junto al paracaidista Joackim Johansson el 29 de mayo de 2022. El salto tuvo lugar en el Linköpings Fallskärmsklubb de Motala, Östergötland, Suecia. Larsson se aficionó tarde a las aventuras aéreas; saltó en parapente por primera vez a los 90 años y debutó en el salto con paracaídas en 2020.

La acróbata ecuestre de más edad

A 17 de octubre de 2021, Maureen Marsha Fitzgerald (Sudáfrica, n. el 25 de abril de 1944) seguía ejecutando volteos ecuestres a sus 77 años y 175 días, como se verificó en Johannesburgo, Sudáfrica. Fitzgerald logró este título en el Campeonato de Volteo de Gauteng en 2021. Además, fue campeona de gimnasia rítmica de Sudáfrica y participó en los mundiales de 1966.

Persona en hacer el pino

Ishwar Nath Gupta (India, n. el 14 de mayo de 1936) puso su mundo patas arriba a los 86 años y 232 días en Rourkela, Odisha, India, el 1 de enero de 2023.

Surfista

Seiichi Sano (n. el 23 de septiembre de 1933) no se subió a una tabla de surf hasta los 80 años y, a 8 de julio de 2022, con 88 años y 288 días de edad, seguía cabalgando las olas en Yokohama, Japón. ¿Qué aconseja a otros aspirantes al récord? «La actitud positiva, que no la lógica, te llevará al éxito, ya se trate de surfear o de lograr un récord del mundo».

Saltador de HALO

Larry Connor (EE.UU., n. el 7 de enero de 1950) hizo un salto de gran altitud-baja apertura (HALO) a los 72 años y 291 días de edad. Saltó en caída libre desde 7.831 m de altitud y alcanzó los 257 km/h, como se verificó el 25 de octubre de 2022 en Davis, California, EE.UU.

Ciclista en ir de Land's End a John O'Groats

El 17 de septiembre de 2022, Martin Harvey (R.U., n. el 27 de septiembre de 1935) completó el trayecto entre los dos puntos más extremos de Gran Bretaña con 86 años y 355 días de edad. Pedaleó junto a su hija para recaudar fondos para el St. Giles Hospice, en memoria de su esposa, Jackie.

Gina Harris (R.U., n. el 23 de abril de 1940) logró el título **femenino** el 27 de mayo de 2022, con 82 años y 34 días.

Profesor de baile

Ulla Kasics (República Checa, n. el 19 de enero de 1926) seguía marcando el paso de sus alumnos a los 96 años y 170 días, como se verificó en Zúrich, Suiza, el 8 de julio de 2022. Fundó su escuela de baile en 1954, donde da clases cuatro días a la semana.

La persona de más edad en coronar todos los munros

El 13 de agosto de 2022, Nick Gardner (R.U., n. el 3 de abril de 1940) coronó el último de los 282 munros (montañas escocesas de más de 914 m) a los 82 años y 132 días. Ascendió el primero en julio de 2020 y tardó poco más de dos años en completar toda la serie. La admirable prueba de resistencia recaudó más de 97.000 dólares para Alzheimer Scotland y la Royal Osteoporosis Society.

83

COMPRAR UN COCHE

Eso sí, acuérdate de dónde lo aparcas... sobre todo si visitas el West Edmonton Mall de Alberta, Canadá. Este colosal complejo comercial tiene el **aparcamiento más grande del mundo** y puede albergar a hasta 20.000 automóviles, con 10.000 plazas de reserva adicionales en una zona cercana.

Ginny entrena durante una hora tres veces a la semana y practica yoga dos veces a la semana. También nada habitualmente.

LA ATLETA NINJA DE COMPETICIÓN MÁS LONGEVA

Virginia *Ginny* MacColl (EE.UU., n. el 31 de octubre de 1951) compitió en la US National Ninja League (NNL) el 29 de enero de 2022, a los 70 años y 90 días de edad. Los participantes se enfrentan a una pista de obstáculos en un concurso auspiciado por la World Ninja League. La superatlética septuagenaria, que participó en la fase de clasificación de la categoría Tradicional (Masters) en la séptima temporada, apareció en *America Ninja Warrior* (ANW) en 2017-2018, a pesar de que no empezó a hacer ejercicio hasta los 63 años.

A la derecha, Ginny aparece junto a su hija, Jessie Graff (EE.UU.), experta en artes marciales, doble de escenas peligrosas y también estrella del *ANW*. El 26 de noviembre de 2022, unieron fuerzas en Santa Mónica, California, EE.UU., y destrozaron el récord de la **mayor cantidad de dominadas consecutivas en tándem** (14).

La reticencia de Kozak a permitir que la edad lo limite le ha valido el cariñoso apodo de «Ninja Atemporal».

El **atleta ninja de competición más longevo** es Dave Kozak (EE.UU., n. el 29 de marzo de 1947), que tenía 74 años y 230 días de edad cuando participó en una prueba clasificatoria de la NNL el 14 de noviembre de 2021. Este expiloto de aviones caza cuenta con 188 misiones de combate a sus espaldas.

PELO

UN MUNDO DE BIGOTES

Tanto si lucen una barba Garibaldi como una Alaskan Whaler, el Campeonato Mundial de Barbas y Bigotes es el evento ideal para los pogonófilos (amantes de las barbas). Se celebra cada dos años y se divide en categorías, con una sección «whiskerina» dedicada a las mujeres. La edición de 2017, organizada por el Austin Facial Hair Club (EE.UU.) atrajo a 738 participantes, en lo que fue el **campeonato de barbas y bigotes más multitudinario.**

En el Campeonato Nacional de Barbas y Bigotes de EE.UU., celebrado en The Gaslight Social en Casper, Wyoming, EE.UU., Paul Slosar (EE.UU.) exhibió el **bigote más largo.** El extraordinario mostacho midió 63,5 cm de punta a punta.

En ese mismo evento el 11 de noviembre, 69 competidores unieron fuerzas para formar la **cadena de barbas más larga,** con 45,99 m de longitud. Unieron sus barbas (cada una de las cuales medía al menos 20 cm) con clips para el pelo.

La melena más larga

Ningún ser humano (y tampoco ningún animal) se ha dejado crecer tanto el cabello como Xie Qiuping (China). El 8 de mayo de 2004, tras 30 años evitando las tijeras, se peinó una increíble melena de 562 cm.

Otros hitos capilares superlativos son:

- **Abdomen**: Elaine Martin (EE.UU.); 16,77 cm
- **Brazo (mujeres)**: Sarah Hetrich (EE.UU.); 13,57 cm
- **Brazo (hombres)**: David Reed (EE.UU.); 21,7 cm
- **Espalda**: Michael Johnson (R.U.); 16,60 cm
- **Pecho**: Vittorio Lullo (Italia); 28,20 cm
- **Oreja**: Anthony Victor (India); 18,1 cm

La barba más larga

El 15 de octubre de 2022, la barba de Sarwan Singh (Canadá) midió 254 cm en Surrey, Columbia Británica, Canadá. Sarwan es un sij devoto y se adhiere a los preceptos de fe conocidos como las «cinco K», una de las cuales («kesh») prohíbe cortarse el cabello. Ostenta este récord desde 2008.

El peinado más alto

El estilista sirio Dani Hiswani creó un peinado de 290 cm de altura para la modelo Akhdiya Mirzokarimova en Dubái, EAU, el 16 de septiembre de 2022. Dani esculpió pelucas y extensiones de cabello para darles forma de árbol de Navidad, con adornos incluidos.

La **cresta mohicana más alta** mide 129,4 cm y la luce Joseph Grisamore (EE.UU.), como se verificó el 16 de abril de 2021.

Menos tiempo en completar cinco cortes degradados

El 23 de agosto de 2022, Enrico Springfield (Sudáfrica) realizó cinco cortes de pelo degradados en 18 min y 57 s en su barbería de Johannesburgo, Sudáfrica. La proeza se grabó para el programa de TV *Stumbo Record Breakers*.

El mayor peso sostenido mientras se permanece colgado del cabello

Durante sus actuaciones, la artista circense The Flying Brain (alias de Stephanie Morphet-Trepp, EE.UU.) se cuelga en el aire suspendida de su increíble melena. Mientras estuvo suspendida en Denver, Colorado, EE.UU., el 10 de noviembre de 2022, cargó con un peso de 125,7 kg durante 10 s.

La adolescente con la melena más larga

La melena de Sidakdeep Singh Chahal (India) mide 146 cm de longitud, como se verificó en marzo de 2023 en Greater Noida, Uttar Pradesh, India. La adolescente (de 15 años en la actualidad) se lava la impresionante melena dos veces a la semana y dedica al menos una hora en lavarla, secarla y cepillarla antes de atársela en un moño.

La **melena más larga de un adolescente de todos los tiempos** medía 200 cm y perteneció a Nilanshi Patel (India). Se la cortó en 2021 y la donó a un museo.

La cabellera afro más grande (mujeres)

El cabello de Aevin Dugas (EE.UU.) es su mayor tesoro y alcanza una altura de 25 cm y una circunferencia total de 165 cm. Su increíble cabellera afro se midió el 11 de septiembre de 2022 en Gonzales, Luisiana, EE.UU. «Cuando me dejé de alisar el pelo, me quité un peso de encima, literalmente», declaró a GWR.

La cabellera afro más grande (hombres)

El 10 de agosto de 2022, la cabellera afro de Amir Manuel Menendez (EE.UU.) midió 19,67 cm de alto en Anaheim, California, EE.UU. La circunferencia total fue de 226 cm. Amir solo tenía 13 años, por lo que también ostenta el récord para la versión **adolescente** de este récord. Este joven prodigio describió su llamativo peinado como «único y guay».

ASISTIR A UN ESPECTÁCULO DE BROADWAY

82

El Theater District de Nueva York alberga algunas de las mejores producciones de teatro musical del mundo. Si te gustan los musicales, ¿por qué no eliges el **espectáculo de Broadway más taquillero**? *El Rey León*, de Disney, había recaudado 1.800 millones de dólares a 5 de marzo de 2023.

EL *MULLET* COMPETITIVO MÁS LARGO

Tami Manis, de Knoxville, Tennessee, EE.UU., lleva un peinado «elegante por delante y desbocado por detrás» que alcanza los 172,72 cm de longitud. En la edición de 2022 de los USA Mullet Championships, donde los jueces evalúan «la longitud, el estilo, la originalidad y la espectacularidad», Tami compitió en la división «Femullet» y terminó en segundo lugar. Atribuye su capacidad para dejarse crecer su extraordinaria cabellera a la «buena genética».

La popularidad del *mullet* ha sufrido altibajos a lo largo de los años. En 2010, el Ministerio de Cultura de Irán lo prohibió por ser «demasiado decadente». Los USA Mullet Championships son el **campeonato de *mullets* más multitudinario**, con más de 1.000 candidaturas anuales.

Tami se cortó las puntas de la melena por última vez el 9 de febrero de 1990, fecha a la que considera el aniversario de su *mullet*.

El *mullet* competitivo más largo (hombres)
Big Rich Price de Strongsville, Ohio, EE.UU., es el orgulloso poseedor de un peinado *mullet* de 99,06 cm. En los USA Mullet Championships de 2021, se clasificó entre los 25 finalistas de la categoría reina y terminó en la 13.ª posición. Big Rich es el fundador de una ONG dedicada a rescatar a peces domésticos abandonados.

RECORRER EL ECUADOR

87

Cabalga sobre el mundo con una pierna en cada hemisferio. El explorador Mike Horn (Sudáfrica) decidió ir un paso más allá y completó la **primera circunnavegación sin motor a lo largo del ecuador.** Entre el 2 de junio de 1999 y el 27 de octubre de 2000, dio la vuelta al planeta a pie, en bicicleta, en canoa y en trimarán.

MANOS

25

100 %

¿SABÍAS QUE...?

Bob Wadlow, la persona con las manos más grandes de todos los tiempos, ¡llevaba un anillo de la talla 25!

Mostrado aquí a tamaño real, ¡el anillo masónico de oro macizo era más grande que una pelota de golf!

Las manos más grandes de todos los tiempos
Hombres: Robert *Bob* Pershing Wadlow (EE.UU., 1918-1940), la **persona más alta de todos los tiempos** (ver pág. 62), tenía unas manos que medían 32,3 cm desde la muñeca hasta la punta del dedo corazón. No se registró la medida de su palmo, pero se calcula que era de unos 40 cm. Ver a la derecha el actual récord.
Mujeres: Zeng Jinlian (China, 1964-1982), la **mujer más alta de todos los tiempos**, tenía unas manos con una longitud de la muñeca a la punta de los dedos de 25,5 cm.

El palmo más grande
El palmo de la mano izquierda de Mohamed Shehata (Egipto) alcanza los 31,3 cm. En un chequeo médico realizado en El Cairo, Egipto, el 27 de abril de 2021, también se constató que Mohamed poseía la **mayor envergadura de brazo**, con 250,3 cm.
Rumeysa Gelgi (ver a la derecha) ostenta el récord **femenino** y es capaz de separar 22,6 cm la punta del pulgar de la del meñique.

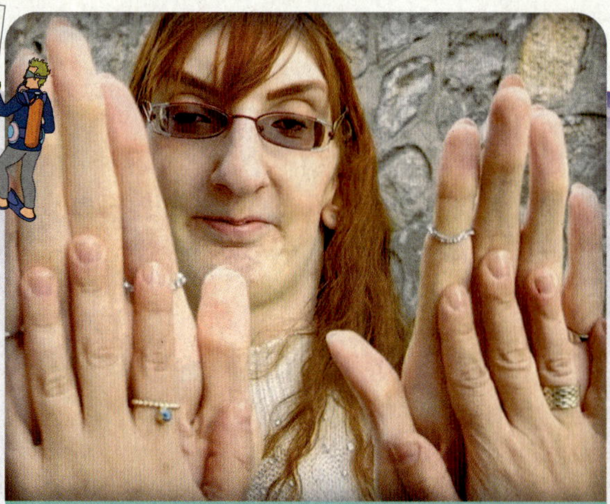

Las manos más grandes
Mujeres: La mano derecha de Rumeysa Gelgi (Turquía) mide 24,93 cm de la muñeca a la punta del dedo corazón. Como era de esperar, el 23 de mayo de 2021 en Safranbolu, Turquía, se constató que Rumeysa era la **mujer más alta**.
Hombres: Asimismo, el **hombre más alto** del mundo (el turco Sultan Kösen) ostenta el récord masculino: 28,5 cm desde la muñeca a la punta de los dedos (derecha).

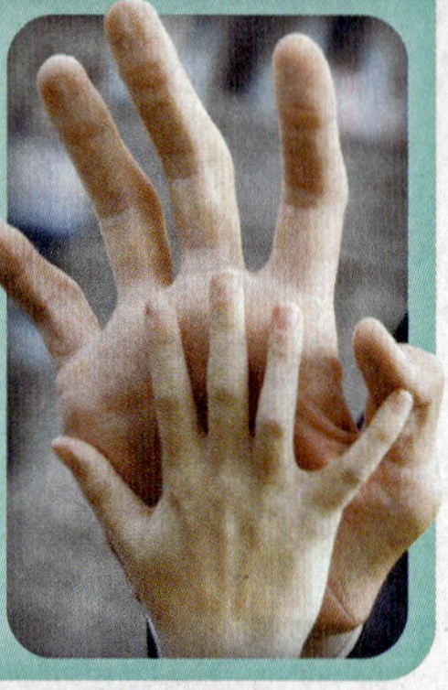

«Polidactilia» proviene del griego y significa "muchos dedos". Su antónimo es «oligodactilia», que significa "pocos dedos".

EL MAYOR NÚMERO DE DEDOS
La persona que actualmente cuenta con más dedos es Devendra Suthar (India), con 28 dedos distribuidos de forma equitativa entre sus manos y pies, como se verificó en Himatnagar, Guyarat, India, el 11 de noviembre de 2014. Devendra ejerce su oficio de carpintero con suma diligencia: «Trabajo básicamente con sierras y martillos... [y] debo ir con cuidado para no pillarme un dedo».
El titular del récord **de todos los tiempos** en polidactilia es Akshat Saxena (India, en el recuadro de arriba), que nació con 14 dedos en las manos y 20 en los pies, como se confirmó el 20 de marzo de 2010. Una exitosa intervención redujo a 10 el número de dedos tanto en las manos como en los pies.

Las uñas más largas en un par de manos
Diana Armstrong (EE.UU.) luce unas uñas con una longitud total combinada de 1.306,58 cm, como se verificó en Mineápolis, Minesota, EE.UU., el 13 de marzo de 2022. Cada una de sus uñas mide el doble que Jyoti Amge, la **mujer más baja** del mundo (ver págs. 62-63).
La **uña más larga de un dedo de la mano** de todos los tiempos perteneció a Shridhar Chillal (India), quien dejó de cortarse las uñas de la mano izquierda en 1952. El 17 de noviembre de 2014, la retorcida uña de su dedo pulgar medía 197,8 cm. En 2018, se desprendió del récord de las **uñas más largas de una mano** cuando decidió cortarse las uñas, que tenían una longitud total combinada de 909,6 cm, con una sierra rotativa Dremel tras 66 años dejándoselas crecer.

El crujido de nudillos de las manos más ruidoso
La distracción de la articulación metacarpofalángica produce un chasquido audible (e inofensivo) al reventar las bolsas de los nudillos. El 25 de mayo de 2012, Miguel Ángel Molano (España) registró una lectura del sonómetro de 83,2 dB al crujirse los dedos en Bilbao, España.

La familia con más miembros que andan a cuatro patas
Cinco (de 19) hermanos adultos de la familia Ulaş de Turquía se ven obligados a andar ayudándose de los pies y las palmas de las manos. Los Ulaş tienen dificultad para mantener el equilibrio de pie, lo que da lugar a un modo peculiar de andar que recuerda al de un oso. La causa parece responder a una mutación genética poco común.

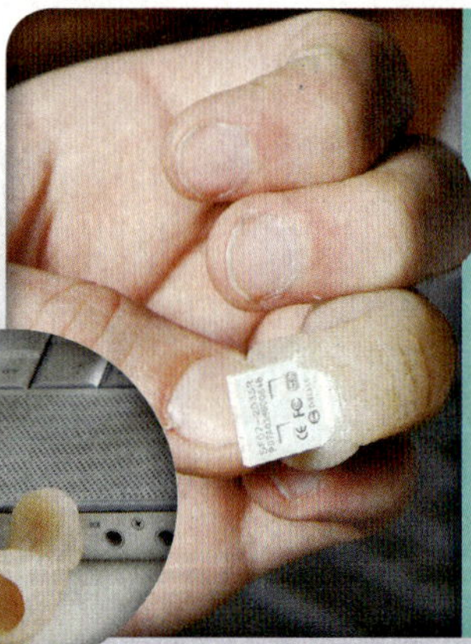

El primer lápiz de memoria USB protético
En mayo de 2008, el programador de *software* finlandés Jerry Jalava perdió una parte de un dedo al chocar con su moto contra un ciervo. Mientras esperaba una prótesis estándar para la punta del dedo, Jerry se hizo implantar un «dedo USB» de 2 GB. Para utilizarlo solo debía quitarse la uña.

80

VISITAR TAILANDIA
La «Tierra de las sonrisas» es célebre por sus playas, pero antes de dirigirte a sus costas o islas, te aconsejamos que visites el templo del Buda de Oro (o Wat Traimit) en la capital, Bangkok, donde encontrarás la **estatua de oro más grande**. Para construir este buda de 3 m, ¡se necesitaron 5,5 toneladas de oro macizo! Su valor está calculado en 270 millones de dólares.

PIES

LOS PIES MÁS GRANDES

Mujeres: El pie derecho de Tanya Herbert (EE.UU.) mide 33,1 cm de largo, y el izquierdo, 32,5 cm. A Tanya le cuesta encontrar zapatos con tacón o planos para su pie de 15 cm de ancho, por lo que recurre a zapatos de hombre de la talla 51. El récord se verificó el 15 de abril de 2022 en Houston, Texas, EE.UU.

Hombres: El 3 de junio de 2018, se constató que los pies de Jeison Orlando Rodríguez Hernández (Venezuela) tenían una longitud media de 40,51 cm. Jeison mide 220 cm y, cuando a los nueve años dio el estirón, ¡pasó de calzar un 38 a un 45 en un año! Actualmente calza un 69.

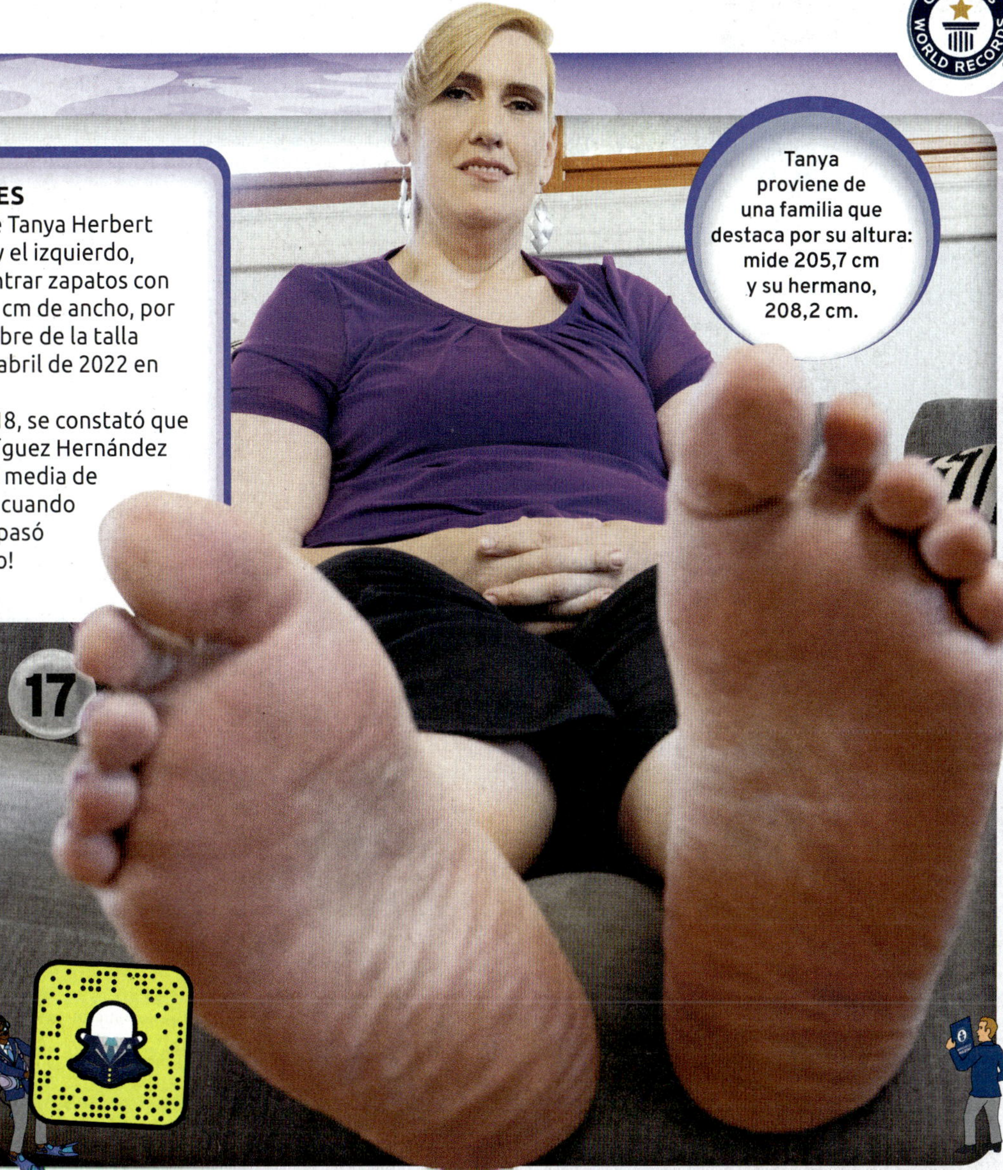

Tanya proviene de una familia que destaca por su altura: mide 205,7 cm y su hermano, 208,2 cm.

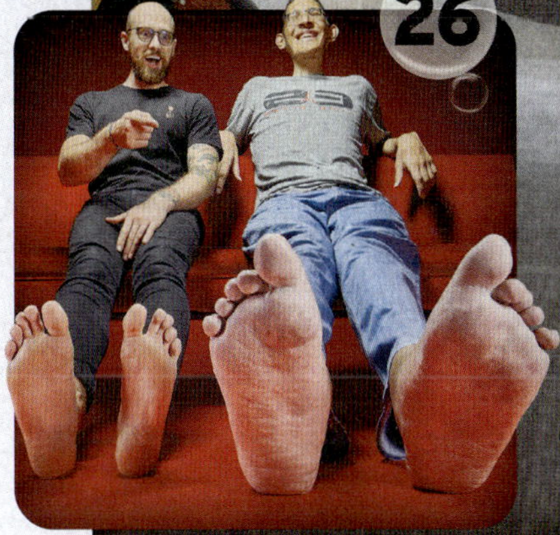

¡Longitud media de las uñas de los pies de Louise Hollis!

Las uñas de los pies más largas

Louise Hollis (EE.UU.) dejó de cortarse las uñas de los pies en 1982. En el momento en que las tenía más largas, en 1991, la longitud combinada de todas las uñas era de 220,98 cm, es decir, ¡cada uña era de promedio tan larga como el ancho de esta página!

Más victorias en campeonatos mundiales de pulsos con dedos de los pies

Hombres: En Wetton, North Staffordshire, R.U., se han organizado combates con los pies cada año desde 1976. Los participantes deben empujar el pie del contrincante hasta el otro lado de una especie de ring usando solo sus dedos. En 2022, Alan *Nasty* Nash (R.U.) cayó derrotado tras lograr el récord de 17 victorias consecutivas desde 1994. Fue desbancado por Ben *Toetal Destruction* Woodroffe en una final apasionante, tras la cual esta leyenda anunció su retirada.

Mujeres: Los pulsos mixtos con los dedos de los pies están prohibidos. En la categoría femenina, destaca Lisa *Twinkletoes* Shenton (R.U.): cinco victorias en 2009-2011 y 2018-2019.

El mayor peso levantado con los dedos de los pies

Por tercera vez, Marcello Ferri (Italia) demostró que posee los dedos de los pies más fuertes del mundo, ya que el 6 de febrero de 2022, en Pesaro, Italia, se valió de los dedos gordos para levantar unas chapas metálicas que pesaban 41,3 kg. Batió el récord por primera vez en enero de 2021 y sigue mejorando sus marcas personales para cumplir una promesa que le hizo a su difunto padre.

El paseo más largo sobre los nudillos de los dedos de los pies

El 21 de diciembre de 2021, Spencer Thurgood (R.U.) puso sus articulaciones metatarsofalángicas al límite caminando 49,62 m sobre los dedos de los pies doblados. Lo hizo descalzo en una pista de atletismo de Cambridge, R.U., y mejoró el récord en 18,12 m. Quizá incluso podría haber ido más lejos, ¡pero la cinta métrica más larga que encontró era de 50 m!

La prótesis más antigua

En una momia del antiguo Egipto de entre los años 950 y 710 a. C. se encontró una prótesis de un dedo elaborada con madera y piel. Los ritos funerarios egipcios solían incluir partes del cuerpo protésicas, pero la mayoría se añadían tras la muerte por razones cosméticas o religiosas. Esta prótesis en concreto, hallada en una tumba cerca de Tebas (Luxor) en 2000, era de una aristócrata. Conocida como «el dedo del pie de El Cairo», esta prótesis de casi 3.000 años de antigüedad es única porque es articulada y flexible, con muestras de desgaste que indican que tenía una utilidad práctica.

La mayor rotación de pie

Aaron Ford (EE.UU.) puede rotar sus pies hasta ponerlos del revés. En una revisión ortopédica realizada en Lehi, Utah, el 17 de enero de 2020, giró su pie izquierdo 173,03° (el promedio de tres medidas tomadas con un goniómetro electrónico) y lo mantuvo en esta posición durante 10 s. Con el pie derecho alcanzó una rotación media de 167,93°.

LOS PIES MÁS LARGOS DE TODOS LOS TIEMPOS

Hombres: Excluyendo casos de elefantiasis, una enfermedad que provoca deformación, los pies más grandes registrados fueron los de Robert Wadlow, que calzaba aproximadamente un 75, lo que equivale a una longitud de pie de 47 cm. Para conseguir zapatos a medida (que hoy en día costarían unos 2.100 dólares), Bob trabajó como reclamo publicitario para un fabricante de calzado a los 11 años.

Mujeres: Los pies de la china Zeng Jinlian medían 35,5 cm de largo y calzaba un 56.

LOS MÁS ALTOS Y LOS MÁS BAJOS

Los hermanos más bajos Bridgette y Brad Jordan, de Sandoval, Illinois, EE.UU., median 69 cm y 98 cm respectivamente, una estatura combinada de 167 cm. Su escaso crecimiento se debía a una forma de enanismo primordial. Ambos tuvieron papeles protagonistas en *Big Tiny*, un *reality* de TLC en el que mostraron sus vidas a millones de espectadores. Lamentablemente, Brad falleció en febrero de 2017, a los 25 años; Bridgette, que antes de Jyoti Amge (ver a la derecha) era la mujer viva más baja, falleció en junio de 2019, a los 30 años.

1. La mujer más baja

A 16 de diciembre de 2011, Jyoti Amge (India) medía 62,8 cm. Tras haber sido la **adolescente más baja**, Jyoti también ostenta el título de la **actriz más baja** después de haber interpretado el personaje de Ma Petite en la serie *American Horror Story* de FX.

2. El hombre más bajo

A 13 de diciembre de 2022, Afshin Ghaderzadeh (Irán) medía 65,24 cm, como se verificó en Dubái (EAU). Es el cuarto hombre más bajo de todos los tiempos certificado por Guinness World Records. (Más información abajo.)

3. Los gemelos idénticos varones más bajos

A 7 de enero de 2021, los canadienses Zachary y Tristan Lelièvre (n. el 19 de septiembre de 2003) tenían una estatura promedio de 114,88 cm. Nacieron con acondroplasia y ambos son jugadores profesionales de bádminton con el Montreal International Club. Esperan poder competir en los Juegos Paralímpicos de 2024.

4. Las gemelas más bajas

A los 27 años, Elisabeth y Katharina Lindinger (ambas de Alemania) tenían una estatura promedio de 128 cm, como se verificó el 25 de enero de 2021.

5. La pareja con la mayor diferencia de estatura (mismo sexo)

Entre Christie Chandler y Senecca Corsetti (ambas de EE.UU.) hay una diferencia de estatura de 84,94 cm. Se conocieron impartiendo clases en la misma escuela y se casaron en junio de 2021. Christie mide 182,22 cm y Senecca, 97,28 cm.

6. La mujer más alta

Rumeysa Gelgi (Turquía) mide 215,16 cm, verificados el 23 de mayo de 2021 en Safranbolu, Turquía. Anteriormente, la **adolescente más alta** ha declarado que lograr el título GWR la ha «motivado a perseguir mis objetivos y tener una visión más positiva de la vida» y espera que el récord ayude a visibilizar síndromes de sobrecrecimiento como el suyo.

7. El adolescente más alto

A 19 de diciembre de 2020, Olivier Rioux (Canadá, n. el 2 de febrero de 2006) medía 226,9 cm, tal y como se verificó en Beloeil, Quebec, Canadá. El joven declaró que tenía este récord en el punto de mira desde los 10 años. Olivier, que tiene como objetivo jugar en la NBA, se entrena actualmente en la célebre IMG Academy de Florida.

8. El matrimonio más alto

Las exestrellas del deporte Sun Mingming y su esposa Xu Yan (ambos de China) tienen una estatura combinada de 423,47 cm. Él mide 236,17 cm, mientras que ella alcanza unos también imponentes 187,3 cm. Se casaron en Pekín el 4 de agosto de 2013.

9. El hombre más alto

El turco Sultan Kösen es la **persona más alta** del mundo desde el 11 de febrero de 2009. Su imponente estatura (251 cm) es consecuencia de un tumor pituitario ya extirpado. También ostenta el récord de las **manos más grandes** (ver pág. 60). No obstante, Sultan es 21 cm más bajo que Robert Wadlow (EE.UU.), la **persona más alta de todos los tiempos**, con 272 cm.

EL HOMBRE MÁS BAJO

Afshin Esmaeil Ghaderzadeh (Irán) mide solo 65,24 cm y el 13 de diciembre de 2022 se confirmó que es el hombre vivo más bajo durante su visita a la oficina de GWR en Dubái (EAU). Mohamed, como lo llaman sus amigos y sus familiares, procede del condado de Bukan, una región kurda en el norte de Irán, y el 13 de julio de 2022 cumplió 20 años. Pesó 6,5 kg, aproximadamente lo mismo que un gato doméstico grande.

Estas son algunas instantáneas de la visita relámpago de Afshin a Dubái, en la que se confirmó su estatura para este récord del mundo.

La doctora Bindu Devarajan, médico de familia del Ahalia Group, lo midió tres veces en un mismo día.

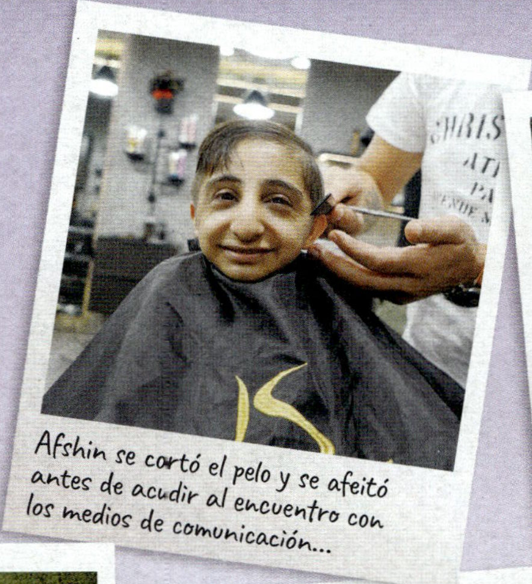

Afshin se cortó el pelo y se afeitó antes de acudir al encuentro con los medios de comunicación...

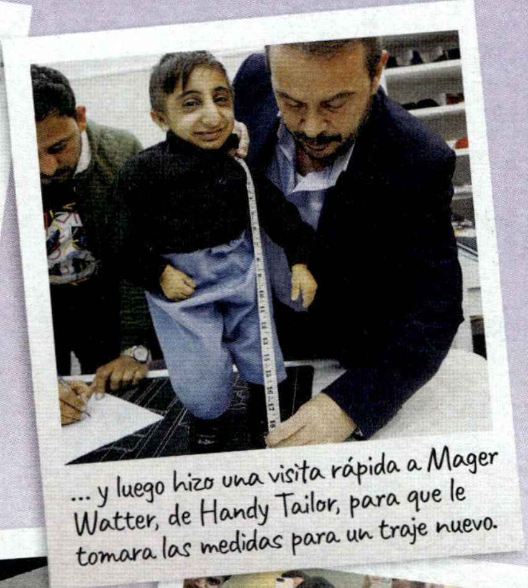

... y luego hizo una visita rápida a Mager Watter, de Handy Tailor, para que le tomara las medidas para un traje nuevo.

Su madre, Khatoun, y su padre, Esmaeil, junto a la adjudicadora Kanzy El Defrawy en la oficina de GWR.

Posando junto al editor jefe de GWR, Craig Glenday, para un retrato del fotógrafo Mustapha Azab.

Afshin se presenta ante los medios de comunicación internacionales en una conferencia de prensa en su hotel.

Imposible visitar Dubái y no subir a la cima del Burj Khalifa, el **edificio más alto**.

Las manos más pequeñas (hombres)

No solo su diminuta estatura hace especial a Afshin, sino que sus manos también son dignas de un récord. Su mano derecha (ver a la derecha la imagen de la huella estampada) mide 6,4 cm desde la muñeca hasta la punta del dedo corazón, mientras que su mano izquierda mide 6,7 cm, tal y como se verificó en Milán, Italia, el 3 de marzo de 2023.

100 %

79

VISITAR EL LOUVRE

El museo parisino tiene una superficie total de unos 73.000 m², que lo convierten en el **palacio convertido en museo más grande**. En 2021, casi 3 millones de visitantes se apretujaron para ver la obra más popular del Louvre: la *Mona Lisa* de Leonardo da Vinci, que en 1911 se convirtió en la **obra de arte robada más valiosa** (se recuperó en 1913).

ÁLBUM FAMILIAR

La forma más rara de gemelas disparejas
Sienna *Sinny* Bernal nació con una forma de enanismo primordial tan rara que carece de clasificación formal. Sin embargo, aún es más raro que sea la gemela monocigótica de Sierra (ambas de EE.UU.). Las hermanas «disparejas» nacieron el 22 de diciembre de 1998 y presentan la **diferencia de estatura más grande entre dos gemelos idénticos**; cuando se las midió por última vez, Sinny medía 132 cm y Sierra, 170 cm.

El nacimiento de trillizos con el intervalo más largo
Lorne McBurney (n. el 20 de septiembre de 2004) nació 17 días, 18 h y 55 min antes que sus hermanos Isaac y Sullivan (n. el 8 de octubre de 2004) en Lee's Summit, Misuri, EE.UU. Los tres hermanos nacieron prematuramente y pesaron menos de 900 g cada uno. Sus padres son Kara y Scott McBurney (todos de EE.UU.)

Más miembros de una familia nacidos el mismo día
El 1 de agosto es una fecha clave para los nueve miembros de la familia Mangi de Larkana, Pakistán. Ameer (el padre), Khudija (la madre) y sus siete hijos: Sindhoo, Sasui, Sapna, Aamir, Ambar, Ammar y Ahmar nacieron ese día. Once años (1992-2003) separan al hermano más pequeño del mayor. (Consultar también el récord de nonillizos en la pág. siguiente.)

Los gemelos más prematuros
Adiah Laelynn y Adrial Luka Nadarajah (ambos de Canadá) se adelantaron 126 días cuando nacieron el 4 de marzo de 2022 en el Hospital Mount Sinai de Toronto, Canadá. Nacieron con una edad gestacional de 22 semanas, unas 18 semanas antes que un embarazo a término. Adiah y Adrial pesaron 330 g y 420 g, respectivamente.

Las trillizas más prematuras
Rubi-Rose, Payton-Jane y Porscha-Mae Hopkins (todas del R.U.) son hijas de Michaela White y Jason Hopkins y nacieron a las 22 semanas y 5 días (159 días) de gestación, o 121 días antes de un embarazo a término. Nacieron en el Hospital Southmead de Bristol, R.U. el 14 de febrero de 2021. Juntas, pesaron 1,284 kg, por lo que también son las **trillizas más ligeras**.

78

VISITAR UN VOLCÁN ACTIVO
¿Quieres entrar en calor? Si quieres un asiento de primera fila en un espectáculo explosivo, visita el Estrómboli, un volcán que se alza sobre una pequeña isla en el mar Tirreno, frente a la costa italiana. Expulsa cenizas y lava unas cuantas veces cada hora desde al menos el 700 a. C., por lo que es el **volcán con la erupción continuada más prolongada**.

Los nonillizos en una reunión familiar en la Ain Borja Clinic en diciembre de 2022, a los 19 meses de edad.

Niños: Mohammed VI, Oumar, Elhadji y Bah. Niñas: Kadidia, Fatouma, Hawa, Adama y Oumou.

Friday,

Mas bebés nacidos en un solo parto

El 6 de mayo de 2021, Associated Press anunció el nacimiento de nueve bebés, hijos de Halima Cissé y Abdelkader Arby (ambos de Mali), en la Ain Borja Clinic de Casablanca, Marruecos. Cissé dio a luz prematuramente y por cesárea el 4 de mayo de 2021, a las 30 semanas de gestación. Cada uno de los bebés, cinco niñas y cuatro niños, pesaron entre 500 g y 1 kg. Los casos de nonillizos son extremadamente raros y, de hecho, es el primero del que se tiene constancia en el que los nueve bebés sobreviven al parto.

Por lo que se refiere a cumpleaños, esta familia comparte con la familia Mangi, de Pakistán (ver pág. anterior), el récord de **más miembros de una familia nacidos el mismo día**, aunque los Mangi tardaron 11 años en conseguirlo.

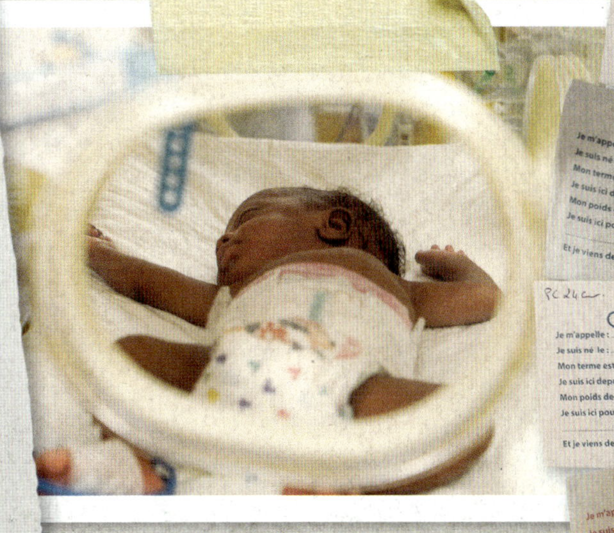

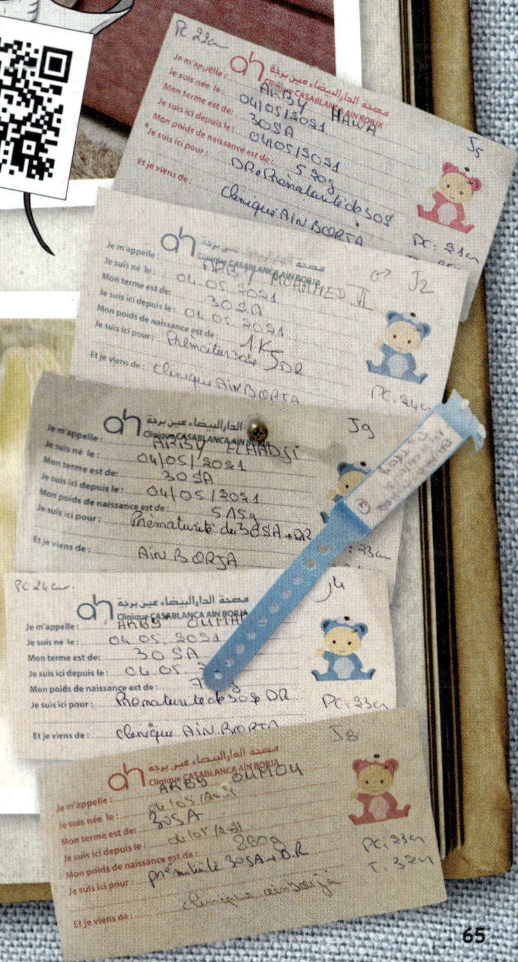

MEDICINA

PANDEMIAS

Ahora estamos en el cuarto año de la primera pandemia de coronavirus, y aunque la gravedad de la COVID-19 ha disminuido en muchos lugares, la Organización Mundial de la Salud no deja de advertir que todavía no ha terminado. A 27 de marzo de 2023, se habían documentado 761 millones de casos, lo que supone el **brote de coronavirus más extendido**. Con 6,8 millones de fallecidos, es también el **más mortífero** y empequeñece el impacto de sus «primos» MERS y SARS.

¿SABÍAS QUE...?

La **pandemia más antigua** de la que se tiene constancia fue la peste de Atenas en el 430 a. C.

La **pandemia más duradera** es la séptima pandemia de cólera, en curso desde 1961 hasta hoy.

En 2005, un fallo técnico dio paso a la **primera pandemia en videojuegos**, Corrupted Blood, que se difundió por la comunidad de *World of Warcraft* y provocó confinamientos virtuales.

La **pandemia más mortífera** fue la peste negra, que mató a entre 50 y 100 millones de personas entre 1346 y 1353.

337

La respuesta mundial a la pandemia supuso un esfuerzo de investigación sin precedentes. Tan solo 337 días después de la identificación de la COVID-19, se aprobaron las vacunas Tozinameran de BioNTech (Alemania) y Pfizer (EE.UU.): el **desarrollo de vacunas más rápido**.

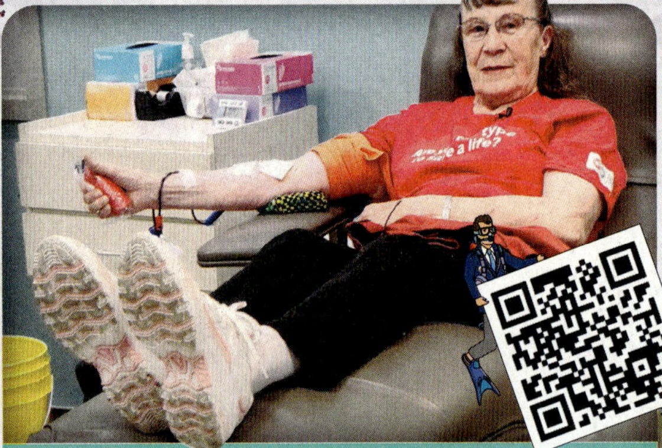

Más sangre total donada
Entre el 25 de marzo de 1987 y el 30 de septiembre de 2022, Josephine Michaluk, de Alberta, Canadá, donó sangre en 203 ocasiones, 99,1 l en total, 20 veces la cantidad de sangre de un adulto. Y esa cifra solo refleja las donaciones que se pueden comprobar, ya que Josephine empezó a donar sangre en 1965, antes de que se registraran.

La primera vez de...

- **Una separación de gemelos siameses**: Entre el 24 de noviembre y el 3 de diciembre de 1689, el cirujano suizo Johannes Fatio separó con éxito a dos bebés que estaban unidas por el esternón, en Basilea, Suiza.
- **Una reanimación boca a boca**: El 3 de diciembre de 1732, William Trossach utilizó compresiones torácicas y ventilación artificial para revivir a un hombre que fue rescatado, aparentemente muerto, de un incendio en una mina de carbón en Alloa, Clackmannanshire, R.U.
- **Un trasplante de corazón**: El 3 de diciembre de 1967, un equipo de 30 médicos dirigidos por Christiaan Barnard (Sudáfrica) reemplazó el corazón de Louis Washkansky en el Hospital Groote Schuur de Ciudad del Cabo, Sudáfrica. Washkansky sobrevivió 18 días con el nuevo corazón.

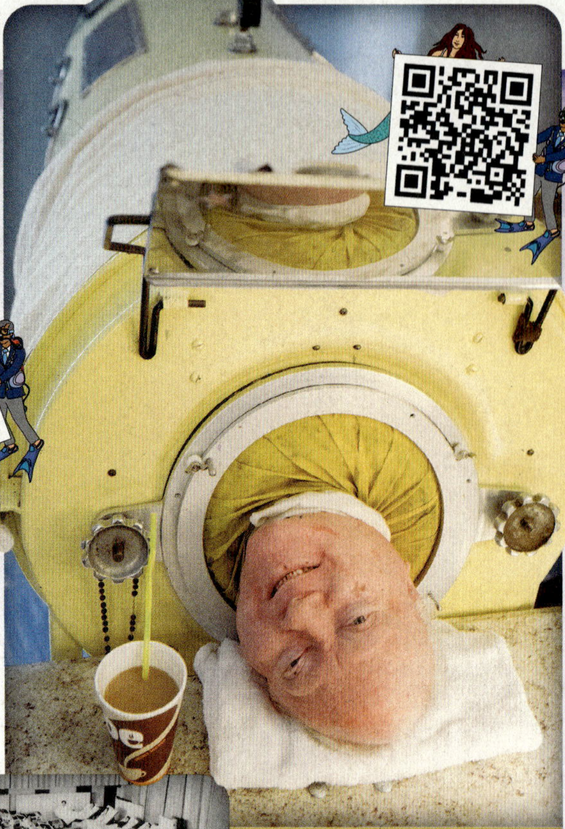

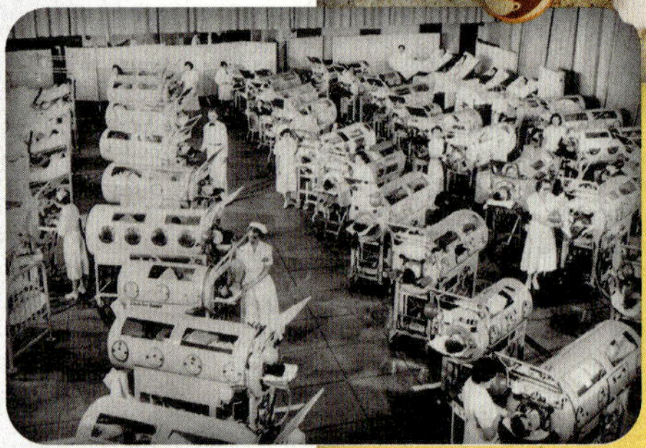

El paciente de pulmón artificial más longevo
En julio de 1952, una ola de infecciones de polio se extendió por la ciudad de Dallas, en Texas, EE.UU. La enfermedad mató a decenas de personas y dejó a muchas más paralizadas y dependientes a los respiradores de presión negativa conocidos como «pulmones artificiales» (izquierda). Uno de los infectados fue el niño de seis años Paul Alexander. Confinado en un pulmón artificial muchas horas al día, Alexander se graduó de la escuela secundaria y se licenció en Derecho. Utilizando la técnica «respiración de rana» para mantenerse fuera de la máquina, ejerció su profesión y representó a sus clientes en los tribunales. Alexander, ya jubilado, lleva 70 años usando su pulmón artificial todos los días.

La mayor colección de...

- **Cerebros humanos**: The Brain Collection, en la Universidad del Sur de Dinamarca, Odense, conserva 9.479 ejemplares, algunos de los cuales datan de finales de la década de 1940. Las muestras de esta colección están disponibles para los investigadores que estudian trastornos neurológicos.
- **Objetos ingeridos**: El Museo Mütter, en el Colegio de Médicos de Filadelfia, Pensilvania, EE.UU., alberga 2.374 objetos que fueron tragados o inhalados por los pacientes del médico Chevalier Quixote Jackson. La colección incluye una trompeta en miniatura, binoculares para la ópera y varias dentaduras postizas.

Los más largos...

- **Supervivencia a una inmersión**: En 1986, la niña de dos años Michelle Funk, de Salt Lake City, Utah, EE.UU., pasó 66 min bajo el agua tras caer en un arroyo helado. Fue revivida en el Salt Lake City's Primary Children's Hospital y pudo volver a casa ocho semanas después.
- **Sueño**: El 29 de abril de 1994, David Powell (EE.UU.) pasó una noche en el North Puget Sound Center for Sleep Disorders, cerca de Seattle, Washington, donde experimentó un período de 3 h y 8 min de sueño REM (movimiento ocular rápido). Un ciclo REM típico dura entre una y dos horas.
- **Ataque de bostezos**: En 1888 se informó en el *Memphis Journal of the Medical Sciences* del caso de una niña de 15 años que bostezó continuamente durante cinco semanas. De acuerdo con el autor, el Dr. Edward W. Lee, el período de oscilación comenzó después de una extracción dental y continuó hasta la aplicación de un tratamiento de «sales de amonio y reposo en cama».
- **Supervivencia sin alimentos**: Como parte de un estudio sobre pérdida de peso, Angus Barbieri (R.U.) subsistió con una dieta a base de té, café, agua y vitaminas durante 382 días entre junio de 1965 y julio de 1966. Su peso se redujo de 214 kg a 80,7 kg.
- **Ataque de estornudos**: El 13 de enero de 1981, la adolescente británica Donna Griffiths experimentó un ataque de estornudos ininterrumpido. Según los informes, durante los siguientes 976 días estornudó alrededor de 100 veces por hora. El ataque finalizó el 16 de septiembre de 1983.

Más gente provista de prótesis de extremidades en ocho horas
El 3 de diciembre de 2021, el Shree Swaminarayan Multispeciality Hospital de Vadtal, Guyarat, India, fue la sede de un evento que organizaba el propio hospital y que contaba con diversos voluntarios de templos swaminarayan locales que ayudaron a colocar nuevas prótesis de extremidades a un total de 710 personas.

77

ASISTIR AL CARNAVAL DE RÍO DE JANEIRO
Recorre a ritmo de samba las bulliciosas calles de Río de Janeiro, Brasil, durante el **carnaval más multitudinario**. Los artistas disfrazados de las escuelas de samba de la ciudad bailan ante una multitud de más de 7 millones de personas de camino al estadio Sambódromo.

El esqueleto de Skully se descubrió en Liang Tebo, una cueva a la que solo se puede llegar tras una semana caminando por la selva. Durante los 11 días de excavaciones, los arqueólogos acamparon en la misma cueva que presumiblemente fuera el hogar de Skully 31.100 años atrás.

LA AMPUTACIÓN MÁS ANTIGUA

En 2022, un grupo de arqueólogos indonesios y australianos descubrió algo extraordinario en Kalimantán, Indonesia. Encontraron un esqueleto de 31.100 años de antigüedad conocido como TB1 (o, más informalmente, «Skully») al que le faltaba el pie y la parte inferior de la pierna izquierdos, pero que no mostraba signos de lesión por contusión o infección.

Por contra, parecía el resultado de una cirugía de amputación realizada cuando Skully fue un niño, muy probablemente como respuesta a una lesión en el pie que no sanaba o se había infectado. Que Skully sobreviviera sugiere que su cirujano de la Edad de Piedra tenía un buen conocimiento de la anatomía humana. De forma determinante, su comunidad también pudo hacerse cargo de los cuidados postoperatorios necesarios para evitar una infección mortal.

La tibia y el peroné de la pierna izquierda de Skully se cortaron limpiamente. Una lesión por aplastamiento, como la provocada por un desprendimiento de rocas, habría causado graves fracturas, mientras que el mordisco de un animal (de un cocodrilo, por ejemplo) habría desencadenado una infección con efectos visibles en el hueso. El punto donde se realizó la amputación se curó con un nuevo crecimiento óseo.

Skully vivió unos 10 años más tras la arriesgada operación, y finalmente murió por causas no relacionadas con ella.

RECOPILATORIO

La boca más ancha
GWR lamenta el fallecimiento de Francisco Domingo Joaquim *Chiquinho* (Angola), quien nos dejó en enero de 2023. Su boca de récord medía 17 cm de diámetro tal y como se constató en Roma, Italia, el 18 de marzo de 2010.

Isaac Johnson (EE.UU.) es el protagonista de la **mayor apertura bucal** (distancia entre los incisivos superiores e inferiores), con 10,196 cm. Le cabe una lata de refresco… ¡y hasta una pelota de béisbol!

Samantha Ramsdell (EE.UU.) ostenta el récord **femenino**, con 6,52 cm. También posee el récord femenino de la **boca más ancha**, con 10,33 cm confirmados en Norwalk, Connecticut, EE.UU., el 29 de noviembre de 2022. En sus fauces caben tanto una manzana entera como una ración grande de patatas fritas del McDonald's.

El DJ más bajo
YEYE, alias de Yeison Enrique Delgado Castro (Colombia), es un gran amante de la música y mide 102,46 cm de estatura, como se verificó en Caracas, Venezuela, el 12 de noviembre de 2022. De día trabaja como frutero, aunque lleva más de 10 años actuando como DJ en Latinoamérica.

El mayor peso levantado con la lengua
El 22 de febrero de 2022, Thomas Blackthorne (R.U.) levantó una piedra de 13 kg (aproximadamente lo que pesan dos bolas de bolos) con la lengua. Sus otros títulos incluyen la **ingesta con técnica tragasables del objeto más pesado**: ¡un martillo neumático de 38 kg!

El artista cómico más bajo
Tanyalee Davis (Canadá/EE.UU.) midió 100,65 cm tal y como se constató en Bradenton, Florida, EE.UU., el 6 de febrero de 2023. Davis tiene una forma de displasia diastrófica, un trastorno de los huesos y de los cartílagos que cursa con estatura baja. Se describe como «el Ferrari de la comedia, pegada al suelo y divertida en las curvas». (Consultar también la pág. 197).

Desde que se unió a TikTok en septiembre de 2020, los chistes y los bailes de Davis han atraído a 3,2 millones de seguidores con 37 millones de «me gusta».

La reunión más multitudinaria de personas con el mismo nombre y apellido
El 4 de febrero de 2023, 256 mujeres llamadas Milica Jovanović se reunieron en Belgrado, Serbia. Acudieron de distintas partes del país y podían participar en el encuentro tanto si era su nombre de origen como si lo habían adoptado, por ejemplo, al casarse.

La reunión más multitudinaria de personas nacidas prematuramente
El doctor A. K. Jayachandran y el Neo Bless Moulana Hospital (ambos de la India) reunieron a 612 personas nacidas antes de tiempo en Perinthalmanna, Kerala, India, el 13 de noviembre de 2022.

La mayor diferencia de estatura entre mellizos (mujeres)
Unos 75 cm de estatura separan a las hermanas Yoshie y Michie Kikuchi (ambas de Japón), como se verificó el 23 de febrero de 2023 en Okayama, Japón. Michie tiene una forma de enanismo, que explica la diferencia. Las mellizas fueron elegidas portadoras de la antorcha olímpica para los Juegos Olímpicos de Tokio en 2020. Ver pág. 64 para el récord de gemelos.

El tiempo más rápido en nombrar todos los huesos humanos
Banan Sultan Nassereddine (Líbano) tardó solo 5 min y 37 s en identificar las imágenes de los 206 huesos del cuerpo humano en la Safir High School de Ghazieh, Líbano, el 2 de agosto de 2022. Banan quiere ser médico.

Los embriones humanos de más edad usados en un embarazo a término
En la fertilización *in vitro* que devino en el nacimiento de los mellizos Lydia y Timothy Ridgeway (ambos de EE.UU.) el 31 de octubre de 2002, se usaron embriones de 30 años y 192 días de edad. Almacenados en nitrógeno líquido a aproximadamente -196 °C desde el 22 de abril de 1992, fueron donados al US National Embryo Donation Center de Knoxville, Tennessee, en 2017, hasta que se cedieron a Rachel y Philip Ridgeway de Vancouver, Washington, EE.UU., los padres de Lydia y Timothy.

La mayor edad combinada de 12 hermanos
A 4 de agosto de 2022, la edad combinada de los hermanos y hermanas de la familia Hernández Pérez (España) era de 1.058 años y 249 días. El mayor es José (n. el 30 de diciembre de 1924), que tenía 97 años y 217; y el más joven es Luis (n. el 4 de abril de 1946), con 76 años y 122 días. El recuento se confirmó en Moya, Las Palmas, donde los hermanos han residido durante toda su vida.

76

PILOTAR UN AVIÓN
Despídete de tierra firme durante un tiempo y experimenta la libertad del cielo abierto. El coronel Clarence Cornish (EE.UU.) fue un entusiasta de los vuelos toda su vida; pilotó aviones desde el 6 de mayo de 1918 hasta el 4 de diciembre de 1995, la **carrera como piloto de aviones más larga**, con 77 años y 212 días de duración. Falleció solo 18 días después de su último vuelo.

El primer tatuaje de un croma
En agosto de 2018, se hizo viral un tatuaje de *Rick y Morty* que incluía un croma (derecha) del tatuador Roy Lee Rowlett. Sin embargo, el primer tatuaje de un croma se hizo público el 21 de julio, cuando Josh Herman (EE.UU.) le tatuó un televisor a Tyler Smith en Denver, Colorado, EE.UU. Cuando se mira con una aplicación móvil, el área verde se convierte en un reproductor de fotografías o vídeos.

El matrimonio con más modificaciones corporales
Gabriela Peralta (Uruguay) y Víctor Hugo Peralta (Argentina) suman 91 modificaciones corporales, verificadas en Milán, Italia, el 13 de febrero de 2023. Incluyen *piercings*, implantes, expansores de lóbulos y pernos de oreja. Además, ambos pueden presumir de muchos tatuajes diversos e intrincados. Víctor resume su imagen como: «Disfruta de la vida y disfruta del arte».

El miembro de Mensa más joven
Isla McNabb (EE.UU., n. el 19 de noviembre de 2019) se convirtió en miembro oficial de la sociedad de CI a la edad de 2 años y 195 días, como se verificó en Louisville, Kentucky, EE.UU., el 2 de junio de 2022. Completó el test de inteligencia tras demostrar que podía leer con solo dos años y obtuvo una puntuación que la ubicó en el percentil 99.

Más articulaciones chasqueadas consecutivamente
El característico sonido que se produce cuando chasqueamos los huesos se debe a la explosión de burbujitas de hidrógeno en el líquido sinovial que lubrica las articulaciones. El 25 de enero de 2023, Olle Lundin (Suecia) chasqueó 46 de sus articulaciones de forma consecutiva en Uppsala, Uppland, Suecia.

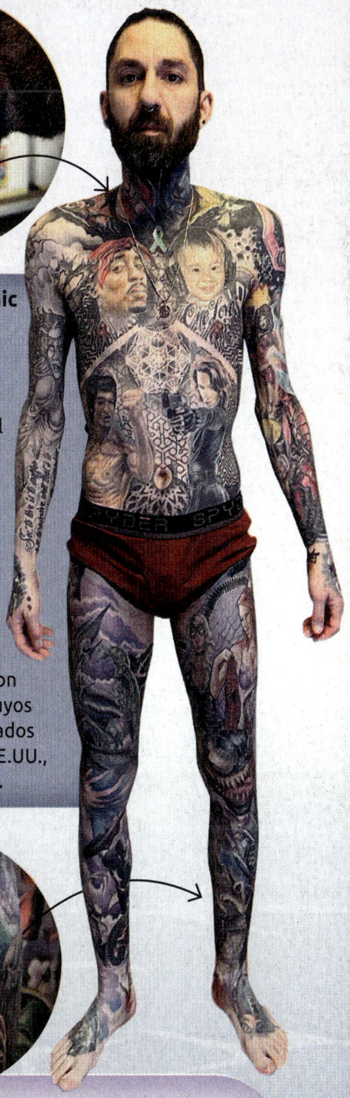

Más personajes de cómic de Marvel tatuados en el cuerpo
Rick Scolamiero (Canadá, derecha) cuenta con 34 superhéroes de Marvel tatuados sobre la piel. También tuvo la suerte de que el gran Stan Lee le firmara en la muñeca un autógrafo que luego se tatuó. El recuento tuvo lugar en Alberta, Canadá, el 9 de marzo de 2023 y concluyó con Scolamiero compartiendo el récord con Ryan Logsdon (EE.UU.), cuyos 34 tatuajes fueron ratificados en Louisville, Kentucky, EE.UU., el 3 de diciembre de 2022.

Mientras estuvo en la sede de GWR, Stoeberl usó su lengua (envuelta en papel film) para dibujar el retrato de Craig Glenday, el editor jefe.

Menos tiempo en retirar cinco piezas de Jenga con la lengua
Nick Stoeberl (EE.UU.) solo necesitó 55,52 segundos para extraer cinco piezas de Jenga con su larga lengua en las oficinas de GWR en Londres, R.U., el 20 de febrero de 2022. Stoeberl cuenta con la ventaja de poseer la **lengua más larga**, de 10,1 cm de longitud.

La persona más joven a la que se le ha extraído una muela del juicio
Ryan Scarpelli (EE.UU., n. el 3 de septiembre de 2011) solo tenía 9 años y 327 días de edad cuando le extrajeron una muela del juicio, como se confirmó en Leesburg, Virginia, el 27 de julio de 2021. La muela estaba sobre su segundo molar y hubiera impedido que este descendiera. Normalmente, las muelas del juicio no aparecen hasta bien entrada la adolescencia.

Más implantes tecnológicos
La maga y *biohacker* Anastasia Synn (EE.UU.) ha modificado su cuerpo con varios implantes funcionales, como imanes, tarjetas RFID y microchips. Un recuento oficial en Milán, Italia, el 2 de febrero de 2023, reveló que Synn contaba con 52 implantes tecnológicos. Los usa en sus actuaciones y, entre otras cosas, para abrir la puerta de su casa.

Más tatuajes del mismo personaje de cómic
Costas Moutsios (Grecia) tiene nueve tatuajes de Batman, confirmados en Atenas, Grecia, el 10 de marzo de 2022. En total, sus dibujos del caballero oscuro le han costado 3.440 euros.

75

CONDUCIR UN SEGWAY
Estos vehículos eléctricos de dos ruedas son un medio de transporte respetuoso con el medio ambiente... ¡y muy divertidos de conducir! La **mayor cantidad de personas haciendo giros de 360° sobre Segways simultáneamente** es de 108, en un evento organizado por Sony (EE.UU.) antes del estreno de *Paul Blart: Mall Cop 2* en Nueva York, EE.UU., el 11 de abril de 2015.

EL HOMBRE DE HIELO

WIM HOF

El amante del frío Wim Hof (Países Bajos) se ha hecho famoso por sus hazañas de resistencia bajo cero, por escalar montañas y por sumergirse en lagos helados. El «Hombre de Hielo» cree que el frío puede ser clave para la salud y la felicidad.

El idilio de Wim con el frío comenzó cuando tenía 17 años. Caminando por un parque de Ámsterdam, vio un canal medio congelado y decidió darse un chapuzón: «Me desnudé y me metí», recordó. Regresó al día siguiente y siguió nadando en el canal durante todo el invierno. Desarrolló una técnica de respiración que él llama «método Wim Hof». Según afirma, ayuda a su cuerpo en condiciones de frío extremo, y la practica todos los días desde entonces. Cuando un equipo de televisión lo grabó rescatando a un hombre que había caído por un agujero en el hielo en las aguas de un lago congelado, la noticia de sus habilidades inusuales comenzó a extenderse.

Wim decidió utilizar su talento para batir récords, y se alzó con múltiples títulos GWR nadando bajo el hielo y sumergiéndose en aguas gélidas. En 2007, intentó escalar el Everest, la **montaña más alta sobre el nivel del mar**, vistiendo tan solo unos pantalones cortos y calzando unos zapatos comunes. Alcanzó una altitud de 7.400 m antes de que una lesión en el pie lo obligara a abandonar. En 2016, intentó una hazaña similar en el monte Kilimanjaro, liderando un equipo escasamente vestido hasta la cumbre, donde las temperaturas pueden caer hasta los -20 °C.

Wim sigue proclamando los efectos vigorizantes del frío para el bienestar de las personas y ha sido objeto de innumerables programas de televisión y documentales. Wim afirma que numerosos famosos, como Oprah Winfrey y Justin Bieber, han probado su método de respiración. El Hombre de Hielo no muestra señales de descongelación a corto plazo...

1

2

HALL OF FAME

DATOS PERSONALES

Nombre	Wim Hof
Lugar de nacimiento	Sittard, Limburg, Países Bajos
Fecha de nacimiento	20 de abril de 1959
Apodo	El Hombre de Hielo
Títulos GWR vigentes	La **media maratón descalzo sobre nieve más rápida**, junto con más de 20 títulos históricos.
Temperatura de baño preferida	2 °C

3

4

5

6

1. Wim fue el poseedor del título GWR de la **mayor distancia recorrida buceando bajo el hielo con una sola bocanada de aire (sin aletas y sin traje de buceo)**. El 16 de marzo de 2000, recorrió 57,5 m bajo la superficie congelada de un lago cerca de Kolari, en la Laponia finlandesa, equipado solo con un bañador y un par de gafas. El récord actual es de 80,99 m, establecido por David Vencl (República Checa) el 23 de febrero de 2021.

2. Para su serie de la BBC *Freeze the Fear with Wim Hof* (2022), el Hombre de Hielo guio en una serie de desafíos bajo cero en los Alpes italianos a un grupo de celebridades, como la bailarina Dianne Buswell de *Strictly Come Dancing*.

3. Wim ha batido el récord de **más tiempo con todo el cuerpo en contacto con el hielo** muchas veces. Su mejor marca la logró el 18 de octubre de 2013: 1 h, 53 min y 2 s. El récord masculino actual está en 3 h y 28 s, establecido por Valerjan Romanovski (Polonia) el 23 de octubre de 2021.

4. Todos los años, aventureros intrépidos se adentran en las profundidades invernales de la reserva de la biosfera Karkonosze, en la frontera entre Polonia y Chequia, para participar en la Expedición Wim Hof, en la que el Hombre de Hielo los dirige durante un programa de entrenamiento de cinco días. La expedición culmina con el ascenso a una montaña en la cordillera de los Sudetes.

5. El 26 de enero de 2007, Wim viajó al círculo polar ártico finlandés para correr la **media maratón descalzo sobre nieve más rápida**: 2 h, 16 min y 34 s. Su hazaña quedó registrada en *The Real Superhumans and the Quest for the Future Fantastic* de Discovery Channel.

6. Wim cree que el sistema que inventó, basado en el control de la respiración, en la terapia de frío y en el compromiso, puede ayudar a las personas a conectar con la naturaleza y entre ellas. Ha participado en varios estudios científicos para tratar de probar los beneficios de su método.

Descubre más información sobre Wim en la sección del Salón de la Fama en www.guinnessworldrecords.com/2024.

La colección más grande de objetos relacionados con los Osos Amorosos
A 23 de enero de 2023, el maquillador estadounidense Nicholas Cherrywood contaba con 1.234 objetos relacionados con esta franquicia. Su colección incluye libros, películas, artículos de papelería, ropa y docenas de versiones de los clásicos ositos de peluche. La relación de Nicholas con el Reino de Mucho-Mimo comenzó en su infancia con dos peluches, Gruñosito y Alegrosita, que le regalaron durante una larga estancia en el hospital. Incluso se cambió de nombre en referencia a un personaje de la película *Los Osos Amorosos* (CAN/EE.UU., 1985).

De niño, Nicholas expresaba sus sentimientos con los ositos: llevaba consigo a Alegrosita cuando tenía un buen día o a Sueñosito cuando estaba cansado.

LA HAMBURGUESA DE MrBEAST

Tanto en concursos de comida como en sesiones donde se sirven raciones interminables, la modesta hamburguesa ha tenido un destacado papel en algunos de los récords culinarios más populares de GWR. En 2022, un restaurante virtual se propuso crear una versión extragrande, pero con una novedad importante: ¡sin nada de carne!

Al ser el ***youtuber* con más suscriptores**, con la alucinante cifra de 112.193.139 seguidores a noviembre de 2022, no es de extrañar que MrBeast, alias de Jimmy Donaldson (EE.UU.), lo sepa todo sobre cifras bestiales. Así que, cuando en su restaurante virtual MrBeast Burger decidieron crear la **hamburguesa vegetariana más grande**, no se anduvieron con chiquitas.

Un equipo de 43 personas se puso manos a la obra en Greenville, Carolina del Norte, EE.UU., para preparar la hamburguesa, que debían presentar el 29 de septiembre de 2022. Dentro de un tráiler refrigerado, se llenaron un par de moldes de acero inoxidable con 861,8 kg cada uno del preparado de su popular hamburguesa «Imposible», hecha con concentrado de proteína de soja, agua, sal, y aceites de girasol y coco. Luego se pasaron a un horno de propano con una carretilla elevadora, donde se cocinaron durante 10 horas a unos 204 °C. Bajo la atenta supervisión de un experto en seguridad alimentaria, la enorme delicia vegetariana se embadurnó con salsa barbacoa y, a continuación, se dejó en el horno para que los jugos se asentaran.

En el momento de la presentación, las hamburguesas se metieron entre dos pedazos de pan de brioche gigantes, cada uno con una guarnición de 90,7 kg de cebolla, lechuga y queso. Una vez terminada, la hamburguesa alcanzó el peso récord de 2.092,4 kg. Finalmente, siguiendo las directrices de GWR contra el desperdicio alimentario, la colosal hamburguesa se troceó y se repartió entre organizaciones benéficas del lugar.

GIGANTES A LA PARRILLA

El bocadillo de hamburguesa más grande
El 9 de julio de 2017, seis cocineros bávaros liderados por Josef Zellner (todos de Alemania) sirvieron en Pilsting, Alemania, una triple hamburguesa con pan que alcanzó un peso total de 1.164,2 kg (derecha). Luego se partió en 3.000 trozos.

La hamburguesa más grande
El 5 de septiembre de 1999, Loran Green y sus amigos de Hi Line Promotions (todos de EE.UU.) asaron un bocado de carne picada de ternera de Montana de 2,7 toneladas en Saco, Montana, EE.UU. El evento, celebrado en el Sleeping Buffalo Resort, contó con más de 3.500 espectadores... ¡que se relamían!

La hamburguesa vegana más grande
El 18 de noviembre de 2021, Finnebrogue Artisan (R.U.) preparó una hamburguesa de 162,5 kg sin carne ni lácteos en Downpatrick, County Down, R.U. La hamburguesa era una versión extragrande de la Naked Evolution Burger y se necesitaron 9 horas para cocinarla. Se acompañó con beicon vegano, cebolla crujiente, queso vegano, salsa, lechuga, tomates y pepinillos.

La cadena MrBeast Burger es básicamente «virtual» (solo hace repartos), aunque en septiembre de 2022 se inauguró el primer local físico en Nueva Jersey, EE.UU.

¡Un gustazo de masa!
Los dos panecillos monstruosos registraron un peso combinado de 494 kg, es decir, ¡pesaban más que un piano de cola!

Salsa barbacoa
A una hamburguesa no le pueden faltar los condimentos, y la hamburguesa vegetariana MrBeast no fue una excepción. La clásica del restaurante, «Construye tu propia hamburguesa doble imposible», lleva una cucharadita de salsa barbacoa; su hermana mayor de récord, sin embargo, necesitó 22 kg del mismo aderezo. Se preparó siguiendo exactamente la misma receta, con tomate, vinagre, edulcorante y especias. Una vez que se habían untado las hamburguesas con salsa, se pusieron de nuevo en el horno, donde se dejaron 4 horas a 79 °C.

Pan de hamburguesa
Los panes de hamburguesa estándar de MrBeast, de 8,8 cm de ancho, tenían que agrandarse de forma considerable si pretendían batir el récord, y así se hizo, pero respetando la misma receta, a base de trigo, leche en polvo, levadura, sal, aceite de colza, azúcar y semillas de sésamo. Todos esos ingredientes se amasaron con batidoras industriales. Luego, se cocieron a 176 °C en un horno de propano: 6 horas el pan superior y 5 horas el inferior.

Una supercolumna
Una vez montada con los panes, la hamburguesa vegetariana MrBeast medía 0,87 m de alto y 2,1 m de diámetro.

Keith ha ganado el Campeonato Nacional de Paracaidismo de EE.UU. y fue suplente en los X Games de 2000.

¿Cuándo empezaste a hacer skysurf?
En junio de 1995, cuando vi imponerse a Rob Harris en los primeros X Games; su sonrisa y su giro invertido se me quedaron grabados, y me propuse emularlo. A la semana siguiente, fui a una escuela de paracaidismo y comencé a practicar el estilo libre hasta que dominé la técnica lo suficiente como para empezar a practicar skysurf. Lo probé por primera vez en diciembre de 1995.

¿Qué te inspiró a establecer este récord?
Un día, mientras entrenaba para el salto sobre las pirámides, creí ver un pájaro carpintero picomarfil [*Campephilus principalis*], ya extinto. Empecé a investigar especies en peligro de extinción y las leyes sobre aves migratorias, y decidí intentar este récord para inspirar a la gente a trabajar en la conservación del medio ambiente.

¿Cómo te sentiste al volver a batir el récord?
Aunque enseguida supe que iba a establecer un nuevo récord, me sentí como si hubiera renacido. Durante el lanzamiento en paracaídas escuchaba la canción de Pearl Jam «Supersonic». Su letra me inspiró, ya que describía perfectamente mi estado de ánimo.

Háblanos del salto que más recuerdas...
Surfear el cielo de Guiza fue extraordinario, sin duda. Otro fue volar en mi tabla con alas a través de mi propio halo de piloto [un fenómeno óptico en el que la luz crea un arcoíris con forma de anilla]. Y una vez, en Arizona, un halcón voló conmigo y aterrizamos al mismo tiempo.

MÁS GIROS DE HELICÓPTERO HACIENDO SKYSURF

El skysurf es un deporte aéreo extremo en el que se realizan acrobacias que comúnmente se asocian con el surf o el snowboard mientras se está unido a una tabla, ¡y en caída libre! Una de esas acrobacias es el «giro de helicóptero», en el que el paracaidista cae cabeza abajo girando rápidamente de modo que su tabla recuerda a las aspas de un rotor. El Instructor de paracaidismo Keith *Kēbē* Snyder (EE.UU., consulta la entrevista de la izquierda) completó 160 giros el 1 de noviembre de 2021 sobre las pirámides de Guiza, en Egipto. Mejoró su récord dos veces: el 4 de julio de 2022 logró 175 giros en el condado de Orange, Virginia, EE.UU.; y el 8 de noviembre de 2022 regresó a Guiza (ver detalle de arriba) y estableció una nueva marca con unos vertiginosos 190 giros.

Más saltos mortales en paracaidismo
El 23 de noviembre de 2020, Craig Lewis (Australia), que entonces sumaba más de 10 años de experiencia en el paracaidismo, giró sobre sí mismo 32 veces después de saltar de un avión que volaba sobre Zephyrhills, Florida, EE.UU. La afición por las alturas ha llevado a Craig a ocho países. Ha saltado en paracaídas sobre las pirámides de Egipto, las montañas de Suiza, las dunas de arena de Dubái y el desierto en Namibia. Hasta la fecha, suma más de 600 saltos.

CABEZA ABAJO

Más sables tragados simultáneamente
El 10 de febrero de 2022, el tragasables profesional Franz Huber (Alemania) deslizó nueve cuchillas garganta abajo (¡bueno, arriba!) mientras estaba colgado en Milán, Italia. Era la tercera vez que batía este récord: ya había tragado cinco sables en 2016 y siete en 2017. Según el reglamento, las hojas deben medir al menos 38 cm de largo.

Malabares con más pelotas
El 3 de febrero de 2018, el artista de circo aéreo Zane Jarvie (Nueva Zelanda) hizo malabares con cinco pelotas mientras colgaba de un trapecio en Perth, Australia Occidental. David Rush (EE.UU.) igualó la hazaña en Boise, Idaho, EE.UU., el 1 de diciembre de 2021.

El récord de **más capturas haciendo malabares cabeza abajo** es 1.769, establecido por Araki Terumi (Japón) en Shizuoka-ken, Japón, el 16 de febrero de 2012. Araki calzaba «botas de gravedad» y colgaba de una barra.

Más aviones en vuelo acrobático invertido
Durante una exhibición celebrada el 29 de octubre de 2006 en Pirassununga, São Paulo, la Esquadrilha da Fumaça («Escuadrón de Humo») de la Fuerza Aérea Brasileña batió su propio récord de vuelo invertido, que ostentaba desde 2002. Un total de 12 T-27 Tucanos realizaron un medio bucle en formación cerrada que mantuvieron durante más de 30 s.

Daryl Tan Hong An (Singapur) ostenta nueve récords de resolución de rompecabezas giratorios, incluyendo varios bajo el agua (ver pág. 78) y otros cabeza abajo (ver más abajo). Además de su pasión por el *speedcubing*, también es un corredor consumado: el 19 de junio de 2021 estableció el récord de los 100 m más rápidos resolviendo un cubo (13,63 s). Daryl pretende inspirar a los niños para que cambien sus dispositivos electrónicos por un rompecabezas físico (ver pág. 86).

DESTREZA COLGANTE
Las proezas cabeza abajo de Daryl

Cubo de 4 × 4 × 4
Tiempo: 37,25 s.

Cubo de 3 × 3 × 3 (una sola mano)
Tiempo: 17,12 s.

Dos cubos de 3 × 3 × 3 simultáneamente
Tiempo: 56,61 s.

Todos los récords fueron establecidos el 18 de abril de 2021.

Los 100 m más rápidos en muletas
El 6 de marzo de 2014, Tameru Zegeye (Etiopía) recorrió 100 m en equilibrio sobre unas muletas en 57 s en Fürth, Baviera, Alemania. Nacido con los pies irregulares, esta estrella de circo estaba decidida a demostrar que no hay nada que no pueda hacer. Empezó a caminar con las manos a temprana edad para fortalecer la parte superior del cuerpo.

Más personas haciendo el pino simultáneamente
El 17 de septiembre de 2006, 399 personas experimentaron como la sangre baja a la cabeza durante al menos 10 s en Wevelgem, Bélgica.

El récord de **más personas haciendo el pino** es 2.945, logrado durante un evento de yoga shirshasana organizado por Gyanjyot Vidyalaya, Maulik Ashwin Sudani, Hari Krishna Exports y Euro India Fresh Foods (todos de la India) en Gujarat, India, el 3 de diciembre de 2017.

Más flexiones cabeza abajo en un minuto (mujeres)
El 1 de febrero de 2017, la atleta de CrossFit Rachel Martinez (EE.UU.) realizó 12 flexiones cabeza abajo y batió este récord en representación de la marca de ropa deportiva Reebok en Nueva York, EE.UU.

Más giros de un hula-hoop con un pie y cabeza abajo en un minuto
El 11 de julio de 2020, J Jessica (India) se hizo con su primer título de GWR tras hacer girar un aro 213 veces con el pie izquierdo mientras estaba apoyada sobre la cabeza en Chennai, Tamil Nadu, India.

El récord de **más giros de un hula-hoop colgado cabeza abajo** es 23, establecido por Jenny Doan (Australia) en Denver, Colorado, EE.UU., el 29 de mayo de 2022.

El más rápido en resolver un tetraedro giratorio
El 20 de julio de 2022, Lim Kai Yi (Malasia) resolvió cabeza abajo un rompecabezas piramidal 3D en 7,74 s en Georgetown, Malasia.

Más tiempo aguantando la respiración bajo el agua (hombres)
El 30 de junio de 2017, Sobhan Bahri (Irán) estuvo sumergido cabeza abajo 4 min y 40 s tras tomar una sola bocanada de aire, en Bushehr, Irán.

El ascenso más rápido por una cuerda de 5 m cabeza abajo
El 21 de octubre de 2001, Tuomo Kostian (Finlandia) ascendió cabeza abajo 5 m por una cuerda en 13,7 s. Para que el récord tuviera validez, todo su cuerpo tenía que cruzar la línea situada a 5 m.

El 1 de septiembre de 2007, Nele Bruckmann (Alemania) también dio un paso al frente y estableció el récord de la **mayor distancia ascendida cabeza abajo por un poste en un minuto**: 9,73 m, durante un programa de televisión en Colonia, Alemania.

Más escalones subidos apoyándose en la cabeza
El 5 de enero de 2015, el atleta acrobático Li Longlong (China) subió 36 escalones rebotando sobre la cabeza (¡con una almohadilla como protección!) en el plató de *CCTV Guinness World Records Special* en Jiangyin, Jiangsu, China. El reglamento establece que solo puede haber un descanso de cinco segundos entre cada escalón, y que no se pueden tocar los escalones con ninguna parte del cuerpo a excepción de la cabeza.

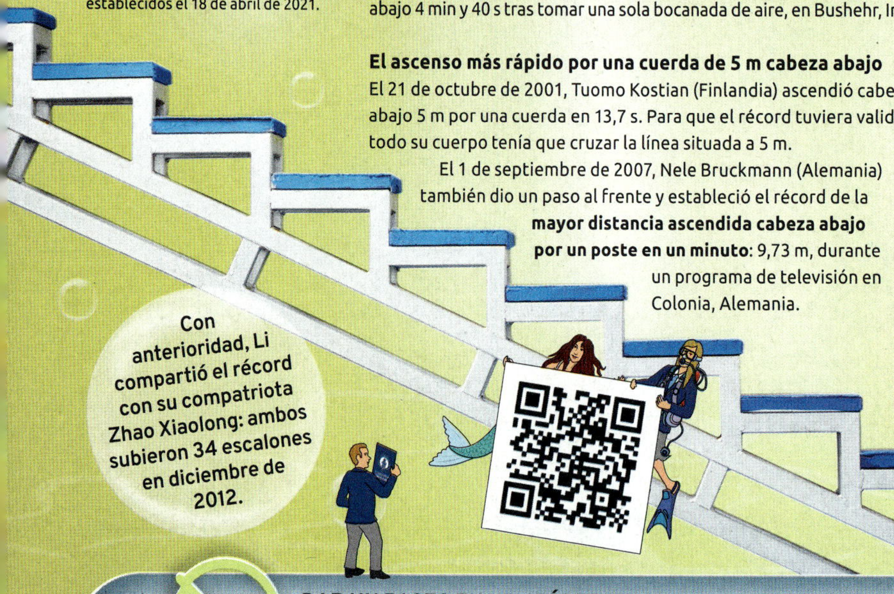

Con anterioridad, Li compartió el récord con su compatriota Zhao Xiaolong: ambos subieron 34 escalones en diciembre de 2012.

DAR UN PASEO EN HELICÓPTERO
Quizá ambiciones pilotar una bestia con aspas como un Chinook o un Apache, pero ¿por qué no ser más original? Gen Corporation (Japón) ha creado el H-4, una máquina voladora monoplaza de 70 kg que es el **helicóptero más pequeño del mundo**. ¡Hasta cabe en un garaje!

74

HAZAÑAS SUBMARINAS

34

Más parejas casándose bajo el agua
El día de San Valentín de 2001, 34 parejas se dieron el «sí, quiero» entre burbujas frente a la costa de Ko Kradan, Tailandia. Thai Airways Internacional y la Cámara de Comercio de Trang fueron los organizadores de esa boda tan pasada por agua.

La caminata más larga con una sola bocanada de aire

Mujeres: El 28 de noviembre de 2021, la campeona de apnea Amber Fillary (Sudáfrica) completó un paseo subacuático de 109 m con una sola bocanada de aire en Dahab, Egipto. También ostenta el récord de la **mayor distancia recorrida bajo el hielo sin traje de buceo** (90 m), hazaña lograda en Noruega (ver pág. 123).

Hombres: Vitomir Maričić (Croacia) caminó 107 m en Opatija, Primorsko-Goranska, Croacia, el 17 de septiembre de 2021. A la semana siguiente, Vitomir se colgó un oro y un bronce en el Campeonato Mundial de Apnea de la AIDA en Limassol, Chipre.

Más inmersiones en bomba en tres minutos

El 24 de junio de 2022, Walid Mohamed Bakr (Egipto) cumplió su objetivo de aparecer en el libro *GWR* tras lanzarse al agua en bomba 37 veces en Nuevo Valle, Egipto.

El 25 de junio de 2022, se estableció el récord de **más personas lanzándose al agua en bomba simultáneamente**: 298. El evento lo organizó el centro de ocio LAGO Gent Rozebroeken, en Gante, Bélgica.

Más cubos resueltos bajo el agua
Tras dos meses entrenando la respiración, el artífice de varios récords Daryl Tan Hong An (Singapur) dio la campanada al establecer cuatro nuevos hitos el 18 de abril de 2021, cuando resolvió **más cubos de 2 × 2 × 2** (26), **más cubos de 3 × 3 × 3** (16), **más cubos de 3 × 3 × 3 con una mano** (ocho) y **más tetraedros** (15). Solo inhaló aire una vez en cada intento. Este fan de darle la vuelta a las convenciones también ha batido récords de resolver cubos colgado cabeza abajo (ver pág. 76).

A MÁS PROFUNDIDAD...

Sesión de fotos de modelos: El 26 de junio de 2021, Steve Haining (con la ayuda de Mareesha Klups) fotografió a la modelo Ciara Antoski (todos de Canadá) a una profundidad de 6,4 m, junto al impresionante pecio del WL Wetmore en lago Hurón, Ontario, Canadá.

Buzón de correos: Un buzón marino instalado a 10 m de profundidad en la bahía de Susami, Japón, es atendido por una oficina de correos ubicada en tierra firme. Todos los años se depositan en él hasta 1.500 postales impermeables.

Paseo en bicicleta: El 21 de julio de 2008, unos submarinistas ayudaron a Vittorio Innocente (Italia) a descender hasta 28 m de profundidad, donde pedaleó por el lecho marino a 66,5 m de la costa de Santa Margherita Ligure, Italia.

Boda: El 30 de septiembre de 2013, Hiroyuki Yoshida (Japón) y Sandra Smith (EE.UU.) se casaron a 130 m de profundidad en el lago Song Hong, Tailandia.

Concierto: El 1 de octubre de 2006, la estrella del pop Katie Melua (R.U., n. en Georgia) y su banda ofrecieron un concierto a 303 m de profundidad. Actuaron dentro de uno de los pilares de la plataforma de gas Troll A de Statoil frente a la costa de Bergen, Noruega.

Más sables tragados simultáneamente bajo el agua
El 11 de julio de 2014, The Space Cowboy, alias de Chayne Hultgren (Australia), engulló las hojas de cuatro sables en una piscina en Milán, Italia. En la actualidad ostenta 17 récords, entre ellos el de **más saltos mortales bajo el agua tragando sables**: dos, establecido en Australia el 9 de febrero de 2017.

La pintura submarina más grande

El 30 de septiembre de 2020, Saddam Killany (Egipto) pasó nueve horas pintando un lienzo de 7,92 m² frente a la costa de Dahab, Egipto, para mostrar su agradecimiento a los trabajadores esenciales durante la pandemia de la COVID-19.

La cadena humana submarina más larga

La Organización de Mujeres Buceadoras de Indonesia reclutó a 578 de sus miembros para que se dieran un chapuzón y enlazaran sus brazos frente a Manado, Célebes Septentrional, Indonesia, el 1 de agosto de 2019.

La mayor limpieza submarina en 12 horas
El 24 de septiembre de 2022, un grupo de 597 voluntarios reunidos por la organización en defensa del medio ambiente Oceanum Liberandum (Portugal) recogió más de 3 t de basura del puerto de Sesimbra, Portugal. Un día antes, la ONG había comisariado la **mayor exposición de fotografía submarina**, con 150 imágenes de temática acuática.

La primera distancia de una maratón recorrida a pie bajo el agua
El 9 de octubre de 2013, Lloyd Scott (R.U.) emergió del lago Ness, en Escocia, R.U., tras 12 días y 42 km de caminata bajo sus heladas aguas. Recorrió el lecho del lago equipado con un antiguo traje de buceo de 80 kg. Este superviviente de leucemia pasó un mes entrenando para realizar su hazaña y recaudar fondos para la organización benéfica Children with Leukaemia.

GRADUARTE CON ESTILO
Ponerse la toga de graduación es la culminación de muchos años de esfuerzo. Mientras la luces, ¿por qué no sumas un nuevo objetivo de tu lista de deseos? Los récords de la **maratón más rápida vistiendo una toga de graduación** son 3 h, 32 min y 8 s (**mujeres**) y 3 h, 31 min y 11 s (**hombres**).

Jason crea sus obras de arte con materiales ecológicos, como el acero inoxidable y el hormigón con pH neutro.

MÁS INSTALACIONES DE ARTE SUBMARINAS

El escultor ambiental Jason deCaires Taylor (R.U.) ha completado 13 instalaciones artísticas bajo el agua en todo el mundo (11 marinas y dos en agua dulce) que acogen cientos de esculturas.

Su primer proyecto (detalle, arriba a la izquierda), que completó en 2006 a raíz del huracán Iván de 2004, fue una serie de 75 esculturas que formaron el Molinere Bay Underwater Sculpture Park frente a la costa de Granada, en el Caribe.

Su instalación más reciente (imagen principal y detalle, abajo a la izquierda) es su versión de un bosque submarino. Está formada por 93 obras de arte creadas para el Museo de Escultura Submarina Ayia Napa en Chipre, que abrió el 31 de julio de 2021.

Todo el arte acuático de Jason busca llamar la atención sobre la conservación de los océanos y las comunidades costeras, y está diseñado para convertirse en parte del hábitat natural con el paso del tiempo.

TRITONES Y SIRENAS

La representación más antigua de una criatura marina mitad humana
Se conservan imágenes de *kulullû* («hombre-pez», izquierda) y *kuliltu* («mujer-pez») en el arte mesopotámico de finales del tercer milenio a. C. Los ejemplos más antiguos conservados se encuentran en sellos cilíndricos de piedra con los que se imprimirían diseños personalizados en trozos de arcilla empleados para precintar documentos administrativos, puertas y bolsas, entre otras cosas valiosas.

La película con una criatura marina mitad humana más antigua
La Sirène (Francia, 1904) es una película muda del director francés Georges Méliès de Star Film Company. En sus 3 min y 58 s de duración, Méliès interpreta a un mago que transforma en humana a una sirena de un acuario.

¿SABÍAS QUE...?

Los primeros cuentos de sirenas pudieron inspirarse en avistamientos de dugongos, un gran mamífero marino (ver pág. 39).

La colección de artículos relacionados con sirenas más grande
La autoproclamada «chica sirena» Laurie Koller (EE.UU.) ha acumulado 726 objetos relacionados con las sirenas, tal y como pudo comprobarse el 15 de octubre de 2015. Su colección incluye figuritas, jarrones, cojines, trajes de baño y un recogedor. Laurie también luce cuatro tatuajes de sirenas (no incluidos en el recuento).

Jacqueline *Sirenita* Granda, de Quito, Ecuador, pasó 16 años reuniendo la **mayor colección de recuerdos de *La sirenita***. A 16 de enero de 2016, contaba con 874 artículos entre los que se incluían muñecas, ropa, juegos de mesa y figuritas relacionados con Ariel y otros personajes de la franquicia de Disney.

El relato sobre sirenas más traducido
Den lille havfrue (*La sirenita*) de Hans Christian Andersen se ha publicado en al menos 100 idiomas, del abjasio al zulú. Este cuento de hadas danés se publicó por primera vez el 7 de abril de 1837 como parte de una colección de cuentos. En 2023 está previsto el estreno de una adaptación de acción real de Disney protagonizada por Halle Bailey como Ariel (arriba).

LAS PELÍCULAS SOBRE SIRENAS CON MAYORES INGRESOS BRUTOS

Película	Ingresos brutos
1. *Mei Ren Yu* (*La sirena*, China, 2016)	525.018.479 $
2. *La sirenita* (EE.UU., 1989)	222.299.758 $
3. *Splash* (EE.UU., 1984)	62.599.495 $
4. *Aquamarine* (EE.UU., 2006)	22.978.953 $
5. *La sirena: la leyenda jamás contada* (Rusia, 2018)	2.990.620 $

The Numbers, *a 14 de marzo de 2023; excluye a humanoides acuáticos como Aquaman o películas donde las criaturas son personajes secundarios.*

El salto más alto emergiendo del agua con una monoaleta
El 17 de noviembre de 2020, Omar Syed Shaaban (Egipto) dio un salto de 2,3 m en una piscina en El Cairo, Egipto. Este estudiante de 21 años y nadador de competición batió un récord que llevaba vigente casi una década. Las monoaletas suelen emplearse en deportes submarinos como la apnea.

El primer curso de sirena acreditado
En diciembre de 2020, la Asociación Profesional de Instructores de Buceo (PADI) lanzó su programa Sirena ante el interés cada vez mayor por nadar con una monoaleta en una cola de tela o silicona. Los aspirantes a Ariel pueden aprender habilidades como aguantar la respiración, zambullidas, giros y saltos mortales, así como recibir instrucción sobre seguridad en el agua y conciencia ambiental.

La escultura de una sirena más grande
Convenientemente ubicada junto al mar en la playa de Shankumugham, en Thiruvananthapuram, Kerala, India, *Jalakanyaka* es una enorme sirena de hormigón recostada en una piscina con forma de concha. La figura, de cabello largo y ondulado y cola con aletas, mide 7,6 m de altura y 26,5 m de largo. *Jalakanyaka* es obra del escultor real de Kerala Kanayi Kunhiraman (India).

La pintura de una sirena más cara vendida en una subasta
El 12 de julio de 2018, *La Sirena* (1900), de John William Waterhouse, se vendió por 5,08 millones de dólares, incluyendo la prima al comprador, en una subasta en la sala de Sotheby's en Londres, R.U. El lienzo se compró de forma anónima y permanece en una colección privada.

Las momias de sirenas japonesas eran originalmente objetos devocionales que representaban *ningyo* (espíritus de «peces-humanos»).

La sirena más cara
El capitán de barco estadounidense Samuel Barrett Eades compró en 1822 la Sirena de Fiyi por 5.000 dólares españoles, unos 126.600 dólares actuales. Vendido como el cadáver momificado de un humanoide submarino, se trataban de hecho de los restos fusionados de un mono y un pez, un trabajo quizá hecho en Japón. La Sirena de Fiyi se expuso en Sudáfrica, R.U. y EE.UU., donde despertó un enorme interés entre el público y provocó una acalorada discusión sobre su autenticidad. El *showman* estadounidense PT Barnum la compró y le dio nombre. Se cree que acabó destruida en un incendio a finales del siglo XIX. Aquí se muestra otro ejemplo de una «sirena» embalsamada hecha de papel maché.

TOMAR UNA CLASE DE COCINA
Deleita tus papilas gustativas perfeccionando tus habilidades culinarias bajo la mirada experta de un maestro de la cocina. Alguien que no necesitó ayuda en la cocina fue el difunto Joël Robuchon (Francia, 1945-2018), quien acumuló la **mayor cantidad de estrellas Michelin**: 32, ejerciendo como chef en restaurantes de 13 países diferentes.

EL ESPECTÁCULO SUBMARINO DE SIRENAS MÁS GRANDE

El 28 de abril de 2021, el Atlantis Sanya Resort en la isla de Hainan, China, organizó un espectáculo submarino protagonizado por 110 sirenas. El establecimiento se asoció con la Asociación Profesional de Instructores de Buceo (ver también a la izquierda) para buscar a nadadoras capaces de realizar acrobacias acuáticas en una corriente de flujo rápido. Después de un intenso período de entrenamiento, las sirenas lucieron sus habilidades en la laguna Ambassador, un acuario gigante en el corazón del complejo que contiene 13.500 t de agua y alberga 250 especies marinas, entre las que se incluyen medusas comunes, morenas y rayas.

La reunión de sirenas y tritones más multitudinaria

El 2 de junio de 2022, con motivo del Jubileo de Platino de la Reina (ver págs. 214-15), 378 aspirantes a criaturas marinas con pelucas de colores y colas de pez se reunieron alrededor de Tinside Lido (derecha) en Plymouth, Devon, R.U. Los organizadores, Pauline Barker y Devon y Cornwall Wild Swiming (ambos del R.U.), describieron la participación como «maravillosa».

El 4 de noviembre de 2022, la línea de cruceros Virgin Voyages (Bermudas) superó este récord con 457 criaturas marinas en Bimini, Bahamas (izquierda).

HABILIDADES SUPERLATIVAS

ESTRELLAS DEL APILAMIENTO
El apilamiento y desapilamiento competitivo de vasos de plástico en secuencias específicas y a gran velocidad está regido por la Asociación Mundial de Apilamiento Deportivo (WSSA, por sus siglas en inglés). En marzo de 2021, la WSSA anunció un restablecimiento de sus récords tras introducir un cambio en el diseño de su temporizador estándar. A continuación, se enumeran los nuevos récords de las categorías principales.

Prueba	Tiempo	Nombre
3-3-3 (hombres)	1,419 s	Chan Keng Ian (Malasia, arriba)
3-3-3 (mujeres)	1,632 s	Sama Basaw (China)
3-6-3 (hombres)	1,788 s	Chan Keng Ian
3-6-3 (mujeres)	2,041 s	Kim Si-eun (Corea del Sur, abajo)
Ciclo (hombres)	4,881 s	Chan Keng Ian
Ciclo (mujeres)	5,255 s	Kim Si-eun
Doble ciclo	5,996 s	Sama Basaw y Yu-Chun Chou (China)
Relevo cronometrado 3-6-3	12,591 s	William Orrell, Andrew Dale, William Allen, Dalton Nichols y Tyler Hollis (todos de EE.UU.)

Todos los datos están actualizados a 16 de enero de 2023.

La diana en tiro con arco a más distancia
El 2 de septiembre de 2022, Tyler Toney (EE.UU.), de Dude Perfect, dio en un blanco estándar de la Federación Internacional de Tiro con Arco de 122 cm de diámetro tras disparar una flecha desde 330 m de distancia, casi tres campos de fútbol americano, en Sadler, Texas, EE.UU.

Dude Perfect, un grupo de espectáculos deportivos, se centró en el tiro con arco en 2022. El 31 de agosto, Tyler también estableció el récord de la **flecha disparada y capturada a más altura**: 55 m, en Midlothian, Texas. Ese mismo día, James Jean (EE.UU.) acertó a una paloma de arcilla disparada desde una máquina a 77,2 km/h, el récord del **blanco en movimiento más rápido alcanzado con una flecha**.

La milla más rápida en patinete
El 16 de agosto de 2022, Michael O'Connor (Canadá) celebró su 57 cumpleaños a lo grande tras recorrer una milla (1,6 km) en patinete en 4 min y 45,19 s en Thunder Bay, Ontario, Canadá. «Decidí correr contra el Padre Tiempo y ver qué pasaba», declaró Michael al finalizar.

El más rápido en completar cinco capturas de bolas de *kendama*
Un *kendama* es un juguete de habilidad tradicional japonés que consta de un mango de madera con tres copas, una púa y una bola sujeta a una cuerda. El 2 de febrero de 2022, Gideon Huddleston (EE.UU.) ensartó la bola en la púa cinco veces en tan solo 13,38 s en Ishinomaki, Miyagi, Japón.

El lanzamiento y recepción de un perrito caliente en un panecillo a más distancia
El 14 de julio de 2022, el receptor David Rush y el lanzador Russell Phillips (ambos de EE.UU.) completaron el lanzamiento de un perrito caliente y la recepción en un panecillo a una distancia de 51,02 m en Boise, Idaho, EE.UU. Las normas establecían que el proyectil de carne tenía que medir entre 14 y 18 cm; y se aceptaban alternativas vegetarianas y veganas. David recuperó así un récord que ya había ostentado en 2019.

La formación más numerosa de pirámides humanas haciendo esquí acuático
El 10 de septiembre de 2022, 93 miembros del equipo Mercury Marine Pyramid (EE. UU.) practicaron esquí acuático en una formación piramidal entrelazada durante 200 m en el río Rock en Janesville, Wisconsin (EE. UU.). Batieron su propio récord establecido el 18 de agosto de 2018 (80 personas).

Más saltos de pie a caballo en 30 segundos
Amanda Staalsoe (Dinamarca) es una impulsora del volteo, un deporte federado que consiste en realizar movimientos de gimnasia mientras se monta a caballo. El 22 de enero de 2023, en Roskilde, Dinamarca, Amanda realizó 13 saltos de pie sobre la silla de montar de su caballo *Charlie*. Ese mismo día también estableció el récord de **más transiciones de tijera en 30 s** (cinco), para el que tuvo que cambiar repetidamente su posición entre montura de frente y de espaldas levantando las piernas en un movimiento de «tijera» en cada giro.

Más dominadas en un helicóptero en un minuto
Este récord se batió tres veces en 2022. El 6 de julio, el *youtuber* Arjen Albers completó 24 dominadas agarrado al patín de un helicóptero en vuelo estacionario sobre el aeródromo de Hoevenen, Bélgica. Acto seguido, el copresentador holandés Stan Browney (también conocido como Stan Bruininck) lo superó: 25. El 5 de noviembre, Hamazasp Hloyan (Armenia) elevó el récord a 32 en Ereván, Armenia.

El lanzamiento a más distancia de un pollo de goma
El 24 de julio de 2022, Oscar Lynagh (Australia) lanzó un proyectil aviar desplumado a 32,49 m de distancia en Melbourne, Australia, y mejoró el récord anterior en más de 7 m.

La mayor ascensión vertical subiendo escaleras en una hora
El 6 de noviembre de 2022, Christian Roberto López Rodríguez (España) ascendió 1.457 m subiendo repetidas veces una torre de 363 escalones en Albacete, España. En marzo de 2022, también estableció el récord de **una semana** en Toledo, España: 100.475 m ascendidos, el equivalente a alcanzar el espacio subiendo escaleras.

El más rápido en montar una cabeza de Mr. Potato
Lim Kai Yi (Malasia) tardó unos escasos 5,43 segundos en montar un juguete estándar de Mr. Potato en Butterworth, Malasia, el 9 de agosto de 2022. Kai Yi tiene en su haber 39 títulos GWR de velocidad con diferentes tipos de puzles, desde piezas de Jenga a cubos de Rubik, canicas o tangrams.

NADAR EN EL MAR MUERTO
Durante miles de años, el mar Muerto, en la frontera entre Israel y Jordania, ha atraído a visitantes ansiosos por sumergirse en los beneficios de sus aguas supersaladas (ver pág. 18). Si te das un chapuzón, estarás flotando en la **masa de agua expuesta a menor altitud**, a 436 m aprox. por debajo del nivel del mar.

Dmytro arrastró el vagón de metro con un cable de 2 mm de grosor colocado alrededor de su cuello.

EL TREN MÁS PESADO REMOLCADO CON EL CUELLO

El 10 de mayo de 2022, el forzudo Dmytro Hrunskyi (Ucrania) arrastró un vagón de metro de 32.500 kg (aproximadamente lo mismo que cinco elefantes y medio) mediante un cable colocado alrededor de su cuello. El peso del vagón, almacenado en un depósito del metro en Dnipro, Ucrania, era casi 400 veces el de Dmytró, quien con solo 82,4 kg se enorgullece de mostrar que los forzudos más menudos son capaces de hazañas de fuerza tan extraordinarias como las de sus compañeros más corpulentos. Para que su récord tuviera validez, tuvo que remolcar el vagón un mínimo de 5 m.

70

ADOPTAR A UN NIÑO

Nunca es demasiado tarde para aumentar la familia. El 9 de junio de 2015, Muriel Banks Clayton (EE.UU., n. el 22 de julio de 1922) se convirtió en el **progenitor adoptivo de más edad**: 92 años y 322 días. Por su parte, su hija, Mary Banks Smith (EE.UU., n. el 5 de marzo de 1939), se convirtió en la **persona adoptada de más edad**: 76 años y 96 días.

POGO SALTARÍN

1. La voltereta hacia atrás más alta: 2,82 m, por Curt Markwardt (EE.UU.) en Costa Mesa, California, EE.UU., el 26 de julio de 2012.

2. Más coches juntos saltados: Seis, por Tyler Phillips (EE.UU.) en Milán, Italia, el 3 de febrero de 2022.

3. El pogo saltarín utilizable más alto: 2,91 m, por Pogo Fred (alias de Fred Grzybowski, EE.UU.) en Toronto, Canadá, el 7 de agosto de 2011. (Ver el **más corto**, a la derecha).

4. Más globos hechos estallar en un minuto: 57, por Mark Aldridge (R.U.) en *Lo Show dei Record*, en Roma, Italia, el 1 de abril de 2010.

5. Más volteretas hacia atrás consecutivas: 21, por Henry Cabelus (EE.UU.) en New Hope, Pensilvania, EE.UU., el 5 de mayo de 2022. Cabelus también ostenta los récords del **salto más alto** (3,41 m), de **menos saltos en un minuto** (37) y de los **100 m más rápidos** (20,19 s).

6. Más saltos consecutivos a la comba: 4.030, por Abigail Webster (EE.UU.) en Wellesley, Massachusetts, EE.UU., el 23 de octubre de 2021.

7. La resolución más rápida de un cubo de Rubik saltando: 9,613 s, por Xia Yan (China) en Xi'an, Shaanxi, China, el 7 de enero de 2021.

8. El *stickflip* más alto: 3,65 m, por Dalton Smith (EE.UU.) en Pittsburgh, Pensilvania, EE.UU., el 24 de junio de 2022. También es el artífice del **salto más largo** (5,52 m).

9. La milla más rápida: 7 min y 40 s, por Drew McQuiston (EE.UU.) en Pittsburgh el 24 de junio de 2017.

10. Más saltos consecutivos: 88.047, por Jack Sexty (R.U.) en Filadelfia, Pensilvania, el 2 de julio de 2015. También ostenta el récord de la **distancia más larga saltada en 24 h:** 42,1 km en Mánchester, R.U., del 6 al 7 de abril de 2014.

11. El pogo saltarín utilizable más corto: 36,8 cm, por Pogo Fred en Boston, Massachusetts, el 1 de febrero de 2023.

12. La mayor distancia recorrida saltando y haciendo malabares: 6,44 km, por Ashrita Furman (EE.UU.) en Rapa Nui, Chile, el 28 de enero de 2010. Otros récords: **más tiempo saltando bajo el agua** (3 h y 40 min), **la milla más rápida haciendo regates con un balón de baloncesto** (23 min y 2,91 s) y **más saltos en un minuto** (178).

69

APRENDER A NADAR

Es divertido, te mantiene en forma y, quién sabe, algún día podría salvarte la vida. Todo lo que necesitas es un bañador (aunque eso es opcional: ¡ver el punto 36 de la lista de deseos de la pág. 175!), gafas y un gorro de baño. El récord de **más gorros de natación usados simultáneamente** es 75, por Hristo Terziyski (Bélgica) en Kalmthout, Bélgica, el 4 de abril de 2014.

SKATEBOARDING

Más *ollies* consecutivos
El 12 de agosto de 2022, Jean-Marc Johannes (Sudáfrica, izquierda) ejecutó 323 veces este ejercicio aéreo sin manos en *Stumbo Record Breakers* en Ciudad del Cabo, Sudáfrica, e igualó el récord establecido por David Tavernor (R.U.) el 23 de agosto de 2021.

En el mismo evento, el *skater* profesional Jean-Marc también logró el récord de **más *spins* frontales de 360° en 30 s**: siete.

Más trucos «Baby Leaf» en 30 s
En esta maniobra, el *skater* comienza con la tabla al revés sobre sus pies antes de voltearla y aterrizar sobre ella. El 7 de agosto de 2022, Ramel Bulana (Filipinas) ejecutó este truco 21 veces en medio minuto en Mabalacat, Filipinas.

Más *half-cab blunt fakies* en un minuto
Los *skaters* comienzan con el pie dominante en el extremo delantero de la tabla. A continuación, realizan un *ollie fakie* con un giro de 180° y finalizan con la tabla apoyada sobre las dos ruedas traseras. El 5 de julio de 2022, Oska Sullivan (R.U.) ejecutó esta maniobra 29 veces en 60 s en Hop Kingdom, Londres, R.U. (Más récords en Hop Kingdom más abajo).

El *grind* 50-50 más largo (IS2)
El 15 de enero de 2022, Dan Mancina (EE.UU.) completó un recorrido de 6,85 m en Royal Oak, Michigan, EE.UU. La categoría IS2 es para *skaters* con discapacidad visual. Cuando patina, Dan se orienta con sonidos y un bastón guía.

Más *ollies* consecutivos con los ojos vendados
El 21 de mayo de 2022, Jido (alias de Ryusei Ouchi, Japón) realizó 142 *ollies* a ciegas en Tokorozawa, Saitama, Japón.

El mismo día también batió el récord de **un minuto** (33). Aunque tiene problemas de visión, Jido optó por competir en la categoría non-SI, que establece el uso de una venda en los ojos.

El salto con rampa más largo
Algunos récords se baten con frecuencia, pero otros resisten firmes el paso del tiempo. El 8 de agosto de 2004, el *skater* profesional Danny Way (EE.UU.) ejecutó un monumental 360 *air* de 24 m de largo en una megarrampa en los X Games X celebrados en Los Ángeles, California, EE.UU., ¡tres veces la longitud de un autobús londinense de dos pisos!

La velocidad más rápida de pie cuesta abajo (equipo)
El 9 de abril de 2022, los Speed Demons de Virgin Media (R.U.) alcanzaron los 84,95 km/h en tablas de *skate* en Dalby Forest, Pickering, R.U. Peter Dashwood-Connolly, Jonathan Braund, Aaron Skippings (todos de R.U.) y Jennifer Alina Schauerte (Alemania, n. en EE. UU.) formaron una cadena sujetándose de las manos por una pendiente de 100 m.

Más países visitados en una tabla de skate eléctrica (un mismo viaje)
Entre el 10 y el 25 de agosto de 2021, Stefano Rotella (Italia) pasó por Italia, Austria, Alemania, Chequia, Eslovaquia y Hungría en su tabla Loaded Omakase alimentada con batería.

El récord de **más países visitados en una tabla de *skate* eléctrica en 24 horas** es cuatro, por Michael Kolbe (Alemania). Comenzó en Perl, Alemania, pasó por Francia y Luxemburgo, y terminó en Messancy, Bélgica, el 27 de mayo de 2022.

La tabla de *skate* eléctrica más rápida
El 17 de septiembre de 2022, Raine Kent (Australia) alcanzó los 132,37 km/h, casi el doble que la velocidad máxima a la que puede correr un galgo, en Bullsbrook, Australia Occidental. Raine hizo añicos el récord anterior de 95,83 km/h, vigente desde 2015. Ingeniero mecánico, él mismo diseñó la tabla.

HOP KINGDOM
El 5 de julio de 2022, este establecimiento de Londres acogió un día de intentos de récord de un minuto en presencia de adjudicadores de GWR:

1. Jamie Griffin (Irlanda) logró los de **más *varial heelflips*** (23) y **más *heelflips*** (28), categoría en la que mejoró el récord anterior en 13.

2. Alex DeCunha (R.U.) logró el de **más *kickflips* con los ojos vendados** (23). También ostenta otros dos récords vigentes desde hace mucho tiempo: **más *kickflips* en 30 s** (18) y **más *nollie flips* en un minuto**: 56.

3. Miklós Peller (Hungría) estableció el récord de **más *nollie heelflips***: 19.

Alex desarrolló su amor por el *skating* callejero en Milton Keynes, R.U. La arquitectura de la ciudad la convierte en un imán para los *skaters*.

CUBOS ROMPECABEZAS

El cubo de Rubik más pequeño
El 10 de junio de 2010, se presentó un cubo de 5,6 mm de ancho creado por Tony Fisher (R.U.). Con la ayuda de unas pinzas, este puzle de plástico esmerilado se puede manipular como un cubo de Rubik de tamaño normal.

100 %

Menos movimientos para completar un cubo de 3 × 3 × 3
El primer récord de menos movimientos de la World Cube Association se estableció en 2003: 29, por Mirek Goljan (República Checa). El récord actual lo ostenta Sebastiano Tronto (Italia), que solo necesitó 16 movimientos para completar un cubo en el torneo global FMC (Fewest Moves Count), celebrado el 15 de junio de 2019.

El récord de **menos movimientos de media** es 21, establecido por Cale Schoon (EE.UU.) el 19 de enero de 2020. Resolvió tres cubos 3 × 3 × 3 en 23, 18 y 22 movimientos en el North Star Cubing Challenge de New Brighton, Minesota, EE.UU.

El más rápido en resolver un cubo en caída libre
El 19 de marzo de 2021, Nitin Subramanian (EE.UU.) tardó 30,14 s en resolver un cubo mientras saltaba en paracaídas sobre Waialua, Hawái, EE.UU. También ostenta el récord de **más cubos resueltos corriendo 5 km**: 77, el 21 de enero de 2019 en Cupertino, California, EE.UU.

El tiempo medio más rápido en resolver un...
- **Reloj de Rubik**: 3,56 s, por Jacob Chambers (R.U.) en Droitwich Spa, Worcestershire, R.U., el 18 de septiembre de 2022.
- **Cubo Square-1**: 5,02 s, por Max Siauw (EE.UU.) en Boston, Massachusetts, EE.UU., el 29 de mayo de 2022.
- **Megaminx**: 28,56 s, por Leandro Martín López (Argentina) en Buenos Aires, Argentina, el 19 de noviembre de 2022.

La colección más grande de rompecabezas giratorios
A 28 de febrero de 2022, Florian Kastenmeier (Alemania) había acumulado 1.519 rompecabezas giratorios en Mindelheim, Baviera, Alemania. Su artículo más preciado es un cubo de Rubik de la primera remesa fabricada en Hungría que data de 1977.

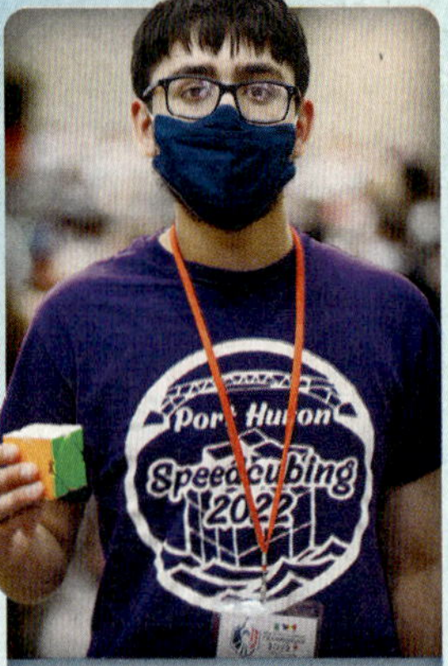

El menor tiempo promedio en resolver un cubo rompecabezas Skewb
El 3 de septiembre de 2022, Zayn Khanani (EE.UU.) resolvió tres cubos Skewb en un promedio de 1,56 s. Competía en la primera ronda del torneo Pretzel Mania 2022 celebrado en Pensilvania, EE.UU. Zayn también ostenta el récord con **un cubo de Skewb**: 0,81 s, establecido el 9 de julio de 2022 en Toronto, Ontario, Canadá.

Más cubos rompecabezas giratorios resueltos con una sola mano haciendo girar un hula-hoop
El 20 de febrero de 2021, Josiah Plett (Canadá) resolvió 531 cubos con la mano izquierda mientras hacía girar un hula-hoop en Victoria, Canadá. Mejoró el récord anterior, que había visto por televisión, en más de 500 cubos. Josiah ya era el orgulloso propietario de la versión **a dos manos** de este récord: 1.015, logrado una semana antes.

¿SABÍAS QUE...?

El profesor de arquitectura húngaro Ernő Rubik inventó su cubo rompecabezas en 1974.

Desde 1980 se han vendido más de 450 millones de cubos Rubik.

Un cubo de 3 × 3 × 3 ofrece 43.252.003.274.489.856.000 (43 trillones) de combinaciones.

Más cubos resueltos en un monopatín
El 13 de octubre de 2022, George Scholey (R.U.) resolvió 500 cubos rompecabezas mientras realizaba un recorrido en monopatín en Londres, R.U. Tardó alrededor de 1 h y 40 min.

Entre el 9 y el 10 de noviembre de 2022, George batió el récord de **más cubos rompecabezas giratorios resueltos en 24 horas**: 6.931, en Londres. Mejoró el récord anterior en más de 1.100, con una increíble media de 12 s por cubo. Más récords del Día del GWR en las páginas 8-9.

George comenzó a resolver cubos rompecabezas con 13 años. Ahora es embajador de Rubik.

El menor tiempo promedio en resolver un cubo de 3 × 3 × 3
El 30 de octubre de 2022, GWR asistió al Kewbz UK Championship celebrado en Coventry para entregar sendos certificados a dos artífices de récords. Max Park (EE.UU., izquierda) y Tymon Kolasiński (Polonia) comparten el récord del menor tiempo promedio en resolver un cubo de 3 × 3 × 3: 4,86 s, que establecieron en eventos distintos en 2022. A continuación, aparecen listadas más hazañas con cubos ratificados por la World Cube Association.

Cubo	Tiempo	Nombre	Fecha
3 × 3 × 3 único	3,47 s	Yusheng Du (China)	24 nov 2018
media*	4,86 s	Tymon Kolasiński (Polonia) Max Park (EE.UU.)	30 jul 2022 24 sep 2022
2 × 2 × 2 único	0,47 s	Guanbo Wang (China)	26 nov 2022
media*	1,01 s	Zayn Khanani (EE.UU.)	22 ene 2023
4 × 4 × 4 único	16,79 s	Max Park	3 abr 2022
media*	19,88 s	Max Park	3 abr 2022
5 × 5 × 5 único	33,02 s	Max Park	13 mar 2022
media*	37,00 s	Max Park	11 mar 2023
6 × 6 × 6 único	59,74 s	Max Park	31 jul 2022
media†	1 min 8,56 s	Max Park	9 oct 2022
7 × 7 × 7 único	1 min 35,68 s	Max Park	24 sep 2022
media†	1 min 42,12 s	Max Park	24 sep 2022

**Tiempo medio de cinco resoluciones, eliminando el mejor y el peor tiempo*
†Media de tres resoluciones

68

EXPLORAR LA SELVA AMAZÓNICA
Viaja a Sudamérica para visitar una de las áreas naturales más bellas de la Tierra, donde los monos aulladores, los jaguares y las ranas arborícolas viven entre casi 400.000 millones de árboles. El Amazonas es la **selva tropical más grande**, con una superficie de hasta 6,56 millones de km².

AVIONES DE PAPEL

El avión de papel más grande
El Carolo Wilhelminchen, nombre con el que los estudiantes de la Universidad Técnica de Braunschweig (Alemania) bautizaron a su creación, tenía una envergadura alar de 18,21 m. Su construcción requirió de unos 70 m² de papel y 200 tubos de pegamento. Para demostrar su aeronavegabilidad, el 28 de septiembre de 2013 se lanzó desde una plataforma y voló 18 m.

En 2018 se construyó un avión de papel más grande que el Carolo en Fitchburg, Massachusetts, EE.UU. Project Soar medía 19,5 m de envergadura alar y pesaba 680 kg, pero no pudo volar y por lo tanto no optó a este título GWR.

El vuelo a más distancia de un avión de papel
El 2 de diciembre de 2022, Dillon Ruble, con la ayuda de Nathaniel Erickson y Garrett Jensen (todos de EE.UU.), lanzó un avión de papel a 88,31 m de distancia en Crown Point, Indiana, EE.UU. Este trío de estudiantes de ingeniería mecánica y aeroespacial se inspiró en vehículos aeroespaciales hipersónicos para diseñar su avión. La planificación de este récord requirió cuatro meses de trabajo.

La invención del avión de papel tal y como hoy se conoce suele atribuirse al ingeniero aeronáutico estadounidense Jack Northrop, cofundador de Lockheed, en la década de 1930. Sin embargo, parece ser que los chinos ya lanzaban dardos de papel con puntas envenenadas a sus enemigos hace más 2.000 años. También se cree que, en Japón, hogar del origami, se experimentó con diseños de papel doblado aproximadamente en las mismas fechas. Más recientemente, hay documentos escritos del siglo XIV según los cuales Leonardo da Vinci hizo maquetas de sus prototipos de máquinas voladoras con pergamino.

El avión de papel más tiempo en el aire
El 19 de diciembre de 2010, Takuo Toda (Japón) lanzó un avión que se mantuvo en el aire durante 29,2 s en el Fukuyama Big Rose de Hiroshima, Japón. Takuo, presidente de la Asociación Japonesa de Aviones de Papel, diseñó su Sky King a partir de una sola hoja de papel, sin cortes ni pegados.

El más rápido en doblar y lanzar un avión de papel
El 3 de agosto de 2019, Akimichi Hattori (Japón) realizó y lanzó un avión de papel en 7,03 s en el evento Maker Faire Tokyo, Japón. Para calificarse para el récord, Akimichi tuvo que hacer siete aviones y hacerlos volar una distancia de al menos 2 m.

Más aviones de papel atrapados con la boca en un minuto
El 15 de marzo de 2013, Ashrita Furman atrapó 17 aviones de papel con la boca en 60 s en Nueva York, EE.UU. Bipin Larkin (ambos de EE.UU.) se encargó de lanzarlos.

Más blancos acertados con un avión de papel en tres minutos
El 14 de agosto de 2022, Subramanian Palani Kumar (India) hizo aterrizar 62 aviones en el interior de un balde en 180 s en Dharmapuri, Tamil Nadu, India. También estableció el récord de **un minuto**: 25. El recipiente tenía un diámetro máximo de 30 cm y debía encontrarse al menos a 3 m de distancia del lanzador.

Más aviones de papel...
- **Lanzados simultáneamente**: 12.672, por aficionados del FC Porto en el Estádio do Dragão en Portugal, el 2 de noviembre de 2007.
- **Realizados en una hora (equipo)**: 12.026, por 703 integrantes de la AXA China Region Insurance Company en Hong Kong, China, el 21 de agosto de 2019.
- **Lanzados dentro de sandías en un minuto**: 13, por Nong Junning (China) en Nanning, Guangxi, China, el 11 de julio de 2018. Este maestro de artes marciales incrustó sus aviones de papel en las frutas desde una distancia de 2 m.

La competición de aviones de papel con más participantes
El Campeonato Mundial de Aviones de Papel, celebrado por primera vez en 2006, y cada tres años a partir de entonces bajo el paraguas del evento Red Bull Paper Wings, congregó a 61.210 competidores en 2022. Tras más de 500 rondas de clasificación, 171 participantes de 57 países descendieron al hangar 7 de Red Bull en el aeropuerto de Salzburgo, Austria, para la final. Contó con tres categorías: distancia, tiempo en el aire y acrobacias aéreas. Los diseños no podían presentar cortes, rasgados ni pegados.

Más tiempo en el aire
En 2022, Rana Muhammad Usman Said (Paquistán) estableció este récord en el evento con un diseño de un avión de forma cuadrada que permaneció en el aire 16,39 s.

El lanzamiento a más distancia
En 2022, Lazar Krstić (Serbia) ganó en la categoría de distancia con un lanzamiento récord de 61,11 m, ¡más que tres pistas de bolos juntas!

Más victorias
Jovica Kozlica (Croacia) es la única persona que ha ganado en dos eventos Red Bull Paper Wings: 2006 y 2009, en la categoría de distancia. Su tiro ganador recorrió unos impresionantes 54,43 m.

La primera mujer ganadora
En 2019, Kateryna Agafonova (R.U.) se llevó la victoria en la categoría de acrobacias aéreas. Su rutina de gimnasia rítmica de 60 s le valió la única puntuación de 10 del campeonato.

MINIGOLF

El campo de minigolf más antiguo
En 1867, se incorporaron los nueve hoyos del Ladie's Putting Green, también conocido como The Himalayas por su superficie ondulada, a St Andrews Links, el **campo de golf más antiguo** (ver pág. 230), en Fife, R.U. El golfista ganador de varios torneos Old Tom Morris lo diseñó para que las mujeres pudieran jugar. La primera competición íntegramente femenina celebrada en este campo premió a la ganadora con un relicario de oro.

Más hoyos jugados en una hora
El 19 de marzo de 2022, Alex Russell (EE.UU.) embocó 231 bolas en 60 min en el campo All Star Sports de Wichita, Kansas, EE.UU., un promedio de un hoyo cada 15,5 s.

El récord en **24 horas** es de 4.729 hoyos, establecido por David Pfefferle (EE.UU.) en el Westerville Golf Center en Ohio, EE.UU., los días 28 y 29 de mayo de 2008. Caminó 88,5 km durante el recorrido y recaudó 6.000 dólares para obras benéficas.

Más recorridos perfectos en competiciones internacionales
Walter Erlbruch (Alemania) completó 15 recorridos perfectos (18 hoyos en 18 golpes) entre 1990 y 2015. Su última clase magistral fue en los Campeonatos del Mundo de Minigolf celebrados en Lahti, Finlandia, del 19 al 22 de agosto de 2015.

Su compatriota Bianca Zodrow ostenta el récord **femenino**: cinco recorridos perfectos entre 1995 y 2005.

El campo subterráneo a más profundidad
Los 18 hoyos del Underground Golf de Zip World están a 152 m bajo tierra en la antigua mina de pizarra Llechwedd, cerca de Blaenau Ffestiniog, en Gwynedd, R.U. Inaugurado el 29 de julio de 2022, el campo se distribuye en cuatro niveles y se completa en unos 90 min.

En su apogeo en la década de 1930, había 25.000 campos de minigolf en EE.UU.

La mayor concentración de campos
A septiembre de 2022, había 33 instalaciones de minigolf (con más de 50 campos de 18 hoyos) a lo largo del tramo de 100 km de costa conocido como «Grand Strand», en Carolina del Sur, EE.UU. Su centro neurálgico es el paseo marítimo de Myrtle Beach City (arriba), conocida como la «capital mundial del minigolf», donde la actividad despegó en la década de 1970.

El hoyo más largo
El temible hoyo 18 de Shipwreck Amusements, en Cortland, Nueva York, EE.UU., mide 140,05 m de largo del *tee* a la bandera. Este monstruo de par 54 comprende cuatro secciones y rodea casi todo el recorrido, inspirado en el mundo de los piratas. En el último golpe, se puede jugar un *putt* para ganar una partida gratis. La instalación es propiedad de Patricia y Stephen Jordan (ambos de EE.UU.).

Más victorias en Campeonatos Mundiales de Crazy Golf
Tim *Ace Man* Davies (R.U.) posee cinco títulos mundiales de crazy golf logrados en 2003-06 y 2008 en los 18 hoyos del Arnold Palmer Putting Course de Hastings, East Sussex, R.U.

Olivia Prokopová (República Checa) logró el récord **femenino** (dos) en 2013 y 2017. Esta miembro de la US ProMiniGolf Association Hall of Fame eliminó a 66 competidoras antes de hacerse con su segundo título.

El participante más joven del Campeonato Mundial de la WMF
Keiichi Kondo (Japón, n. el 27 de junio de 2011) tenía 8 años y 118 días cuando compitió con la selección absoluta de Japón en el Campeonato Mundial de la Federación Deportiva Mundial de Minigolf (WMF) el 23 de octubre de 2019 en Zhouzhuang, Jiangsu, China.

Kenny Marc Schmeckenbecher (Alemania) ostenta el récord de **más victorias en el Campeonato Mundial Juvenil de la WMF** (tres en 2022). Dos golfistas júnior comparten el récord **femenino** (dos): Sarah Schumacher (Alemania) y Alena Doleželová (República Checa), en 2016-18.

902

Más campos visitados
En 2006, Richard Gottfried (R.U.) inició un peregrinaje que lo ha llevado a 902 campos de minigolf diferentes, muchos de ellos (más de 800) con su esposa Emily. Ha jugado una ronda en más de 560 durante su gira, bautizada por él mismo como el «Tour del loco mundo del minigolf».

MÁS HOYOS JUGADOS EN 24 HORAS (FOURBALL)
Del 31 de julio al 1 de agosto de 2022, el equipo formado por Chris Hetzel, su hijo Cole, Tony Centers y Bob Schoettinger (todos de EE.UU.) jugó 2.097 hoyos en un club Putt-Putt de Erlanger, Kentucky, EE.UU. El equipo, que mejoró en casi 700 hoyos un récord que llevaba 17 años vigente, se propuso el reto para recaudar fondos para paliar los efectos de un tornado y unas inundaciones en el estado. Cris y Cole son expertos en retos deportivos de resistencia y cuentan con los títulos GWR de la **maratón jugando a wiffleball más larga** (36 h, 25 min y 26 s) y a **cuatro cuadrados**: 30 h y 2 min.

¿SABÍAS QUE...?

Fundada en septiembre de 1937, la Asociación de Minigolf de Suecia es la federación de minigolf más antigua.

Los minigolfistas profesionales juegan en superficies de hormigón, fieltro y fibrocemento.

67

HACER UNA LISTA DE DESEOS
¿Cuáles son tus sueños y deseos? Si no se te ocurre nada, echa un vistazo a la película de 2007 *La lista de los deseos* (EE.UU.). Esta comedia dramática fue protagonizada por Morgan Freeman y Jack Nicholson, quien ostenta el récord de **más candidaturas al Óscar de un actor**: 12; ganó tres veces: en 1974, 1984 y 1998.

DISCOS VOLADORES

El disco volador lanzado sobre patines para hielo más tiempo en el aire
El 17 de febrero de 2018, un disco lanzado por Rob McLeod (Canadá) voló durante 14,14 s en el Silver Skate Festival celebrado en Edmonton, Alberta, Canadá. También estableció el récord del **lanzamiento y captura en patines para hielo a más distancia**, tras recorrer (92,4 m).

El minidisco volador lanzado más lejos
El 24 de octubre de 2014, el jugador profesional de disc golf Simon Lizotte (Alemania) lanzó un minidisco volador a 160,9 m de distancia en el Fall Desert Wind Open celebrado en Primm, Nevada, EE.UU. El diámetro de los minidiscos voladores no puede superar los 11,43 cm.

El récord **femenino** lo ostenta Jennifer Allen (EE.UU.): 92,4 m, en el High Desert Distance Challenge, celebrado también en Primm, el 27 de marzo de 2016. El día anterior, Jennifer había establecido el récord femenino **con disco estándar** (ver tabla, a la derecha).

El disco volador invertido lanzado más lejos
El 23 de septiembre de 2021, Seth Dey (EE.UU.) envió un disco volador invertido a 176,66 m de distancia en American Fork, Utah, EE.UU. Para que el intento tuviera validez, el disco tenía que permanecer boca arriba durante todo el vuelo.

Más pases consecutivos de una pareja
El 23 de julio de 2022, el artífice de múltiples récords David Rush y Chris Knight (ambos de EE.UU.) lograron 12.345 pases de un disco volador sin que se les cayera al suelo, en Boise, Idaho, EE.UU. La pareja, que jugó algo menos de cuatro horas, ya había establecido el récord de **más pases en una hora** (5.341, el 27 de julio de 2020) y **en un minuto** (110, el 14 de diciembre de 2018).

La maratón de disco volador más larga
Del 22 al 25 de marzo de 2013, el equipo Ultimate de la Universidad del Este de Washington (EE.UU.) completó una partida épica de 85 h y 1 min en Cheney, Washington, EE.UU. Participaron 30 jugadores, con dos equipos de siete personas compitiendo por turnos.

El lanzamiento y la captura en patines para hielo a más distancia (mujeres)
El 11 de febrero de 2017, Jill Duffy (Canadá) atrapó un disco volador que ella misma había lanzado a 31,1 m de distancia en el Silver Skate Festival celebrado en el Hawrelak Park de Edmonton. Su compatriota Jennie Orsten logró el récord del **disco volador lanzado en patines para hielo más tiempo en el aire (mujeres)**: 6,22 s.

El ace de disc golf a más distancia
El 21 de agosto de 2022, Caleb Hall (EE.UU.) logró un «hoyo en uno» de 186,23 m en el hoyo 14 del campo Boulders en Carolina del Norte, EE.UU. Mejoraba así la marca anterior en 24,7 m.

FEDERACIÓN MUNDIAL DE DISCO VOLADOR

Récord		Nombre	Fecha
Lanzamiento más largo	338 m	David Wiggins Jr (EE.UU.)	28 mar 2016
	173,3 m	Jennifer Allen (EE.UU.)	26 mar 2016
Más tiempo de vuelo	16,72 s	Don Cain (EE.UU.)	26 may 1984
	11,81 s	Amy Bekken (EE.UU.)	1 ago 1991
Lanzamiento y captura a más distancia	94 m	Christian Sandstrom (Suecia)	9 jul 2003
	60.02 m	Judy Horowitz (EE.UU.)	29 jun 1985
Máxima puntuación en lanzamiento y captura	166,19 pts	Niclas Bergehamn (Suecia)	16 jul 1996
	110,35 pts	Anni Kreml (EE.UU.)	20 ene 1994

Récords con discos estándar, hombres/mujeres; datos actualizados a 16 dic 2022

El lanzamiento y la captura en patines en línea a más distancia (mujeres)
El 24 de septiembre de 2022, Ashley Wager (Canadá) rodó 16 m para capturar un disco que ella misma había lanzado en el Grey Eagle Casino de Calgary, Alberta, Canadá. También logró el récord del **disco volador lanzado sobre patines en línea más tiempo en el aire (mujeres)**: 5,28 s.

El lanzamiento a más distancia de un minidisco atrapado por un perro
El 13 de noviembre de 2021, un cruce de collie y whippet llamado *Sailor* capturó un minidisco volador lanzado desde 40 m de distancia por su propietario, Rob McLeod (ver arriba a la izquierda), en Calgary, Alberta, Canadá.

La cesta se instaló en seis puntos distintos, cada uno con tres *tees*, para lograr una ronda completa de 18 «hoyos».

¿SABÍAS QUE...?

- Los primeros discos voladores aparecieron en la década de 1930 y eran una adaptación de moldes de metal para pasteles.
- Las primeras versiones, como el Pluto Platter, fueron creación de Fred Morrison.
- Wham-O compró el Pluto Platter en 1957 y lo renombró «Frisbee» ese mismo año.
- El Frisbee se incluyó en el Salón de la Fama del Juguete Nacional de EE.UU. en 1998.

LA RONDA DE DISC GOLF A MÁS ALTITUD
El 19 de octubre de 2016, Jason Hornosty, Frederique Boisvert (ambos de Canadá), Chip Morgan (EE.UU.) y Jaryd Leibbrandt (Australia) (de izquierda a derecha) jugaron un partido de disc golf en el pueblo nepalí de Gorak Shep, a 5.180 m sobre el nivel del mar. La idea surgió del trotamundos Chip, quien llevó el equipo de disc golf hasta el campamento base del Everest con la intención de jugar allí, ¡pero descubrió que el terreno era demasiado peligroso!

ESFUERZOS MARATONIANOS

El yogui profesional Yash Mansukhbhai Moradiya (India) ostenta cinco récords de resistencia manteniendo posturas de yoga dinámicas, incluida la del escorpión, también conocida como *vrschikasana* (arriba), que mantuvo durante 29 min y 4 s en Dubái, EAU, el 22 de febrero de 2022. Este joven de 21 años se preparó durante casi dos años para hacer añicos el récord anterior de 4 min y 47 s. Yash alude a la confianza en sí mismo como la base de sus hazañas (ver sus otros récords a continuación).

POSTURA PERFECTA

Más tiempo manteniendo la...

Postura de los ocho ángulos
26 min y 26 s
21 jun 2022

Postura del pavo real
30 min y 53 s
21 jun 2022

Postura de la escala
29 min y 51 s
22 feb 2022

Postura de la rueda
55 min y 16 s
21 jun 2022

Tocando el piano

Del 19 al 25 de septiembre de 2022, el pianista rumano Thurzó Zoltán ofreció un recital de 130 h en Oradea, Rumanía. Como en todos los récords maratonianos contemporáneos de GWR, se le permitió un descanso de 5 min acumulables por cada hora. Este fue su segundo récord, tras ofrecer el 13 de junio de 2022 el **concierto de piano de cola a mayor altitud** (5.325,7 m sobre el nivel del mar, cerca del campamento base del Everest).

Bailando (relevos)

Del 4 al 6 de abril de 2019, los 16 miembros del equipo encabezado por Joshua Usoro (todos de Nigeria) se turnaron para bailar durante 53 h, 28 min y 47 s en Lagos, Nigeria. Tras fracasar en su intento de 2017, Joshua practicó durante dos años para lograrlo.

Del 25 al 27 de mayo de 2019, las hermanas Rubisha y Alisha Shrestha (ambas de Nepal) establecieron el récord de la **maratón de baile más larga de una pareja**: 41 h y 5 min, en Katmandú, Nepal.

Jugando a baloncesto

Del 6 al 11 de agosto de 2021, jugadores de Nueva York y Canadá saltaron a la cancha de la Nardin Academy con The Revelas Family Foundation (EE.UU.) en Buffalo, Nueva York, EE.UU., con el objetivo de concienciar sobre los problemas de salud mental que afectan a los jóvenes. El equipo recaudó más de 60.000 dólares jugando al baloncesto durante 120 h y 2 min.

Tocando el acordeón

Del 25 al 27 de junio de 2022, la profesora de música Christelle De Franceschi (Francia), quien toca el acordeón desde los siete años, dio un concierto de 51 h, 43 min y 40 s en Saint-Amand-les-Eaux, Francia. «El acordeón ha sido mi compañero de viaje desde hace más de 45 años. Quería compartir esta gran aventura con muchas personas», declaró.

Tocando el arpa

Del 25 al 26 de octubre de 2022, la arpista de origen ucraniano Kateryna Oliinyk tocó durante 31 h, 1 min y 54 s en Dubái, EAU, donde reside actualmente. La variada lista de temas del repertorio incluyó canciones de Lady Gaga, Metallica y Andrea Bocelli.

Haciendo ganchillo

Los días 29 y 30 de mayo de 2021, Alessandra Hayden (EE.UU.) hizo ganchillo durante 34 h y 7 min en Gig Harbor, Washington, EE.UU., para ganarse un sitio en el libro de récords del que siempre ha sido una gran aficionada. Usando la técnica del tapiz, confeccionó una manta de 1,52 m² y un chal de 1,77 m de largo.

Leyendo en voz alta

Del 22 al 27 de septiembre de 2022, en el marco de los IV World Nomad Games, Rysbai Isakov (Kirguistán) recitó el poema del siglo XVIII *Epopeya de Manas* durante 124 horas en Bursa, Turquía. Rysbai deseaba dar a conocer esta epopeya nacional kirguisa.

Jugando a bolos de nueve

Del 15 al 16 de abril de 2022, Uroš Stoklas (Eslovenia) jugó durante 24 horas exactas en Radlje ob Dravi, Eslovenia. En ese tiempo, lanzó casi 3.000 bolas y logró un total de 291 *strikes*.

LOS PRIMEROS

Algunos de los más antiguos representantes de las hazañas de resistencia fueron los estilitas, en el siglo V d. C. Estos ascetas cristianos hicieron una virtud del hecho de estar de pie sobre un pilar o *stylos*. Pasaban en él meses, o incluso años, mientras predicaban, ayunaban y oraban con la esperanza de que tal sacrificio en vida les asegurara la salvación eterna de sus almas.

¿SABÍAS QUE...?

El primer estilita fue Simeón el Estilita el Viejo; ¡se dice que vivió 37 años encaramado a un pilar!

Dentro de una torre de estilita había un conducto desde la parte superior hasta la base usada como inodoro.

En la década de 1990, el monje Maxime Qavtaradze vivía en lo alto del Pilar Katskhi en Georgia...

...donde pasó más de 20 años antes de bajar por última vez en 2015.

El Sandbaggers Rugby Club recaudó más de 87.000 € y se hizo con un premio *local hero*.

Jugando a touch rugby playa

El 20-21 de mayo de 2022, un equipo de 22 médicos de cabecera, anestesistas y cirujanos del Sandbaggers Rugby Club (todos del R.U.) jugaron durante 34 h y 6 s en Branksome, Dorset, R.U. Se recaudaron fondos para dos organizaciones benéficas dedicadas a la enfermedad de la neurona motora, de la que fue diagnosticado en 2021 su compañero de equipo Andrew Vaughton.

HACER UN VIAJE POR CARRETERA CON AMIGOS

Muchos de nosotros hemos soñado con salir a la carretera al estilo Kerouac, pero ¿alguna vez has ido más allá de la fase de planificación? Jim Rogers y Paige Parker (ambos de EE.UU.) sí lo hicieron: del 1 de enero de 1999 al 5 de enero de 2002, viajaron por 111 países, el récord de **más países visitados en un viaje continuo en automóvil**.

LA MARATÓN DE RAP MÁS LARGA

Del 1 al 3 de abril de 2022, el profesor de inglés Daniel Alcon, también conocido como DAlcon (R.U.), esquivó al sueño durante dos noches para rapear durante 39 h y 37 min en Valencia, España. Daniel, quien ha hablado abiertamente sobre sus problemas de salud mental, dio a conocer la organización benéfica Key Changes, un sello musical que ofrece ayuda a los músicos con problemas similares.

Las reglas establecían que los *beats* debían ser continuos. Además, a Daniel se le concedieron solo 30 s para recuperar el aliento entre temas y un descanso de cinco minutos por cada hora de actuación.

Este fue el segundo intento de Daniel tras rapear durante 35 h en 2021 y descubrir después que Liam Reeves (Irlanda) lo había superado con 36 h y 36 min.

Un antiguo poseedor de este récord fue Harvey Daniels (EE.UU.), también conocido como Frzy. Los días 11 y 12 de enero de 2020, rapeó durante 31 h y 52 s en Pittsburgh, Pensilvania, EE.UU., para recaudar fondos para la organización MusiCares.

Más recientemente, el rapero polaco Radosław Blonkowski (también conocido como Rademenez) fue el peso pesado de GWR del rap de resistencia. Del 20 al 21 de noviembre de 2021, rapeó improvisando durante 36 horas en Zielona Góra, Lubuskie, Polonia.

PASIONES PECULIARES

➊ Más bolas de Navidad en la barba
Joel Strasser (EE.UU.) se colgó 710 bolas navideñas en la barba el 2 de diciembre de 2022. Joel aparece con regularidad en *GWR* desde 2018. No te pierdas todo lo que se ha colocado en el vello facial…

MÁS OBJETOS EN UNA BARBA	
Objetos	**Cantidad**
Tenedores	126
Pinzas de ropa	359
Lápices	456
Palillos chinos	520
Pajitas de papel	534
Tees de golf	607
Mondadientes	3.500
… EN UN MINUTO	
Objetos	**Cantidad**
Lápices	59
Palillos chinos	86

**Datos verificados a 13 de febrero de 2023*

La torre de sombreros más alta en la cabeza
El 14 de mayo de 2022, Anthony Kelly (Australia) demostró que tenía mucha cabeza cuando logró encasquetarse una torre de sombreros de 107,5 cm en Armidale, Nueva Gales del Sur, Australia.

Más cuentas enhebradas por una persona en una hora
Syeda Anisa Murshed (Bangladés) enhebró más de 1.700 cuentas de madera en un hilo de 42,3 m de longitud en Daca, Bangladés, el 12 de agosto de 2022. Acumula 20 años de experiencia enhebrando cuentas.

La cadena más larga de chapas de botella
El 3 de julio de 2022, se presentó en los Países Bajos un cordel de 10,93 km de longitud adornado con más de 2 millones de chapas de botella. Fue el resultado de la paciente labor de los habitantes de Zijtaart durante más de dos años, en un proyecto organizado por la organización de voluntariado 24 Uur van Zijtaart (Países Bajos). El reto tenía como objetivo dar a conocer su localidad y, de paso, ayudar a los enfermos de distrofia muscular de Duchenne.

➊ El lanzamiento a mayor distancia de una lavadora
A Johan Espenkrona (Suecia) le gusta demostrar su fuerza lanzando electrodomésticos. El 15 de febrero de 2022, lanzó una lavadora a 4,45 m de distancia en Milán, Italia.

La cuchara de madera más pequeña
Navratan Prajapati Murtikar (India) talló una diminuta cuchara de solo 2 mm de longitud, como se confirmó el 22 de junio de 2022 en Jaipur, Rajastán, India. Navratan es escultor de mármol, pero se ha propuesto abrir un museo de artesanía en miniatura.

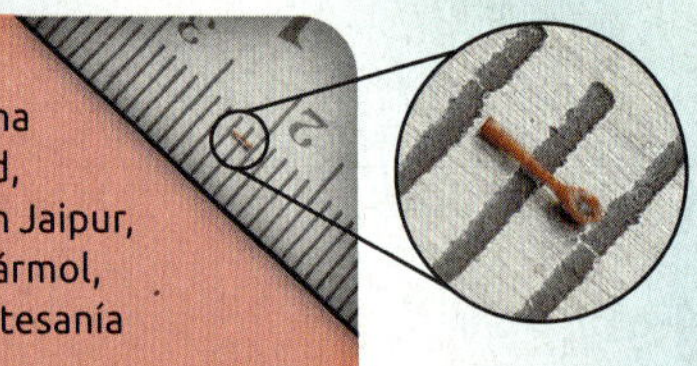

El castillo de naipes más alto construido en ocho horas
Tian Rui (China) levantó una estructura de 50 niveles con naipes en Qingdao, Shandong, China, el 10 de noviembre de 2022. Alcanzó una altura de 3,37 m, lo que también representa el récord para la categoría de **12 horas**. Previamente, el 3 de julio del mismo año, el as de los castillos de naipes logró el récord de **una hora**, con 27 niveles.

El lanzamiento a mayor distancia de un palo de golf
Tyson Allen (EE.UU.) cree que el golf es mucho más divertido sin las bolas. El 14 de octubre de 2021, lanzó una cuña Callaway «Mack Daddy 3» 56° a 71,69 m de distancia en la Emporia State University de Kansas, EE.UU.

El más rápido en clasificar 500 g de Peanut M&M's
Samuel Mornement (Australia) solo tardó 1 min y 33,03 s en clasificar por colores un paquete de M&M's. Logró la dulce y veloz hazaña el 9 de julio de 2022 en Perth, Australia occidental.

La mayor exposición de sillas en miniatura
A lo largo de 28 años, Eladio Rivero Sánchez (España) ha perfeccionado su afición de tallar sillas de madera diminutas. El 27 de mayo de 2022, presentó 4.147 minisillas, con tamaños de entre 1,5 cm a 40 cm, en Torrevieja, España.

La mayor exposición de barcos en botella
El Arendal Bymuseum de Noruega alberga una extraordinaria exposición de 655 barcos en botella, todos ellos hechos a mano por el artesano local Kjell Birkeland (Noruega). También conocidas como «botellas imposibles», se contaron el 15 de febrero de 2013.

El **barco en botella más grande** es la *Nelson's Ship in a Bottle*, una réplica a escala 1:30 del buque de guerra del vicealmirante Horatio Nelson HMS Victory, fabricado con velas de tela encerada africana. Mide 4,7 m de largo y 2,8 m de ancho y es obra del artista británico-nigeriano Yinka Shonibare. Se expuso en Trafalgar Square, Londres, en 2010 y luego se trasladó al National Maritime Museum de Greenwich.

En 1956, Arthur V. Pedlar (R.U.) construyó el **barco en botella más pequeño**. Se basó en un galeón de tres mástiles, cinco velas y tres banderas y lo ubicó cuidadosamente en un vial médico de 1 cm^3 que medía 2,38 cm de largo y 0,9 cm de ancho. El diámetro del cuello era de solo 2 cm.

Richard sufrió una «pájara» cuando alcanzó las 18 h, pero, a sus 51 años de edad, se recuperó tras una minisiesta de 12 min.

La maratón más larga en un columpio
Richard Scott (R.U.) liberó al niño que lleva dentro columpiándose durante 36 h y 32 min en Kinross, Tayside, R.U., el 14-15 de mayo de 2022. Cuando vio que el récord anterior era de «solo» 34 h, Richard pensó: «Yo también puedo». Richard declaró a GWR: «Estaba en la mejor forma de mi vida, así que, ¿por qué no? ¡Aunque no fue tan fácil como pensaba!».

65

CONOCER A UN FAMOSO
… Y, cuando lo hagas, ¿por qué no inmortalizas el momento con un autógrafo? Las firmas de famosos pueden valer muchísimo dentro de un tiempo. El **autógrafo más valioso** es el del cofundador de Apple Steve Jobs (EE.UU.), que, a 2022, estaba valorado en unos 60.290 dólares.

FRUTAS Y VERDURAS DE CAMPEONATO

Guinness World Records cosecha frutas y verduras colosales desde su primera edición, en 1955. Abajo, presentamos una selecta lista de frutas y verduras de récord recientes en esta categoría tan longeva, ratificada por la National Vegetable Society de R.U. y la Great Pumpkin Commonwealth.

	Gigante verde	Récord	Productor
1	El puerro más largo	143,2 cm	Derek Hulme (R.U.)
2	El tomate más pesado	5,284 kg	Julie y Del Faust (ambos de EE.UU.)
3	La berenjena más pesada	3,36 kg	Peter Glazebrook (R.U.)
4	El haba más larga	39,6 cm	Ian Simpson (R.U.)
5	La luffa más pesada	2,616 kg	Ian Neale (R.U.)
6	La planta de patata más alta	2,847 m	Kevin Fortey (R.U.)
7	El pepino más largo	113,4 cm	Sebastian Suski (Polonia/R.U.)
8	La calabaza de Halloween de mayor diámetro	614,7 cm	Travis Gienger (EE.UU.)
9	La judía verde más larga	76,9 cm	Lee Herrington (R.U.)
10	La calabaza más pesada	121,6 kg	Mark Baggs (R.U.)

*Datos actualizados a 13 de febrero de 2023

La calabaza de Halloween más pesada

Stefano Cutrupi (Italia) cultivó la **calabaza más pesada** (1.226 kg) tal y como se confirmó en Italia en septiembre de 2021. Un mes después, transportó la colosal calabaza al festival anual de calabazas en Ludwigsburg, Alemania, donde el tallador Udo Karkos (arriba) la decoró apropiadamente. A pesar de haber perdido 8,5 kg de agua durante ese período, mantuvo el récord.

El tallador Mike Rudolph decoró la calabaza gigante de Travis Ginger, apodada «Maverick», con el impresionante rostro de un águila.

ASISTIR AL MARDI GRAS DE NUEVA ORLEANS

64

Este carnaval anual es una atractiva combinación de música, baile y comida deliciosa y atrae a más de un millón de visitantes. Una vez allí, aprovecha para conectar con el lado más tenebroso de la ciudad. La sacerdotisa Catherina Williams (EE.UU.) creó el **muñeco de vudú más grande**, de 6,6 m de alto en 2010, al que llamó Charlie.

HAZAÑAS CON LA COMIDA

Campeones del chile

El **pimiento más picante** es el smokin Ed's Carolina Reaper, cultivado por Ed Currie, de la PuckerButt Pepper Company (EE.UU.), con una calificación media de 1.641.183 unidades Scoville (SHU). La salsa tabasco normal se sitúa aproximadamente en 400 SHU.

También conocido como pimiento fantasma, el bhut jolokia (1.001.304 SHU) es tan picante que ¡se unta en cercas como repelente de elefantes! El **tiempo más rápido en comer 10 bhut jolokias** es 30,70 s, establecido por Amedonou Kankue (Togo) en Milán, Italia, el 19 de junio de 2014.

El devorador de chile Greg Foster (EE.UU., ver a la derecha) siempre está preparado para doblar la apuesta. El 14 de noviembre de 2021, batió el récord de **más bhut jolokias ingeridos en un minuto**: un total de 110,50 g, en San Diego, California, EE.UU.

El 8 de mayo de 2021, Lance Rich y Matthew Burnham (ambos de EE.UU.) subieron la temperatura de su amor con el **beso habanero más largo** en Shreveport, Luisiana, EE.UU. Ambos comieron un chile antes de unir sus labios (adormecidos) durante 3 min y 36,86 s.

La ración más grande de...

Macarrones con queso: El 29 de julio de 2022, Schreiber Food ofreció una enorme ración de macarrones con queso de 2.151 kg (casi el mismo peso que el de un rinoceronte negro adulto) para celebrar los 50 años de producción en sus instalaciones en Logan, Utah, EE.UU. El plato tardó cuatro horas en prepararse y se ofreció con un aderezo de tiras de carne de cerdo elaborado por un experto local de barbacoa.

Nachos: El 25 de septiembre de 2022, se sirvió una ración de nachos de tamaño similar (2.209 kg) en el mercado de alimentos al aire libre Smorgasburg Los Angeles, en California, EE.UU. El evento se organizó para celebrar el regreso a la pequeña pantalla en Paramount+ de *Beavis and Butt-Head*, la pareja de dibujos animados adicta a los nachos creada por Mike Judge.

El spritz más grande

El 30 de junio de 2022, el centro comercial Fiordaliso, en Rozzano, Italia, preparó 1.050 l (casi siete bañeras) de este aperitivo alcohólico, un cóctel colosal para el que fueron necesarias 700 botellas de prosecco, 350 de aperol y 180 de agua con gas.

El más rápido en comer 10 pimientos Carolina Reaper

El 17 de septiembre de 2022, Greg Foster (EE.UU.) devoró 10 unidades del **pimiento más picante** (ver a la izquierda) en 33,15 s, en San Diego, California, EE.UU. Greg, propietario de una empresa de salsa picante, describe la hazaña como comer «lava líquida» y aconseja tener leche y helado cerca. También ostenta el récord de los **tres Carolina Reapers**: 8,72 s.

Más alitas de pollo comidas en un minuto

El 5 de agosto de 2022, Vuyolwethu Simanile (Sudáfrica, abajo en el centro) engulló 121 g de alitas de pollo asadas en 60 s en *Stumbo Record Breakers*, en Durban, Sudáfrica. Vuyolwethu superó el desafío de cuatro de sus compañeros del restaurante Mashamplanes Lounge, donde las alitas de pollo picantes son su plato estrella. Consumió casi el doble que el segundo clasificado.

El tiempo más rápido en beber dos litros de refresco

El 19 de mayo de 2021, Eric Badlands Booker (EE.UU.) bebió un vaso de Coca-Cola Zero en 18,45 s en Selden, Nueva York, EE.UU. El 20 de febrero de 2022, Eric logró el récord de **un litro de refresco** (6,80 s) y **un litro de salsa de tomate con una pajita**: 1 min y 18,90 s ante una multitud en Ridgefield, Washington, EE.UU.

El más rápido en beber 500 ml de agua con gas

El 26 de febrero de 2022, Chris Stewart (R.U.) bebió medio litro de agua con gas en 3,23 s en Birmingham, R.U. Cumplía así un deseo de toda la vida: tener su propio título GWR.

El más rápido en envolver cinco raciones de patatas fritas

El 27 de mayo de 2022, con motivo del Día Nacional del Fish and Chips de R.U., Zohaib Hussain (R.U.) envolvió cinco raciones de patatas fritas en 40,13 s en el Zero Plus Fish Bar de Cardiff, R.U. Mejoró el récord anterior en más de 4 s.

Más perritos calientes engullidos en tres minutos

El 22 de octubre de 2022, Nicholas Wehry devoró 12 perritos calientes, cada uno de 17,8 cm de largo como mínimo y servido en un panecillo con al menos un condimento, en Tampa, Florida, EE.UU.

Nicholas está casado con una colega profesional de las competiciones de engullir comida, Miki Sudo (ambos de EE.UU.), la actual poseedora de los récords femeninos de **más perritos calientes comidos en el Nathan's Hot Dog Eating Contest** (48,5 seguidos en 2020) y **más victorias** (siete). El 22 de octubre también batió el récord de **un minuto** (seis perritos) y mejoró en 0,88 s el récord de Leah Shutkever del **tiempo más rápido en comer un burrito** tras engullir uno de 550 g en solo 31,47 s. Para más información sobre Shutkever, consulta la pág. 96.

La hamburguesa más cara (individual)

El 28 de junio de 2021 se vendió una hamburguesa «Golden Boy» por 5.000 €. El suculento bocadillo del chef Robbert Jan de Veen (Países Bajos) estaba compuesto por una hamburguesa de ternera wagyu, aros de cebolla rebozados en champán, centollo, caviar y un bollo infusionado con Dom Pérignon y bañado con una capa de oro. Robbert donó el dinero a un banco de alimentos local.

SER DAMA DE HONOR

63

Despedidas de soltera, pruebas de vestidos, ayudar a la novia en su gran día... Las damas de honor se encargan de un montón de tareas. Quizá por eso Tina Ackles (EE.UU.) recurrió a 168 damas de honor el día de su boda en Tampa Bay, Florida, el 18 de abril de 2015, ¡la **mayor cantidad de damas de honor de una novia**!

EL DÓNUT MÁS GRANDE

El 3 de abril de 2023, los chefs de TikTok Nick DiGiovanni (EE. UU.) y Lynn Davis (Japón) se unieron para elaborar un gigante y glaseado dónut rosado de 102,5 kg en la pastelería Oakleaf Cakes de Boston, Massachusetts, EE.UU. El enorme bollo, elaborado con capas de bizcocho y crema de mantequilla, y cubierto de pasta de azúcar, pesaba prácticamente lo mismo que los dos chefs juntos.

Anteriormente, los epicúreos reposteros ya habían unido sus fuerzas para elaborar el ***nugget* de pollo más grande** (abajo), de 20,96 kg; el **▶ *cake pop* más grande** (abajo a la derecha), de 44,24 kg; y el **rollo de *sushi* más ancho** (derecha): una combinación de arroz, salmón y pepino enrollada en algas de 2,16 m, ¡más ancha que una cama de matrimonio!

DULCES

¿SABÍAS QUE...?

La barra de Snickers debe su nombre al caballo favorito de Frank y Ethel Mars.

El algodón de azúcar lo inventó en 1897... ¡un dentista!

En Japón hay chocolatinas de KitKat de más de 50 sabores diferentes...

... entre los que se incluyen el té verde, las patatas a la brasa, la calabaza, el wasabi y el queso.

El *brownie* más grande
El 23 de septiembre de 2022, Betty Crocker MENA sirvió un *brownie* de chocolate de 152 kg, casi el mismo peso que el de un gorila de montaña, en Jeddah, Arabia Saudí. En su elaboración se emplearon 210 paquetes de mezcla para *brownies*, 504 huevos y 23,1 l de aceite, que se hornearon durante tres horas.

La cadena de envoltorios de caramelos más larga
Elizabeth Allen (EE.UU.) enlazó 10.000 envoltorios de caramelos Starburst como muestra de apoyo al programa de reciclaje de la Universidad Furman de Greenville, Carolina del Sur, EE.UU. La cadena se midió en la propia universidad el 30 de julio de 2021.

El récord actual de la **cadena de envoltorios de chicles más larga** asciende a 2.583.335 envoltorios de chicles Wrigley. Gary Duschl (EE.UU.) fue su artífice en 2020, cuando se constató que medía nada menos que 32.555,68 m de largo.

La bolsa de caramelos más grande
El 20 de agosto de 2022, Broadway Sweets of Johannesburg, de Sudáfrica, llenó una bolsa de 5 m de altura con 1.025 kg de caramelos Stumbo. El enorme paquete se pesó y midió para *Stumbo Record Breakers*, una serie documental en la que este fabricante de dulces sudafricano celebra el patrimonio cultural de su país.

El más rápido en comerse una naranja bañada de chocolate
El 21 de octubre de 2020, la engullidora de competición y superestrella de redes sociales Leah Shutkever (R.U.) desenvolvió y devoró una naranja bañada de chocolate de Terry's en solo 57,14 s. Esta creadora de contenidos ostenta 22 títulos GWR; algunos de sus logros más dulces se detallan a la izquierda. Otros de sus sabrosísimos récords son los de **más *nuggets* de pollo comidos en un minuto** (19, para un total de 352 g), el **tiempo más rápido en comer un perrito caliente sin manos** (18,15 s) y **más salchichas engullidas un minuto** (12).

6 Panecillos de Pascua (3 min)

10 Bollos de mermelada (3 min)

12 Trufas de chocolate (sin manos, 1 min)

20 Malvaviscos (sin manos, 1 min)

Más sabores de helado identificados en un minuto (con los ojos vendados)
El 11 de abril de 2021, la máquina alemana de batir récords André Ortolf fue capaz de identificar correctamente 17 variedades de helado en un minuto en Augsburgo, Baviera.

El récord de **más helado consumido en un minuto** son 806 g, establecido por Isaac Harding-Davis (Australia), quien engulló poco más de dos botes de helado Ben & Jerry's de tarta de queso y fresas en Sídney, Australia, el 16 de julio de 2017.

La fila más larga de...
- **Piruletas**: El 6 de agosto de 2022, un equipo de 27 voluntarios del National Sea Rescue Institute de Sudáfrica alineó 11.602 piruletas Stumbo en el paseo marítimo de Durban. El intento se grabó para *Stumbo Record Breakers* (ver arriba a la derecha).
- **Barras de chocolate**: El 5 de septiembre de 2022 se alinearon 5.130 Candyman Fantastik Chocobar XL en Mumbai, India, que alcanzaron una longitud de 626,25 m. ITC Foods (India) organizó el evento en agradecimiento a la labor de las escuelas en el Día Nacional de los Docentes de la India.
- **Pasteles**: El 4 de enero de 2021, USA Pears (EE.UU.), Emirates Culinary Guild y Jumeirah Creekside Hotel (ambos de EAU) alinearon 2.209 pasteles de pera. Tras el recuento, los dulces se donaron a Sahem for Hope, que los distribuyó entre familias necesitadas.

El globo de chicle más grande
El 24 de abril de 2004, en la Double Springs High School (ahora Winston County High School), en Alabama, EE.UU., Chad Fell (EE.UU.) sopló un globo de chicle con un diámetro de 50,8 cm sin valerse de las manos para estabilizarlo o estirarlo. El secreto de su éxito fue la fuerza combinada de tres chicles Dubble Bubble.

Ali (derecha) y su equipo necesitaron 3 horas para elaborar el algodón de azúcar del conejo gigante, que a continuación se consumió.

La escultura de algodón de azúcar más grande
El 8 de abril de 2022, Ali Spagnola, Brian y Penny Brushwood, Matt Donnelly, Jacob Smith, Jason Murphy, Eli Carll, John Rael y Heather Tayte (todos de EE.UU.) elaboraron un conejito gigante de algodón de azúcar de 16,78 kg en Austin, Texas, EE.UU. Emplearon dos cartones de vainilla rosa y 12 de frambuesa para lograr dos sabores distintos.

HACER DE EXTRA EN UNA PELÍCULA
Los extras pueden llevar la escena de una película a otro nivel. El director Richard Attenborough (R.U.) lo sabe perfectamente, ya que recurrió a 300.000 extras el 31 de enero de 1981 (la **mayor cantidad de extras de una película**) para grabar la escena del funeral de *Gandhi* (R.U./India/EE.UU./Sudáfrica; 1982).

62

LA PIÑATA MÁS GRANDE (VOLUMEN)

El 2 de noviembre de 2008, Carnival Cruises presentó una piñata de seis pisos repleta de unos 3.600 kg de golosinas en Filadelfia, Pensilvania, EE.UU. La piñata con forma de burro y de 18,85 m de altura tuvo que izarse con una grúa y abrirse con una bola de demolición. La policía local, preocupada por la seguridad de los miles de espectadores, decidió que se abriera en el suelo.

La **piñata erguida más grande** (derecha) medía 20,9 m en su punto más ancho. M&M'S la creó para celebrar el primer aniversario de sus caramelos de chocolate. Se abrió en Nueva York, EE.UU., el 4 de agosto de 2011, y de ella surgieron 680 kg de dulces.

El enorme M&M'S medía 14,3 m de alto...

... sobre una piñata de cumpleaños de 20,9 m de ancho.

El cantante Cee Lo Green fue el encargado de abrir esta descomunal piñata.

La piñata suspendida más grande

El 16 de diciembre de 2015, Vision Lightec (México) colgó de una grúa una piñata de 32 m de ancho repleta con 800 kg de golosinas, chocolates y juguetes en la plaza de Los Mártires de Toluca, México.

El burro de Carnaval Cruises era una versión a gran escala de una piñata que se vende en comercios.

GUERREROS DEL FITNES

Más flexiones en tándem consecutivas
Con la esperanza de inspirar a sus hijos, George Kotsimpos y Apostolos Dervas (ambos de Grecia) realizaron 43 flexiones mientras apoyaban sus respectivos pesos el uno sobre el otro. Batieron el récord el 21 de diciembre de 2022 en el Iron Body Gym de Heraclión, Grecia.
El récord **femenino** es de 21, por Kara Webb y Sammy Wood (ambas de Australia) en Sídney, Australia, el 1 de febrero de 2017.

Más tiempo sosteniendo la postura de yoga garbha pindasana
El 1 de octubre de 2022, Manish Katkar (India) mantuvo esta complicada pose durante 1 h, 20 min y 19 s en Nashik, India, y recuperó el récord.
El récord de **más tiempo sosteniendo la postura de la sirena** es de 1 h, 15 min y 5 s, por Rooba Ganesan (India) el 1 de enero de 2023. Más récords de yoga extremo en la pág. 90.

El ascenso más rápido por una cuerda de 10 m
El 23 de mayo de 2022, el monitor de fitnes Micah Moses (EE.UU.) trepó por una cuerda de 10 m en 20,51 s en Lynden, Washington, EE.UU. Este exmarine de 51 años desarrolló su propia rutina de entrenamiento para este desafío. Fue su segundo GWR tras lograr el 25 de marzo de 2022 el del **ascenso más rápido por una cuerda de 5 m cargando un paquete de 18 kg**: 7,99 s.

Los 100 m obstáculos más rápidos (FISO)
La Fédération Internationale de Sports d'Obstacles supervisa las carreras de obstáculos oficiales (OCR). El 10 de abril de 2022, Mark Julius Rodelas (Filipinas) completó un recorrido «ninja» de 100 m con 12 obstáculos (entre los que había un columpio de cuerda, una pared de escalada, barras para trepar y vallas) en 27,12 s en Pasig City, Filipinas.
El récord **femenino** es de 39,42 s, establecido el mismo día en Pasig por Kaizen Dela Serna (Filipinas).

El ascenso más rápido de 4 m haciendo dominadas (mujeres)
El 15 de febrero de 2022, Astrid Sibon (Países Bajos) usó la inmensa fuerza de la parte superior de su cuerpo para trepar por una estructura de 4 m utilizando una barra horizontal en tan solo 10,83 s. Se impuso a sus compañeros ninja warriors en la edición italiana de GWR, *Lo Show dei Record*.
Uno de los rivales de Astrid fue Bethany Lodge (R.U.), que logró el récord de los **100 m girando rotando hacia delante más rápidos**: 42,64 s, el 8 de marzo de 2021 en Berinsfield, Oxfordshire, R.U.

Más ascensiones a rampas curvas en un minuto (mujeres)
El 31 de enero de 2023, Immy Hales (R.U.) escaló ocho rampas curvas en 60 s en *Lo Show dei Record*. A efectos del récord, cada obstáculo debía medir al menos 4 m de altura.

Más sentadillas en un minuto (II)
En 19 de noviembre de 2022, Tom Enoch (R.U.) realizó 51 sentadillas en 60 s en el balneario de Leamington, Warwickshire, R.U. Tom, quien tiene síndrome de Down y estableció su récord en la categoría de discapacidad intelectual (II), estudia para ser monitor de fitnes. Durante el confinamiento por la COVID-19, dio clases de fitnes a distancia a otras personas con síndrome de Down.

La maratón SkiErg Concept2 más rápida (sentada con función del tronco completa, mujeres)
El 1 de mayo de 2022, la atleta adaptada Shana Coissard (Francia) recorrió 42,195 km en 4 h, 43 min y 50 s en una máquina de entrenamiento Concept2. Esta joven de 20 años, que tiene un tipo de síndrome de Ehlers-Danlos, terminó cuarta en su categoría en el CrossFit Open 2022.

La prueba de triatlón (continua) más larga
Los días 12 y 13 de agosto de 2022, Steven Green (R.U.) completó un triatlón épico de 364,4 km en Redcar, North Yorkshire, R.U. Durante ese tremendo esfuerzo, no pudo descansar más de 5 min seguidos. Green rodó en bicicleta durante 12 h, nadó 5 h en el lago Ellerton y corrió otras 11 h, todo ello en dos de los días más calurosos del año.

Más dominadas con las manos hacia dentro en 24 horas
El 19 de noviembre de 2022, el director de gimnasio Graham Morgan (R.U.) celebró su 60 cumpleaños de una forma novedosa: realizó 7.479 dominadas en 24 h en Quinta do Lago, Algarve, Portugal. Morgan aprovechó el desafío para recaudar fondos para la organización benéfica Save the Children.
El récord de **más *burpees* en 24 h** es 10.856, por Joe Reverdes (EE.UU.) en Johnston, Rhode Island, EE.UU., el 10 de julio de 2022.
El récord de **más dominadas en 24 h** es 8.008, logrado por Jaxon Italiano (Australia) en Sídney, Australia, el 12 de noviembre de 2022.

Más...
- **Movimientos verticales de yo-yo en un minuto**: 138, por Naoshi Terasawa (Japón) en Iwakura, Aichi, Japón, el 13 de febrero de 2022
- **Sentadillas en un minuto (hombres)**: 84, por Tourab Nesanah (Siria) en Nueva York, EE.UU., el 9 de septiembre de 2022
- **Sentadillas cargando un paquete de 9 kg en un minuto (mujeres)**: 65, por Vera Maier (Alemania) en Dubái, EAU, el 6 de diciembre de 2022
- ***Burpees* de pecho a suelo en un minuto (hombres)**: 33, por Ieong Man Teng (China) en Macao, China, el 1 de agosto de 2022
- ***Burpees* con salto mortal hacia atrás en 30 s (mujeres)**: 8, por Celeste Dixon (Australia) en Adelaida, Australia, el 7 de febrero de 2022

A Sam le gusta competir en triatlones vistiendo una camiseta con el lema «El autismo es mi superpoder».

La primera persona abiertamente autista en competir en el Campeonato Mundial de IRONMAN®
El 6 de octubre de 2022, Sam Holness (R.U.) terminó el icónico triatlón 140,6 disputado en Kailua-Kona, Hawái, EE.UU., en 13 h, 5 min y 44 s. Nadó 3,8 km, recorrió en bicicleta 180 km y corrió 42,1 km. Según Sam, su neurodiversidad le da energía y lo ayuda a concentrarse, lo que va perfecto para un atleta de resistencia.

VOLAR EN ALA DELTA
61
Cumple el sueño de volar como un pájaro surcando los cielos en un ala delta. Necesitarás recibir algunas clases antes de intentar el récord de Chad Elchin (EE.UU.) de **más bucles consecutivos con un ala delta**: 95, establecido el 16 de julio de 2001 sobre el cielo de Ridgely, Maryland, EE.UU.

NINJA WARRIORS

Los australianos Ben Polson (izquierda) y Olivia Vivian (derecha) participan de forma habitual en el popular programa de televisión de carreras de obstáculos *Ninja Warriors*. En 2020, el productor musical Ben se convirtió en el primer concursante en ganar en *Australian Ninja Warrior*, mientras que Olivia, una exgimnasta olímpica, ha ganado una medalla de oro en el Campeonato Mundial Ninja. Pareja en la vida real, también unieron fuerzas para formar el equipo australiano en *American Ninja Warrior: USA vs the World*.

En 2023, la pareja tuvo la oportunidad de mostrar sus habilidades en el programa de televisión italiano *Lo Show dei Record*. El 31 de enero, Ben estableció el récord de **más megamuros escalados en un minuto**: siete. Una semana después, Olivia logró el de **más saltos consecutivos con una barra voladora**: 28. Olivia también posee los GWR de la **mayor distancia recorrida por una barra trepadora en un minuto** (54,5 m) y en **tres minutos**: 127,25 m.

Otro concursante de *Ninja Warrior* que ha logrado batir récords es Najee *The Phoenix* Richardson (EE.UU., abajo). Este exgimnasta amante de Spider-Man ostenta los récords del **salto del gato haciendo lache más largo (de barra a pared)**: 4,9 m; y de la **voltereta hacia atrás entre cuerdas colgantes más larga**: 5,79 m. En 2022, Najee invitó a Olivia, Ben y algunos otros amigos a una fiesta muy especial (más información, abajo).

Najee cuenta que fue un «niño frágil» con asma que «tuvo que trabajar un poco más duro para mantener el ritmo de sus amigos».

El 15 de septiembre de 2022, un pequeño ejército de ninja warriors se reunieron en Movement Lab, en Hainesport, Nueva Jersey, EE.UU., para celebrar la boda de Najee de la única forma en que sabían hacerlo: ¡intentando batir una serie de GWR acrobáticos! Y estos héroes de altos vuelos suelen conseguir lo que se proponen…

Disciplina	Récord	Nombre
El lache más largo (mujeres)	4,29 m	Olivia Vivian (Australia)
La mayor distancia en un *cliff hanger* en un minuto (mujeres)	30,28 m	Abby Clark (EE.UU.)
La mayor distancia en un *cliff hanger* en un minuto (hombres)	37,59 m	Joe Meissner (EE.UU.)
La voltereta hacia atrás entre cuerdas colgantes más larga (mujeres)	3,47 m	Madyson Howard (EE.UU.)
Más rampas curvas trepadas en un minuto (hombres)	4	Ben Polson (Australia)
El ascenso por una cuerda de 5 m más rápido (mujeres)	6,25 s	Isabella Wakeham (EE.UU.)
El ascenso por una cuerda de 5 m más rápido (hombres)	3,99 s	Josiah Pippel (EE.UU.)

Todos los récords están validados a 3 de marzo de 2023.

SONNY MOLINA

Salacnib *Sonny* Molina (EE.UU., n. en Filipinas) quiere lograr el mayor número de GWR sobre colecciones de todo el planeta. Y no va mal desencaminado, en su casa ya cuenta con la mayor colección de postales de piel, de títeres de dedo, de botes de Pringles, de recipientes para bebidas con calaveras y de sobrecitos de sal y pimienta…

Sonny, que ejerce como enfermero de quirófano y jefe de un equipo de ortopedistas en McHenry, Illinois, soñaba con batir un récord desde niño, tras leer una edición del libro *GWR*. «Descubrí que había récords que consistían en correr descalzo, y yo siempre estaba corriendo sin zapatos. Pero, como vivía en Filipinas, en una zona remota sin conexión a Internet, no pude presentar la solicitud», comentó.

Cuando tenía 20 años, Sonny se trasladó a EE.UU., lo que le abrió un mundo de posibilidades. En septiembre de 2016, cumplió su sueño al lograr su primer GWR: el **mayor número de medias maratones completadas descalzo en un mes**, que estableció en 20 superando la marca de 17. A continuación logró otros récords atléticos, antes de que pusiera su punto de mira en las colecciones…

1.043

Las postales de piel suelen contener texto e imágenes grabados mediante pirografía (literalmente, 'escribir con fuego').

497

Títeres de dedo, tanto antiguos como contemporáneos; el favorito de Sonny es una enfermera de quirófano.*

¿Cuándo y por qué empezaste a hacer tus colecciones de récord?
De pequeño me gustaba coleccionar cosas, desde canicas hasta material de escritorio. Todos estos objetos tienen un valor sentimental para mí y me recuerdan a mi infancia: dónde los conseguí, cómo, la gente que me los dio… Sueño con lograr el mayor número de GWR sobre colecciones, y exponerlas en un museo para que todo el mundo pueda contemplarlas. ¡Y un día me gustaría formar parte del salón de la fama de GWR gracias a mis colecciones!

Cuentas con 17 récords mundiales, tanto por tus colecciones como por tus hitos corriendo descalzo largas distancias… ¡incluso sobre bloques de LEGO! ¿Cuál es tu motivación?
Tener un certificado GWR lo significa todo para mí. ¡Batir récords es adictivo! Me encanta esa sensación de entusiasmo y orgullo que me embriaga cuando veo mis certificados. Me recuerdan que no hay nada imposible en la vida. Todo el mundo puede llegar muy alto y tener éxito si trabaja duro y cree en sí mismo.

¿Qué consejo les darías a aquellos que desean lograr un récord?
Que crea siempre en sus posibilidades, aunque nadie más lo haga. Tú y solo tú puedes demostrar a los demás que nada es imposible si pones todo tu empeño en ello. Y ser siempre humilde y amable.

¿Cuál es el próximo récord que te gustaría batir?
¡Mi viaje acaba de empezar! Tengo previstos muchos otros récords sobre colecciones: de llaveros colgantes, galletas de la suerte, palillos orientales, monopatines de dedos, bolsitas de té, fundas de cojín, tazas de papel, etc. Y en otras categorías, ¡voy a por más récords corriendo descalzo! ¡Mi objetivo es ser el filipino-americano con el mayor número de títulos GWR!

¿Y qué haces cuando no estás batiendo récords?
Soy embajador de Soles4Souls, que recoge y dona calzado nuevo y usado. Cuando no estoy corriendo o intento batir algún récord, también organizo misiones médicas en el extranjero, sobre todo en Filipinas, en las que ofrezco servicios dentales, médicos y quirúrgicos gratuitos.

El 1 de mayo de 2021, Sonny recorrió la **mayor distancia caminando descalzo sobre bloques de LEGO®**: ¡8,89 km!

395

Sobres de sal y pimienta. Sus favoritos son dos sobres intactos de Kentucky Fried Chicken de la década de 1960.

307

Recipientes para bebidas con calaveras… Tal y como suena: ¡tazas, vasos y tazones con forma o con imágenes de calaveras!

*ÚLTIMA HORA: El récord actual son 563 títeres de dedo, coleccionados por Cheralyn Lambeth, de Charlotte, Carolina del Norte, EE.UU.

La forma de silla de montar de una patata Pringle se conoce matemáticamente como paraboloide hiperbólico.

LA MAYOR COLECCIÓN DE BOTES DE PRINGLES

En el último recuento, Sonny poseía 256 botes de Pringles, que guarda en el sótano de su casa. Tiene un cariño especial por este aperitivo de patata apilable con forma de silla de montar porque le recuerda a su madre. «Cuando era pequeño, mi madre me compraba Pringles siempre que no me encontraba bien o estaba enfermo… y conseguía que me encontrara un poco mejor», explicó.

Las «Pringle's Newfangled Potato Chips», que era su nombre original, se empezaron a vender en EE.UU. en 1968 (12 años después de que se iniciaran los trabajos de desarrollo del producto) y finalmente se patentaron en 1976. El bote más apreciado por Sonny es un envase retro de color amarillo de Pringles onduladas que data de principios de 1980; su sabor favorito es «cualquiera de queso».

256

Tras su muerte en 2008, ¡el coinventor de Pringles Frederic Baur quiso que sus cenizas se enterraran dentro de uno de sus botes!

COLECCIONES

COLECCIONES ACUÁTICAS

Aquí tienes una selección de colecciones de récord con sabor a mar, ideales para la temática de la edición de este año.

La bióloga marina Aušra Šaltenytė (Lituania) posee 3.516 **artículos relacionados con delfines**, que exhibe en la Universidad Mykolas Romeris, en Lituania.

En 2016, a los 12 años, Will Spike Yocum (EE.UU.) había acumulado un total de 3.563 **señuelos de pesca** distintos.

José Busto (EE.UU.) posee una colección de **flotadores** de 100 barcos distintos. Están expuestos en el Museo del Mar de Puerto Rico.

Los 726 artículos de la colección de **artículos sobre sirenas** de la neoyorkina Laurie Koller incluye disfraces para personas y perros.

La «valla de tablas de surf» con la que Donald Dettloff ha cercado su propiedad en Haiku, Hawái, EE.UU., está formada por 647 **tablas de surf** únicas.

Brett Mitchell-Lutz (EE.UU.), que siempre ha sido fan de DC Comics, ha llenado su casa de Texas con 1.308 **artículos relacionados con Aquaman**.

Inspirada por su pasión por la serie infantil *Pingu*, Birgit Berends (Alemania) cuida de una colonia de 11.062 **artículos relacionados con pingüinos**.

La profesora universitaria Charlotte Lee (EE.UU.) tiene una habitación donde guarda sus 5.631 **patitos de goma**.

Scott Stoddard (EE.UU.) ha reunido 840 **artículos sobre tiburones** a una distancia prudencial del mar en Salt Lake City, Utah, EE.UU.

La educadora Cynde McInnis (EE.UU.) posee 1.347 **artículos sobre ballenas**, y eso sin incluir a la «ballena-móvil» que saca en las visitas escolares.

Sencillos que han sido número 1

Dave Watson (R.U.) empezó su colección en 1988 tras regalarle el *Guinness Book of British Hit Singles* por Navidad. Desde entonces, ha adquirido 1.258 cintas, CD y discos de vinilo para conservar una copia de cada número 1 del R.U. editado en formato físico.

Artículos sobre Iron Man

Tal como se ratificó el 24 de abril de 2021, Miguel Andrés Javier Hidalgo (Perú) posee 1.548 artículos relacionados con el superhéroe Iron Man en Lima, Perú. Su «maravillosa» colección de Marvel comprende figuras de acción, tebeos, disfraces y pósteres de películas.

Artículos sobre Goofy

A 30 de julio de 2022, la entusiasta de Disney Shelley Jobe atesoraba 1.825 artículos sobre Goofy, el mejor amigo de Mickey Mouse, en su casa de Tacoma, Washington, EE.UU. Lora Petrak, de Bull Valley, Illinois, le va a la zaga con su colección de 1.516 **artículos sobre Pluto**.

Artículos relacionados con mariquitas

Cuando era pequeña, a Sheri Cummings (EE.UU.), de Lake in the Hills, Illinois, le regalaron un juego de té con mariquitas. Le gustó tanto que sus amigos y familia siguieron regalándole más artículos relacionados con este insecto. A 28 de febrero de 2022, la colección de Sheri ya ascendía a 6.047 artículos.

La mayor colección de latas de refrescos (misma marca)

El 19 de marzo de 2022, el coleccionista italiano Christian Cavalletti fue coronado rey de las latas. Sus 12.402 envases únicos de Pepsi superaron la **mayor colección de latas de Coca-Cola** (11.308) de Gary Feng (Canadá; abajo), según se verificó el 15 de febrero de 2020. Christian cuenta con muchos artículos adquiridos a través del intercambio internacional.

La mayor colección de cartas de Pokémon

Los hermanos Jens Ishøy Prehn y Per Ishøy Nielsen (ambos de Dinamarca) siguen la consigna de «hay que atraparlos a todo» al pie de la letra. A 13 de septiembre de 2021, habían conseguido las cartas de los 1.008 Pokémon, y también numerosas variantes y cartas raras, hasta sumar 32.809 artículos.

Chapas

Fundado en 2010, el Busy Beaver Button Museum de Chicago, Illinois, EE.UU., aloja más de 9.000 chapas únicas. Es obra de los hermanos Christen y Joel Carter, que desde siempre han admirado lo mucho que expresan estos pequeños objetos decorativos.

Minifiguras de LEGO®

A 14 de abril de 2022, Kyle Ugone de San Diego, California, EE.UU., tenía 9,079 minifiguras. Su ejército de plástico incluye ejemplares de las primeras minifiguras, que aparecieron en 1978.

Artículos sobre Kamen Rider

Ratchaphon Rianchaivanich (Tailandia) posee 15.550 artículos relacionados con este superhéroe japonés. El recuento fue confirmado en Bangkok, Tailandia, el 24 de noviembre de 2022.

La mayor colección de dispensadores de caramelos

Con un mínimo de 5.548 artículos, Brian Trauman, de Caldwell, Nueva Jersey, EE.UU., fue elegido por unanimidad como Cabeza PEZ del Año 2020. Su tesoro PEZ empezó con 150 dispensadores en 1999 (la antigua colección de su madre). Desde entonces, no ha dejado de crecer y ahora incluye colecciones completas de dispensadores de personajes de Disney y de Nintendo, y otros artículos más singulares como un juego del príncipe Harry y Meghan Markle de edición limitada de 2018.

Deadpool fue creado por Rob Liefeld y Fabian Nicieza. Su primer cómic se publicó en 1991.

2.250

LA MAYOR COLECCIÓN DE ARTÍCULOS RELACIONADOS CON DEADPOOL

Gareth Pahliney (Irlanda) ha acumulado 2.250 artículos únicos relacionados con el superhéroe burlón de Marvel, como se confirmó en Cloghan, Offaly, Irlanda, el 19 de febrero de 2023. Algunos de los objetos favoritos de Gareth es un modelo de altas prestaciones que representa a Deadpool con una gallina de goma en la mano (que su tía le trajo especialmente de EE.UU.) y una estatua a tamaño real. También tiene un póster firmado de la primera película *Deadpool*, que recibió tras asistir disfrazado de «Mercenario Bocazas» al estreno en 2016.

PRITISH A R

Desde que Pritish, nacido en Sídney, Australia, cogió unas baquetas por primera vez en la escuela infantil, supo que la percusión y la música ocuparían un lugar trascendental en su vida.
Pritish se inició con una batería electrónica para principiantes. Asistía a clases semanales y practicaba cada día, hasta que probó con una batería acústica. En diciembre de 2020, con 10 años, aprobó el examen de nivel 8 del Trinity College de Londres.

La madre de Pritish fue la primera en sugerirle que podría aprovechar su pasión por la batería para intentar lograr un récord: «Mi madre me preguntó si me gustaría batir un récord, y me sedujo la idea. Siempre me ha fascinado ver tocar redobles de batería a velocidades vertiginosas, así que consideré las opciones y decidí intentar el récord del **mayor número de redobles de batería en un minuto**».

Convertirse en el batería más rápido no fue tarea fácil. No obstante, el 16 de diciembre de 2021, después de muchos meses entrenando y perfeccionando la técnica, Pritish lo logró con 2.370 redobles, superando en 261 redobles el anterior récord, que poseía un adulto.

Sus ansias por aprender a tocar más instrumentos, por ganar más concursos e incluso por aventurarse a tocar con las baquetas en llamas, demuestran que Pritish sigue el ritmo de su corazón.

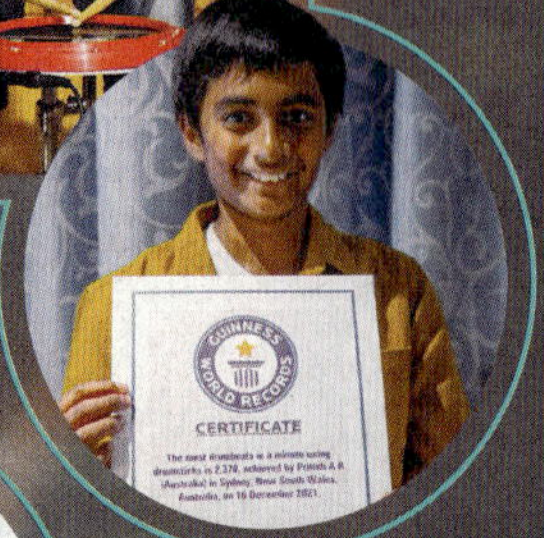

¿Cuándo empezaste a tocar la batería?
De pequeño hacía sonidos con los juguetes. Mi madre se dio cuenta de que tenía un don especial para la música y me apuntó a un programa en la escuela, donde había un autobús lleno de instrumentos musicales. Me atrajo la batería, y no me lo pensé dos veces. Así fue como empecé a tocar este instrumento.

¿Hay otros músicos en tu familia?
No. En mi familia siempre se han limitado a escuchar música.

¿Qué músicos te inspiran?
Mi profesor y batería Sridhar, que vive en Chennai, India, y el [compositor] A R Rahman son dos de mis mayores inspiraciones musicales. En general, todos mis profesores me influyen y estimulan a hacer cosas difíciles pero geniales con la batería y otros instrumentos.

¿Cómo te entrenaste para lograr este récord?
Comencé a trabajar en la técnica a principios del 2021 y estuve practicando durante casi siete meses. Con el apoyo de mis profesores, incorporé varios métodos que me ayudaron a mejorar la velocidad y la fuerza muscular. Practiqué series de un minuto con varios instrumentos, como la caja o el tambor, e incluso sobre superficies como el hormigón o con un cojín.

El día que intentaste el récord, ¿crees que estabas preparado para lograrlo?
Al ver todo preparado y sentarme, sentí mariposas en el estómago. Pero en cuanto empecé, me calmé y me sentí preparado. Cuando pasó el minuto, me puse como loco al oír que había logrado 2.370 redobles. ¡Sonreía de oreja a oreja!

¿Qué dijeron tus amigos cuando supieron que habías conseguido un récord mundial?
Se quedaron muy sorprendidos y me felicitaron. Para mí fue algo realmente especial cuando lo anunció el director de mi colegio y salió publicado en el boletín.

1. El intento de récord tuvo lugar en un estudio de música para evitar el ruido de fondo. De este modo todos los redobles se pudieron registrar con una precisión milimétrica mediante un aparato electrónico llamado Drumometer.

2. Pritish con Aarthi, su madre, Rajesh, su padre, y Shreya, su hermana pequeña. Pritish declaró que: «Mis padres me han apoyado mucho durante la preparación [para este récord], ya que grabaron el número de redobles durante casi todos los ensayos y registraron mis progresos».

3. Cuando no toca la batería, Pritish realiza otras actividades, como jugar a críquet, practicar artes marciales y la escalada *indoor*, y nadar.

SOFIA TEPLA

Mucha gente asegura que haría lo imposible por salir en un libro de récords, pero son pocos los que se lo toman al pie de la letra. Sofia Tepla es un buen ejemplo...
Tras acercarse a GWR para enfrentarse a un récord de gimnasia, la promesa del circo ucraniana fue invitada en 2022 al concurso de talentos de la televisión italiana *Lo Show dei Record*. ¡Y demostró tener un talento fuera de lo común que casi desafiaba la gravedad!

Con 11 años, Sofia llevó sus aptitudes acrobáticas al límite dando volteretas a lo largo de 20 m en 10,49 s. Pero no ejecutó la voltereta clásica, sino una maniobra que consistía en contorsionar el cuerpo y adoptar una forma circular (boca abajo y con las piernas sobre la cabeza, como se muestra abajo), para después volver a apoyar los pies en el suelo, arquear la espalda al máximo para impulsarse y dar una voltereta hacia delante, y así sucesivamente.

Dos semanas después de lograr su primer récord mundial, la vida dio un trágico giro en el país natal de Sofia. Aun así, no pierde el optimismo y se ha comprometido a perfeccionar sus técnicas por si algún día puede volver a representar a Ucrania.

1. Sofia con algunos de los 300 miembros de la escuela de circo y danza Gratsia, fundada por su madre en 2014.

2. La contorsionista ucraniana realiza una pirueta junto a su certificado GWR, que recibió por los 20 m más rápidos dando volteretas de contorsionista.

3. Una joven Sofia en una foto junto con sus padres, Maryna y Dmitry, y su hermano pequeño, Alexander.

4. La familia de Sofia tiene un don innato para la gimnasia: Alexander también tiene facilidad para las acrobacias. Los hermanos a menudo entrenan y ejecutan números juntos.

¿Quién te inspiró a practicar el contorsionismo?
A los tres años veía concursos de talentos por la tele y solía repetir algunos de los números. Luego montaba espectáculos para mi familia. Mis padres decidieron apuntarme a clases de gimnasia y acrobacias, pero como vivimos en una pequeña ciudad no teníamos una escuela de circo cerca, ¡así que mi madre optó por abrir una!

¿Siempre has tenido tanta flexibilidad?
Mi cuerpo no es flexible por naturaleza. De hecho, he logrado que lo sea tras muchos años de entrenamiento... y de un buen calentamiento. Tengo mucha fuerza, pero he desarrollado la flexibilidad poco a poco a lo largo del tiempo.

¿Hasta qué punto fue un orgullo representar a tu país en un concurso de talentos televisivo?
¡Fue un verdadero honor ser la representante de mi país! Aunque también fue agridulce en cierto modo. Logré este récord en febrero, y poco después estalló la guerra. Tenía muchos planes en mente, pero entonces sobrevivir se convirtió en la prioridad. Al principio tuve miedo. El día que regresé a casa, cayó un misil en nuestra ciudad y murieron varias personas. Mi familia decidió quedarse en casa, todos juntos, en Ucrania, aunque la vida era difícil y peligrosa. En nuestra zona no hay muchos combates, pero a veces hay bombardeos. Sigo entrenando y tengo muchas ganas de poder actuar. En el futuro, me encantaría mostrar mis habilidades a todo el mundo.

¿Qué consejos darías a otros jóvenes que pretenden lograr un récord?
Sobre todo, que deben creer en sí mismos y que nunca deben darse por vencidos. En la vida, no hay nada imposible.

¿Tienes algún otro récord en mente?
¡Sí! Ese es mi objetivo. Tengo mucho por hacer y tengo muchas ideas. Se me dan bien las flexiones haciendo contorsiones*. También podría batir el récord de coger flores con la boca flexionando la espalda hacia atrás.

¿Qué más haces para divertirte?
Creo joyas con abalorios, juego a juegos de mesa con mi familia por las tardes y también hago creps.

***El 11 de marzo de 2023, Sofia consiguió el mayor número de flexiones haciendo contorsiones en 30 segundos: ¡21!**

Si quieres conocer a otros jóvenes de récord menores de 16 años, visita kids.guinnessworldrecords.com.

BELLA J. DARK

Muchos nos pasaremos la vida preguntándonos si seríamos capaces de escribir un libro. Bella J. Dark, de Weymouth en Dorset, R.U., no tuvo que darle muchas vueltas...

El 31 de enero de 2022, Ginger Fyre Press publicó su cuento *The Lost Cat*, que Bella (n. el 4 de julio de 2016) escribió e ilustró cuando tenía apenas 5 años y 211 días. Eso la convierte en la **niña más joven en publicar un libro**; por cierto, el poseedor del récord **masculino** era aún más joven: Saeed Rashed AlMheiri (UAE) ¡tenía 4 años y 218 días cuando se publicó su libro, *The Elephant Saeed and The Bear*, en 2023!

Según su madre, Bella siempre ha tenido una gran imaginación y comenzó a escribir cuentos a la edad de tres años. Por tanto, no te sorprenderá saber que la lengua y el arte son sus asignaturas favoritas en la escuela. ¿Y qué pensaron sus compañeros de clase cuando descubrieron que además de publicar un libro también había logrado un título GWR? «Mis maestros y mis amigos estaban muy sorprendidos y emocionados», declaró al respecto.

1

2

3

4

1. Su hermana mayor, Lacie-May, hizo uno de los dibujos que aparecen en *The Lost Cat*. En la imagen, las chicas en compañía de uno de sus gatos, *Minnie*.

2. Bella con su hermana, con su madre Chelsie y con su padre Myles. Chelsie nos comentó lo orgullosos que están de su hija: «Ha sido un viaje muy emocionante, y tanto su padre como yo estamos encantados con este récord, es lo menos que se merece».

3. Publicado a principios de 2022, ya se han vendido más de 1.000 ejemplares de *The Lost Cat*.

4. A la pegunta de qué fue lo más difícil de escribir el libro, Bella respondió: «Nada, ¡todo fue una gozada!».

¿Por qué escribiste *The Lost Cat*?
Quería ser la autora de un libro, y me gusta dibujar y escribir. Todo empezó con una foto. Mi papá me dijo que podía escribir un libro, y la foto me inspiró.

¿Cuánto tiempo tardaste en terminarlo?
Unos cinco días para escribir la historia y unos pocos meses para seleccionar y decidir las imágenes y lidiar con las pruebas de impresión y los cambios.

Cuéntanos el tema principal de la historia. ¿Está basada en la vida real?
Trata de una gata llamada *Snowy* que sale por la noche sola y se pierde. Tenemos dos gatos [*Ginger* y *Minnie*], pero *Snowy* fue completamente fruto de mi imaginación. La moraleja de la historia es enseñar a los niños que no se debe salir solos por la noche.

¿Alguna secuela en el horizonte?
¡Sí! Pronto saldrá un segundo libro sobre la gata *Snowy*. Además, ya tengo un tercero en mente...

¿Cuáles son algunos de tus libros favoritos? ¿Cuál es el último que has leído?
El diario de Greg [de Jeff Kinney] es el último libro que he leído. Algunos de mis libros favoritos son *Lo que escuchó la mariquita* [de Julia Donaldson], *Splat, el gato* [de Rob Scotton] y *The Runaway Pea* [de Kjartan Poskitt].

¿Qué consejos darías a otros jóvenes escritores a los que les gustaría publicar un libro?
Que escriban una historia que nazca de su interior.

¿Te gustaría dedicarte a escribir cuando seas mayor?
Es posible, pero también me gustaría ser médica o maestra.

Cuando no estás escribiendo, ¿qué otras cosas te gustan hacer en tu tiempo libre?
Dibujar, aprender, jugar a los maestros, nadar y jugar con mi tableta.

REYANSH SURANI

Existe la idea errónea de que el yoga es solo para personas mayores, pero un joven muy equilibrado de Dubái, EAU, se ha propuesto desmontar este mito.

Reyansh (n. el 20 de diciembre de 2011 en la India) probó el yoga cuando aún era un niño, inspirado particularmente por su abuela. Según sus padres, ya entonces hacía gala de un equilibrio natural, y a la edad de 9 años y 219 días obtuvo un título para dar clases, lo que lo convierte en el **instructor de yoga certificado más joven**.

En la actualidad, Reyansh guía a personas de todas las edades en el aprendizaje del yoga y difunde sus virtudes: «El yoga puede cambiarte. Es un cambio de estilo de vida para mantener la mente, el cuerpo y el yo interior equilibrados. Imparto esta práctica antigua y beneficiosa en el metaverso, donde creo que la generación Alfa podrá conectar con ella».

Reyansh, un muchacho de gran talento y una sabiduría que no se corresponde con su edad, es el primero en reconocer que hay aspectos que todavía tiene que dominar. «Para mí, la postura más desafiante es la *Eka Pada Bakasana* ['cuervo volador']. Créeme, es extremadamente difícil y, como todavía estoy creciendo, no tengo fuerza suficiente en la parte superior del cuerpo».

¿Cuándo empezaste a practicar yoga?
Hay vídeos muy graciosos de cuando todavía no sabía caminar en los que salgo haciendo *pranayama* [técnicas de respiración]. Mis primeros recuerdos relacionados con el yoga son ver a mis abuelos y a mis padres practicándolo y riéndose mientras trataba de emular sus posturas… ¡y perdía el equilibrio!

¿Qué te pareció el proceso de formación?
¡Fue difícil! Incluía clases físicas y teóricas sobre varios estilos de yoga. Además, hice mi formación en una zona rural remota sin internet ni todas las comodidades a las que estoy acostumbrado en Dubái. La rutina también era agotadora: comenzaba a las siete de la mañana y terminaba a las siete y media de la tarde, con dos pausas para comer y una hora de descanso/autoaprendizaje.

¿Qué caracteriza a un buen profesor de yoga?
Creo que es muy importante haber practicado yoga antes de enseñarlo. Alguien con experiencia puede explicarlo de una manera más filosófica, porque el yoga no es solo físico.

¿Es difícil combinar el yoga con otras facetas de tu vida?
Sí, puede ser agotador. Pero mi madre es una excelente organizadora, y gracias a eso puedo planificarme, divertirme y dedicarme al yoga. Y mi padre, que es una persona muy alegre, se asegura de que todos podamos relajarnos al final del día.

¿Qué sientes al verte en el libro *GWR*?
Para mí es un gran orgullo y una bendición. Todo el mundo ha oído hablar del *Guinness World Records* y la verdad es que ser parte del libro es algo que casi no puedo creerme. Ha sido necesario mucho esfuerzo y mucho trabajo en equipo. Estoy muy agradecido a mi maestro, el Sr. Anand Shekhar, a mi familia y a la directora de mi escuela, la Sra. Nargish Khambatta.

Más información sobre increíbles jóvenes talentos en kids.guinnessworldrecords.com.

1 

2 

3 

1. Reyansh dirigiendo una clase de yoga. En la actualidad, da clases solo una vez a la semana y dedica la mayor parte de su tiempo a estudiar.

2. En 2022, Reyansh completó otro curso de formación especializada en yoga aéreo, en el que se adoptan posturas suspendido de una hamaca de seda.

3. Reyansh, un fanático de los deportes, es un gran aficionado al esquí, el buceo y el *parkour*. También ha prestado su apoyo a varias causas benéficas: donó el dinero de uno de sus talleres de yoga para proporcionar 40 mantas a los más necesitados. Y por si todo eso no fuera suficiente, incluso ha encontrado tiempo para escribir un libro, *The Avid World of Reyansh*, publicado en 2022.

SIMEON GRAHAM

Cuando Simeon Graham (R.U.) tuvo que quedarse en casa enfermo sin poder ir a la escuela, decidió combatir el aburrimiento practicando una nueva habilidad... Ahora, es un artista prodigio destinado a hacer grandes cosas en las carpas de los circos.
Simeon tenía siete años cuando empezó a practicar su gran afición y, en poco tiempo, ya hacía malabarismos con cinco bolas. A la vista de su talento natural, sus padres contrataron a un profesor para perfeccionar la técnica y la postura. A partir de entonces, Simeon pasó a actuar con el grupo Circus Mash y apareció como artista invitado en el Gandeys Circus. Tras aprender los fundamentos de los juegos malabares en YouTube, ha cerrado el círculo y ofrece tutoriales en su propio canal.

Como muestra de sus habilidades superlativas, Simeon comenzó a practicar para batir no uno, sino dos récords mundiales. El 25 de octubre de 2022, logró los de **más capturas haciendo malabares en un minuto con cinco bolas** (423) y **con seis bolas** (396). El 4 de febrero de 2023, estableció el récord **con siete bolas**: 378 capturas en 60 s. La nómina de récords de Simeon haciendo malabarismos no para de crecer. ¿Cuántos más será capaz de batir?

¿Cómo empezaste a hacer malabarismos?
Tuve que quedarme en casa sin ir a la escuela cuando contraje la varicela, y decidí aprender viendo vídeos de YouTube. Cuando fui capaz de hacer malabares con tres bolas, ya solo tenía ganas de aprender a hacer más trucos.

¿Con qué frecuencia practicas?
En verano practico en el exterior al menos una hora al día. En invierno, menos, por el tiempo.

¿Qué distingue a un buen malabarista?
Además de la coordinación mano-ojo y la habilidad física, hay otras cualidades que ayudan a que te conviertas en un buen malabarista, como perseverancia, determinación y resiliencia.

¿Por qué te decidiste por intentar batir los récords con cinco y seis bolas?
Pensé que serían los récords «más fáciles» de batir porque saber hacer malabares lanzando no muy alto las bolas es una ventaja, y yo pasé seis años practicando en un espacio con un techo bajo.

¿Con qué cantidad de bolas puedes hacer malabares al mismo tiempo? ¿Crees que podrías superar el récord de Alex Barron de un *flash* con 14 bolas?
Tengo un vídeo en el que aparezco haciendo un *flash* con 11 bolas. Mi sueño es llegar algún día a las 15.

¿También haces malabarismos con otros objetos?
Puedo hacer malabarismos con tres mazas, pero estoy centrado en llegar a ser el mejor malabarista con bolas.

¿Qué piensan tus amigos de que seas artista de circo?
Les parece genial que haga malabarismos con 11 bolas. Uno de mis amigos vino a verme actuar y ¡le encantó!

¿Tienes algún consejo para los que empiezan a practicar?
Que no se enfaden cuando no les salga un truco, que nunca abandonen y ¡que se diviertan!

1. Al margen de los malabares, a Simeon también le encantan los videojuegos. Celebró su 14.º cumpleaños por todo lo alto en un salón recreativo.

2. Simeon con su madre y su padre, Tracey y Tony, en los Juegos de la Commonwealth 2022, donde disfrutaron de un deporte de pelota diferente: el tenis de mesa.

3. Simeon lleva seis años perfeccionando sus habilidades en la escuela de artistas del Circus Mash en Birmingham.

4. Uno de los referentes de Simeon es Luca Pferdmenges (Alemania), quien ha logrado varios títulos GWR, entre ellos el de **más balones pasados entre los miembros de una pareja haciendo malabarismos (16)**, junto con el malabarista austriaco Daniel Ledel, el 27 de junio de 2020.

Más información sobre increíbles jóvenes talentos en **kids.guinnessworldrecords.com.**

MIA PETERSON

Con apenas 15 años, Mia Peterson, de California, EE.UU., está poniendo patas arriba el mundo del patinaje sobre ruedas, y ha encontrado el récord ideal para demostrarlo.
Mia ha demostrado que el medio tubo es su hábitat natural, y le encanta el apoyo y la camaradería de la comunidad de *skaters*. Compite de forma regular, y la presión de las competiciones le ayuda a mejorar. Uno de los saltos más difíciles que ha llegado a dominar es el Barani *flip*, una maniobra gimnástica que consiste en un *flip* frontal con medio giro; le llevó meses clavar la recepción. Cuando su amigo Jake le sugirió que intentara hacer el *flip* por encima de él mientras permanecía tumbado el suelo, a Mia le costó decidirse, pero al cabo de un par de días ya saltaba sobre una hilera de nueve personas. ¡Incluso ha contado con la participación de su madre, Sarah (imagen principal, abajo)!

El 16 de julio de 2022, Mia llevó sus habilidades como patinadora a un nuevo nivel. Alineó a 12 compañeros en Laguna Niguel y voló sobre ellos para hacerse con el GWR del **Barani *flip* sobre más personas desde un cuarto de tubo en patines sobre ruedas**.

1

2

3

1. De vacaciones en Grecia con sus padres Ray y Sarah, los primeros en enterarse de que Mia había entrado de un salto en la historia de GWR.

2. El 2 de mayo de 2022, Mia hizo su debut en The Blading Cup en Santa Ana, California, EE.UU. Cautivó a los espectadores con su salto en el aire y ganó la competición en rampa mini/medio tubo.

3. Mia vuela en el Laguna Niguel Skate Park el 16 de julio de 2022. Pasó por encima de otros 12 patinadores durante el evento nocturno, aunque asegura: «Creo que podríamos haber añadido una o dos personas más, ¡pero no quedaba nadie más en la pista de *skate*!».

¿Qué te llevó a patinar sobre ruedas?
Empecé a ir a la pista de *skate* con mi hermana. Cuando vi a mis amigos en el medio tubo con sus tablas, me decidí a patinar.

¿Has tenido algún accidente mientras patinabas?
Una vez, un eje de mis patines se rompió en una rampa vertical de tres metros y caí al fondo; me partí la barbilla y tuvieron que ponerme 27 puntos de sutura. Además, la primera vez que intenté un *flip* frontal giré en exceso, me golpeé el estómago y me rompí algunas costillas. Me costó mucho volver a patinar en una rampa vertical e intentar *flips* otra vez. Pero siempre me digo que las caídas son parte del patinaje, así que me levanto y lo intento de nuevo.

¿Te gustaría que el patinaje fuera parte de tu carrera profesional?
No patino por dinero, sino por la felicidad que me aporta. Continuaré patinando, incluso cuando vaya a la universidad y tenga una profesión.

¿Qué te gusta hacer cuando no estás patinando?
Grabo vídeos sobre patinaje, surf y música. También me encanta coser, viajar e ir a la playa.

¿Algún consejo para quien quiera mejorar sus habilidades?
Cuando intenté por primera vez el Barani *flip*, pensé que nunca clavaría la recepción. Pero con esfuerzo, puedes aprender cualquier pirueta. Nunca debes rendirte, hay que perseverar.

¿Qué se siente al formar parte de la familia de Guinness World Records?
Todavía no puedo creerlo, ¡es alucinante! Si me hubieran dicho cuando era una niña que formaría parte del libro que siempre leía, no me lo habría creído.

RECOPILATORIO

El cohete de agua más grande
El 2 de agosto de 2022, se lanzó un cohete de 7,72 m de altura propulsado por agua a presión desde Hiroo, Hokkaidō, Japón. Creado por estudiantes de la escuela Showa Gakuen de Nakano, Tokio, se elevó 16,78 m.

El turbante más grande
El 26 de agosto de 2022, Aditya Pacholi (India) enrolló un *pagri* (o *pagdi*) tradicional rajputi rajasthani en Betul, Madhya Pradesh, India, utilizando 345,25 m² de tela de algodón rosa. Para poder ponértelo, tu cabeza debería medir 1,1 m de ancho.

El servicio de café más grande
El 10 de diciembre de 2022, estudiantes de la Universidad de Guanajuato en México sirvieron 26.939,22 l de café con el patrocinio de Tonic World Center (México). Para preparar esa cafetera gigante, necesitaron 300 kg de granos de café.

La pizza más grande
El 19 de enero de 2023, el *youtuber* estadounidense Airrack (alias de Eric Decker) colaboró con Pizza Hut y un ejército de voluntarios para preparar una pizza de 1.296,72 m² en Los Ángeles, California, EE.UU. Medía 40,2 m de ancho, casi 18.000 veces más que una pizza de tamaño normal, de unos 30 cm.

Más inversiones en hidroplano sentado en tres minutos
El hidroplano sentado es una variante del esquí acuático. El 21 de octubre de 2021, Geno Yauchler (EE.UU., arriba) ejecutó 72 volteretas remolcado por una lancha en Winter Haven, Florida, EE.UU. En 2021, la US Hydrofoil Association declaró a Yauchler atleta del año por quinta vez. El premio femenino fue para MJ Buckley (EE.UU., arriba a la derecha; ver tabla), por 12.ª vez.

MÁS INVERSIONES EN HIDROPLANO SENTADO EN...

Duración	Total	Nombre
Una hora	826	Geno Yauchler
Un minuto	30	Geno Yauchler
Tres minutos (mujeres)	55	MJ Buckley
Un minuto (mujeres)	23	MJ Buckley

**Todos los récords están actualizados a 1 de marzo de 2023.*

La Calavera Catrina más alta
El 2 de noviembre de 2022, una escultura de 22,67 m de altura de un esqueleto femenino elegantemente vestido fue la estrella de la festividad de Día de los Muertos en Puerto Vallarta, Jalisco, México. Esta enorme figura de metal y fibra de vidrio fue un proyecto público supervisado por la artista local Alondra Muca (México).

La cúpula de pompa de jabón más grande
El 2 de diciembre de 2022, Olga Buianovscaia (Moldavia) formó una media burbuja de 1,69 m de ancho sobre una superficie plana en Chișinău, Moldavia. La cúpula final tenía un volumen de 1,23 m³.

Otros récords con pompas de jabón que estallaron en 2022 son:
- La **pila de pompas más alta**: 27, por Pierre-Yves Fusier (Francia) en Massy, Essonne, Francia, el 1 de abril
- La **cadena de pompas colgante más larga**: 87, por Su Chung-Tai (China) en Taipéi, Taiwán, China, el 7 de octubre
- El **intercambio de pompas más largo**: 27 pases, por Eran Backler y su hija Paikea (ambos del R.U.) en Newport, Isla de Wight, R.U., el 13 de noviembre

Más piezas de Jenga apiladas en vertical en un único bloque
El 22 de enero de 2023, Auldin Maxwell (Canadá) equilibró meticulosamente unas increíbles 1.840 piezas de Jenga en un solo bloque en Salmon Arm, Columbia Británica, Canadá. Este apilador consumado mejoró su propio récord, establecido el 27 de marzo de 2021, en 440 bloques.

El beso bajo el agua más largo
El 4 de febrero de 2023, la campeona de apnea Beth Neale (Sudáfrica) y Miles Cloutier (Canadá) sellaron sus labios durante 4 min y 6 s en una piscina en LUX* South Ari Atoll en Maldivas. Los exposeedores del récord Michele Fucarino y Elisa Lazzarini se despidieron de su título tras 13 años.

Más personas disfrazadas de astronauta
El 25 de octubre de 2022, un colectivo cósmico de 940 personas se reunió en una misión supervisada por Repton Abu Dabi (EAU). Todos los alumnos, maestros y personal de la escuela de segundo a séptimo se pusieron cascos y trajes espaciales en el campus de Fry para conmemorar el tercer aniversario da la llegada del primer astronauta de EAU, Hazza Al Mansouri, a la Estación Espacial Internacional.

60

ORDEÑAR UNA VACA
Reconecta con la naturaleza en una granja. El récord de la **mayor producción de leche de una vaca en toda su vida** es de 216.891 kg, tal como pudo verificarse el 27 de febrero de 2012. Este animal tan productivo se llamaba *Smurf*, una vaca frisona propiedad de La Ferme Gillette (Canadá) de Embrun, Ontario, Canadá.

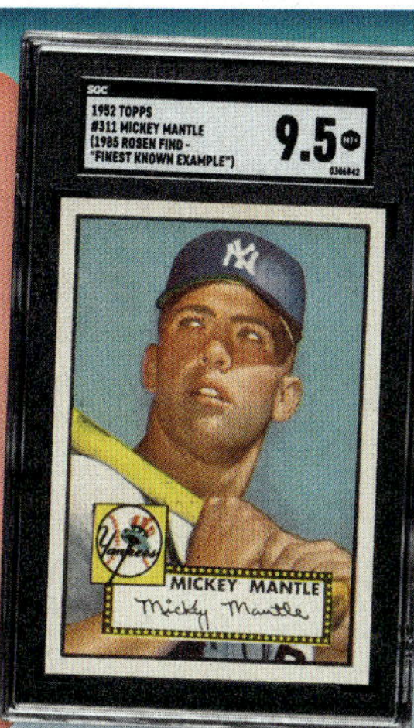

El cromo de deportes más caro vendido en una subasta

El 28 de agosto de 2022, un cromo de Topps del beisbolista Mickey Mantle de 1952, con una calificación de 9,5/10 por su buen estado de conservación, alcanzó los 12,6 millones de $ en una subasta en Heritage Auctions. Es también el récord del **recuerdo de deportes más caro.** El precio fue 252 veces superior a lo que el vendedor pagó por él en 1991.

La instructora de yoga más joven

Praanvi Gupta (India, n. el 15 de junio de 2015) obtuvo la certificación para enseñar yoga con 7 años y 165 días en Dubái, EAU, el 27 de noviembre de 2022. Puedes consultar el récord **masculino** en la pág.107.

Más escalones bajados en silla de ruedas en 12 horas

El 11 de septiembre de 2021, Haki Doku (Albania/Italia) bajó los 1.150 escalones de las 56 plantas de la Torre Montparnasse de París, Francia, 10 veces. Tomó un ascensor para subir tras cada descenso, y bajó 11.500 escalones.

El juego de rayuela más largo

El 18 de septiembre de 2022, Generation Wild (EE.UU.) creó un recorrido de rayuela de 7,03 km de largo en el parque estatal Chatfield de Littleton, Colorado, EE.UU. Tres personas completaron sus 21.871 casillas en solo 2,5 h.

Más velas apagadas con un solo golpe de artes marciales

El 10 de noviembre de 2022, Anthony Kelly (Australia) apagó 37 velas con un solo golpe de mano en Armidale, Nueva Gales del Sur, Australia.

En sentido contrario, el récord de **más fósforos encendidos con un nunchaku en un minuto** es 41, por Yue Haichuan (China) en Jinan, Shandong, China, el 16 de marzo de 2022.

El caballito en moto sin manos más largo

El 3 de septiembre de 2022, el piloto de acrobacias Arūnas Gibieža (Lituania) recorrió 580,81 m sobre la rueda trasera de su moto y sin aferrarse al manillar en Vilnius, Lituania.

▶ El *grind* sobre raíles más largo con esquís

El 9 de mayo de 2022, Jesper Tjäder (Suecia) recorrió con esquíes 154,49 m a lo largo de una barandilla en el SkiStar Resort de Åre, Suecia. Tjäder es esquiador profesional y ha competido en los últimos tres JJ.OO. de Invierno.

Más tiempo con un objeto en equilibrio sobre la nariz

El 19 de junio de 2022, Christian Roberto López Rodríguez, uno de los artífices de récords españoles más prolíficos, mantuvo una escoba sobre su nariz durante 2 h, 42 min y 19 s en Cabañas de la Sagra, Toledo, España.

Más tiempo controlando una pelota de golf con dos palos

El 10 de noviembre de 2022, Yujiro Ohata (Japón) mantuvo una pelota de golf en el aire durante 1 h, 2 min y 32 s haciéndola rebotar entre dos palos de golf en Fujieda, Shizuoka, Japón.

Más toques de una pelota de fútbol con las suelas en un minuto (mujeres)

El 12 de noviembre de 2022, la futbolista *freestyle* Mélody Donchet (Francia) golpeó una pelota 227 veces con la planta de sus pies en Montpellier, Francia. El 8 de julio de ese año, el francés Norman Habri estableció el **récord de más toques consecutivos con dos balones de fútbol**: 100.

El dispensador de caramelos más grande

El 26 de enero de 2023, PEZ Candy (EE.UU.) presentó en su centro de visitantes en Orange, Conneticut, EE.UU., un dispensador de 4,45 m de altura. Esta réplica funcional se basa en el dispensador Boy Blue Cap PEZ. Abajo, el historiador oficial de la empresa, Shawn Peterson, lo prueba.

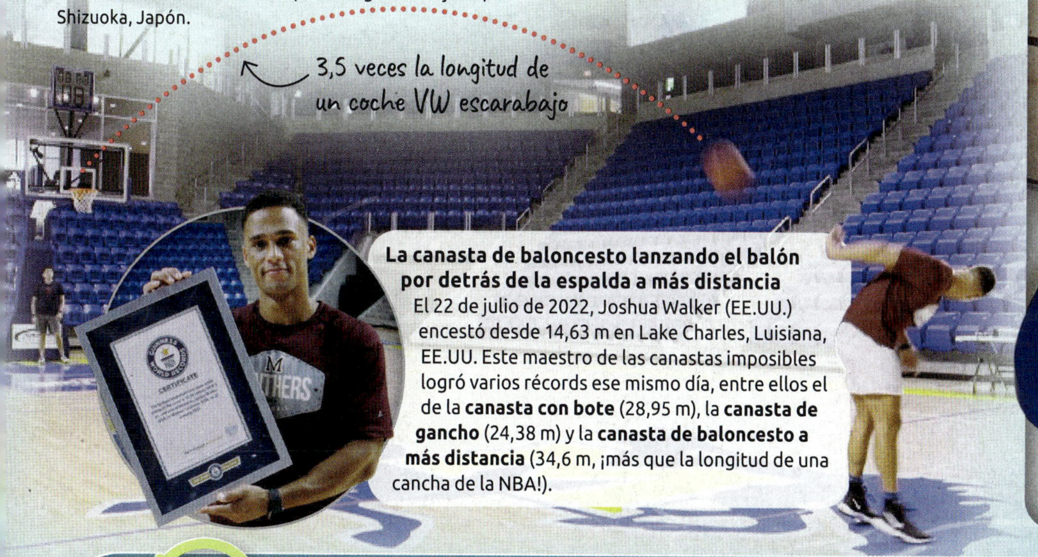

La canasta de baloncesto lanzando el balón por detrás de la espalda a más distancia

El 22 de julio de 2022, Joshua Walker (EE.UU.) encestó desde 14,63 m en Lake Charles, Luisiana, EE.UU. Este maestro de las canastas imposibles logró varios récords ese mismo día, entre ellos el de la **canasta con bote** (28,95 m), la **canasta de gancho** (24,38 m) y la **canasta de baloncesto a más distancia** (34,6 m, ¡más que la longitud de una cancha de la NBA!).

59

APRENDER FRANCÉS

Hay innumerables formas de aprender un idioma nuevo gracias a los contenidos en línea. El récord de **más suscriptores de un canal en francés en YouTube** es de 17,9 millones, por Squeezie (alias de Lucas Hauchard, Francia), tal y como pudo verificarse el 13 de marzo de 2023.

CIRCUNNVEGADOR AUTOPROPULSADO

ERDEN ERUÇ

Desde que puso las manos en unos remos por primera vez el 9 de noviembre de 2005, el ingeniero turco-estadounidense Erden Eruç ha pasado 2 años y 354 días solo en el mar. En ese tiempo, ha recorrido la mayor distancia a remo en solitario, 26.705 millas náuticas (49.457 km), y ha completado la circunnavegación en solitario con propulsión humana más rápida.

La historia de las aventuras de Erden no comienza en el mar, sino a 3.917 m por encima de él. En 1972, a la edad de 11 años, escaló el monte Erciyes, en Turquía, con su padre, gran amante del alpinismo. Esta experiencia le inspiró un amor para toda la vida por la escalada. Mantuvo esta afición durante sus años como estudiante universitario en Turquía y mientras obtenía dos títulos de posgrado en EE.UU., pasión que lo llevó a establecerse a los pies de la cordillera de las Cascadas en el estado de Washington.

La idea de completar una circunnavegación comenzó como un sueño de oficina mientras contemplaba un mapa del mundo, e incluyó el Everest en la ruta. La llamó «Around-n-Over» (alrededor y hasta lo más alto). Todo podría haberse quedado ahí si Erden no hubiera conocido al aventurero sueco Göran Kropp. En 1995-96, Kropp salió en bicicleta de su casa en Suecia camino del campamento base del Everest, que escaló sin oxígeno, una hazaña similar a la que Erden había estado ideando. Cada vez que hablaban, Kropp animaba a Erden a seguir adelante con su plan.

En septiembre de 2002, Kropp murió en una trágica caída mientras escalaba con Erden en las Cascadas. Dos meses después, de camino a casa tras el funeral de Kropp, Erden dibujó un mapa del mundo y trazó una ruta a través de él. El nombre ya estaba decidido: «Around-n-Over». El objetivo: dar la vuelta al mundo con propulsión humana y escalar el pico más alto en todos los continentes, salvo la Antártida. Ahora, más de 20 años después, con una circunnavegación completa finalizada y tres de los picos más altos del mundo coronados, la odisea de Erden sigue en marcha.

1

HALL OF FAME

DATOS PERSONALES

Nombre	Erden Eruç
Lugar de nacimiento	Nicosia, Chipre
Fecha de nacimiento	14 de julio de 1961
Referentes	Su padre y su colega aventurero Göran Kropp (1966-2002)
Títulos GWR vigentes	17, entre ellos los de la **circunnavegación con propulsión humana más rápida** (5 años y 11 días), la **distancia recorrida a remo más larga** (54.991 km) y **más días remando** (1.167).

2

En 2018-19, Jacob Adoram (EE.UU.) pasó 335 días cruzando el Pacífico y batió el récord de Erden de más tiempo remando en solitario.

Erden todavía tiene que escalar los picos más altos de tres continentes: el Everest, el Elbrus y el Aconcagua.

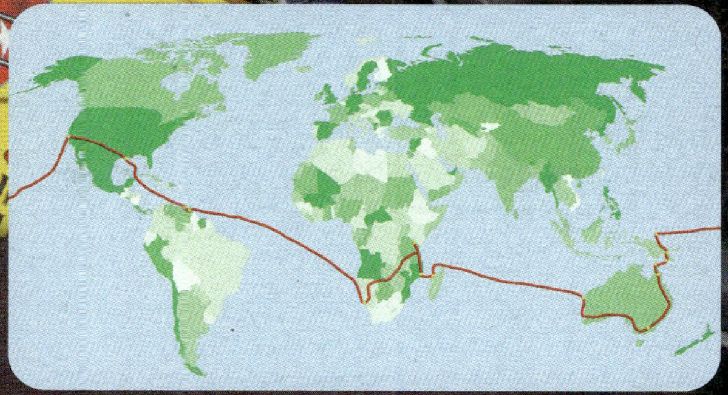

Descubre más información sobre Erden en la sección del Salón de la Fama en www.guinnessworldrecords.com/2024.

1. Cuando está solo en el mar, Erden mantiene su mente ocupada haciendo aritmética mental, escuchando audiolibros y, como algo especial, música. El recorrido de su primera vuelta al mundo (abajo) incluyó el cruce de tres océanos, lo que le supuso lograr el récord de **más tiempo remando en el mar en solitario** (312 días).

2. En febrero de 2016, Erden visitó la oficia de GWR en Londres para conversar con el editor jefe, Craig Glenday. ¡Se llevó tantos certificados GWR que casi no podía cargar con ellos!

3. Un curioso piquero patirrojo se posa en el Around-n-Over, su barca de remos de 7,3 m de eslora. En sus largos viajes, Erden ha vivido muchos encuentros con la fauna de los océanos, incluidas tortugas que suelen impactar contra el casco de su barca y los peces que se cobijan a su sombra. El tiempo pasado en medio del **bioma más grande de la Tierra** (ver pág. 21) lo sensibilizó acerca del estado de nuestro planeta, por lo que se convirtió en embajador de Ocean Recovery Alliance.

4. El proyecto «Around-n-Over» no comenzó con una travesía oceánica, sino con un viaje en bicicleta. El 1 de febrero de 2003, Erden partió de Seattle rumbo al norte con el objetivo de subir hasta lo más alto de la primera de sus «seis cumbres», el Denali, una montaña de 6.155 m en Alaska cuya cima alcanzó el 29 de mayo. El 10 de abril de 2010, tras cruzar a remo el Pacífico, coronó el Kosciuszko (2.228 m), en Australia. En junio de 2011, tras completar la travesía del océano Índico, abordó su tercer objetivo, el Kilimanjaro (5.895 m).

5. El Around-n-Over cuenta con un compartimento hermético en cada extremo donde almacena la comida, el agua y el equipo de navegación. La circunnavegación de Erden no fue el primer viaje de récord realizado en el Around-n-Over. En 2004, Sarah y Sally Kettle (ambas del R.U.) emplearon la embarcación, que entonces se llamaba Calderdale, para convertirse en el **primer equipo formado por madre e hija en cruzar a remo un océano.** Desde que adquirió su embarcación, Erden ha recorrido 27.593 millas náuticas (51.102 km), a las que tendrá que añadir muchas más antes de completar su desafío.

Más tiempo nadando en el mar Rojo

Entre el 11 y el 26 de octubre de 2022, Lewis Pugh (R.U.) cruzó a nado el mar Rojo tras completar 25 tramos en 16 días. Pugh, nadador de resistencia y patrón de los océanos de la ONU, partió de la isla de Tiran, Arabia Saudí, y terminó en Hurghada, Egipto, tras cubrir 123,4 km en un tiempo acumulado de 46 h, 13 min y 44 s.

Pugh, un apasionado activista medioambiental, programó realizar esta proeza antes de que empezara la conferencia COP27, celebrada en Egipto en noviembre de 2022. El mar Rojo alberga algunos de los ecosistemas de arrecifes de coral con más biodiversidad del planeta, y su desafío tenía como objetivo alertar sobre las consecuencias del cambio climático en la región, donde la temperatura del agua ya alcanza unos asombrosos 30 °C.

Este «embajador de Speedo» ha protagonizado grandes hazañas a nado para promover la conservación de los océanos, y no siempre en aguas tan cálidas. El 23 de enero de 2020, se convirtió en la **primera persona en nadar bajo la capa de hielo antártico** (detalle) tras recorrer aproximadamente 1 km en un río subglacial a unos gélidos 0,1 °C. Su objetivo era llamar la atención sobre la difícil situación de los entornos helados que se están derritiendo (ver las págs. 22 y 23).

«Si seguimos sobrecalentando nuestro planeta, perderemos el 99 % de todos los arrecifes de coral», advierte Pugh.

EL DSV LIMITING FACTOR

La pasión por la exploración ha llevado a Victor Vescovo (EE.UU.) a acumular muchos títulos GWR, aunque su popularidad se debe a las inmersiones a gran profundidad que ha realizado para alcanzar los confines inexplorados de los océanos gracias a un revolucionario vehículo de inmersión profunda (DSV), el Limiting Factor.

Fabricado por Triton Submarines y designado formalmente Triton 36000/2, Se trata del primer sumergible diseñado para viajar repetidas veces hasta los puntos más profundos de los océanos. La cápsula de titanio de 90 mm de espesor en la que se aloja la tripulación puede soportar una presión de 8,5 t por pulgada cuadrada (2,54 cm²) en el **punto más profundo del mar**, el abismo de Challenger. De hecho, se diseñó para hacer frente a una presión un 25 % superior a la que iba a experimentar.

El Limiting Factor cuenta con el apoyo del buque de investigación científica Pressure Drop (abajo), y en muchas inmersiones lo han acompañado módulos de aterrizaje robóticos (pág. siguiente). El submarino dispone de dos bancos de baterías externas y otro de alimentación interna que le permiten realizar inmersiones superiores a las 16 h. En su base hay tres ojos de buey, uno orientado hacia abajo y los otros dos en horizontal, mientras que 10 luces LED (cada una de 20.000 lúmenes superbrillantes) brindan una iluminación esencial en la oscuridad total del fondo marino.

Hasta octubre de 2022, el Limiting Factor había realizado 126 descensos, 18 de ellos más allá de los 10.900 m de profundidad. Ha iluminado los puntos menos conocidos de los océanos, muchos de ellos por primera vez, y también ha ayudado a descubrir el **naufragio a más profundidad** (ver pág. 146), no una sino dos veces. A finales de 2022, la organización de investigación marina Inkfish asumió todo el operativo y el Limiting Factor se embarcará en un nuevo capítulo de la ciencia de aguas ultraprofundas con el nombre de Bakunawa (en referencia a un dragón mitológico con forma de serpiente) bajo la dirección del biólogo marino Dr. Alan Jamieson (ver pág. 42). El potencial para la exploración de este submarino no conoce límites.

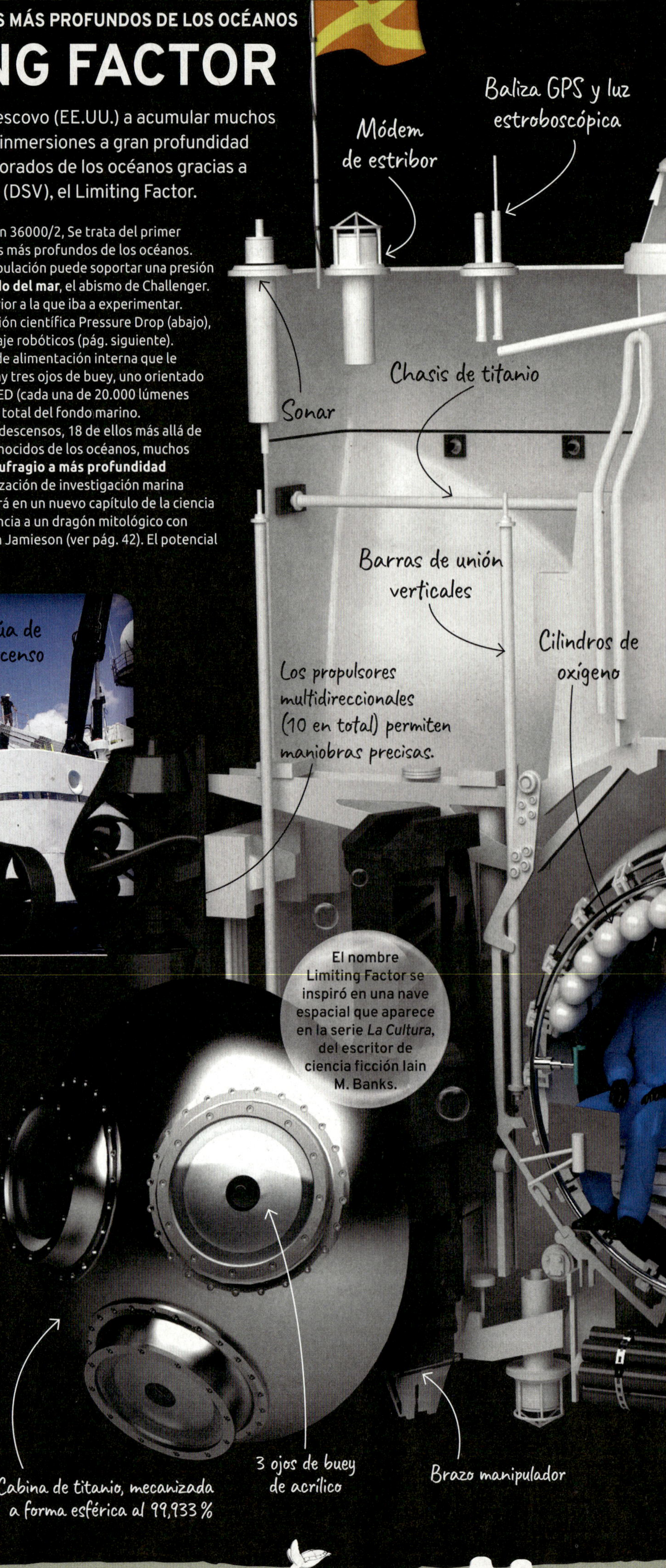

El nombre Limiting Factor se inspiró en una nave espacial que aparece en la serie *La Cultura*, del escritor de ciencia ficción Iain M. Banks.

INMERSIONES CON TRIPULACIÓN AL ABISMO DE CHALLENGER

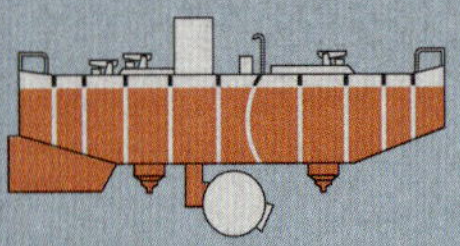

Trieste, 1960
El 23 de enero, Jacques Piccard (Suiza) y Donald Walsh (EE.UU.) protagonizaron el **primer descenso de un vehículo tripulado al punto más profundo de los océanos** en un batiscafo. Alcanzaron los 10.911 m de profundidad.

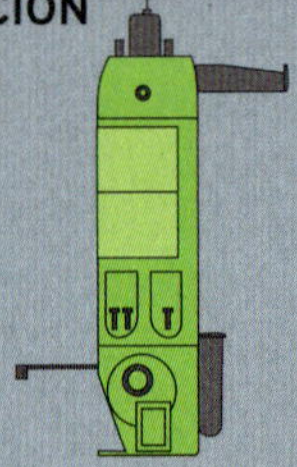

Deepsea Challenger, 2012
El 25 de marzo, el director de cine James Cameron (Canadá) llegó hasta los 10.908 m de profundidad en el **primer descenso en solitario al abismo de Challenger**. Pasó 2 h y 38 min en el fondo del mar.

Limiting Factor, 2019-
Víctor Vescovo visitó por primera vez el abismo de Challenger en 2019. Un año después, dirigió la **inmersión a más profundidad de un vehículo tripulado**: 10.935 m. En octubre de 2022, había sondeado este abismo 15 veces, una cifra récord.

Fendouzhe, 2020-
También reutilizable, esta embarcación descendió al abismo de Challenger 13 veces en octubre/noviembre. La inmersión más profunda, a 10.909 m, supuso un nuevo récord para un sumergible chino.

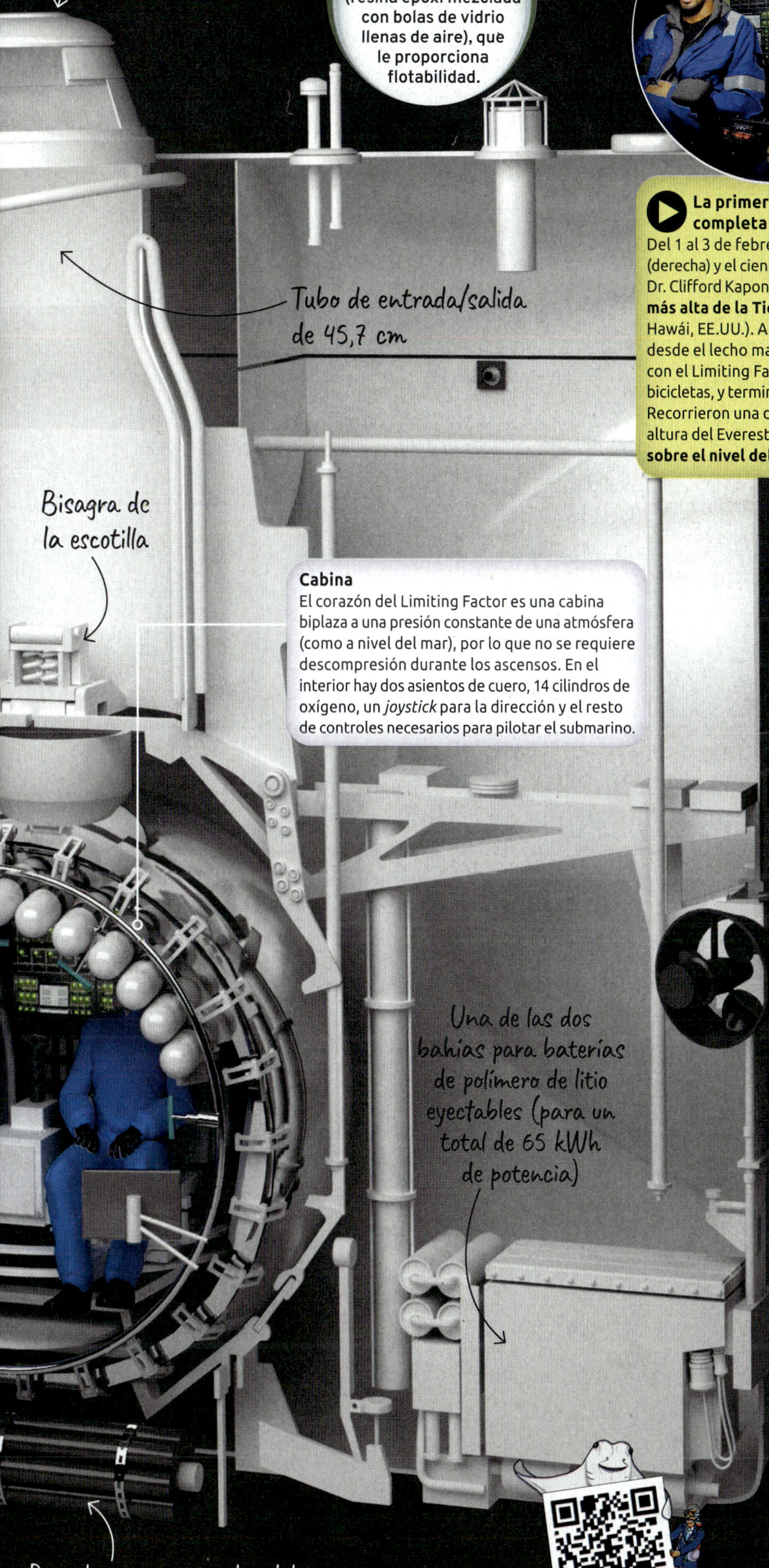

El submarino está construido con espuma sintáctica (resina epoxi mezclada con bolas de vidrio llenas de aire), que le proporciona flotabilidad.

Cabina
El corazón del Limiting Factor es una cabina biplaza a una presión constante de una atmósfera (como a nivel del mar), por lo que no se requiere descompresión durante los ascensos. En el interior hay dos asientos de cuero, 14 cilindros de oxígeno, un *joystick* para la dirección y el resto de controles necesarios para pilotar el submarino.

La primera ascensión completa del Mauna Kea

Del 1 al 3 de febrero de 2021, Vescovo (derecha) y el científico marino hawaiano Dr. Clifford Kapono escalaron la **montaña más alta de la Tierra** (el Mauna Kea, en Hawái, EE.UU.). Ascendieron 9.323 m desde el lecho marino hasta su pico con el Limiting Factor, una canoa y bicicletas, y terminaron el recorrido a pie. Recorrieron una distancia mayor que la altura del Everest, la **montaña más alta sobre el nivel del mar**, con 8.848,8 m.

LOS CINCO PUNTOS MÁS PROFUNDOS

Entre el 19 de diciembre de 2018 y el 24 de agosto de 2019, Vescovo se convirtió en la primera persona en llegar a los **puntos a más profundidad de los océanos de la Tierra** con el Limiting Factor. Las profundidades máximas conocidas de cada uno de ellos son:

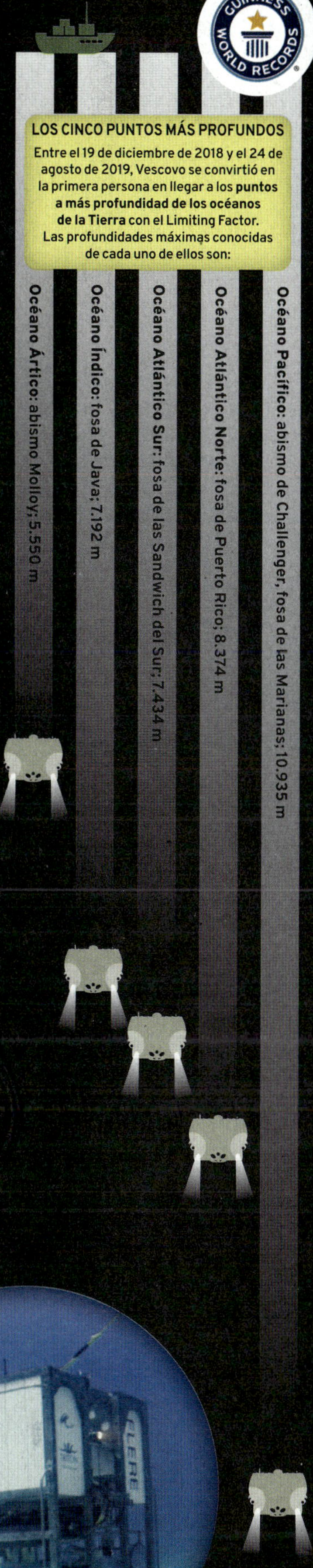

Compañía en las profundidades
Los módulos de aterrizaje Flere, Skaff y Closp tienen un papel vital en el submarino. Cuentan con módems que ayudan a establecer por triangulación la posición del Limiting Factor comunicándose con el Pressure Drop en la superficie. Cada uno dispone de una cámara y de tubos de almacenamiento de muestras.

ALPINISMO

RECLASIFICACIÓN DE LOS OCHOMILES

En mayo de 2021, un artículo en *The New York Times* planteaba la siguiente pregunta: «¿Qué es una cumbre?». Esta publicación abrió un debate en los medios de comunicación en torno a ciertos aspectos planteados por el cronista del alpinismo Eberhard Jurgalski, quien mantiene el sitio web 8000ers.com y es el principal asesor de GWR sobre alpinismo.

Jurgalski y su equipo han pasado los últimos 10 años estudiando las ascensiones a las 14 montañas de más de 8.000 m. Su conclusión es que durante muchos años no se identificó correctamente las «cumbres verdaderas» de ciertos picos (en particular, del Annapurna I, del Dhaulagiri I y del Manaslu). Eso implica que muchos alpinistas, por lo general sin ser conscientes de ello, se habían detenido antes de llegar a la cima.

En la actualidad, para que una ascensión pueda optar a un récord, deben cumplirse dos requisitos:
1. Se debe demostrar la llegada al punto más alto alcanzable, la «cumbre verdadera».
2. Los ascensos y descensos, desde el campo base hasta la cima y viceversa, deben realizarse a pie; se tendrá en consideración los descensos en helicóptero desde campamentos de altura por emergencias médicas.

A febrero de 2023, todos los récords afectados están archivados como legado del alpinismo. El récord de la **primera y más rápida ascensión a todas las «cumbres verdaderas» de los ochomiles (y sin oxígeno suplementario)** es de 15 años y 359 días, establecido por Ed Viesturs (EE.UU., derecha) entre el 18 de mayo de 1989 y el 12 de mayo de 2005.

El récord de la **ascensión más rápida** (con oxígeno suplementario) sigue en manos de *Nims* Purja (derecha): 2 años y 168 días entre el 23 de abril de 2019 y el 8 de octubre de 2021.

Nims continúa batiendo récords relacionados con los ochomiles, a menudo sin oxígeno suplementario (ver pág. 124).

Para obtener una explicación completa de la reclasificación y una lista de los títulos afectados por los cambios, visita guinnessworld records.com/2024.

Más ascensiones al Everest

El 7 de mayo de 2022, Kami Rita Sherpa (Nepal) llegó a la cumbre del Everest (también conocido como Sagarmāthā o Chomolungma), la **montaña más alta sobre el nivel del mar** (8.848,8 m), por 26.ª vez. El 13 de mayo de 1994, a la edad de 24 años, culminó su primera ascensión de un ochomil. Ya suma 36, lo que en términos de «cumbres verdaderas» (ver a la izquierda) es el récord de **más ascensiones a ochomiles**.

El récord de **más ascensiones al Everest de una mujer** es 10, que ostenta la nepalí Sherpa Lhakpa. La última la completó el 12 de mayo de 2022 a las 6:15 de la mañana, hora local.

La ascensión a los tres ochomiles más altos sin oxígeno suplementario más rápida de una mujer

En 2022, la china He Jing tardó solo 69 días en coronar el Everest (14 de mayo), el Lhotse (20 de mayo) y el K2 (22 de julio). Alpinista experimentada, ya había hecho un ascenso de «cumbre verdadera» al Annapurna I, también sin oxígeno suplementario.

El récord de la **ascensión más rápida del Everest de una mujer** lo ostenta Ada, alias de Tsang Yin Hung (China), quien completó un ascenso (con oxígeno suplementario) en solo 25 h y 50 min. Esta ultramaratoniana nacida en Hong Kong llegó a la cima el 23 de mayo de 2021.

Más ascensiones al K2

Entre 2014 y 2022, Mingma *David* Gyabu Sherpa (Nepal, izquierda) alcanzó la cima de la «montaña salvaje» cinco veces (con oxígeno suplementario). También formó parte del equipo de 10 nepalíes que hizo la **primera ascensión invernal al K2** en enero de 2021, una expedición que también supuso el récord de **más ascensiones invernales a un ochomil**.

Fazal Ali (Pakistán) es quien ha realizado **más ascensiones al K2 sin oxígeno suplementario** (tres) en 2014, 2017 y 2018.

El primer equipo de personas negras en escalar el Everest

El 12 de mayo de 2022, siete alpinistas negros del equipo Full Circle alcanzaron la cima del Everest: Manoah Ainuu, Fred Campbell, Abby Dione, Demon Mullins, Rosemary Saal, Eddie Taylor (todos de EE.UU.) y James Kagambi (Kenia). Antes de su expedición, de aproximadamente 10.000 ascensos el Everest, solo 10 habían sido realizados por alpinistas negros. El objetivo de Full Circle es «descolonizar» el montañismo, dijo el organizador Phil Henderson, quien lideró el grupo desde el campo base, pero no alcanzó la cumbre. «Queremos cambiar la narrativa sobre los negros y las actividades al aire libre».

La mujer más joven en escalar los ochomiles más altos

El 29 de julio de 2022, Adriana Brownlee (R.U., n. el 8 de enero de 2001) alcanzó la cima de la segunda montaña a más altitud a los de 21 años y 202 días en compañía del nepalí Gelje Sherpa. Con esta ascensión, la novena para ella de un ochomil, también se convirtió en la **mujer más joven en escalar el K2** y en la **mujer más joven en escalar el Everest y el K2**.

La ascensión más rápida del K2

El 28 de julio de 2022, Chhiring Sherpa (Nepal) ascendió el K2 desde el campo base hasta la cima en un tiempo récord de 12 h y 20 min.

Más ascensiones del Makalu en una temporada

Lakpa Sherpa (Nepal) realizó tres ascensiones a la quinta montaña a más altitud del mundo durante la temporada de 2022. La primera fue el 12 de mayo para poner a punto las cuerdas, con subidas adicionales el 20 y 28 de mayo acompañando a clientes. Eso también supone el récord de la **triple ascensión al Makalu más rápida**.

El hombre más joven en escalar los ochomiles más altos

El 28 de mayo de 2022, Shehroze Kashif (Pakistán, n. el 11 de marzo de 2002) coronó el Makalu (8.485 m) a la edad de 20 años y 78 días y completó la ascensión a las cinco montañas más altas. Kashif aspira a convertirse en la persona más joven en escalar los ochomiles y es consciente de las exigencias físicas y mentales que comporta el reto: «El alpinismo no requiere compromiso, sino sacrificio», asegura.

El 27 de julio de 2021, con 19 años y 138 días, Kashif se convirtió en la **persona más joven en escalar el K2** y en la **persona más joven en escalar el Everest y el K2.**

LANZAR UN DARDO A UN MAPA Y VIAJAR DONDE TE MANDE EL DESTINO

58

Con un poco de suerte, aterrizarás en un vergel tropical o en un paraíso alpino. Pero si quieres ir sobre seguro, esperemos que tengas una puntería tan buena como la de Paul Webber (Nueva Zelanda). El 17 de julio de 2021, logró el **blanco en una diana de dardos desde más lejos**: ¡7 m!

La ascensión al Everest y al K2 más rápida
El 27 de mayo de 2022, Sheikha Asma Al Thani (Catar) coronó el Everest. Solo 56 días después, el 22 de julio, llegó a la cumbre del K2. Ambos ascensos los realizó con oxígeno suplementario.

Karl Unterkircher (Italia) realizó la **ascensión más rápida sin oxígeno suplementario** al Everest (el 24 de mayo de 2004) y al K2 (el 26 de julio de 2004), con un lapso de solo 63 días.

LA ASCENSIÓN MÁS RÁPIDA DE LOS OCHOMILES MÁS ALTOS (MUJERES)
En 2022, Kristin Harila (Noruega) escaló las cinco montañas a más altitud en solo 69 días, con expediciones al Kangchenjunga (14 de mayo), Everest y Lhotse (22 de mayo, con solo 9 h y 5 min de diferencia entre ambas cumbres, la **ascensión de dos ochomiles más rápida**), Makalu (27 de mayo) y K2 (22 de julio).

Animada por este éxito, Harila decidió que su desafío siguiente sería llegar a la cima de los 14 picos de más de 8.000 m en un plazo de seis meses.

Y se puso manos a la obra: batió el récord de **más ochomiles ascendidos en un año**, con 12 «cumbres verdaderas» en solo 147 días.

Por desgracia, tras sumar la 12.ª ascensión tras coronar el Manaslu (8.163 m) el 22 de septiembre de 2022, se vio obligada a posponer sus planes ya que las restricciones en China a causa de la COVID le impidieron obtener los permisos para escalar los dos últimos. Sin embargo, sigue decidida a convertirse en la primera mujer que logra semejante hito, y también en ser la más rápida en conseguirlo.

La polifacética Harila fue esquiadora de fondo y lidera expediciones de esquí en el Ártico.

HACER ESCALADA
... Pero evita la **vía de escalada deportiva más dura** del mundo, «Silence», con un grado de dificultad de 5,15d (9c). Este recorrido de 45 m de largo, en su mayoría invertido, está en la cueva de Hanshelleren, cerca de Flatanger, Noruega. Solo una persona lo ha completado: Adam Ondra (República Checa), el 3 de septiembre de 2017.

ODISEAS OCEÁNICAS

PIONEROS DEL ATLÁNTICO

Está comúnmente aceptado que la **primera travesía del océano Atlántico de Europa continental a las Américas** estuvo encabezada por el navegante genovés Cristóbal Colón en 1492.

El viaje, de Palos de la Frontera, España, a Guanahaní, actual Bahamas, duró 70 días.

El récord del **cruce más rápido del Atlántico** es casi 900 veces más rápido: 1 h, 54 min y 56,4 s, establecido por un avión Lockheed SR-71 Blackbird durante un vuelo no comercial entre Nueva York y Londres en 1974.

A continuación, te ofrecemos algunos hitos de la historia de los récords de velocidad en el cruce del Atlántico establecidos por embarcaciones comerciales:

66 días
Carguero Mayflower (1620)

18 días y 4 h
Barco de vapor SS Sirius (1838)

8 días y 3 h
Barco de vapor de una hélice RMS Escocia (1863)

5 días y 19 h
Barco de vapor de doble hélice SS Ciudad de París (1889))

4 días y 20 h
Barco de vapor de turbina de vapor RMS Lusitania (1907)

4 días
Barco de vapor de turbina de vapor RMS Queen Mary (1936)

2 días y 5 h
Dirigible LZ 129 Hindenburg (1936)

1 día y 3 h
Hidroavión Boeing 314 Clipper de Pan Am Yankee Clipper (1939)

14 h
Douglas DC-4 de American Overseas Airlines (1945)

10 h
Avión a reacción Havilland Comet de BOAC (1958)

3 h y 30 min
Avión supersónico Concorde de British Airways (1976)

2 h y 52 min
Concorde de British Airways (1996)

La primera travesía a remo del océano Índico de Asia a África
El 20 de junio de 2022, como parte de una circunnavegación con propulsión humana, Karlis Bardelis (Letonia) llegó a Baraawe, Somalia, tras remar 6.265 km desde Kuala Perlis, Malasia. Antes, Bardelis había completado la **primera travesía a remo del Pacífico de Sudamérica a Asia**: un viaje de dos años entre Callao, Perú, y Pontian, Malasia.

El primer equipo de tres personas en cruzar a remo el océano Atlántico de este a oeste de Europa continental a Sudamérica continental
Entre el 25 de enero y el 30 de marzo de 2022, Johnnie Ball, Stefan Vine (ambos del R.U.) y Dirk Von Delft (Sudáfrica) remaron de Portimão, Portugal, a Cayenne, Guayana Francesa a bordo del Wa'omoni. Recorrieron 5.704 km en 63 días, 19 h y 17 min.

El primer equipo mixto en circunnavegar a remo Gran Bretaña
James Scott (R.U.), Andrew Burns (R.U.), Mia Showell-Woodsmith (Australia) y Simone Talfourd (R.U., de izquierda a derecha) circunnavegaron Gran Bretaña en 43 días, 3 h y 5 min a bordo del Emma. Partieron de Cowes, en la isla de Wight, el 10 de julio de 2021, y regresaron el 22 de agosto. Otros dos remeros comenzaron el desafío, pero abandonaron antes de terminar.

La travesía a remo del Pacífico Medio de este a oeste más rápida de un equipo de cuatro mujeres
Adrienne Smith, Brooke Downes, Libby Costello y Sophia Denison-Johnston (todas de EE.UU.) remaron de Sausalito, California, a Waikiki, Hawái, EE.UU., en 34 días, 14 h y 20 min. Su viaje de 3.850 km a bordo del America Spirit comenzó el 21 de junio de 2022 y finalizó el 26 de julio de 2022.

La persona de más edad en cruzar el Pacífico a vela en solitario
El excapitán de yate Kenichi Horie (Japón, n. el 8 de septiembre de 1938) tenía 83 años y 269 días cuando, el 4 de junio de 2022, llegó al cabo Hinomisaki, Wakayama, Japón, a bordo del Suntory Mermaid III. Zarpó de San Francisco, California, EE.UU., el 26 de marzo, con 83 años y 199 días, y viajó sin parar 70 días (ver pág. 128).

La circunnavegación de la Antártida en velero más rápida
Del 21 de febrero al 25 de mayo de 2022, Lisa Blair (Australia), a los mandos del Climate Action Now, rodeó la Antártida en 92 días, 18 h 21 y min 22 s, casi diez días menos que el récord anterior. Blair es la tercera persona que completa este agotador viaje con inicio y fin en Albany, Australia Occidental. Con su hazaña, ganó la Antarctica Cup Ocean Race, una regata de 25.920 km alrededor del continente.

Los más rápidos en completar el recorrido original de la Fastnet
Esta regata de 1.101 km (595 millas náuticas) comenzó a disputarse en 1925. Su recorrido iba de Cowes, en la isla de Wight, a Plymouth, R.U., pasando por el islote de Fastnet Rock, frente a la costa del suroeste de Irlanda. Del 7 al 8 de mayo de 2021, una aguerrida tripulación de seis hombres dirigida por Giovanni Soldini (Italia) lo completó en 23 h, 51 min y 16 s en el trimarán Maserati Multi 70. En agosto de 2021, el punto de llegada pasó a situarse en Cherburgo, Francia.

El cruce más rápido del canal del Norte en *paddleboard prone*
El canal del Norte es una vía fluvial del R.U. que conecta el noreste de Irlanda del Norte y el suroeste de Escocia. El 1 de julio de 2022, Mark Walton (Irlanda) tardó 4 h, 55 min y 15 s en recorrerlo remando recostado sobre una *paddleboard* desde Donaghadee, condado de Down, hasta Portpatrick, Dumfries y Galloway.

El mismo día, Samantha Rutt (R.U.) estableció el mismo récord en ***paddleboard* erguido**: 5 h, 2 min y 35 s.

El 16 de septiembre de 2022, Will Verling (R.U.) logró el récord del **cruce del canal del Norte de un windsurfista más rápido**: 1 h, 37 min y 31 s.

La persona más joven en cruzar a remo un océano
Maxim Ivanov (Bulgaria, n. el 25 de agosto de 2003) tenía 16 años y 294 días al empezar la travesía del Atlántico con su padre Stefan a bordo del Neverest. Su viaje desde Portimão, Portugal, hasta Barbados duró 114 días, 9 h y 36 min, entre el 14 de junio y el 6 de octubre de 2020, e incluyó una escala de nueve días en Lanzarote.

56

VISITAR NUEVA ZELANDA
Desde su rica cultura maorí hasta los impresionantes paisajes que se ven en las películas de *El señor de los anillos*, la «tierra de los Long White Cloud» ofrece múltiples encantos. Emma Timmis (Nueva Zelanda) pudo visitarla entera en apenas 20 días, 17 h, 15 min y 57 s, el **cruce a pie de Nueva Zelanda más rápido (mujeres)**.

LA PRIMERA EXPEDICIÓN EN EL OCÉANO ANTÁRTICO CON PROPULSIÓN HUMANA

Del 11 al 17 de enero de 2023, Lisa Farthofer (Australia), Stefan Ivanov (Bulgaria), Jamie Douglas-Hamilton (R.U.), Brian Krauskopf (EE.UU.) y su capitán Fiann Paul (Islandia) remaron a bordo del Mrs Chippy desde la isla del Rey Jorge hasta la isla Laurie, ambas en la Antártida. Esta ardua travesía de 754 km (407 millas náuticas) fue la primera a remo realizada en su totalidad dentro de este cuerpo de agua. El hito además convirtió a Farthofer en la **primera mujer en remar en aguas polares abiertas**.

La aventura, bautizada como «The Shackleton Mission», se inspiró en el viaje realizado en 1916 por el explorador angloirlandés sir Ernest Shackleton. Una banquisa aplastó su barco, el Endurance, en el mar de Weddell durante una expedición a la Antártida, y él y su tripulación de 27 hombres quedaron atrapados en el hielo. Shackleton y cinco miembros de la tripulación decidieron navegar en un pequeño bote salvavidas desde la isla Elefante hasta las islas Georgias del Sur en busca de ayuda. Lo logaron y pudo rescatarse a toda la tripulación. Más de 100 años después, la barca de remos usada por Paul y su equipo recibiría el nombre de la gata del Endurance, Mrs Chippy.

«The Shackleton Mission» también dio pie a un récord de Paul y Douglas-Hamilton, quienes se convirtieron en las **primeras personas en realizar una travesía a remo en el océano Antártico en ambas direcciones**. Entre el 13 y el 25 de diciembre de 2019, viajaron en una embarcación a remo llamada Ohan desde el cabo de Hornos, Chile, hasta Charles Point, en la Antártida. Sus dos travesías también suponen el récord de **más viajes a remo en el océano Antártico**.

El de 2023 es el **viaje a remo más rápido** y el **viaje a remo más rápido en el océano Antártico**: 2,85 nudos (5,2 km/h) de media.

De izquierda a derecha: Farthofer, Ivanov, Douglas-Hamilton, Krauskopf, Mike Matson (que enfermó y tuvo que abandonar la expedición antes de su finalización) y Paul.

NATACIÓN EN AGUAS ABIERTAS

El reto a nado más largo completado por una pareja
Entre el 20 de julio y el 13 de agosto de 2022, los «Swim Brothers» (alias de Joe y John Zemaitis, EE.UU.) completaron una maratón a nado en cada uno de los 50 estados de EE.UU. En 25 días, recorrieron una distancia acumulada de 552,6 km. Comenzaron su periplo en la isla de Hawái y terminaron en su estado natal de Arizona.

La distancia más larga a nado con esposas
El 5 de noviembre de 2022, Shehab Allam (Egipto) nadó 11,64 km con esposas en el golfo Pérsico frente a la costa de Dubái, EAU, y mejoró el récord anterior en 3 km. En 2020, este instructor de natación y excampeón mundial de natación con monoaleta se convirtió en la primera persona en nadar los 25 km del canal de Dubái.

El trayecto a nado en aguas abiertas más largo
Entre el 1 de febrero y el 8 de abril de 2007, Martin Strel (Eslovenia) nadó el curso completo del río Amazonas, una distancia de 5.268 km. Cubrió hasta 127 km en un solo día.

Del 3 al 6 de julio de 2001, Strel también estableció el récord de la **mayor distancia recorrida a nado de forma ininterrumpida en aguas abiertas**: 504,5 km a lo largo del Danubio.

La mayor distancia recorrida a nado de forma ininterrumpida en un lago
Del 7 al 9 de agosto de 2017, Sarah Thomas (EE. UU.) nadó 168,3 km en el lago Champlain, entre los estados de Nueva York y Vermont, EE.UU. Pasó 67 h, 16 min y 12 s en el agua.

Thomas también ostenta el récord del **cruce de ida y vuelta del canal del Norte más rápido**. Del 9 al 10 de julio de 2022, fue la primera persona en ir nadando de Escocia a Irlanda del Norte, R.U., y volver (21 h, 46 min y 38 s).

Más vueltas a nado a la isla de Manhattan
Entre 2010 y 2020, Jaimie Monahan (EE.UU., ver también la pág. 124) completó 29 veces un circuito de 46 km alrededor de Nueva York. Su hazaña incluyó una circunnavegación cuádruple de esta isla del 18 al 20 de septiembre de 2020.

El tiempo acumulado más rápido en nadar el reto de los Siete Mares
Concebido por la Asociación Mundial de Natación en Aguas Abiertas, el reto de los Siete Mares comprende los cruces de los estrechos de Cook y de Gibraltar y de los canales de la Mancha, de Molokai, de Catalina, de Tsugaru y del Norte. Atilla Mányoki (Hungría) tardó 64 h, 35 min y 49 s en completarlo. Finalizó el 26 de agosto de 2019.

La **persona más joven en completar el reto de los Siete Mares** es Prabhat Koli (India, n. el 27 de julio de 1999). Tenía 23 años y 217 días cuando cruzó el estrecho de Cook el 1 de marzo de 2023.

Más cruces a nado del Canal de la Mancha (décadas consecutivas)
Sally Minty-Gravett (R.U.) ha nadado entre Inglaterra y Francia durante seis décadas seguidas desde su primera travesía en 1975, cuando tenía 18 años. Su último cruce fue el 7 de agosto de 2022, con 65 años.

La persona más joven en cruzar a nado el...
- **Canal de Tsugaru (hombres)**: Tariq Qazi (Japón/EE.UU., n. el 9 de noviembre de 2005) tenía 16 años y 253 días cuando nadó entre las islas japonesas de Honshū y Hokkaidō el 20 de julio de 2022. El cruce del mar de Japón le llevó 11 h, 20 min y 17 s.
- **Canal del Norte (mujeres)**: La australiana Fiona Cullinane (n. el 9 de enero de 2002) tenía 20 años y 253 días cuando cruzó de Irlanda del Norte a Escocia, R.U., el 19 de septiembre de 2022.

La distancia más larga recorrida a nado con una monoaleta
El 7 de mayo de 2022, Merle Liivand (Estonia) recorrió 42,2 km «al estilo sirena» en la costa de Miami, Florida, EE.UU. Se impulsó durante 11 h y 54 min dando patadas de delfín y sin emplear los brazos. Nadadora de la selección nacional de Estonia, Liivand pretende denunciar la contaminación marina.

La vuelta a nado de Gran Caimán más rápida
El 17 de mayo de 2022, el nadador de fondo Oliver Rush (R.U.) completó una odisea de 36 h y 59 min alrededor de la isla caribeña de Gran Caimán. Esta circunnavegación pionera de 95,5 km de longitud tenía como intención llamar la atención sobre la contaminación por plásticos de los océanos.

La milla a nado más rápida en el pasaje de Drake
El 27 de febrero de 2022, Bárbara Hernández Huerta (Chile) recorrió 1,6 km de este agitado tramo de mar en el extremo sur de Sudamérica en tan solo 15 min y 3 s. La conocida como Sirena de Hielo volvió a acaparar los titulares el 5 de febrero de 2023, cuando nadó 2,5 km en las aguas frente a las islas subantárticas Shetland del Sur (detalle: Huerta con algunos pingüinos papúa locales), cuya temperatura era de 2,23 °C. Esta es la **mayor distancia recorrida a nado en aguas polares** de la historia. Huerta recibió el apoyo de la Armada de Chile, y la IISA (ver pág. siguiente) ratificó su hazaña.

55

SACAR UNA FOTO DIARIA DURANTE UN AÑO
Compila un álbum de recortes visual de tu vida a lo largo de 365 días y compártelo si lo deseas en tu perfil de Instagram. La **primera foto subida a Instagram** la tomó el cofundador de la empresa, Kevin Systrom (EE.UU.), quien la publicó el 16 de julio de 2010. Se trata de una instantánea de un misterioso golden retriever.

NATACIÓN EN AGUAS HELADAS

La competición de natación en aguas heladas con más participantes
Del 11 al 15 de enero de 2023, se celebró el quinto Campeonato Mundial de Natación en Aguas Heladas, en el que participaron 467 nadadores de 41 países. La Asociación Internacional de Natación en Aguas Heladas (IISA), fundada por el nadador Ram Barkai (izquierda, y ver abajo), supervisa la competición. Gracias a que las condiciones fueron más suaves de lo habitual, se batieron más de 20 récords en Samoëns (ver tabla), ¡aunque el agua estaba a 3,7 °C!

La mayor distancia buceada bajo el hielo con una sola inhalación de aire (sin aletas y sin traje de buceo)
El 5 de marzo de 2022, Amber Fillary (Sudáfrica) buceó 90 m en Kongsberg, Viken, Noruega, y mejoró su propio récord en 20 m. «El problema de lograr récords es que no dejas de exigirte más para ver hasta dónde puedes llegar», declaró Fillary.

La sesión de natación en aguas heladas más meridional
Hombres: El 7 de febrero de 2008, Ram Barkai (Sudáfrica, n. en Israel) nadó 1 km en el lago Dlinnoye, Tierra de la Reina Maud, Antártida, en la latitud 70,76 °S.
Mujeres: El 22 de febrero de 2020, Catherine Pendleton (R.U.) nadó 1,6 km (1 milla) a 66,6 °S en la bahía Hanusse, frente a la Tierra de Graham, Antártida.

El primer hombre en completar el Ice Sevens Challenge
Los «Ice 7» son siete recorridos a nado de una milla de longitud en aguas por debajo de los 5 °C sin traje de neopreno. Se realizan en Europa, Oceanía, Asia, África, Norteamérica, Sudamérica y en una ubicación polar. Ger Kennedy (Irlanda) los completó el 4 de octubre de 2019, cuando nadó su última milla en la laguna del Inca, Chile, en 36 min y 55 s. Para el récord de la **primera persona en completar el Ice Sevens Challenge**, pasa la página.

RÉCORDS DE NATACIÓN EN AGUAS HELADAS BATIDOS EN SAMOËNS

Más rápidos	Tiempo	Nombre y nacionalidad
1 km (hombres)	11 min y 31,53 s	Marcin Szarpak (Polonia)
1 km (mujeres)	12 min y 46,04 s	Alisa Fatum (Alemania)
1 km paralímpico (mujeres)	16 min y 45,12	Nadja Joy Tønnesen (Dinamarca)
500 m (hombres)	5 min y 36,49 s	Radostin Krastev (Bulgaria)
500 m (mujeres)	6 min y 10,87 s	Alisa Fatum
500 m paralímpico (hombres)	10 min y 21,02 s	Marc Boutin (Francia)
250 m (hombres)	2 min y 36,99 s	Marcin Szarpak
250 m paralímpico (mujeres)	4 min y 8,71 s	Tina Deeken (Alemania)
100 m estilo libre (hombres)	55,69 s	Keaton Jones (EE.UU.)
100 m estilo libre (mujeres)	1 min y 4,42 s	Ludivine Blanc (Francia)
100 m estilo libre paralímpico (hombres)	1 min y 29,51 s	Marc Boutin
100 m estilo libre paralímpico (mujeres)	1 min y 26,92 s	Tina Deeken
100 m espalda (hombres)	1 min y 0,27 s	Keaton Jones
100 m espalda (mujeres)	1 min y 12,71 s	Maja Olszewska (Islandia)
100 m braza (hombres)	1 min y 11,33 s	Michał Perl (Polonia)
100 m mariposa (hombres)	59,36 s	Keaton Jones
100 m mariposa (mujeres)	1 min y 12,36 s	Louise Bernard (Francia)
100 m estilos individual (hombres)	1 min y 3,55 s	Sławomir Wilkowski (Polonia)
100 m estilos individual (mujeres)	1 min y 15,38 s	Marta Piasecka (Islandia)
50 m estilo libre (hombres)	25,22 s	Keaton Jones
50 m estilo libre (mujeres)	28,85 s	Ludivine Blanc
50 m estilo libre paralímpico (mujeres)	39,68 s	Tina Deeken
50 m espalda (hombres)	27,93 s	Keaton Jones
50 m espalda (mujeres)	33,19 s	Ludivine Blanc
50 m braza (hombres)	31,83 s	Michał Perl

*Todos los récords están ratificados por la IISA.

Marcin Szarpak

Alisa Fatum

Keaton Jones

Tina Deeken

La mayor distancia buceada bajo el hielo con una sola inhalación de aire (sin aletas y sin traje de buceo, hombres)
El 23 de febrero de 2021, David Vencl (República Checa) recorrió 80,99 m bajo la superficie congelada de un lago en Lahošť, República Checa. Pasó alrededor de un minuto y medio en el agua, a 3 °C. Vencl se preparó para este récord nadando regularmente en un lago en invierno, y conteniendo la respiración sumergido en un barril de agua salada en su balcón.

GRAND SLAMS

SIETE CUMBRES

Los escaladores que desean poner un pie en la cima de la montaña más alta de cada continente tienen donde elegir en función de si Australia se define o no como un continente. La lista Bass propone escalar el Kosciuszko, en Australia, mientras que los que siguen la lista Messner deben coronar el Puncak Jaya, en el lado indonesio de Nueva Guinea.

1. ASIA: Everest 8.848,8 m
2. SUDAMÉRICA: Aconcagua, 6.962 m
3. NORTEAMÉRICA: Denali (también conocido como monte McKinley), 6.194 m
4. ÁFRICA: Kilimanjaro, 5.895 m
5. EUROPA: Monte Elbrús, 5.642 m
6. ANTÁRTIDA: Macizo Vinson, 4.892 m

=7. OCEANÍA: Puncak Jaya (también conocido como pirámide de Carstensz), 4.884 m

=7. AUSTRALIA: Kosciuszko, 2.228 m

Ambas listas reciben el nombre de los escaladores que las concibieron: Richard Bass (ver a la derecha) y Reinhold Messner.

La persona más joven en escalar las Siete Cumbres Volcánicas

El 22 de diciembre de 2021, el alpinista kuwaití Yousef Al Refaie (n. el 25 de agosto de 1997) completó la ascensión al volcán más alto de cada continente tras coronar el monte Sidley, en la Antártida, con 24 años y 119 días. Inició su desafío seis años antes, el 30 de diciembre de 2015, cuando alcanzó la cima del Kilimanjaro, en Tanzania.

La primera persona en completar el Ice Sevens Challenge

El 2 de julio de 2017, la ultramaratoniana y nadadora en aguas heladas Jaimie Monahan (EE.UU.) recorrió una milla en el canal Beagle, cerca de Ushuaia, Argentina, desafiando una temperatura de 4,7 °C. Completaba así una escalofriante gira mundial en la que nadó en aguas gélidas de los cinco continentes y del círculo polar ártico.

El Desafío de los Tres Polos más rápido (mujeres)

Cecilie Skog (Noruega) alcanzó los tres puntos extremos de la Tierra (el Everest, el Polo Norte y el Polo Sur) en 1 año y 336 días. Coronó el Everest el 23 de mayo de 2004, llegó al Polo Sur el 27 de diciembre de 2005 y al Polo Norte el 24 de abril de 2006 junto con Rolf Bae y Per Henry Borch. Esta travesía también fue la **expedición al Polo Norte en esquí y sin asistencia más rápida (mujeres)**: 48 días y 22 h.

La primera mujer en completar...

- **Las Siete Cumbres**: Junko Tabei (Japón) coronó el Elbrus (5.642 m) el 28 de julio de 1992. El 16 de mayo de 1975 se convirtió en la **primera mujer en escalar el Everest**, a pesar de una avalancha que la dejó inconsciente durante varios minutos.
- **El Desafío de los Tres Polos**: Tina Sjögren (Suecia), el 29 de mayo de 2002, tras llegar al Polo Norte. La **primera persona** en completar esta hazaña fue Erling Kagge (Noruega), el 8 de mayo de 1994.
- **El Peak to Pond Challenge**: El 16 de septiembre de 2021, Anna Brown (Andorra) cruzó a nado el canal de la Mancha. El «pico» que precedía a ese «estanque» fue el Everest, que escaló el 22 de mayo de 2018.

El tiempo más rápido en completar la Original Triple Crown

Martyn Webster (R.U.) salvó a nado tres importantes vías fluviales del R.U. en un tiempo acumulado de 31 h, 57 min y 30 s. Cruzó el canal del Norte (Irlanda del Norte-Escocia) el 13 de agosto de 2019, el canal de la Mancha (R.U.-Francia) el 16 de septiembre de 2021 y el canal de Bristol (Devon-Gales del Sur) el 19 de septiembre de 2022.

La **mujer más rápida** en completar esta hazaña es Siân Clement (R.U.), quien nadó la última prueba (canal del Norte) el 10 de julio de 2022. Su tiempo total para las tres travesías fue de 39 h, 34 min y 32 s a pesar de elegir una ruta para cruzar el canal de Bristol 14,4 km más larga de lo requerido.

La **persona más veterana** en lograrlo es Pat Gallant-Charette (EE.UU., n. el 2 de febrero de 1951), quien, con 71 años y 229 días, cruzó el canal de Bristol el 19 de septiembre de 2022.

La primera persona en escalar las Siete Cumbres

El 30 de abril de 1985, Richard Bass (Canadá; ver a la izquierda) llegó a la cima del Everest tras dos intentos fallidos y completó una aventura que había comenzado dos años antes y lo llevó por todo el mundo.

El 5 de agosto del año siguiente, Patrick Morrow (Canadá) coronó el Puncak Jaya y se convirtió en la **primera persona en escalar las Siete Cumbres de la lista Messner**.

La persona más joven en escalar las Siete Cumbres y las Siete Cumbres Volcánicas

Satyarup Siddhanta (India, n. el 29 de abril de 1983) completó este desafío doble con 35 años y 261 días. Su último ascenso fueron los 4.285 m del monte Sidley, en la Antártida, que coronó el 15 de enero de 2019.

La primera persona en completar el Adventurers' Grand Slam

David Hempleman-Adams (R.U.) fue el primer explorador en escalar las Siete Cumbres y llegar a pie hasta los Polos Norte y Sur. Inició su aventura en 1980 con la ascensión al monte Denali, en Alaska, EE.UU., y lo completó 18 años después cuando, acompañado por Rune Gjeldnes, llegó al Polo Norte en 1998.

La ascensión más rápida de todos los ochomiles

A 23 de abril de 2019, el aventurero británico nacido en Nepal Nirmal *Nims* Purja completó la ascensión de las 14 montañas de más de 8.000 m, proeza para la que solo necesitó 2 años y 168 días (ver pág. 118).

Nims sigue cosechando récords. Los días 15 y 16 de mayo de 2022, logró la **ascensión más rápida del Everest y del Lhotse***: 25 h y 1 min. Antes había escalado el Kangchenjunga (7 de mayo), con la que también estableció los récords de la **triple ascensión más rápida*** (9 días) y de la **doble ascensión a los ochomiles más altos más rápida** (4 años y 345 días, iniciada con el Everest el 27 de mayo de 2017). Además, con su ascensión al K2 el 22 de julio, sumó el récord de la **ascensión a las tres montañas más altas más rápida***: 76 días.

**Sin emplear oxígeno suplementario.*

En 2022, Nims también logró el tiempo más rápido en escalar el Everest y el Lhotse dos veces (13 días y 50 min); las dos primeras ascensiones fueron sin oxígeno suplementario.

ASISTIR A UN BAILE DE DISFRACES

54

Vístete con un disfraz deslumbrante y oculta astutamente tu verdadera identidad. En lo que respecta a bailes de disfraces, Gerold Weschenmoser (Alemania) está especialmente bien preparado. Es el dueño la **colección de máscaras más grande**, que ha tardado más de 60 años en reunir. Según el último recuento, consta de 5.600 piezas únicas.

LA PRIMERA MUJER EN COMPLETAR LA EXPLORERS' EXTREME TRIFECTA

Los aventureros que acometen este trío único de hazañas deben llegar a los puntos más alto y a más profundidad de la Tierra, y adentrarse en el espacio. Vanessa O'Brien (R.U./EE.UU.) llegó a la cima del Everest el 19 de mayo de 2012 y descendió al abismo de Challenger el 12 de junio de 2020, lo que la convirtió en la **primera mujer en llegar a los puntos más alto y a más profundidad de la Tierra**. Tras eso, el 4 de agosto de 2022 participó en un vuelo espacial suborbital en el sexto vuelo tripulado (NS-22) del cohete Blue Origin New Shepard. Tardó 10 años y 77 días en completar la Trifecta.

O'Brien descendió al abismo Challenger con el explorador estadounidense Victor Vescovo en el sumergible DSV Limiting Factor (ver págs. 116-117). El 4 de junio de 2022, Vescovo se convirtió en la **primera persona en completar la Explorers' Extreme Trifecta** como parte de la misión Blue Origin NS 21.

El 4 de agosto de 2022, O'Brien se unió a otros cinco aventureros en la misión NS-22 de Blue Origin. A una altitud de 100 km, cruzaron la línea de Kármán, que marca el límite de la atmósfera, entraron en el espacio y pudieron experimentar la ingravidez. Pero no tuvieron mucho tiempo para disfrutarlo: después de 10 min y 20 s, regresaron a la Tierra.

O'Brien trabajaba en banca, pero la crisis económica de 2008 hizo que cambiara radicalmente su orden de prioridades. Un amigo la desafió entre bromas a escalar el Everest y O'Brien le tomó la palabra. Tras alcanzar la cumbre en 2012, decidió intentar el Denali. Al año siguiente ya había completado el Explorers' Grand Slam (Last Degree) tras escalar las Siete Cumbres y alcanzar los Polos Norte y Sur en 11 meses.

CIRCUNNAVEGACIONES

La primera circunnavegación
El navegante Juan Sebastián Elcano (España, «Elkano» en euskera) formaba parte de la expedición de 1519 comandada por Fernando de Magallanes que tenía el propósito de circunnavegar el mundo. Solo 18 de sus 237 miembros sobrevivieron al viaje, y el propio Magallanes falleció. Fue Elcano quien guio el barco Victoria de vuelta a Sevilla, España, el 8 de septiembre de 1522.

Elcano necesitó 1.082 días para completar la primera vuelta al mundo. La Estación Espacial Internacional orbita la Tierra ¡cada 90 min!

La primera circunnavegación en...

- **Aeronave**: Los tenientes del Ejército de EE.UU. Lowell Smith, Leslie Arnold, Erik Nelson y John Harding a bordo de los hidroaviones Chicago y New Orleans, entre el 6 de abril y el 28 de septiembre de 1924
- **Coche**: Los pilotos de carreras Clärenore Stinnes (Alemania) y Carl-Axel Söderström (Suecia), del 25 de mayo de 1927 al 24 de junio de 1929
- **A pie**: David Kunst (EE.UU.), del 20 de junio de 1970 al 5 de octubre de 1974
- **Helicóptero**: Ross Perot Jr. y Jay Coburn (ambos de EE.UU.), del 1 al 30 de septiembre de 1982 en un Bell 206L-1 LongRanger II

La circunnavegación más rápida en bicicleta tándem (mixta)
El 5 de junio de 2022, Laura Massey-Pugh y Steven Pugh (ambos del R.U.) llegaron a Berlín, Alemania, tras haber dado la vuelta al mundo en 179 días, 12 h y 25 min. Este matrimonio tuvo que superar enfermedades, nevadas, problemas fronterizos y un accidente de tráfico para completar el viaje dentro del límite de tiempo de 180 días.

La circunnavegación más rápida en vuelos regulares
Los días 8 y 9 de agosto de 2022, Umit Sabanci (R.U.) dio la vuelta al mundo en 46 h, 23 min y 11 s tomando vuelos regulares. Dedicó un mes a estudiar los horarios de las líneas aéreas antes iniar su viaje Los Ángeles-Doha-Brisbane-Los Ángeles.

La primera circunnavegación en globo
El 21 de marzo de 1999, el Breitling Orbiter 3 aterrizó en el desierto egipcio después de un vuelo épico de 19 días y 21 h alrededor del mundo. El globo, pilotado por los aeronautas Bertrand Piccard (Suiza, detalle de la derecha) y Brian Jones (R.U.), había despegado de Château d'Oex en Suiza y cubrió una distancia total de 40.814 km.

La primera circunnavegación en avión sin repostar
Entre el 14 y el 23 de diciembre de 1986, Dick Rutan y Jeana Yeager (ambos de EE.UU.) volaron 40.212 km alrededor del mundo sin aterrizar ni repostar combustible. El hermano de Dick, el ingeniero Burt Rutan, diseñó su avión, el Voyager, para que fuera lo más ligero posible. Pasaron 9 días, 3 min y 44 s en el aire pese a dañar las alas durante el despegue desde la Base de la Fuerza Aérea Edwards, en California, EE.UU.

La primera vuelta al mundo en solitario de un amputado doble (brazo y pierna)
Dustin Reynolds (EE.UU.), también conocido como «el navegante con una sola mano», dio la vuelta al mundo en velero entre el 18 de junio de 2014 y el 4 de diciembre de 2021, un viaje con inicio y fin en su estado natal de Hawái, EE.UU. Dustin, a quien le amputaron el brazo y la pierna izquierdos en 2008 a raíz de un accidente de tráfico, se sintió empujado a asumir este reto marítimo a pesar de no tener experiencia en navegación oceánica. Inició su viaje en una balandra llamada Rudis, que cambió en Tailandia por un velero Bristol 35.5 llamado Tiama.

La circunnavegación más rápida en coche
El récord de **primer hombre y primera mujer en circunnavegar la Tierra en coche con mayor rapidez** cruzando seis continentes según las reglas vigentes en 1989 y 1991, con una distancia recorrida superior a la longitud del ecuador (40.075 km), lo ostentan Saloo Choudhury y su esposa Neena Choudhury (ambos de la India). El viaje duró 69 días, 19 h y 5 min, desde el 9 de septiembre al 17 de noviembre de 1989. La pareja, que conducía un Hindustan «Contessa Classic» de 1989, empezó y terminó su viaje en Delhi, India.

La primera circunnavegación (mujeres)
La botánica Jeanne Baret (Francia) se disfrazó de hombre para viajar en la expedición alrededor del mundo liderada por Louis Antoine de Bougainville en 1766-1769. Un género de una planta de Madagascar recibió el nombre de *Baretia* en su honor, aunque posteriormente se renombró como *Turraea*.

La primera circunnavegación en coche anfibio
El 19 de julio de 1950, Ben Carlin (Australia) y su esposa Elinore partieron de Halifax, Nueva Escocia, Canadá, para iniciar una aventura de ocho años alrededor del mundo en un Ford GPA anfibio modificado llamado Half-Safe. Una exasperada Elinore abandonó el viaje al llegar a la India, pero Ben continuó con una serie de nuevos compañeros. Regresó a Halifax el 8 de mayo de 1958 tras haber recorrido 62.765 km por tierra y 15.450 km por mares y ríos.

53

BAILAR BAJO LA LLUVIA
Cuando las nubes descargan sobre tu cabeza es el momento de ponerse los zapatos de baile. Un lugar apropiado podría ser la lluviosa ciudad de Cherrapunji, en Meghalaya, India, donde las estaciones meteorológicas han registrado la **precipitación mensual más abundante**: ¡un total de 9.300 mm!

LA PERSONA MÁS JOVEN EN CIRCUNNAVEGAR EL MUNDO EN AVIÓN EN SOLITARIO

Mack Rutherford (Bélgica, n. el 21 de junio de 2005) tenía 17 años y 64 días cuando completó su vuelo en un ultraligero alrededor del mundo el 24 de agosto de 2022. Mack, hermano menor de Zara (ver a la izquierda), comenzó su viaje el 23 de marzo de 2022 en Sofía, Bulgaria. Sobrevoló 52 países y cinco continentes, y además cruzó el ecuador dos veces. A pesar de enfrentarse a tormentas de arena en Sudán y a los monzones en la India, Mack dijo que el momento más difícil fue aterrizar en una isla deshabitada del Pacífico durante un vuelo de 11 horas entre Japón y EE.UU.

La persona más joven en circunnavegar el mundo en avión en solitario (mujeres)
El 20 de enero de 2022, Zara Rutherford (Bélgica, n. el 5 de julio de 2002) completó una odisea aérea de 51.500 km con 19 años y 199 días. Su viaje, que comenzó el 18 de agosto de 2021 en el aeropuerto de Kortrijk-Wevelgem, Bélgica, se vio afectado por las condiciones meteorológicas, y tuvo que aterrizar su ultraligero en Rusia y Alaska, EE.UU. En Siberia soportó una temperatura del aire de -20 °C, voló a través del humo de los incendios forestales en California y vivió la intensidad de un terremoto en México.

Mack obtuvo la licencia de piloto de ultraligeros con 15 años tras haber volado cientos de horas junto a su padre, también piloto.

52

ENCENDER UNA HOGUERA NOCTURNA EN LA PLAYA
No es necesario que construyas tu propia fogata, ya que basta con que visites el balneario holandés de Scheveningen. Todas las nocheviejas, encienden una gran hoguera en la playa; en 2015, encendieron la **hoguera más grande**: 8.695 m^3.

ECOVIAJES

EL VIAJE MÁS LARGO EN *SKATE* ELÉCTRICO

Entre el 10 y el 27 de agosto de 2021, Stefano Rotella (Italia, arriba) recorrió 1.377,03 km. Viajó de Trento, Italia, a Budapest, Hungría, con siete conjuntos de baterías intercambiables para impulsar su tabla de *skate*.

El récord femenino es 1.210 km, establecido por Stefanie Hasbauer (Alemania, abajo). Stefanie salió de Oporto (Portugal) y terminó en Sevilla (España) el 30 de enero de 2020. Su accidentado viaje comenzó con el robo de su tabla (que pronto recuperó) y tuvo que hacer frente a ¡10 pinchazos por el camino!

El vuelo de propulsión humana de mayor duración
El 23 de abril de 1988, Kanellos Kanellopoulos (Grecia) usó la potencia generada con unos pedales para mantener su avión Daedalus 88 en el aire durante 3 h, 54 min y 59 s. Voló los 115,11 km que separan Heraklion, Creta, de la isla griega de Santorini, el récord de la **mayor distancia recorrida en un vuelo de propulsión humana**.

El 3 de julio de 2015, André Borschberg y Bertrand Piccard (ambos de Suiza) volaron a bordo del Solar Impulse 2 durante 4 días, 21 h y 52 min desde Japón a Hawái, EE.UU, la **mayor distancia recorrida en un vuelo propulsado con energía solar**.

La mayor velocidad en el agua en un vehículo de propulsión humana
El 27 de octubre de 1991, Mark Drela (EE.UU.) alcanzó una velocidad de 34,26 km/h de media sobre una distancia de 100 m pedaleando en el hidroala Decavitator. La hazaña tuvo como escenario el río Charles, en Boston, Massachusetts, EE.UU.

La mayor altitud alcanzada en coche eléctrico
El 18 de mayo de 2022, Rainer Zietlow (Alemania) condujo un Volkswagen ID.4 GTX hasta 5.816 m sobre el nivel del mar en el volcán Uturuncu, Bolivia. Contó con el apoyo de LG Energy Solution (Corea del Sur). En 2021, junto a Derek Collins (EE.UU.), realizó el **viaje más largo en vehículo eléctrico (no solar) por un solo país**: 57.566,29 km por EE.UU., con el apoyo de Infineon (EE.UU.).

La mayor distancia recorrida en bicicleta eléctrica en una semana
Gordon Miller (R.U.) recorrió 1.706,85 km por España, desde Cádiz, en el sur, hasta Mallabia, en el norte, en siete días. Terminó el 8 de octubre de 2021. Completó el recorrido en una eBike Orbea Gain. Eligió el itinerario de su «Ride for Freedom» para denunciar una ruta empleada en la trata de personas.

El vuelo en parapente más largo
El 20 de junio de 2021, Sebastien Kayrouz (EE.UU.) voló 609,9 km en un parapente Ozone Enzo 3 en Texas, EE.UU.

El 12 de octubre de 2019, Yael Margelisch (Suiza) estableció el récord **femenino**: 552,4 km, cerca de Caicó, Brasil.

El viaje más largo en...
Barco impulsado con energía solar
El 27 de septiembre de 2010, el MS TÛRANOR partió de Mónaco para realizar la **primera circunnavegación impulsada con energía solar**. La tripulación, encabezada por Raphaël Domjan (Suiza), no regresó hasta el 4 de mayo de 2012, tras 1 año y 220 días en el mar. Entre el 26 de abril y el 18 de mayo de 2013, el TÛRANOR realizó la **travesía del Atlántico de un barco impulsado con energía solar más rápida**.

Coche impulsado con energía eólica
Dirk Gion y Stefan Simmerer (ambos de Alemania) recorrieron 5.000 km en su vehículo Wind Explorer. Partieron de Albany, Australia Occidental, el 26 de enero de 2011 y llegaron a Sídney 18 días después. El aerogenerador del coche cargó un conjunto de baterías de iones de litio para propulsarse, y además contó con la ayuda extra de una cometa parecida a un paracaídas.

Barco impulsado por las olas
Del 16 de marzo al 4 de julio de 2008, Kenichi Horie (Japón, n. el 8 de septiembre de 1938) emprendió un viaje de 110 días que lo llevó desde Honolulu, Hawái, EE.UU., hasta cabo Hinomisaki, Japón. Viajó 3.702 millas náuticas (6.856 km) en su catamarán Suntory Mermaid II contando únicamente con la ayuda de las olas del mar.
El 26 de marzo de 2022, este veterano aventurero partió de San Francisco, California, EE.UU., en el monocasco Suntory Mermaid III. Su última aventura fue una recreación del viaje que realizó en el Mermaid original de 2,8 m de eslora en 1989, que sigue siendo el **barco más pequeño en cruzar el Pacífico**. Llegó a cabo Hinomisaki el 4 de junio de 2022, convirtiéndose en la **persona de más edad en cruzar el Pacífico en solitario**: 83 años y 269 días.

El velero terrestre más rápido
El 12 de diciembre de 2022, Glenn Ashby (Australia) alcanzó una velocidad de 222,4 km/h a los mandos del Horonuku en el lago Gairdner, Australia Meridional. Emirates Team New Zealand construyó este vehículo eólico basado en tecnología de su velero ganador de la Copa América (ver pág. 229). Horonuku significa en maorí «deslizarse rápidamente por tierra».

57

HACER *SNOWBOARD*
Deslízate surcando las extensiones heladas de un país de las maravillas de los deportes de invierno, y luego relájate en un buen sillón junto al fuego en un chalé de montaña. A menos que seas como Bernhard Mair (Austria), por supuesto, que entre el 9 y el 16 de enero de 2004 se deslizó fuera de pistas durante 180 h y 34 min de la **maratón de *snowboard* más larga**.

Jordan y Nicole realizaron el documental *Fly Monarca* con las imágenes que grabaron durante su viaje.

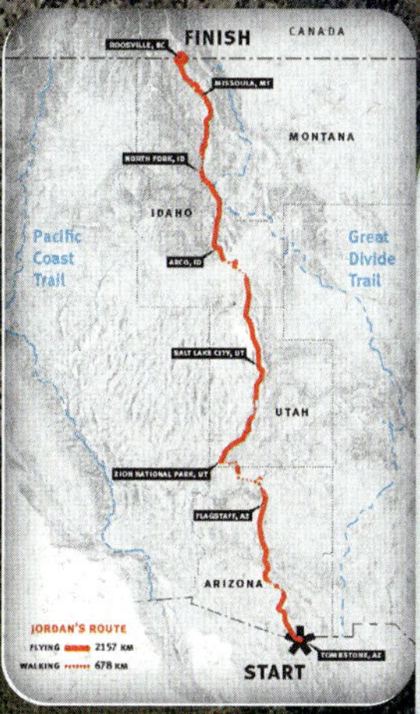

EL VIAJE A PIE Y EN PARAPENTE MÁS LARGO
Del 8 de abril al 4 de septiembre de 2020, Benjamin Jordan (Canadá) recorrió 2.835 km a traves de EE.UU. entre las fronteras mexicana y canadiense (izquierda). Su viaje de 150 días comprendió 2.157 km de vuelo en parapente sin motor y 678 km a pie. Cargaba con comida, material de acampada y equipación. La novia de Jordan, Lyndsay Nicole, documentó la mayor parte de la expedición.

El épico viaje de Jordan estuvo inspirado en la migración anual de la mariposa monarca (*Danaus plexippus*) entre Canadá y México: el **viaje más largo de una mariposa**. Entre septiembre de 1988 y abril de 1989, un espécimen marcado realizó un viaje de ida y vuelta de al menos 4.635 km: la **mayor distancia recorrida por un insecto durante una migración**.

SLACKLINE

INTERNATIONAL SLACKLINE ASSOCIATION

La International Slackline Association (ISA) tiene como objetivo apoyar y desarrollar comunidades que fomenten el *slackline* en todas sus variantes, lo que incluye actividades urbano-alpinas y competiciones deportivas. La ISA dedica un gran esfuerzo a aumentar la seguridad en todas las formas de *slackline* a través de la educación y la gestión de riesgos. Todos los récords de esta sección han sido aprobados por la ISA y se realizaron utilizando un arnés de seguridad, a menos que se indique de otro modo.

El recorrido sin arnés por una *highline* más largo (mujeres)
El 7 de julio de 2022, Lucia Bryn (EE.UU.) recorrió sin arnés de seguridad 33 m por una *highline* en Sierra Point, en el Parque Nacional Yosemite, California, EE.UU. La cinta estaba a 80 m de altura. El récord anterior de 25 m, establecido por Faith Dickey, llevaba vigente desde 2012.

El recorrido sin arnés por una *longline* más largo
Los días 13 y 15 de noviembre de 2021, Lucas Giovanni Moreira (Francia) y Raphael Bacot (Suiza) completaron un paseo de 713 m por una cinta instalada en un campo a las afueras de Lausana, Suiza.

El récord **femenino** es de 305 m, establecido por Annalisa Casiraghi (Italia) el 17 de agosto de 2019 en una cinta instalada en un campo de Schüpberg, cerca de Berna, Suiza.

El recorrido sin arnés por una *highline* a más altura
El 5 de mayo de 2017, Niklas Winter (Alemania) recorrió una *highline* de 15 m de largo tendida entre dos globos aerostáticos a 1.400 m de altura. No usó arnés de seguridad y se lanzó en paracaídas al llegar el extremo final de la cinta. Esta temeraria hazaña tuvo lugar en el cielo de Barcelona, España.

El 2 de diciembre de 2021, Rafael Zugno Bridi (Brasil) realizó el **recorrido por una *slackline* a más altura**. La cinta estaba suspendida entre dos globos a 1.901 m de altura en el cielo de Santa Catarina, Brasil, y Rafael iba equipado con un arnés de seguridad.

El recorrido sin arnés por una *highline* más largo
El 6 de enero de 2021, Philippe Soubies (Francia) caminó sin arnés por una cinta de 300 m de largo a unos 55 m de altura cerca del pueblo francés de Sare. Aunque la ausencia de arnés aumenta el riesgo, esta práctica no se considera tan peligrosa como su equivalente en escalada ya que los *slackliners* pueden agarrarse a la cinta si caen. (Para el récord **femenino**, ver a la izquierda.)

En 2022, Suiza se convirtió en el primer país en reconocer el *slackline* como un deporte oficial.

***Slackliners* polifacéticos**
A algunos funambulistas les gusta combinar sus habilidades. El 16 de abril de 2022, Edgar Yudkevich (EE.UU.) estableció el récord de la **distancia más larga recorrida en una *slackline* haciendo malabarismos con tres cuchillos***: 10,47 m, en Coronado, California, EE.UU. El récord equivalente **con tres mazas** es de 45 m, por Tijmen Van Dieren (Países Bajos) en Almere, Países Bajos.

La distancia más larga recorrida por una *slackline* en monociclo
El 30 de octubre de 2018, el artista de circo Guillaume Fontaine (Canadá) pedaleó 50 m por una cinta de 70 m de largo en Table Rock, New Hampshire, EE.UU.

El récord en **bicicleta*** es 10,05 m, establecido por Vittorio Brumotti (Italia) en Parco Leonardo, Roma, Italia, el 11 de mayo de 2014.

El recorrido más largo por una *slackline* sobre un volcán activo
El 15 de abril de 2020, el equipo «LavaLine» formado por Rafael Zugno Bridi y Alexander Schulz (Alemania) luchó contra la lluvia ácida, fuentes de lava al rojo vivo y humos tóxicos para recorrer los 261 m de una cinta tendida a 42 m de altura sobre el cráter del monte Yasur en la isla de Tanna, Vanuatu.

El recorrido más largo por una *slackline* con los ojos vendados
El 30 de diciembre de 2021, Alexander Schulz caminó 1.712 m con los ojos vendados a lo largo de una *slackline* tendida a 800 m de altura sobre el Cañón del Sumidero, en Chiapas, México.

El primer *buttflip* triple en una *slackline*
El 28 de abril de 2017, el gimnasta Louis Boniface (Francia) realizó un *flip* triple sobre una *slackline*, una pirueta que consiste en completar tres rotaciones en un solo salto partiendo de una posición sentada. Más adelante, el 8 de octubre de 2018, realizó el **primer *backflip* triple en una *slackline***, en Saint-Lambert, Yvelines, Francia.

**No ratificado por la ISA*

¿SABÍAS QUE...?

- Una *slackline* es una cinta de tela sintética tendida entre dos puntos de anclaje.
- El *slackline* moderno se originó hacia 1980, por un grupo de escaladores norteamericanos.
- Los estilos incluyen *highline*, *longline*, *waterline* y *slackline* yoga.
- El *slackliner* Andy Lewis actuó con Madonna en la Super Bowl de 2012.

El recorrido más largo por una *slackline*
El 3 de agosto de 2022, un grupo de ocho *slackliners* realizaron una travesía épica de 2.710 m de longitud por una cinta tendida entre los picos Puy de l'Angle y Roc de Cuzeau, cerca de Mont-Dore, Francia. El equipo estaba formado por Julien Roux, Augustin Moinat, Arthur Lefebvre, Benoît Brume, Joseph Premoselli, Tania Monier (todos de Francia), Mattis Reisner (Alemania) y Mia Noblet (Canadá).

50

VISITAR EL TAJ MAHAL
Este mausoleo de mármol ubicado en Agra, Uttar Pradesh, India, fue construido por orden del emperador mogol Shah Jahan para albergar la tumba de su esposa favorita, Mumtaz Mahal. Es el **sitio del Patrimonio Mundial de la UNESCO más buscado**, con 1,4 millones de consultas en línea solo en marzo de 2022.

LA *HIGHLINE* A MÁS ALTURA
El 7 de julio de 2022, Federico Cantú, Alejo Roldan (ambos de Argentina) y Quirin Herterich (Alemania) recorrieron una *highline* de 24 m de largo tendida a 5.882 m de altura y a 64 m del suelo en los Andes centrales, Argentina. El descenso de la presión del aire en altitudes tan altas puede hacer que sea más difícil evitar los mareos, así como mantener el equilibrio.

El récord **femenino** lo ostenta Miriam Campoleoni (Italia, detalle), quien el 31 de agosto de 2021 caminó por una *highline* a 5.150 m de altura sobre un glaciar congelado en la montaña boliviana de Chachacomani.

El 10 de octubre de 2021, Quirin Herterich realizó el **recorrido más largo por una *slackline* tendida entre globos aerostáticos:** 88 m.

El recorrido por una *highline* a más profundidad
El 13 de agosto de 2022, Gaël Fauroux (Francia, arriba) recorrió 75 m por una *highline* tendida a 1.038 m de profundidad y con una altura máxima de 20 m en la cueva Gouffre Berger, cerca de Grenoble, Francia. Un equipo de espeleólogos (detalle) tuvo que realizar cuatro expediciones para anclar la cinta.

RECOPILATORIO

Más ascensiones conjuntas al Everest de unos gemelos
Los hermanos Mingma Tenje Sherpa y Mingma Dorchi Sherpa (ambos de Nepal) han escalado juntos el Everest tres veces: el 19 de mayo de 2013, el 19 de mayo de 2017 y, más recientemente, el 7 de mayo de 2021.

El más rápido en escalar el K2 y a continuación el Everest
El 16 de enero de 2021, Sona Sherpa (Nepal) realizó una ascensión invernal al K2 a la que siguió otra al Everest el 11 de mayo, un intervalo de solo 115 días. La temporada de escalada en el K2 (junio-agosto) empieza más tarde que en el Everest (mayo), por lo que es necesario un ascenso invernal al K2, uno de los mayores desafíos del alpinismo.

La mujer más veterana en escalar el Everest y el K2
Liliya Ianovskaia (Canadá, n. en Bielorrusia el 6 de agosto de 1959) alcanzó la cima del K2 el 22 de julio de 2022 a la edad de 62 años y 350 días, lo que también la convierte en la **mujer más veterana en escalar el K2**. Liliya ya había llegado a la cima del Everest dos meses antes, el 14 de mayo.

La persona más veterana en recorrer a remo el río Mississippi
El «aventurero de barba canosa» Dale Sanders (EE.UU., n. el 14 de junio de 1935) tenía 87 años y 86 días cuando completó su travesía a lo largo del segundo río más largo de EE.UU. desde Minesota a Luisiana, EE.UU., el 8 de septiembre de 2022. El Mississippi fluye unos 3.770 km desde el lago Itasca hasta el golfo de México.

El viaje descalzo más largo
Del 8 de mayo al 17 de octubre de 2021, Antonius Nootenboom (Países Bajos) caminó sin zapatos durante 3.019 km por la costa este de Australia. El objetivo de su caminata era denunciar los problemas de salud mental de los hombres y recaudar fondos para proyectos asociados.

La inmersión en buceo autónomo a más profundidad de una mujer
El 27 de octubre de 2022, Karen Van Den Oever (Sudáfrica) se sumergió 246,56 m en la cueva Boesmansgat, un sumidero inundado en la Provincia del Cabo Septentrional.

El viaje más largo en una barca de calabaza
Duane Hansen (EE.UU.) remontó 60,35 km del río Misuri remando en una calabaza hueca, tal como pudo confirmarse en Nebraska City, EE.UU., el 27 de agosto de 2022. Él mismo cultivó la calabaza, de 384 kg, a la que nombró SS Berta.

La mujer más veterana en cruzar EE.UU. en bicicleta (de norte a sur)
Lynnea Salvo (EE.UU., n. el 21 de septiembre de 1949) tenía 72 años y 27 días cuando completó su viaje a través de EE.UU. en San Ysidro, California, el 18 de octubre de 2021. Pese a las duras cuestas y un incendio forestal que la obligó a cambiar de ruta, disfrutó del viaje: «Me encantó enfrentarme a los desafíos y superarlos».

Salvo ya había establecido el mismo récord **de oeste a este**: de California a Delaware con 67 años y 32 días el 23 de octubre de 2016.

Del 19 al 30 de octubre de 2022, completó en bicicleta un recorrido de 1.029,6 km con la forma del símbolo de la paz, en Kansas, EE.UU.: el **dibujo en GPS en bicicleta más grande (individual)**.

Potgieter empezó a practicar *puenting* y paracaidismo para reforzar la confianza en sí misma.

Más saltos de *puenting* al aire libre en una hora (cuerda de 20 m)
El 15 de agosto de 2022, Linda Potgieter (Sudáfrica) saltó 23 veces desde el puente Bloukrans en la Provincia del Cabo Occidental, Sudáfrica, una media de un salto cada 2 min y 30 s. Este es el puente más alto del país, con 216 m. El récord anterior de 19 saltos llevaba vigente más de 19 años. Potgieter asumió este desafío para el programa de televisión *Stumbo Record Breakers*.

La carrera de una milla a gran altitud más rápida (LA4)
El 1 de abril de 2022, Andrea Lanfri (Italia) necesitó 9 min y 48 s para correr 1,6 km en el campamento base del Everest, Nepal, a una altitud de 5.380 m, donde los niveles de oxígeno son un 50 % inferiores a los del nivel del mar. Un mes después, este atleta alcanzó la cima de la **montaña a más altitud**.

La mayor distancia recorrida a nado en aguas heladas (natación paralímpica, LA2)
El 19 de enero de 2014, Jonty Warneken (R.U.) nadó 2,11 km en 58 min y 54 s en el lago Ellerton, en Yorkshire del Norte, R.U., a menos de 5 °C. Warneken sufrió una amputación por debajo de la rodilla de su pierna izquierda como consecuencia de un accidente y también tiene artrosis en el tobillo derecho. (Para más récords de natación en aguas heladas, consulta la pág. 123.)

49

RECORRER LA RUTA 66
Esta ruta, que va de Chicago a Santa Mónica, simboliza el amor de EE.UU. por los viajes por carretera. Dedica un tiempo a ver el *Cadillac Ranch* en Amarillo, Texas, una obra de arte de 1974 compuesta por 10 icónicos automóviles estadounidenses enterrados en el suelo, el récord de la **escultura con más Cadillacs**.

El viaje haciendo esquí polar sin asistencia más largo
Entre el 13 de noviembre de 2022 y el 23 de enero de 2023, la fisioterapeuta del ejército británico Preet Chandi esquió 1.484,53 km en la Antártida desde la ensenada de Hércules hasta el glaciar Reedy. Preet pretendía convertirse en la primera mujer en cruzar el continente de costa a costa, pero las condiciones meteorológicas se lo impidieron.

La más rápida en recorrer Japón a lo largo en bicicleta
Entre el 22 y el 29 de agosto de 2022, Anna Endo (Japón) pedaleó desde el cabo Sata, Kyūshū, hasta el cabo Sōya, Hokkaidō, en 7 días, 12 h y 18 min.

El récord **masculino** es de 5 días, 16 h y 30 min, por Yusuke Ochiai (Japón) del 15 al 20 de octubre de 2021.

La finalización más rápida de todos los senderos del monte Fuji
El 13 de julio de 2022, Ruy Ueda (Japón) afrontó una fuerte lluvia para recorrer los cuatro caminos que conducen a la cima del pico más conocido de Japón en 9 h, 55 min y 41 s.

Más expediciones en esquí al Polo Sur
El 9 de enero de 2023, el guía polar Devon McDiarmid (Canadá) alcanzó el Polo Sur desde la costa antártica por sexta vez, casi 20 años después de su primer viaje. Su hazaña iguala el récord establecido por Hannah McKeand (R.U.) entre 2004 y 2013. McDiarmid viajaba con la expedición de investigación médica «Inspire 22».

La mayor distancia recorrida en minimoto en 24 horas
Del 11 al 12 de mayo de 2021, Valerio Boni (Italia) recorrió 751 km en una minimoto en Pavía, Italia. Además del asfalto mojado, Valerio tuvo que hacer frente a un fuerte dolor de rodillas, ¡algo bastante normal cuando tu vehículo mide apenas 30 cm de alto! Exactamente un año después, estableció otro récord en Bérgamo, Italia, donde recorrió 740,9 km en un día en una **moto de motocross**.

La mayor distancia recorrida en una silla de ruedas motorizada controlada con la boca en 24 horas
Ian Mackay (EE.UU.) cubrió 295,79 km en su silla de ruedas eléctrica en Portland, Oregón, EE.UU. Comenzó a las 8 de la tarde del 21 de junio de 2022, con un equipo de apoyo. «Muy a menudo, como personas con discapacidades, nos enfocamos en lo que no podemos hacer. He progresado liberándome de eso y tratando de ver qué cosas sí son posibles», declaró Mackay.

El más rápido en cruzar los 10 desiertos australianos en moto
El 8 de agosto de 2019, el motero Benji Brundin (Australia) cruzó el desierto de Tanami, en el norte de Australia, en la que fue la última etapa de un viaje con fines benéficos por los desiertos de su país natal. Tardó 29 días, 19 h y 38 min.

La bicicleta remolcada más rápida
El 22 de mayo de 2022, el ciclista extremo Elias Schwärzler (Austria) alcanzó los 272,934 km/h remolcado por una moto en el circuito de Lausitzring en Brandeburgo, Alemania. Durante un breve instante, ¡fue casi tan rápido como un Porsche 911!

La mayor distancia recorrida en triciclo en 12 h (carretera)
El 23 de septiembre de 2022, Marshall Randall (EE.UU.) recorrió 334,34 km en un vehículo de tres ruedas en Míchigan, EE.UU. A lo largo de su viaje, en el que mantuvo una velocidad media de 27,86 km/h, Randall también estableció los récords de los **200 km** y los **300 km más rápidos en triciclo**: 6 h, 47 min y 43,3 s y 10 h, 27 min y 44,22 s. La Asociación Mundial de Ultraciclismo ratificó todos estos récords.

El triatlón sobre hielo más largo
El 14 de marzo de 2022, Dirk Leonhardt (Alemania) montó en bicicleta, corrió y patinó una distancia total de 165,16 km en la pista de hielo del Eissporthalle de Fráncfort, Alemania.

El cruce del mar Negro a remo más rápido (equipo)
Entre el 11 y el 20 de junio de 2022, Alex Dumbrava (Rumanía), Danny Longman, Gregg Botterman y Roland Burr (todos del R.U.) cruzaron el mar Negro en 9 días, 18 h y 5 min. Recorrieron 1.200 km desde Mangalia, Rumanía, hasta Batumi, Georgia, con la compañía ocasional de delfines curiosos o guardacostas desconfiados. Su hazaña tenía como objetivo recaudar fondos para el Comité Internacional de la Cruz Roja.

48

MONTAR EN CAMELLO
¿Sabías que la **mayor población de camellos en libertad**, que asciende a más de 1 millón de ejemplares, no vive en África o Asia sino en Australia? Estos «barcos del desierto» se importaron en el pasado para emplearlos como transporte, pero después de que los vehículos motorizados los reemplazaran, los liberaron y su población empezó a aumentar.

LEYENDA DE LA MÚSICA

ELTON JOHN

A lo largo de seis décadas de brillante carrera, Elton John se ha asegurado un lugar en la historia de la música como uno de los solistas más exitosos de todos los tiempos. Con 166 éxitos en R.U. y EE.UU., más de 300 millones de discos vendidos en todo el mundo y casi 4.000 conciertos, resulta complicado asimilar la altura que ha alcanzado este «Rocketman».

La megaestrella mundial desarrolló su amor por la música a temprana edad mientras aprendía a tocar el piano de su abuela. En 1962, aún adolescente, formó la banda Bluesology. Aunque la abandonó cinco años después, pronto unió fuerzas con el compositor Bernie Taupin en la que sería una de las colaboraciones más arrolladoras de la historia de la música pop. De hecho, «Candle in the Wind 1997», su homenaje a la princesa Diana, es el **sencillo físico más vendido desde que existen las listas de éxitos**, con 33 millones de copias.

Elton ha acumulado récords en el mundo del entretenimiento gracias a su éxito en las listas de éxitos y a sus composiciones para el cine y el teatro, pero igual de destacable ha sido su labor filantrópica. Fundada en 1992, la Fundación Elton John contra el SIDA, que ha recaudado más de 565 millones de dólares para combatir el VIH/SIDA, recibió el premio Global Impact en los British LGBT Awards 2020.

Aunque su último concierto está programado para el verano de 2023, no parece que el sol vaya a ponerse para esta leyenda del pop. De hecho, a principios de 2023 se confirmó que su gira *Farewell Yellow Brick Road* se había convertido en la **gira musical con mayores ingresos brutos de todos los tiempos**: más de 818 millones de dólares entre septiembre de 2018 y enero de 2023.

1

2

3

DATOS PERSONALES

Nombre	Reginald Dwight (Elton Hercules John)
Lugar de nacimiento	Pinner, Londres, R.U.
Fecha de nacimiento	24 de marzo de 1947
Títulos GWR vigentes	Múltiples, entre ellos: el **sencillo más vendido (en soporte físico) desde que existen las listas de exitos**; el **sencillo más vendido (R.U.)**; el **primer álbum en debutar en el n.º 1 (EE.UU.)**
Premios	Ivor Novello: 10 Grammy: 6 BRIT: 5 Óscar: 2 Tony: 1
N.ºs 1 en las listas de éxitos	EE.UU.: 9 R.U.: 10
Clasificación *Billboard* del «Mejor artista de todos los tiempos»	N.º 1 (solistas) N.º 3 (global)

El 7 de junio de 1975, el disco de Elton *Captain Fantastic and the Brown Dirt Cowboy* se convirtió en el primer álbum en alcanzar el n.º 1 de la lista Billboard 200 en su primera semana de lanzamiento.

Además de vestirse con algunos de los atuendos icónicos de Elton, Taron también tuvo que aprender a tocar el piano para *Rocketman*.

Con «Cold Heart (PNAU Remix)», que alcanzó el n.º 1 en 2021, Elton se convirtió en el **primer solista que lograba un éxito en el Top 10 del Reino Unido en seis décadas consecutivas.**

1. Elton comenzó su andadura musical tocando «El vals de los patinadores» de oído a los tres años. Ocho años más tarde, obtuvo una beca júnior en la Royal Academy of Music.

2. A principios de la década de 1960, fundó la banda The Corvettes, que después pasó a llamarse Bluesology. Su nombre artístico es un homenaje a dos de sus excompañeros de banda: el saxofonista Elton Dean y el vocalista Long John Baldry.

3. En 2005, Elton y David Furnish fueron de las primeras parejas del R.U. en establecer una unión civil. Se casaron en 2014.

4. El 10 de noviembre de 2021, el príncipe Carlos nombró a Elton John miembro de la Orden de los Compañeros de Honor en el castillo de Windsor. Fue nombrado caballero por la reina en 1998 por sus servicios a la música y sus obras de beneficencia.

5. Taron Egerton interpretó el papel principal en la película sobre la vida de Elton John *Rocketman* (2019). Su actuación le valió un Globo de Oro.

6. Elton compuso algunos temas para la película de Disney *El Rey León* (EE.UU., 1994), incluidos éxitos ya clásicos como «Circle of Life» y «Can You Feel the Love Tonight». También trabajó en la música de la versión teatral, que se ha convertido en la **franquicia de teatro musical con mayores ingresos brutos,** con más de 9.100 millones de dólares recaudados en todo el mundo hasta la fecha.

Descubre más información sobre sir Elton John en la sección del Salón de la Fama en **www.guinnessworldrecords.com/2024.**

El trabuquete de madera más grande

La temible arma de asedio Loup-de-Guerre (Lobo de Guerra) era capaz de catapultar proyectiles de 120 kg a 200 m de distancia. Se estima que alcanzaba los 90 m de altura con el brazo totalmente extendido. El rey Eduardo I de Inglaterra ordenó su construcción en 1304 para culminar el asedio del castillo de Stirling, el último enclave de la resistencia escocesa al dominio inglés.

En esta sección descubrirás más creaciones asombrosas y hechos extraordinarios a medida que analicemos los anales de la historia con la lente superlativa de GWR. Visitaremos pirámides, viajaremos junto a piratas y descubriremos sorprendentes fotografías fantasmagóricas para acercar el pasado al presente...

A todo detalle:

Una máquina misteriosa

Aunque no nos han llegado dibujos del Lobo de Guerra, el ejército de Eduardo I registró algunos de sus detalles fundamentales y de sus capacidades. Esta reconstrucción es obra del ilustrador especialista en historia Bob Marshall, que la dibujó en 2020 a partir de diseños conocidos de trabuquetes medievales.

LA PAGODA DE MADERA MÁS ALTA

PAGODA SAKYAMUNI

Una de las construcciones más emblemáticas de China, la pagoda Sakyamuni del templo Fogong, tiene una historia de casi 1.000 años. Ha sobrevivido a terremotos, guerras y condiciones climáticas extremas debido a los secretos arquitectónicos que confieren una asombrosa estabilidad a su estructura de madera.

La pagoda se edificó en la provincia de Shanxi en 1056, probablemente bajo las órdenes del emperador Daozong de Liao, en el emplazamiento de su casa natal. Aunque el templo budista de 67,31 m de alto consta de nueve pisos, solo cinco son visibles desde el exterior, ya que cuatro entresuelos quedan ocultos. Hay estatuas budistas en cada piso, con obras de arte devotas en las paredes y el techo, y ofrece unas vistas panorámicas del campo de los alrededores desde las ventanas. En China, se conoce simplemente como *Muta* («Pagoda de Madera»).

A lo largo de los siglos desde su construcción, la pagoda ha afrontado numerosos desafíos estructurales: ha resistido a siete terremotos en sus primeros 50 años de existencia, y durante la segunda guerra sino-japonesa (1937-1945) fue objeto de ataques de artillería. El secreto de la longevidad del templo radica en su ingenioso diseño y en el uso de unos soportes de madera entrelazados, conocidos como *dougong*, para sostener los aleros y el tejado. También está en deuda con las generaciones de artesanos locales que han reparado las maderas dañadas; hoy en día el Instituto para la Protección de las Pagodas se ocupa del mantenimiento del templo.

Sin embargo, tantos años de desgaste han hecho mella en la construcción y actualmente está inclinada hacia un lado, como la torre de Pisa.

Los *dougong*, característicos de los edificios chinos desde el periodo de las Primaveras y Otoños (770-476 a. C.), se tallan para que encajen sin clavos ni cola.

Cada piso de esta pagoda de forma octogonal se sostiene por 24 columnas exteriores y 8 interiores. Estas dos sucesiones de columnas crean un pasillo exterior (*waicao*), y las estatuas del templo están ubicadas en la zona central (*neicao*), que están rodeadas por las columnas interiores.

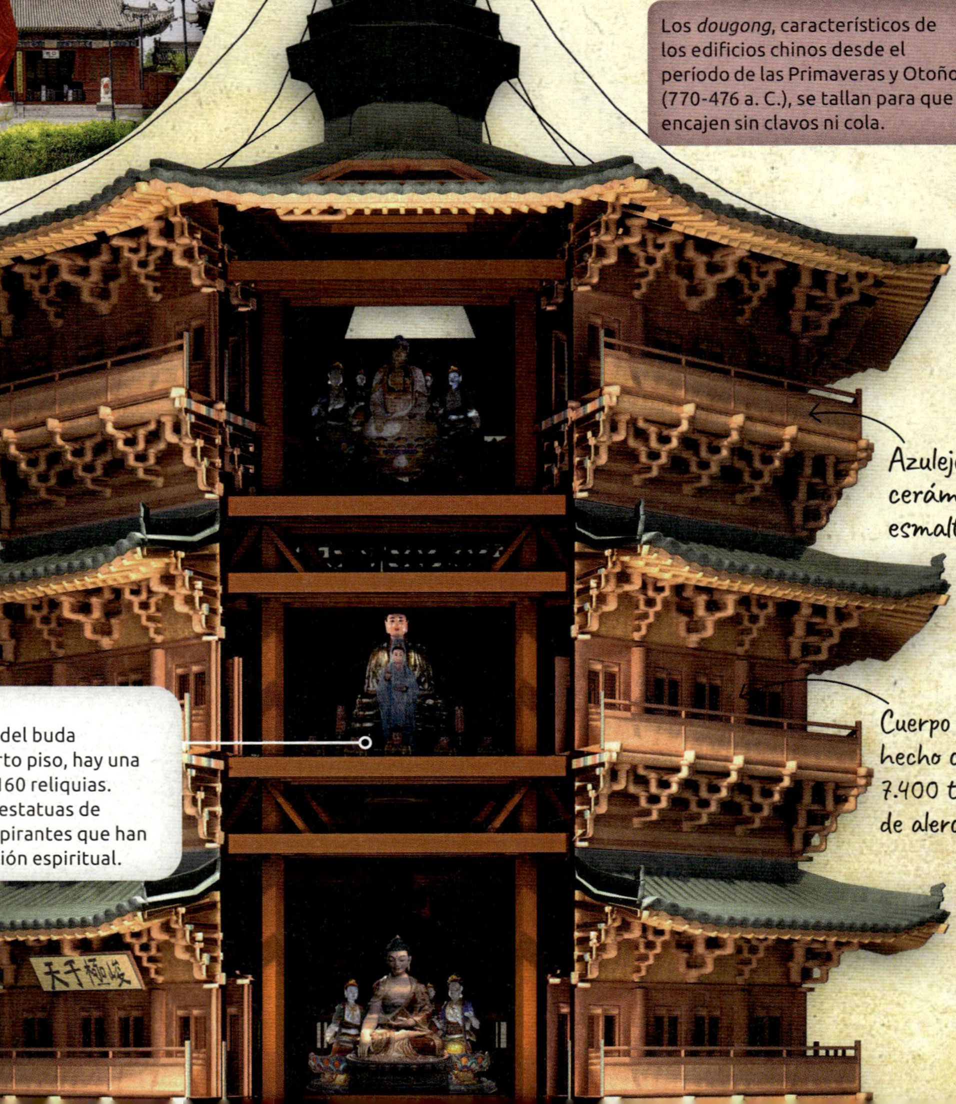

Tesoros ocultos
Dentro del abdomen del buda Śākyamuni, en el cuarto piso, hay una cavidad que alberga 160 reliquias. Está rodeado por las estatuas de ocho *bodhisattvas*, aspirantes que han alcanzado la iluminación espiritual.

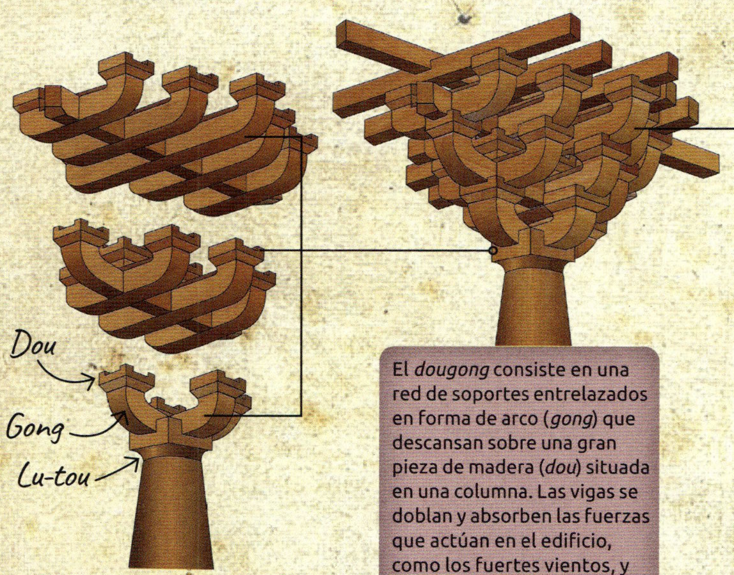

El *dougong* consiste en una red de soportes entrelazados en forma de arco (*gong*) que descansan sobre una gran pieza de madera (*dou*) situada en una columna. Las vigas se doblan y absorben las fuerzas que actúan en el edificio, como los fuertes vientos, y reparten la energía por toda la estructura.

Objeto de culto
La planta baja está dominada por una estatua de 11 m de alto del buda Sakyamuni, sentado en un trono de pétalos de loto. Encima de su cabeza hay un *zaojing*, un artesonado de madera decorativo.

Pagoda Tianning
153,79 m
Ubicada en Changzhou, China, la **pagoda más alta** del mundo tiene 13 plantas y se terminó de construir en 2007. Su estructura es de acero y sus cimientos son de hormigón.

Pagoda Shwedagon
99 m
En Rangún, Myanmar, se encuentra el **edificio bañado en oro más grande**; está totalmente recubierto de oro. Cuenta la leyenda que el templo se erigió hace 2.600 años, pero los expertos sugieren que su construcción se sitúa entre los siglos VI y X d. C.

Pagoda Sakyamuni
67,31 m
La **pagoda de madera más alta** (arriba) se halla en el condado Ying de China, a 85 km al sur de Datong.

Para que te hagas una idea, la Estatua de la Libertad mide 46 m desde la base del plinto hasta el extremo de la antorcha. (Si se incluye el pedestal, mide 93 m.)

Las pagodas son la evolución de las estupas indias, unos colosales templos donde se custodiaban reliquias antiguas y restos sagrados.

Egipcios extraordinarios

La primera medida estandarizada
Un «codo» era una unidad de longitud definida como: la distancia entre el codo de una persona y el extremo del dedo corazón. Pero como la medida del antebrazo variaba, también lo hacía la del codo. Para solucionarlo, hacia el año 3000 a. C. se formalizó un «codo real» estándar, basado en el brazo del faraón reinante. Por ejemplo,el codo real usado para construir la Gran Pirámide de Guiza (ver abajo) era de 52,4 cm.

El papiro más antiguo conservado
El *Diario de Merer* es la crónica que escribió un funcionario que participó en la construcción de la Gran Pirámide. Data de finales del reinado del faraón Keops, hacia el 2570 a. C., y lo descubrió el arqueólogo francés Pierre Tallet en 2013.

La fiesta del antiguo Egipto más larga

El calendario del antiguo Egipto estaba repleto de celebraciones para conmemorar ocasiones religiosas especiales. Una de las más notables era la fiesta de Opet, en la que se veneraba el renacimiento y la fertilidad durante la estación de las inundaciones, conocida como *akhet*. En sus orígenes la festividad duraba 11 días, pero más adelante se alargó hasta 27 en lugares sagrados como Karnak (en la imagen; ver a la derecha).

La pirámide más alta

La Gran Pirámide de Guiza (derecha) se elevaba 146,7 m sobre el desierto cuando se construyó hace unos 4.500 años. Fue **la estructura más alta** del mundo unos 3.780 años, pero debido a la erosión y al vandalismo a lo largo de los milenios, su altura ha quedado reducida a 137,5 m.

En el mismo emplazamiento, a las afueras de El Cairo, se halla la **escultura monolítica más grande:** la Gran Esfinge (izquierda). Este «hombre-león» de caliza mide 73,5 m de largo y 20,2 m de alto.

Con 136,4 m de altura, la pirámide de Kefrén es la segunda más alta del mundo.

El uso de los jeroglíficos empezaba a decaer en la sociedad egipcia cuando se produjo la invasión romana, en el año 30 a. C.

El mayor templo del antiguo Egipto
El complejo del templo de Karnak en Tebas (actualmente Luxor), ubicado en la orilla oriental del río Nilo, se empezó a construir hacia el año 2000 a. C. y varias dinastías lo fueron embelleciendo a lo largo de casi dos milenios. El lugar está formado por numerosos santuarios, pilones (entradas del templo) e incluso un lago sagrado de una superficie de unos 101 ha. La estructura más imponente de Karnak es el gran templo de Amón-Ra. La sala hipóstila, de 5.000 m², conserva sus 134 columnas originales (detalle, izquierda); 12 de ellas, situadas en el centro de la sala, son las **columnas maestras de piedra más altas**, con 21 m de altura.

Los primeros jeroglíficos descifrados
La piedra de Rosetta es una lápida de 1,14 × 0,7 m descubierta en Rashid, Egipto, en julio de 1799. En la estela había grabado un decreto del faraón del 196 a. C. en tres lenguas distintas: griego, demótico (la escritura cotidiana cursiva) y jeroglíficos. Gracias a una «clave» que aparece en el texto griego, y al conocimiento de que los jeroglíficos, el demótico y el copto actual (que todavía se utiliza en la iglesia ortodoxa de Egipto) son la evolución de un mismo lenguaje, los estudiosos lograron descifrar el código. El filólogo francés Jean-François Champollion dio el primer paso en 1822 cuando descifró los nombres de Cleopatra y Ptolomeo.

La piedra de Rosetta se encuentra en el Museo Británico desde 1802, aunque actualmente existe una petición para repatriarla a Egipto, junto con otros artículos.

Jeroglíficos: palabras divinas

Los jeroglíficos («grabados sagrados») era el sistema de escritura basado en pictogramas que se empleó en Egipto durante casi 4.000 años. Se necesitaron siglos para descodificar el significado de esta mezcla compleja de palabras enteras, unidades fonológicas (fonemas) y sílabas. Los **primeros jeroglíficos**, que eran impresiones de sellos de arcilla y tablillas de hueso/marfil, se hallaron en Abidos y datan del 3400-3200 a. C.

Los **últimos jeroglíficos** aparecen en una inscripción religiosa (izquierda) que realizó el sacerdote Esmet-Akhom en el año 394 d. C. Están grabados en una pared del templo de Filas, en una isla del Nilo cerca de la ciudad de Asuán.

La faraona que reinó durante más tiempo

Hatshepsut (abajo) se mantuvo en el poder durante 21 años, desde el 1479 hasta el 1458 a. C. aproximadamente, en la dinastía XVIII. La mayor parte de este tiempo fue corregente con su hijastro, Tutmosis III.

El **faraón con el reinado más largo** de la historia fue Pepi II Neferkare, que gobernó unos 94 años, de 2278 a 2184 a. C. Hoy en día, la mayoría de los expertos coinciden en que su reinado fue más corto, de 64 o 65 años (sigue siendo todo un récord).

El mayor tesoro funerario de un faraón

El redescubrimiento de la cámara funeraria casi intacta de Tutankamón en el Valle de los Reyes de Egipto desató una «egiptomanía» que dejó un legado duradero en la cultura popular. Ya ha transcurrido más de un siglo desde que el egiptólogo británico Howard Carter y su equipo (reunido por Lord Carnarvon) entraron por primera vez en la tumba oculta hasta la fecha, el 26 de noviembre de 1922. Sin embargo, todavía hoy estamos aprendiendo cosas nuevas sobre este enigmático dirigente. Es el único faraón redescubierto que permanece en su lugar de reposo eterno.

El «Rey Niño», que gobernó aproximadamente entre los 9 y los 19 años, fue enviado al más allá muy bien preparado. Además del sarcófago y de ataúdes anidados (izquierda), se depositaron 5.398 objetos dentro la tumba, tales como estatuas, armas, juegos, prendas de ropa (junto con el **maniquí más antiguo**), joyas, cuadros, instrumentos e incluso seis carros de guerra.

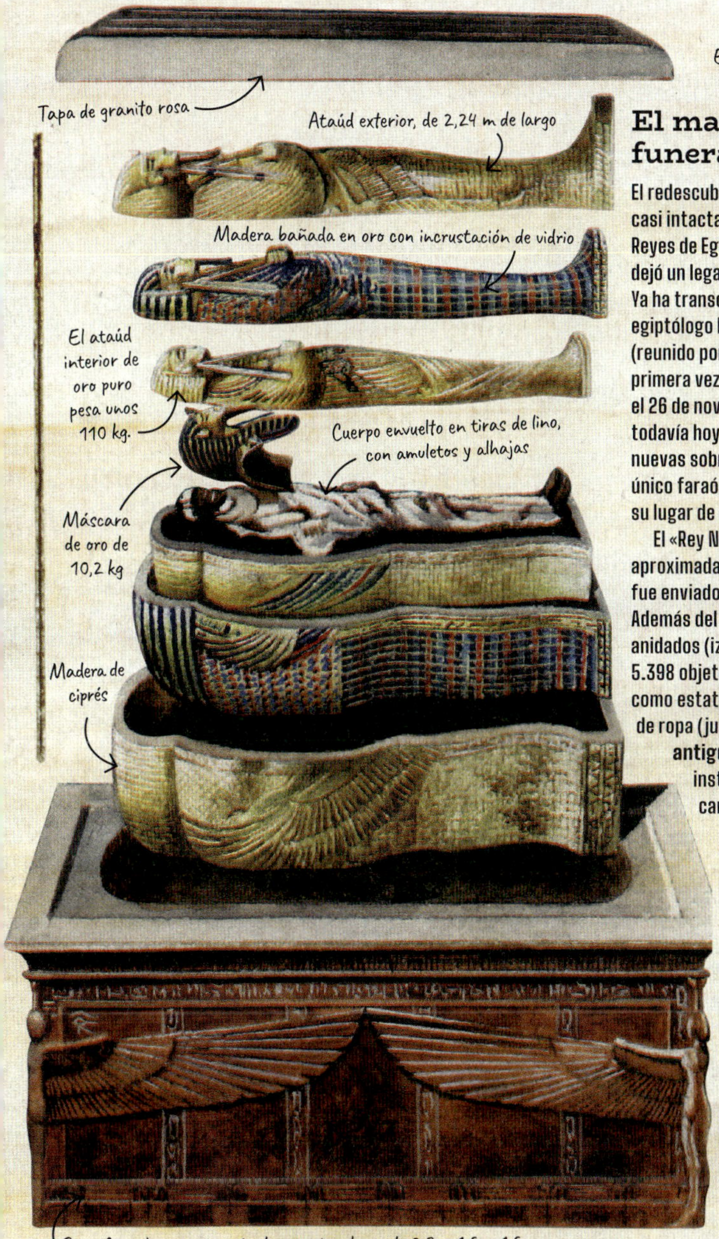

Sarcófago de cuarcita roja de aproximadamente 2,7 × 1,5 × 1,5 m

En signos jeroglíficos egipcios, «GWR» se representaría con el pie de una jarra, un polluelo y una boca.

1. La emblemática máscara mortuoria del rey Tut contiene dos aleaciones de oro e incrustaciones de pasta de vidrio y piedras preciosas, como lapislázuli, cornalina y turquesa.
2. Howard Carter examina el ataúd de oro interior del Rey Niño, dentro de su tumba.
3. Los restos de Tutankamón no estaban en buen estado, porque la resina usada para su conservación había adherido el cuerpo al ataúd ¡e incluso puede que hubiera ayudado a una combustión espontánea!

Las momias más antiguas

Preservar a los difuntos mediante el secado y el embalsamamiento es sinónimo del antiguo Egipto, pero esta región no fue la primera en usar la momificación. Ya en el año 7020 a. C., la cultura suramericana de los chinchorros, asentada en el límite del desierto de Atacama (el Perú y Chile actuales), aprovechó las condiciones áridas de la zona para desecar de forma natural a sus difuntos. Hacia el 5050 a. C., las técnicas de momificación de los chinchorros se habían vuelto más sofisticadas: se extraían las tripas del cadáver para sustituirlas por materia vegetal y arcilla, y luego se volvía a coser la piel y se aplicaba una capa de pasta de ceniza.

La momia más antigua de Egipto que se conoce es un hombre adulto (3700-3500 a. C.) y actualmente se encuentra en Turín, Italia. En 2018 se descubrió que había sido embalsamado, evidencia que retrasa el origen de esta práctica en Egipto unos 1.500 años.

La primera mascota con nombre

En el antiguo Egipto, los animales tenían un papel destacado en la vida doméstica y en la religiosa. El «nombre de mascota» más antiguo es Beha, un perro de caza con la cola enroscada representado en un fragmento de una talla funeraria del 2400 a. C.

El **cementerio de mascotas más antiguo** (siglo I-II d. C.) está situado cerca del antiguo puerto de Berenice, en el mar Rojo. Este cementerio de animales aloja los restos de 536 gatos, 32 perros, varios monos pequeños y un joven babuino.

Aunque la tumba del rey Tut estaba en excelentes condiciones, indicios como un agujero sellado en la puerta exterior sugieren que fue asaltada, probablemente dos veces, poco después de su muerte.

CAOS MEDIEVAL

El peso de estiramiento de un arco más elevado

En la Edad Media, los arqueros ingleses se contaban entre los soldados más temidos de Europa. Se entrenaban desde la infancia en el uso de arcos de tejo de 1,83 m. Ejemplares procedentes del naufragio del *Mary Rose* (ver pág. 147) revelan que cargarlos con una flecha requería ejercer una fuerza de 84 kg. El 15 de agosto de 2004, el arquero Mark Stretton (R.U.) demostró que esos arcos eran utilizables al disparar uno con un peso de estiramiento de 90 kg en Somerset, R.U.

El castillo más grande
Los muros del castillo de Praga rodean un área de 72,840 m² en un promontorio de la capital de República Checa. Las primeras secciones datan del siglo IX, aunque es probable que con anterioridad ya existiera allí una fortificación.

La categoría del **castillo más pequeño** es más difícil de definir, pero si entendemos que un castillo cuenta con unos muros que encierran un torreón, un firme candidato al título es el castillo de Clitheroe, en Lancashire, R.U. Construido en el siglo XII, sus muros rodean un área de apenas 882 m², más o menos el tamaño de tres canchas de tenis.

El asedio más largo
Aunque el asedio de Ishiyama Hongan-ji (ver a la derecha) fue la campaña más larga contra una pequeña fortaleza o castillo, se sabe que ciudades fortificadas resistieron asedios mucho más prolongados. Según el historiador griego Heródoto, la ciudad de Azotus (en la actualidad Azoto), en Israel, resistió a las fuerzas del faraón Psamético de Egipto durante 54 años entre 664 y 610 a. C.

El séquito caballeresco más numeroso
En su forma más grandiosa, los torneos medievales incluían una batalla a pequeña escala o *mêlée* en la que se luchaba por honor y prestigio. Aunque no se aprobaba dar muerte a los contendientes de forma deliberada, las lesiones y las muertes accidentales eran habituales.

Los participantes principales llegaban a los torneos con un séquito de caballeros que luchaban en su bando. Enrique el Joven, rey de Inglaterra, hizo su aparición en el gran torneo de Lagny-sur-Marne (ver página siguiente) acompañado de 200 caballeros. El coste de pagar los salarios de semejante séquito superaba lo que algunos condados ingleses recaudaban en impuestos en todo un año.

El disparo más lejano de una catapulta
La potencia de las armas de asedio previas a la pólvora ha sido objeto de debate, ya que los escritores tendían a exagerar las hazañas de sus mecenas. Sin embargo, en 1904, el historiador Frederick Wyn (R.U.) construyó una réplica de una mangana que lanzó un proyectil de 4,5 kg a 320 m de distancia.

La espada más larga

Ōdachis japonesas (arriba, cargada a la espalda), claymores escocesas y zweihänders alemanas de más de 2 m de largo se utilizaron en combate. También hay testimonios de espadas más largas cuya función era probablemente ceremonial o decorativa.

El asedio de un castillo más largo

En 1570, como parte de su campaña para unificar Japón, el poderoso daimio (señor feudal) Oda Nobunaga sitió el templo fortificado de Ishiyama Hongan-ji, bastión de los monjes guerreros ikko-ikki. A pesar de que Nobunaga rodeó el castillo por tierra, los aliados de los monjes pudieron hacerles llegar suministros por mar, lo que permitió a la guarnición resistir durante 10 años antes de rendirse en agosto de 1580. Tras su captura, se prendió fuego a la fortaleza y en su lugar se levantó el castillo de Osaka.

El torneo con más muertes

Un torneo celebrado en Neuss (en la actual Alemania) en mayo de 1241 acabó con la muerte de 60 contendientes. El tiempo, inusualmente caluroso, fue un factor clave: una nube asfixiante de polvo se levantó durante el tumulto, dificultando la respiración. Tal circunstancia resultó fatal para muchos caballeros, que luchaban con armaduras completas con almohadillas y cota de malla.

Caballeros ágiles

A menudo se da por supuesto que un caballero equipado con armadura completa iba tan cargado que apenas podía moverse. En realidad, una buena armadura pesaba de 20 a 30 kg, aproximadamente lo mismo que el equipo de un soldado contemporáneo. Los caballeros podían correr, saltar y luchar. El 21 de septiembre de 2008, el recreador danés Peter Pedersen lo demostró completando la **maratón con armadura más rápida**. Corrió los 42,2 km de la prueba en apenas 6 h, 46 min y 59 s.

El dueño original de la armadura murió accidentalmente en una justa en 1559.

La armadura más cara

El 5 de mayo de 1983, la colección de armaduras de lord Gavin Astor se subastó en la sala de Sotheby's de Londres. El lote estrella fue esta armadura decorada para desfiles hecha por el maestro artesano milanés Giovanni Negroli a principios de la década de 1540 para el rey Enrique II de Francia. El empresario estadounidense Barry Trupin la adquirió por 3.032.826 dólares. Este conjunto es posterior a la llegada de las potentes armas de fuego a los campos de batalla de Europa, un cambio que convirtió a las armaduras en objetos de moda e hizo que dejaran de ser atuendos prácticos para el combate.

Cada pieza de una armadura tiene un nombre.

El torneo medieval más multitudinario

En noviembre de 1179, alrededor de 3.000 caballeros participaron en la *mêlée* de Lagny-sur-Marne, Francia, que se celebró con motivo de la coronación del rey Felipe II. Su importancia diplomática atrajo a nobles y patrocinadores de torneos de toda Europa, incluidas grandes figuras como el rey Enrique el Joven (arriba a la derecha) y Hugo de Borgoña.

Piratas

La primera persona ejecutada por piratería de la que se tiene constancia fue un inglés llamado William Marise en 1242.

La primera bandera pirata
El pirata francés Emanuel Wynn fue el primero en izar este siniestro estandarte. Lo hizo durante una batalla en julio de 1700, momento en el que los piratas ondeaban banderas rojas o negras. La roja significaba «sin cuartel» (es decir, sin merced); la negra implicaba indulgencia. A veces, las banderas incluían una calavera, pero por lo general eran de un único color. A continuación, se muestran las insignias de algunos capitanes famosos.

Stede Bonnet

Barbanegra

Christopher Moody

Edward Low

La flota pirata más grande
En 1809, la Confederación Pirata Guangdong, también conocida como la Flota Roja, que actuaba en el mar de la China Meridional, estaba formada por unos 1.800 juncos y más de 70.000 tripulantes. A su cabeza se encontraba la china Zheng Yi Sao (cuyo nombre al nacer era Shi Yang), quien asumió el mando tras la muerte de su esposo en 1807.

La primera reina pirata
La reina Teuta fue la líder de la tribu de los ardieos en Iliria (al oeste de la actual península de los Balcanes) en 231-227 a. C. Participó en razias contra ciudades-estado rivales y se hizo famosa como el «terror del Adriático». Teuta, quien otorgaba licencias a barcos para saquear en su nombre, solo se rindió después de que Roma declarara la guerra a Iliria y enviara una flota de 200 barcos contra su ejército. Su destino sigue siendo un misterio.

Los primeros piratas documentados
La primera mención a la piratería aparece en tablillas egipcias en escritura cuneiforme del siglo XIV a. C. Se refieren a las incursiones de piratas de Lukka, en la costa de Turquía, a la cercana Chipre.

El primer pirata en búsqueda y captura en todo el mundo
El inglés Henry Avery, alias Long Ben, se convirtió en pirata después de trabajar en un barco de esclavos. En 1695, en un ataque a 25 barcos pertenecientes al Gobierno del Imperio mogol de la India, se hizo con un botín de metales preciosos y joyas por valor de unos 62 millones de dólares actuales, cifra que lo convirtió en el pirata más rico del momento. Como represalia, el Consejo Privado del Reino Unido y la Compañía de las Indias Orientales ofrecieron una enorme recompensa de 1.000 libras esterlinas por su captura, aunque nadie pudo apresarlo. En 1696, desapareció sin dejar rastro.

Más barcos asaltados por un pirata
Bartholomew *Black Bart* Roberts, también conocido como John Roberts, fue un galés que saqueó más de 400 barcos entre 1719 y 1722, una tasa de éxito más alta que la de cualquier otro bucanero. Sus ataques se concentraron en las costas de América y del África occidental.

El pirata más viejo
La mayoría de los piratas moría en la treintena a causa de lo arriesgada que era su actividad. Sin embargo, el capitán William Kidd (1645-1701 aprox.) llegó a la respetable edad de 56 años. Nacido en Escocia, en 1689 se convirtió en corsario (es decir, un pirata con autorización legal) después de una distinguida carrera en el mar. Kidd solo fue acusado de piratería en 1698 tras asaltar el barco mercante Quedagh. Algunos historiadores afirman que su ejecución por piratería estuvo injustificada.

La serie de películas de piratas con mayores ingresos brutos
Hasta la fecha, las cinco películas de la franquicia *Piratas del Caribe* (EE.UU.) de Disney han recaudado 4.520 millones de dólares. Se inspiraron en un parque temático acuático que se inauguró en Disneyland, California, EE.UU., en 1967. La segunda entrega, *El cofre del hombre muerto* (2006), es la **película de espadachines con mayores ingresos brutos**: 1.060 millones de dólares, ¡un buen montón de piezas de a ocho!

El botín y otros artefactos del Whydah se pueden ver en un museo pirata en West Yarmouth, Massachusetts, EE.UU.

El pirata más joven
El 9 de noviembre de 1716, John King, de entre 8 y 11 años de edad, y su madre navegaban en el *Bonetta* cuando Black Sam (derecha) lo abordó. El capitán del *Bonetta* juró más adelante que King insistió en unirse a la tripulación pirata. El pecio de uno de los barcos de Black Sam podría confirmar esa historia, ya que en él se encontraron un zapato pequeño, unas medias de seda y un hueso de pierna de un niño de la edad de King.

El pirata marítimo con mayores ingresos
Durante la «Edad de Oro» de la piratería (1650-1730), el inglés Black Sam, alias de Samuel Bellamy (derecha), acumuló una fortuna equivalente a 147 millones de dólares actuales. Sorprendentemente, la amasó en solo dos años: 1715-17. Su mayor captura fue el *Whydah Gally* (arriba), que iba cargado con más de 5 millones de dólares actuales en oro y plata.

El buque se hundió frente al cabo Cod el 26 de abril de 1717, junto con Black Sam y toda su tripulación, con la excepción de dos marineros. Barry Clifford (EE.UU.) recuperó la campana del barco el 30 de octubre de 1985 y convirtió al *Whydah* en el **primer pecio de un barco pirata conocido recuperado**.

La historia de piratas más adaptada
Publicada por primera vez en 1883, *La isla del tesoro*, de Robert Louis Stevenson (R.U.), se ha llevado a la pantalla al menos 41 veces entre 1917 y 2015. Los Teleñecos (derecha) ofrecieron su propia versión de este clásico en 1996.

NAUFRAGIOS

El barco hundido más antiguo
En 1975, se descubrieron, en la isla griega de Dokos, los restos de una embarcación de la Edad de Bronce datada en el 2200 a. C. aprox. Solo se recuperaron dos anclas de piedra y varios utensilios de arcilla de la embarcación.

El barco hundido a mayor profundidad
La Armada Japonesa hundió al USS Samuel B. Roberts («DE-413») en octubre de 1944, durante la batalla de Sámar, en el mar de Filipinas. El explorador Victor Vescovo y el experto en sonar Jérémie Morizet, a bordo del DSV Limiting Factor (ver págs. 116-117), redescubrieron el destructor de escolta de la II Guerra Mundial el 22 de junio de 2022 a una profundidad de 6.865 m. El Sammy B superó los 6.468,6 m de profundidad del USS Johnston, encontrado también por Vescovo en marzo de 2021.

El barco hundido más valioso
Botado en 1698, el San José formaba parte de la Flota de Indias española que transportaba metales preciosos y joyas desde Sudamérica a España. Se hundió el 8 de junio de 1708 frente a Cartagena, Colombia, tras un ataque británico. Su descubrimiento se anunció en 2015, pero sigue siendo objeto de disputa por resolver legalmente. Su cargamento de monedas de oro y de plata, de esmeraldas y de porcelana podría estar valorado en hasta 20.000 millones de dólares.

LA COLISIÓN CON UN ICEBERG MÁS LETAL

Se estima que unas 1.517 personas murieron cuando el RMS Titanic chocó contra un iceberg y se hundió en el Atlántico Norte el 14 de abril de 1912. El icónico trasatlántico, al que se había calificado de «insumergible», realizaba su viaje inaugural y había zarpado del puerto británico de Southampton en dirección a Nueva York. El Titanic se encontró en 1985, a 700 km frente a la costa de Terranova, Canadá, y actualmente está protegido por la UNESCO.

MÁS BARCOS VARADOS EN EL DESIERTO

Se tiene constancia de al menos 137 barcos varados en la costa de los Esqueletos, una franja de 1.600 km de longitud en el desierto de Namibia, en Namibia occidental, y paralela al océano Atlántico. Es una de las costas más peligrosas del mundo, debido a la niebla, a las potentes corrientes y al fuerte oleaje. Como la arena del desierto se va desplazando, da la impresión de que algunos de los barcos hundidos avanzan hacia el interior.

El Eduard Bohlen, un barco alemán hundido en 1909, está a 400 m tierra adentro.

El barco hundido más meridional
El 5 de marzo de 2022, se halló al HMS Endurance a 3.000 m de profundidad frente a la costa de la Antártida, a 69 °S, 52 °O. Se desconocía el paradero del bergantín-goleta tras su hundimiento durante la Expedición Imperial Trasatlántica (1914-1917), liderada por el explorador británico Ernest Shackleton. El Endurance quedó atrapado entre hielo a la deriva en el mar de Weddell en enero de 1915 y se hundió nueve meses después. Tanto Shackleton como su equipo formado por 27 integrantes sobrevivieron.

A 74 °N, 91 °O, el mercante británico HMS Breadalbane es el **barco hundido más septentrional**. Naufragó frente a la isla Devon, en el ártico canadiense, después de que una placa de hielo a la deriva le perforara el casco el 21 de agosto de 1853.

El submarino hundido en más ocasiones
Botado en julio de 1863, el desdichado CSS H. L. Hunley se hundió tres veces en siete meses causando la muerte de 21 tripulantes. Se recuperó por última vez del fondo del mar el año 2000 y ahora está expuesto en el antiguo Astillero Naval de Charleston, EE.UU.

MÁS OBJETOS RECUPERADOS DE UN NAUFRAGIO

Se han recuperado unas 350.000 piezas de porcelana china casi inmaculadas del naufragio del Tek Sing, un gran junco oceánico chino que naufragó frente al mar de la China Meridional el 6 de febrero de 1822 en ruta a las Indias Orientales Neerlandesas. El cazatesoros británico Michael Hatcher lo encontró el 12 de mayo de 1999. A continuación, hemos realizado una comparación con los tesoros recuperados de otros naufragios célebres...

Tek Sing: Unas 350.000 piezas, como cuencos, platos y cazos con tapa de porcelana

Titanic: Unas 5.500, como cartas, loza y un violín

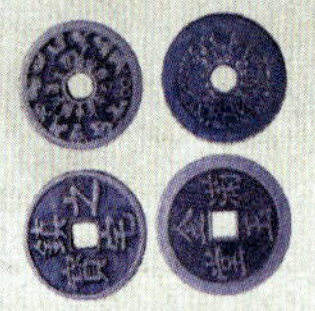

Nanhai One: unas 180.000, como objetos de cerámica y monedas chinas con orificios cuadrados

Vasa: unas 25.000, como cañones, ropa, herramientas y monedas escandinavas

Mary Rose: unas 26.000, como armas y el esqueleto de un perro llamado *Hatch*

EL MUSEO DE UN BARCO HUNDIDO MÁS COSTOSO

The Mary Rose Museum en Portsmouth, R. U., se inauguró el 20 de julio de 2016, tras 10 años de construcción y un coste estimado de 39 millones de dólares. La pieza de honor son los restos de la célebre embarcación de la era Tudor que se hundió el 19 de julio de 1545 durante un enfrentamiento contra los franceses en la batalla de Solent. El Mary Rose se rescató del fondo del mar el 11 de octubre de 1982, un evento que millones de personas de todo el mundo siguieron por televisión. Actualmente, los visitantes del museo pueden caminar entre las secciones reconstruidas del buque de guerra y admirar muchos de los objetos recuperados con la embarcación.

¡Listo para la batalla!

En el Mary Rose se encontraron más de 8.300 piezas de artillería y armamento (pistolas de hierro, picas, arcos largos y flechas): es la **mayor cantidad de armas medievales recuperadas de un naufragio.**

El Äpplet, el barco gemelo del Vasa, se hundió en 1659 para defender el puerto de Estocolmo. Se localizó en octubre de 2022.

La maqueta muestra los llamativos colores originales del Vasa.

EL BUQUE DE GUERRA DE VELA MEJOR CONSERVADO IZADO A LA SUPERFICIE

El Vasa es un buque de guerra sueco que se hundió en el puerto de Estocolmo el 10 de agosto de 1628, cuando solo había recorrido 1,3 km de su viaje inaugural. Se halló en 1956 y se izó el 24 de abril de 1961. Se ha recuperado cerca de un 98 % de su estructura de madera, que incluye esculturas detalladas y paneles tallados. El barco está expuesto en el Vasamuseet de Estocolmo, que recibe más de un millón y medio de visitantes anuales y es el **museo de un barco hundido más visitado.**

EL SUBMARINO HUNDIDO MÁS ANTIGUO

El Brandtaucher fue uno de los primeros sumergibles, diseñado para atacar a las naves enemigas que bloqueaban a los alemanes durante la primera guerra pruso-danesa (1848-1851). El 1 de febrero de 1851, el submarino se hundió en el puerto de Kiel, debido a la inestabilidad causada por un mal control del lastre. Se redescubrió y se izó intacto el 5 de julio de 1887. El Brandtaucher está expuesto en el Museo de Historia Militar de Dresde, Alemania.

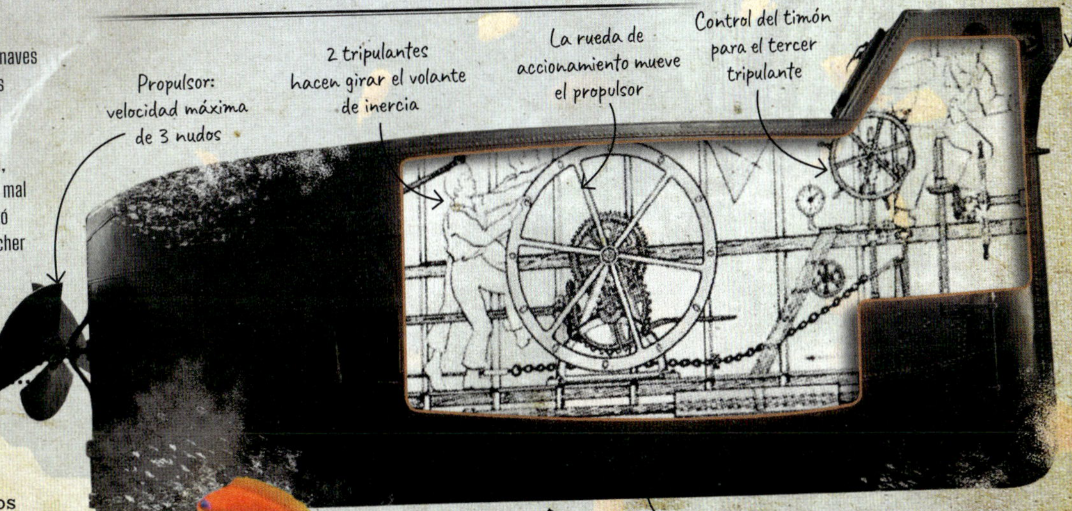

¡Por los pelos!

Los tres tripulantes del Brandtaucher, entre los que se hallaba su inventor, Wilhelm Bauer, fueron también los **primeros supervivientes del naufragio de un submarino.**

INVENTOS ASOMBROSOS

UN CATÁLOGO EDIFICANTE DE MARAVILLAS DE LA INGENIERÍA

La primera llamada por teléfono móvil

El 3 de abril de 1973, el ingeniero de Motorola Martin Cooper (EE.UU.) telefoneó a su rival, Joel Engel de Bell Labs, desde una calle de Nueva York. Esta llamada histórica tuvo lugar 97 años después de que Alexander Graham Bell (R.U.) realizara la **primera llamada telefónica** en marzo de 1876. El teléfono de Cooper fue el prototipo de lo que más adelante se convirtió en el **primer teléfono móvil disponible comercialmente**, el Motorola DynaTAC (en la foto), lanzado en marzo de 1983.

Los primeros...

Herramientas de piedra
La capacidad inventiva es una característica clave que distingue a los humanos de otros animales. Las evidencias más antiguas de ingenio se remontan a hace 3,3 millones de años, cuando nuestros ancestros homínidos trabajaban rocas para convertirlas en hachas afiladas. En 2011, se descubrió un conjunto de lascas de piedra, núcleos y yunques de ese período cerca del lago Turkana, en Kenia.

Instrumento musical
Hace unos 50.000 años, los humanos y los neandertales perforaban huesos para hacer flautas sencillas. Eran capaces de tocar una secuencia de notas similar a una escala pentatónica. Una flauta de este tipo, fabricada con el fémur de un oso de las cavernas, se encontró en 1995 en la cueva Divje Babe en Eslovenia.

Papel moneda
En tiempos de la dinastía Song (960-1279), los comerciantes chinos utilizaron billetes con cifras secretas para evitar falsificaciones.

Cohetes
Los *ti lao shu*, o «ratas de tierra», eran cohetes sencillos creados en China a finales del siglo XII. Constaban de un tallo de bambú ahuecado y lleno de pólvora. Podían ir unidos a flechas o simplemente encenderse y hacerse estallar como artefactos pirotécnicos que rebotaban en el suelo y generaban mucho ruido, llamas y humo.

Reloj de péndulo
A finales de 1656, el científico holandés Christiaan Huygens concibió un modelo de reloj totalmente operativo regulado por la acción de un péndulo. Al año siguiente, el relojero Salomon Coster perfeccionó la idea en un prototipo con un margen de error de un minuto diario. Posteriormente, mejoras adicionales pronto dejaron esa cifra en apenas unos 10 s.
A finales del siglo, los relojes de péndulo tenían una precisión de ± 0,5 s diarios, lo suficiente como para justificar la añadidura de una segunda manecilla.

LA PRIMERAS TRANSMISIONES DE TELEVISIÓN REGULARES

En la década de 1920 se realizaron las primeras transmisiones de televisión experimentales, pero la era de la televisión tal como la conocemos empezó el 2 de noviembre de 1936 en Londres, R.U. A las 3 de la tarde, la BBC comenzó a transmitir su primer programa. Los primeros usuarios sintonizados vieron a Adele Dixon anunciar la nueva era cantando un tema con el acertado título de «Magic Rays of Light».

El reloj más antiguo

La catedral de Salisbury, en Wiltshire, R.U., alberga un reloj mecánico sin esfera que data de 1386, aproximadamente. Sus repiques se diseñaron para recordar a los feligreses los servicios religiosos. Después de unos 498 años y más de 500 millones de tictacs, lo reemplazaron y guardaron. En 1929 lo redescubrieron, y en 1956 se restauró completamente.

EL PRIMER ORDENADOR ELECTRÓNICO PROGRAMABLE

El 10 de diciembre de 1945, el Ordenador e Integrador Numérico Electrónico (ENIAC) de la Universidad de Pensilvania, EE.UU., realizó sus primeros cálculos. Los técnicos cablearon las conexiones entre sus muchos módulos para crear una «ruta» para los datos que permitía al ENIAC ejecutarse automáticamente a través de una secuencia (o programa).

EL ELEFANTE EN LA HABITACIÓN

Los componentes del ENIAC se instalaron en 40 paneles, cada uno de 2,4 m de altura. Ocupaba tres paredes de una sala de 139 m² y necesitaba su propio sistema de aire acondicionado para evitar el sobrecalentamiento.

LA FOTOGRAFÍA MÁS ANTIGUA CONSERVADA

En 1827, Joseph Niépce (Francia) usó una cámara oscura para tomar una imagen (arriba) que recoge la vista desde su ventana. La **primera fotografía de un ser humano** (izquierda) la realizó el francés Louis Daguerre hacia 1838. La larga exposición que se requería hizo que los objetos en movimiento no se registraran en esa escena de una calle de París vacía, aunque sí que aparecieron un limpiabotas y su cliente que no se movieron.

La rueda más antigua

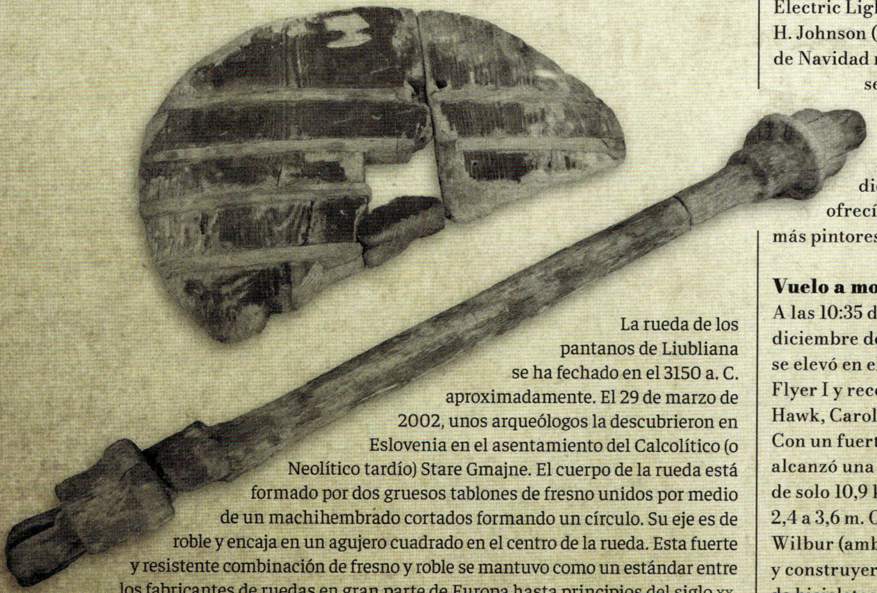

La rueda de los pantanos de Liubliana se ha fechado en el 3150 a. C. aproximadamente. El 29 de marzo de 2002, unos arqueólogos la descubrieron en Eslovenia en el asentamiento del Calcolítico (o Neolítico tardío) Stare Gmajne. El cuerpo de la rueda está formado por dos gruesos tablones de fresno unidos por medio de un machihembrado cortados formando un círculo. Su eje es de roble y encaja en un agujero cuadrado en el centro de la rueda. Esta fuerte y resistente combinación de fresno y roble se mantuvo como un estándar entre los fabricantes de ruedas en gran parte de Europa hasta principios del siglo xx.

La primera central eléctrica pública

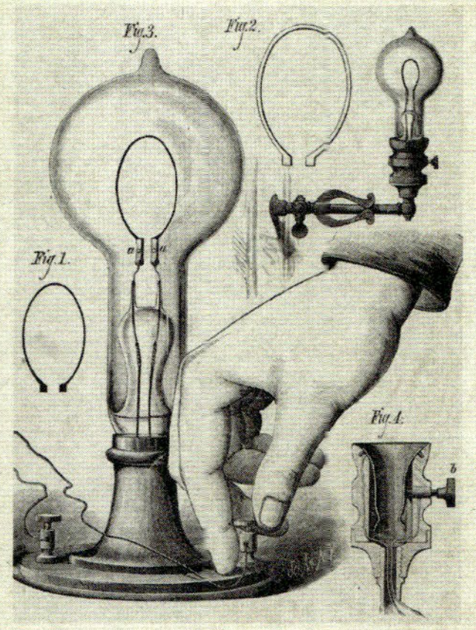

Construida por Edison Electric Light Company, la primera central eléctrica destinada a aplicaciones públicas se inauguró en enero de 1882 en el n.º 57 de Holborn Viaduct, en Londres, R.U. Una caldera Babcock & Wilcox proporcionó el vapor que impulsaba un motor de 125 hp (93 kW) que alimentaba un generador de 24,5 t y 110 V CC conocido como «Jumbo». La energía que generaba iluminaba el viaducto, negocios locales, el City Temple de Londres, el tribunal Old Bailey y la Oficina General de Correos. Fue el modelo en el que Thomas Edison se basó para proyectos posteriores en Nueva York.

Locomotora de vapor sobre raíles
El 21 de febrero de 1804, una locomotora construida por el ingeniero inglés Richard Trevithick arrastró un convoy por una vía de tranvía en Penydarren Ironworks, Merthyr Tydfil, R.U.

Luces eléctricas para árboles de Navidad
En 1882, el vicepresidente de Edison Electric Light Company, Edward H. Johnson (EE UU.), colgó las luces de Navidad más antiguas de las que se tienen constancia en su casa de Nueva York, EE.UU. Según el *Detroit Post & Tribune* del 22 de diciembre de ese año, ofrecían «una imagen de lo más pintoresca y misteriosa».

Vuelo a motor
A las 10:35 de la mañana del 17 de diciembre de 1903, Orville Wright se elevó en el avión de madera y tela Flyer I y recorrió 36,5 m en Kitty Hawk, Carolina del Norte, EE.UU. Con un fuerte viento en contra, alcanzó una velocidad de avance de solo 10,9 km/h y una altitud de 2,4 a 3,6 m. Orville y su hermano Wilbur (ambos de EE.UU.) diseñaron y construyeron el Flyer I en su taller de bicicletas en Dayton, Ohio.

EL PRIMER COCHE CON UN MOTOR DE COMBUSTIÓN INTERNA

A fines de 1885, el Motorwagen (el primer coche con motor de gasolina en funcionar) se puso a prueba en Mannheim, Alemania. Construido por Karl Friedrich Benz (Alemania) y patentado el 29 de enero de 1886, el triciclo pesaba 254 kg y podía alcanzar los 13-16 km/h. La trascendencia del invento de Benz no tuvo mucha relevancia en su época: el 4 de junio de 1886, el periódico local *Neue Badische Landeszeitung*, recogió su primera prueba en carretera de 1 km en el apartado «Misceláneas».

¿Sabías que...?

El coche de Benz se dirigía con un timón, como un barco.

La imagen más antigua de una bruja montada en una escoba

Esta ilustración de 3 cm de altura de una hereje volando a lomos de una escoba aparece en el largo poema *Le Champion des Dames*, de Martin le Franc. El manuscrito data de 1451.

Mitos y magia

La referencia más antigua a un hombre lobo

En *Historias*, que el antiguo geógrafo griego Heródoto escribió hacia 430 a. C., se afirma que una vez al año, algunos miembros de la tribu neuri «se convierten en hombres lobo durante unos días» por obra y gracia de una transformación mágica. Se cree que los neuri vivieron en lo que hoy son los Balcanes occidentales. Aunque hay referencias anteriores a seres humanos transformados en lobo, como en la *Epopeya de Gilgamesh* (2150 a. C. aprox), en esos casos se trataba de transformaciones permanentes.

«Werewolf» significa «hombre lobo» en inglés antiguo («wer» significa «hombre») y la palabra aparece documentada por primera vez en el siglo XI, en las *Ordenanzas eclesiásticas del rey Canuto*.

El primer caso conocido de estigmatización

Durante los últimos 1.000 años, se han documentado numerosos casos de estigmatizaciones inexplicables, o misteriosas heridas sangrantes que parecen abrirse sin causa aparente y que se asemejan a las producidas por la crucifixión de Cristo. San Francisco de Asís es la persona estigmatizada más antigua que se conoce. Se dice que, el 14 de septiembre de 1224, vio descender del cielo a un serafín de alas flamígeras y forma de hombre crucificado. A partir de entonces, san Francisco empezó a padecer heridas sangrantes en las manos, en los pies y en el costado.

El mayor brote de vampirismo

El término «vampiro» procede del serbio «vàmpir», que aludía a cadáveres animados que mataban a los vivos bebiendo su sangre o aplastándolos mientras dormían. Entre 1725 y la década de 1750, estalló la llamada Gran Epidemia de Vampiros en el Imperio austriaco, durante la que se documentaron unas 30 exhumaciones de cuerpos de presuntos chupasangres, para empalarlos o quemarlos e impedir así que regresaran de entre los muertos. Se estima que la cantidad total de casos fue muy superior.

El árbol de monedas más antiguo

Los visitantes insertan monedas en la corteza de un gran roble en la isla lacustre de Maree, Escocia, desde 1863. El árbol se alza junto a un pozo milagroso, cuyas aguas se creía que curaban enfermedades. Al principio, las monedas se dejaban como agradecimiento por la curación. La reina Victoria de Inglaterra cumplió con el ritual durante una visita en 1887, cuando las monedas ya se usaban para pedir deseos. Actualmente, los conservacionistas desaconsejan esta tradición, por el daño que puede causar a los ecosistemas forestales.

La representación más antigua del «Desfile nocturno de los cien demonios»

Pintado en la primera mitad del siglo XVI, el pergamino de Shinju-an (abajo) es la primera ilustración conocida de un clásico del folclore japonés: una aterradora procesión de *yōkai* (criaturas sobrenaturales) que irrumpen en el mundo.

Más monedas amartilladas en un árbol de los deseos

El árbol del dinero de Ingleton, en North Yorkshire, R.U., tiene más de 48.000 monedas incrustadas en la corteza (arriba). El Pont des Arts (derecha), en París, Francia, es otro punto neurálgico de los deseos e ilusiones. En junio de 2015, se le retiraron más de 1 millón de candados del amor, adornados con inscripciones románticas. Es la mayor cantidad de candados del amor retirados de un puente.

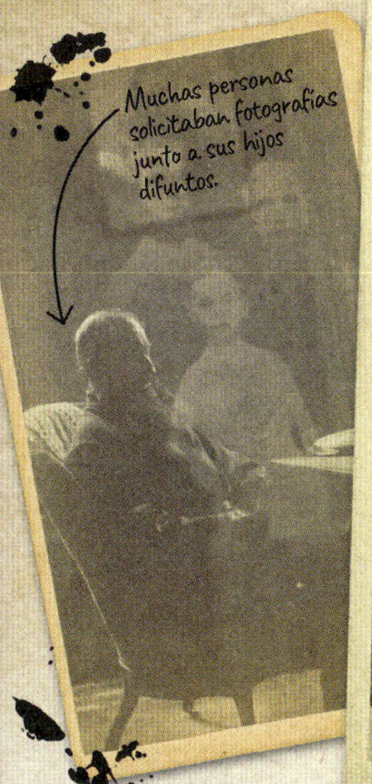

Muchas personas solicitaban fotografías junto a sus hijos difuntos.

Mary Todd Lincoln, la viuda del presidente estadounidense Abraham Lincoln, fue uno de los personajes notables que posaron para las fotografías de espíritus de William Mumler.

La primera «fotografía de espíritus»

En noviembre de 1862, se publicó una fotografía de William Mumler (EE.UU., centro), aparentemente acompañado de la imagen espectral de su prima fallecida. Estas «fotografías de espíritus» se hicieron muy populares a finales del siglo XIX. Hoy se sabe que eran el resultado de varios trucos, como exposiciones múltiples y dibujos hechos a mano.

Más zapatos escondidos hallados en una casa

En 2010, se encontraron 58 zapatos y 189 fragmentos de calzado que se remontaban a 1870-1880 bajo la chimenea de Gelli Iago, una granja en el Parque Nacional Eryri, R.U. Los registros folclóricos del siglo XIX sugieren que los zapatos escondidos eran amuletos de la buena suerte en los hogares victorianos. También se estima que se escondían para proteger el edificio de malos espíritus, brujas y demonios.

La aparición con más testigos

El 13 de octubre de 1917, 70.000 personas fueron testigos del «Milagro de Fátima» en Fátima, Portugal, cuando observaron que el sol emitía colores radiantes y se movía de manera irregular por el cielo. La multitud se había reunido allí a raíz de la profecía de tres niños pastores de la zona, que afirmaban que la Virgen María se les aparecería y haría milagros.

La representación más antigua de un fantasma

Una tablilla babilónica de arcilla grabada hace unos 2.500 años muestra la figura del fantasma de un varón anciano que una mujer guía hacia el inframundo. La imagen y la descripción cuneiforme forman parte de una guía para exorcizar fantasmas y fue descifrada por Irving Finkel, conservador del departamento de Oriente Medio del Museo Británico de Londres.

Maldiciones literarias

Los escribas medievales acostumbraban a incluir maldiciones en sus manuscritos para intentar disuadir a los posibles ladrones de libros. Se amenazaba a los ladrones con la ceguera, con morir ahogados o incluso con ser descuartizados por cerdos.

La mayor cantidad de tablillas de maldición

En la antigua Roma, era habitual rogar a los dioses que perjudicaran a tus enemigos. La petición se grababa en finas láminas de metal que luego se doblaban y se ocultaban en lugares sagrados. Entre 1977 y 1979, se hallaron 131 tablillas de maldición entre las ruinas del templo de Mercurio en lo que hoy es el pueblo de Uley, en Gloucestershire, R.U.

UN ATLETA FRENTE A LA ADVERSIDAD

ZION CLARK

El fenómeno de la lucha libre Zion Clark ha superado grandes obstáculos para destacar dentro y fuera de la lona. Poseedor de varios récords, su vida está regida por el lema de dos palabras que lleva tatuado en la espalda: «Sin excusas».

Zion nació sin piernas a causa del síndrome de regresión caudal, una condición rara que afecta el desarrollo de la mitad inferior del cuerpo. Pasó su infancia de una familia adoptiva a otra, y soportó períodos de acoso y desatención. Un lugar donde Zion se sentía como en casa era sobre la lona de lucha libre, donde podía explotar la fuerza de la parte superior de su cuerpo que había desarrollado andando con las manos. Durante los estudios de secundaria, cultivó una disciplina de entrenamiento feroz y comenzó a anotarse victorias. «Me cansé de ser el perro con el rabo entre las piernas», recordó. «Simplemente me puse a trabajar tanto como pude cada día». Cuando tenía 16 años, fue adoptado por Kimberlli Hawkins, quien le proporcionó un ambiente familiar amoroso que lo empujó a ir más lejos. No contento con reinar en el tatami, Zion también se proclamó dos veces campeón estatal de carreras en sillas de ruedas.

Cuando GWR lo desafió a lograr un récord mundial, el 15 de febrero de 2021 regresó a su instituto de secundaria y completó los **20 m corriendo con las manos más rápidos**: 4,78 s. Zion sigue ampliando los límites de lo posible y ahora tiene como objetivo representar a EE.UU. tanto en los JJ.OO, como en los JJ.PP. Y dado todo lo que Zion ya ha conseguido, ¿quién apostaría en su contra?

1

2

DATOS PERSONALES	
Nombre	Zion Clark
Lugar de nacimiento	Columbus, Ohio, EE.UU.
Fecha de nacimiento	29 de septiembre de 1997
Apodo	El hombre más rápido sobre dos manos
Títulos GWR vigentes	Los **20 m corriendo con las manos más rápidos, más flexiones diamante en tres minutos** y el **salto de caja con las manos más alto**
Habilidades	Lucha libre, música, carreras en sillas de ruedas

4

3

Los saltos de caja son uno de los ejercicios favoritos de Zion ya que lo ayudan a desarrollar su fuerza explosiva.

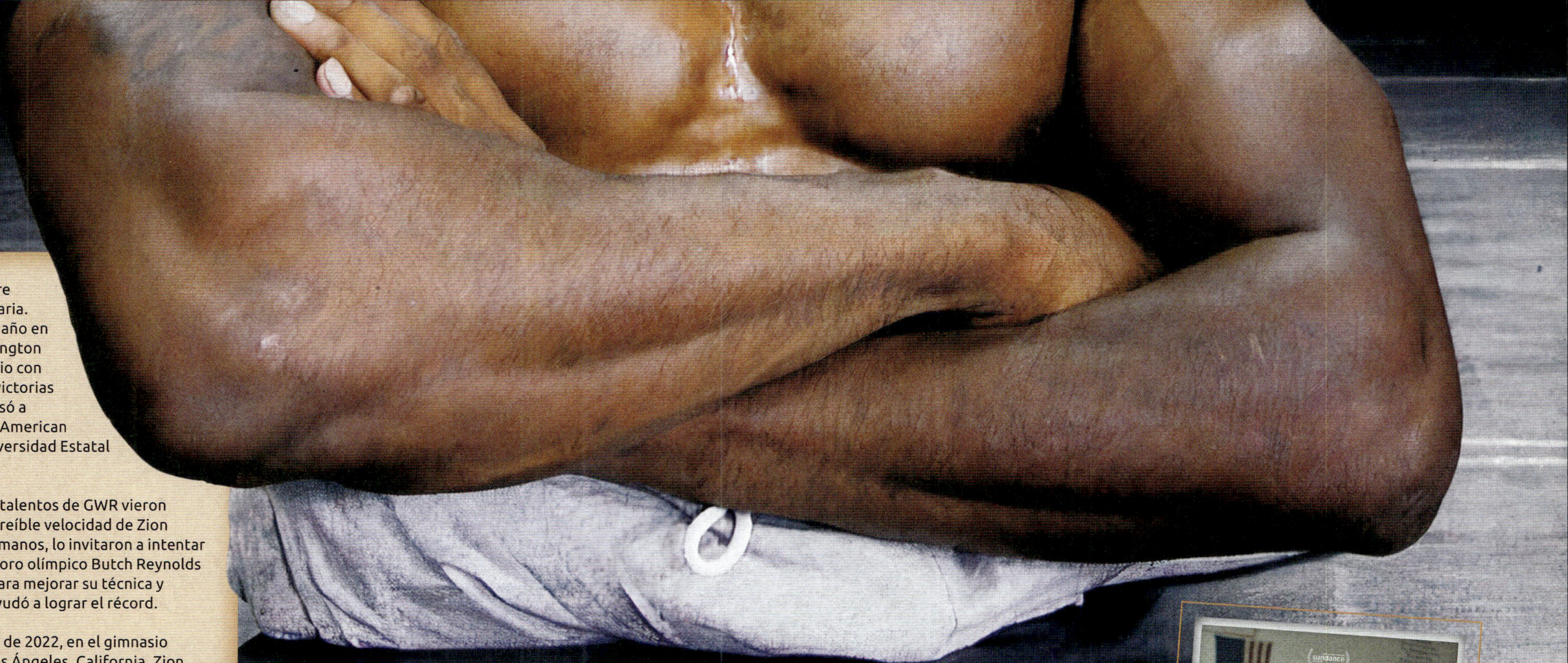

1. Zion empezó a practicar lucha libre en la escuela primaria. Terminó su último año en la Massillon Washington High School en Ohio con un registro de 33 victorias y 15 derrotas, y pasó a convertirse en All-American Wrestler en la Universidad Estatal de Kent.

2. Cuando los cazatalentos de GWR vieron imágenes de la increíble velocidad de Zion corriendo con sus manos, lo invitaron a intentar batir un récord. El oro olímpico Butch Reynolds trabajó con Zion para mejorar su técnica y mentalidad, y lo ayudó a lograr el récord.

3. El 13 de octubre de 2022, en el gimnasio DOGPOUND de Los Ángeles, California, Zion añadió a su colección dos nuevos títulos GWR, el **salto de caja con las manos más alto** (0,83 m) y **más flexiones diamante en tres minutos**: 248. Zion está muy orgulloso de sus récords mundiales: «De los 7.000 millones de personas que hay en el planeta, soy el número uno en esas tres categorías».

4. Zion entrena casi todos los días de la semana. «Todo es cuestión de cuánto estás dispuesto a trabajar y sacrificarte», afirma.

5. La música es otra de las pasiones de Zion: toca la batería en su iglesia local, canta en un coro y también toca la trompeta. «La música me mantiene en paz», declara. La familia también es un ingrediente esencial de su éxito: Zion describe su adopción por Kimberlli Hawkins (detalle) como lo mejor que le ha pasado.

6. En 2018, un documental de Netflix contó la extraordinaria historia de Zion. Fue candidato al gran premio del jurado al mejor cortometraje en el Festival de Cine de Sundance.

5

6

Descubre más información sobre Zion en la sección del Salón de la Fama en www.guinnessworldrecords.com/2024.

Se construyó una maqueta a escala 1:22,5 en Bergün. Aunque la vía medía solo 4,5 cm de ancho, ¡el tren tenía una longitud de 80 m!

El tren de pasajeros de vía estrecha más largo
El 29 de octubre de 2022, Rhaetian Railway (Suiza) puso en circulación un tren entre los pueblos de Preda y Bergün en Graubünden, Suiza, con una longitud de 1.906,3 m. El tren, formado por 100 vagones, recorrió la espectacular ruta de montaña (parte de un Patrimonio de la Humanidad de la UNESCO) a través de unos túneles serpenteantes y viaductos que descienden unos 700 m por el valle de Albula.

Este tren únicamente circuló en una ocasión, con motivo del 175 aniversario de la compañía Rhaetian Railway. El **tren de pasajeros más largo en servicio regular** es el Ghan, un ferrocarril nocturno que presta servicio una vez por semana y recorre un trayecto entre Adelaida y Darwin, en Australia. Se trata de un convoy típico, compuesto por dos locomotoras y 30 vagones, con una longitud total de 774 m.

EL COCHE MÁS CARO

300 SLR UHLENHAUT

El 5 de mayo de 2022, el martillo cayó en una subasta privada organizada por Sotheby's en el Museo Mercedes-Benz de Stuttgart, Alemania. Un coleccionista anónimo se llevó la puja con una oferta de 135 millones de euros por el Mercedes-Benz 300 SLR «Uhlenhaut Coupé», que se convirtió en el **coche más caro de todos los tiempos**.

COCHES MUY COTIZADOS

- Los vehículos más cotizados son coches de competición homologados para circular por carretera de los años 1950 y 1960.
- Se construyeron muy pocas unidades y fueron mundialmente famosos.
- El titular anterior de este récord fue un Ferrari 250 GTO de 1963, que se vendió por 70 millones de dólares en 2018.
- Otros autos que alcanzaron precios muy altos son el Jaguar D-Type, el Alfa Romeo 33 Stradale y el Ford GT40.

Cuando salió de fábrica en 1955, el modelo 300 Sport-Leicht Rennsport («deportivo ligero») fue el coche de carreras más rápido del mundo. Diseñado por el ingeniero Rudolf Uhlenhaut para el equipo de carreras Mercedes-Benz Silver Arrows, combina una carrocería ligera con el motor del W196, un bólido de la marca ganador del campeonato de Fórmula Uno.

El nuevo automóvil causó de inmediato una gran impresión y logró imponerse en prestigiosas carreras superando a sus rivales Ferrari y Jaguar. Sin embargo, el 11 de junio de 1955, la racha de éxitos del 300 SLR se truncó de forma trágica. En las 24 Horas de Le Mans, Pierre Levegh, uno de los pilotos de Mercedes, chocó contra un rival y el coche salió volando hacia una tribuna, provocando un accidente en el que murieron decenas de espectadores, además del propio piloto.

Conmocionada y horrorizada por estos hechos, Mercedes abandonó la competición. Los coches se almacenaron, pero Uhlenhaut se quedó con uno como vehículo de empresa personal, un cupé homologado para circular que estaba destinado a participar en una competición en carretera al año siguiente.

Fue ese auto el que Mercedes puso a la venta en 2022. El dinero recaudado en la subasta se destinó a una iniciativa llamada beVisioneers, la beca Mercedes-Benz, que tiene como objetivo formar a una nueva generación de talentosos ingenieros enfocados en el medio ambiente.

Puertas «alas de gaviota»
Para que el conductor y el pasajero salven los altos lados del vehículo, propios del rígido chasis de un coche de competición, las puertas se abren hacia arriba.

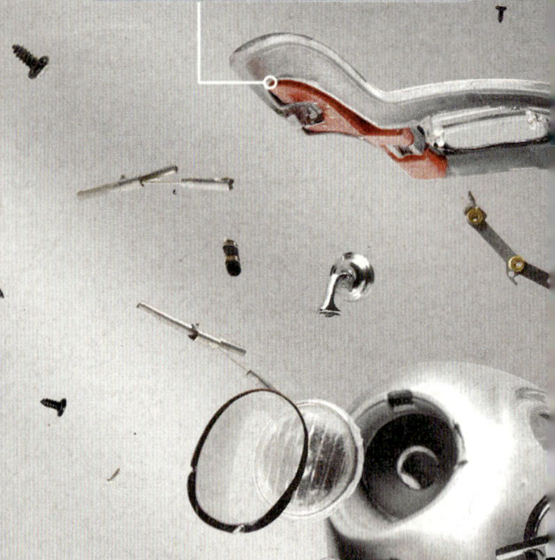

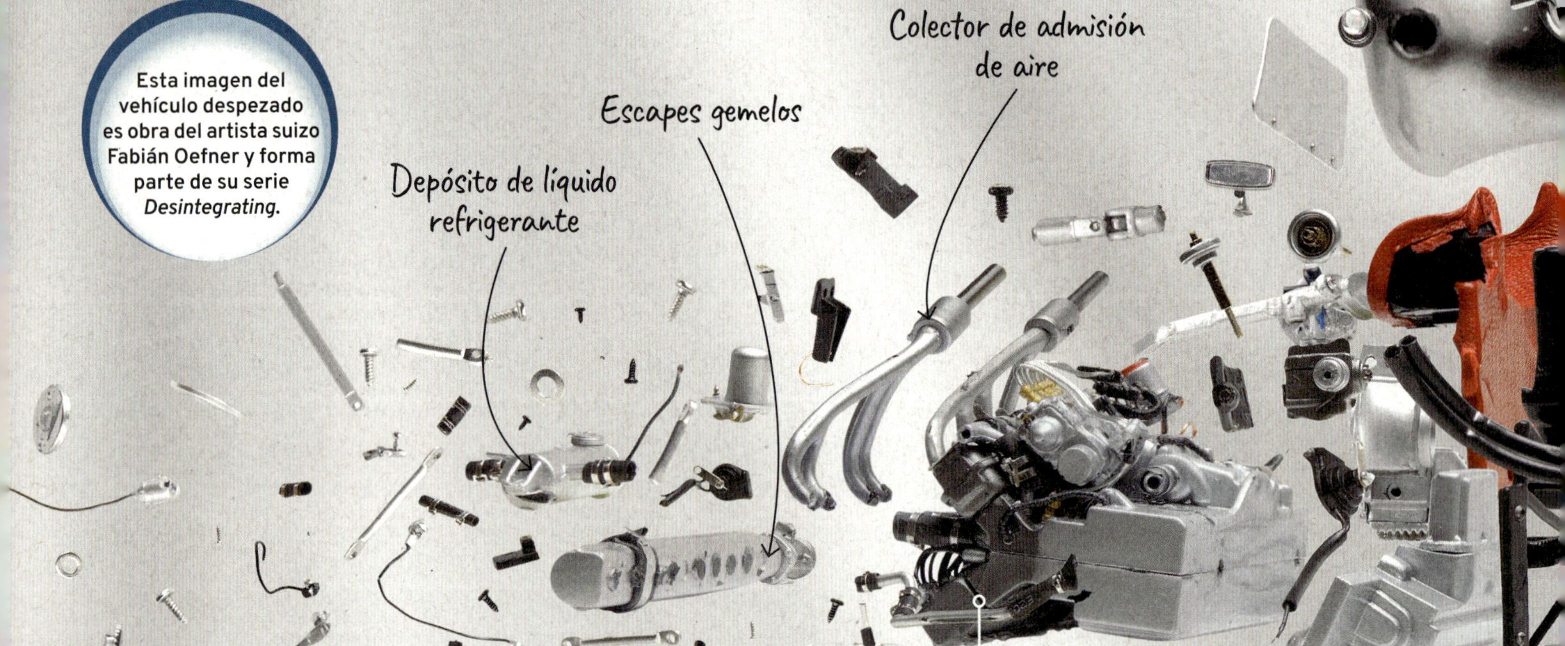

Esta imagen del vehículo despezado es obra del artista suizo Fabián Oefner y forma parte de su serie *Desintegrating*.

En su corta carrera deportiva, el 300 SLR destacó en pruebas de resistencia de larga distancia en las que su velocidad máxima de 290 km/h le proporcionaba una ventaja decisiva. Con leyendas del automovilismo como Stirling Moss (en la imagen) y Juan Manuel Fangio al volante, el 300 SLR logró grandes victorias en las carreras Targa Florio y Mille Miglia, que se disputaban en Italia.

Motor
El M196-S era un motor de ocho cilindros en línea que tomó prestadas innovaciones de diseño de los motores de los aviones de combate de la Segunda Guerra Mundial. Generaba 306 CV, que lo hacían un 20 % más potente que sus rivales.

Carrocería
Para el bastidor y la carrocería, Mercedes-Benz utilizó una aleación ligera de magnesio y aluminio llamada «elektron» que logra que el vehículo tenga un peso de solo 998 kg. Sin embargo, el elektron resultó ser demasiado inseguro ya que los altos niveles de magnesio implican riesgo de un incendio casi imposible de extinguir.

Solo se fabricaron nueve 300 SLR. De estos, siete terminaron siendo monoplazas W196-S de competición. Los dos restantes se convirtieron en cupés de carretera para su uso en la Carrera Panamericana, una competición de larga distancia en carretera disputada en México. El Uhlenhaut Coupé es rojo por dentro mientras que la otra unidad, que permanece en la colección de Mercedes, es de color azul.

Interior
Aunque el interior tiene acabados de alta calidad, el 300 SLR no es muy cómodo. Los conductores tienen que lidiar con una suspensión para competición dura y el ruido de un motor estruendoso, con los escapes colocados justo debajo de las ventanillas.

Frenos
La mayor debilidad del 300 SLR era su mecanismo de frenado. Estos frenos de tambor no eran tan potentes como los de su rival principal, el Jaguar D-Type, que contaba con frenos de disco de última generación.

FAROS

En el interior del faro de Bell Rock*
1. Linterna
2. Biblioteca/sala de estar
3. Dormitorios
4. Cocina
5. Almacén
6. Provisiones/sala del cabrestante
7. Escalera de caracol
8. Puerta (con escaleras al muelle)

**Configuración de 1881*

El primer faro

El Faro de Alejandría es el primer faro cuya existencia se ha podido verificar. Se alzaba sobre una isla en el delta del Nilo, cerca de la ciudad portuaria egipcia, y se terminó hacia el 280 a. C. Calificado como una de las Siete Maravillas del Mundo Antiguo, la estructura coronada con una hoguera se alzaba unos 137 m sobre el suelo. Se desplomó en agosto de 1303, tras una sucesión de terremotos.

La Torre de Hércules, en La Coruña, Galicia, España, es el **faro más antiguo en funcionamiento**. Se construyó a principios del siglo II d. C., durante el reinado del emperador Trajano. Aunque el edificio de 57 m de altura se restauró a finales del siglo XVII, aún conserva elementos de la estructura original.

El faro marino más antiguo en funcionamiento

Louis de Foix construyó el faro de Cordouan, en el estuario de Gironda, al oeste de Francia, entre 1584 y 1611. La torre, de 68 m de altura, está a 68 m de la costa y se alza sobre una pequeña isla en la zona intermareal, donde el nivel del mar fluctúa. Cordouan cuenta con la **primera lente de Fresnel**, instalada el 25 de julio de 1823 y que extendió el alcance del haz de luz hasta los 32 km.

El **primer faro en mar abierto** (continuamente expuesto al oleaje) fue el faro original de Eddystone, construido en 1698 sobre un arrecife a 19 km en la costa de Devon, R.U. Tenía 24 m de altura, era de piedra y de madera y alumbraba con 60 velas. Una tormenta lo destruyó en 1703, en la que también pereció su creador, Henry Winstanley (R.U.). Desde entonces, se ha reconstruido tres veces.

El faro con la lente más larga (tamaño relativo)

Encendido por primera vez el 1 de octubre de 1909, el faro de Makapu'u Point en Oahu, Hawái, EE.UU., contiene una lente hiperradial que tiene una altura de 3,7 m y un diámetro de 2,5 m. La lente ocupa más del 25 % del interior de la estructura, de 14 m de altura. Se trata de la lente más grande de EE.UU.

La primera farera

Antaño, familias enteras se ocupaban de mantener los faros, pero la primera farera oficial fue Hannah Thomas (EE.UU.). En 1776, sustituyó a John, su marido fallecido, en el faro de Plymouth en Massachusetts, y ocupó el cargo durante 10 años.

La **familia farera más años en activo** fue la de los Knott (R.U.). Cinco generaciones y ocho personas ocuparon el cargo durante un total de 278 años, entre 1730 y 1910, comenzando con William Knott y terminando con Henry Thomas Knott.

El faro trasladado a mayor distancia

Para salvar el faro más alto de Norteamérica de una costa en recesión, el del cabo Hatteras (a la derecha), en Carolina del Norte, EE.UU., se tomó la decisión de trasladar la estructura al completo. La compleja operación, llevada a cabo por The International Chimney Corporation y Expert House Movers, tuvo lugar entre el 17 de junio y el 9 de julio de 1999. La estructura se desplazó 883 m hacia el interior usando gatos hidráulicos y rodillos.

El faro en mar abierto más antiguo en funcionamiento

El faro de Bell Rock, diseñado por Robert Stevenson (R.U.), empezó a funcionar el 1 de febrero de 1811 y hoy sigue iluminando el cielo. El faro se alza sobre un arrecife golpeado por las olas a unos 18 km de la costa este escocesa (R.U.). Es de granito y arenisca y mide 35,3 m de altura.

El faro a mayor altitud

El faro de Rheinquelle, encendido por primera vez el 14 de octubre de 2010, se alza a 2.046 m sobre el nivel del mar. Se halla en Sedrun, en el puerto de Oberalp, en Suiza, que alberga las fuentes del Rin. El faro es una réplica del antiguo faro que supervisaba la desembocadura del Rin, en Hoek van Holland (la «Esquina de Holanda» en neerlandés), cerca de Róterdam, Países Bajos.

La linterna de faro de mayor alcance

El faro de Abrolhos, en la isla de Santa Bárbara, y de Isla Rasa, cerca de Río de Janeiro, Brasil, cuenta con unas linternas con un rango nominal de 51 millas náuticas (94,5 km). Esto no tiene en cuenta ni la curvatura de la Tierra ni el mal tiempo.

El faro más septentrional

El faro de Kapp Linné está a una latitud de 78,06 °N, en la cara sur del Isfjord en Spitsbergen, Svalbard, Noruega. La torre metálica abierta, de 13 m de altura y coronada por una sección cerrada, cumple los criterios de la International Association of Marine Aids to Navigation and Lighthouse Authorities.

El **faro más meridional** está a 55,96 °S en la isla de Hornos, Chile, frente a la punta de Sudamérica. Forma parte de un monumento a los numerosos navegantes que han perecido en el mar de Hoces. Más al sur de este punto, hay balizas marítimas.

Los faros con forma de animal más grandes

Un par de «caballos luminosos» de 12 m de altura se alzan sobre los rompeolas de Iho Hang, al oeste de Jeju City, Corea del Sur. Las construcciones de hormigón se terminaron el 4 de febrero de 2009 y se inspiran en los caballos Jeju, autóctonos de la isla. La torre roja (arriba) está en el rompeolas oeste, y su gemelo blanco se encuentra en el rompeolas este.

AVISTAR BALLENAS

¿Qué mejor manera de hacerte a la idea del colosal tamaño de una ballena azul (*Balaenoptera musculus*) adulta (el **animal más grande de todos los tiempos**) que verla de cerca? El majestuoso mamífero mide unos 20-30 m de longitud y pesa unas 160 toneladas, mucho más que cualquier otra criatura de toda la historia.

El faro tradicional más alto

El faro de Île Vierge, de 82,5 m de altura, es la estructura más alta entre las diseñadas específicamente para socorrer en la navegación. Está a unos 1,5 km frente a la costa de Finistère, en Bretaña, Francia, y emite un haz de luz visible a hasta 40 km de distancia. La torre se construyó entre 1897 y 1902 con dos tipos de roca local, lo que la convierte también en el **faro de mampostería más alto**. Los visitantes han de estar en forma si quieren llegar al mirador en la cima: ¡se tienen que subir 392 escalones!

Las paredes de la escalera están cubiertas de vidrio opalino azul cerúleo que ayuda a prevenir la condensación.

EL FARO MÁS ALTO

A diferencia del faro de Île Vierge (izquierda), la torre de control del puerto de Yeda no se construyó con el propósito de ayudar a la navegación marítima, al menos no mediante señales luminosas. Sin embargo, como tiene un foco sobre la principal torre de observación, se encuentra recogido en la «Lista de Faros» de la Agencia Nacional de Inteligencia Geoespacial, y su altura estructural sobrepasa la de cualquier otro faro de cualquier tipo, ya sea o no tradicional, en activo. La torre de hormigón y acero se construyó en 1990 y tiene una altura focal (distancia entre la linterna y el nivel del mar) de 137 m. Emite tres destellos blancos cada 20 segundos.

LOS FAROS TRADICIONALES MÁS ALTOS

Aquí, se ha incluido el **faro más alto de todos (ver arriba)**, para plasmar los faros tradicionales más altos de cada continente a escala.

COCHES

El coche más rápido
El 15 de octubre de 1997, el vehículo a reacción Thrust SSC estableció el récord oficial de velocidad terrestre: 1.227,985 km/h a lo largo de 1 milla (1,6 km) en el desierto de Black Rock, Nevada, EE.UU. Esta velocidad se traduce a mach 1,02, lo que convierte al piloto Andy Green (R.U.) en la **primera persona en romper la barrera del sonido en tierra.**

El coche cohete más rápido
El 23 de octubre de 1970, Gary Gabelich (EE.UU.) pilotó el Blue Flame a una velocidad de 1.016,086 km/h en el salar de Bonneville, Utah, EE.UU. Lo impulsaba un cohete de gas natural líquido/peróxido de hidrógeno.

El coche con ruedas tractoras más rápido
El 18 de octubre de 2001, Don Vesco (EE.UU.) pilotó el Turbinador Vesco a una velocidad máxima de 737,794 km/h en Bonneville. La potencia del motor del Turbinador se trasmitía a las ruedas del coche.

El coche con motor de pistones más rápido
Del 11 al 12 de agosto de 2018, el Challenger 2 alcanzó una velocidad media de 722,204 km/h en dos carreras lanzadas de una milla en Bonneville. Lo pilotaba Danny Thompson (EE.UU.), su diseñador.

El coche eléctrico más rápido
Diseñado y construido por estudiantes de ingeniería de la Universidad Estatal de Ohio, el Venturi Buckeye Bullet 3 alcanzó una velocidad media de 549,211 km/h en Bonneville el 19 de septiembre de 2016. Lo pilotaba Roger Schroer (EE.UU.).

El coche de vapor más rápido
El 25 de agosto de 2009, el Inspiration alcanzó los 225,05 km/h en la Base de la Fuerza Aérea Edwards en California, EE.UU. Diseñado por el British Steam Car Team, lo pilotaba Charles Burnett III (EE.UU.).

El primer coche
El primer vehículo de carretera autopropulsado destinado al transporte de pasajeros fue el Puffing Devil, construido por el ingeniero británico Richard Trevithick. Este coche a vapor hizo su primer recorrido de prueba con ocho personas por las calles de Cambourne, Cornualles, el 24 de diciembre de 1801. Un incendio lo destruyó tres días después mientras funcionaba sin supervisión.

El primer coche eléctrico
Hasta mediados de la década de 1880 no se construyeron los primeros «carruajes sin caballos» a partir de máquinas de vapor compactas, motores eléctricos y motores de combustión interna. En abril de 1881, el inventor francés Gustave Trouvé puso a prueba un vehículo alimentado con baterías en la rue Valois, en el centro de París. Cuatro años más tarde, Karl Benz presentó en Alemania el **primer coche de combustión interna** (ver pág. 149).

El **automóvil más antiguo conservado**, La Marquise, también data de esa época. Lo fabricaron los franceses De Dion, Bouton y Trépardoux en 1884. Tres años después, el automóvil recorrió 30,5 km de París a Neuilly a una velocidad media de 42 km/h.

La primera carrera automovilística televisada
La Imperial Trophy Race, celebrada el 9 de octubre de 1937 en el circuito Crystal Palace de Londres, R.U., se grabó con un equipo de transmisión exterior de la BBC y se retransmitió en directo hasta lugares tan lejanos como Mánchester. El ganador fue el príncipe Bira de Siam (ahora Tailandia; en el centro), quien llegó a ser piloto de Fórmula Uno en 1950-1954.

El coche más largo
La American Dream es una limusina de nada menos que 26 ruedas y 30,51 m de largo con capacidad para 75 pasajeros. Su equipamiento incluye una piscina, un campo de minigolf y un helipuerto. Diseñado por Jay Ohrberg en la década de 1980 y restaurado por Michael Dezer, se expone actualmente en Dezerland Park, Orlando, Florida, EE.UU.

El **coche más bajo** es el Mirai («Futuro»), con apenas 45,2 cm de altura. Presentado el 15 de noviembre de 2010, se fabricó en el instituto de secundaria Okayama Sanyo de Asakuchi, Japón.

El coche autónomo más rápido
El 27 de abril de 2022, un Dallara AV-21 autónomo de competición IndyCar recorrió los 4,7 km de la pista del Centro Espacial Kennedy en Florida, EE.UU. Controlado por computadoras programadas por el PoliMOVE Autonomous Racing Team (Italia), alcanzó una velocidad media de 309,3 km/h en dos carreras de un kilómetro lanzado. El AV-21 fue desarrollado por el constructor de coches de carreras Dallara.

El mayor cambio de altitud en coche eléctrico
Entre el 27 y el 30 de diciembre de 2022, Qiao Jiao y su equipo (todos de China) condujeron un IM LS7 desde el lago Aiding, a 154 m por debajo del nivel del mar, hasta las montañas Tanggula, en Tíbet, China, una ascensión total de 5.389 m. IM Motors (China) organizó la hazaña para celebrar el lanzamiento de su nuevo SUV eléctrico.

La ambulancia de intervención rápida más veloz
El 29 de enero de 2022, Dubai Corporation for Ambulance Services dio a conocer su Hypersport Responder, un Lykan HyperSport adaptado que alcanza una velocidad máxima de 395 km/h y puede acelerar de 0 a 100 km/h en 2,8 s. Costó 3,5 millones de dólares.

La misma empresa también es dueña de la **ambulancia para rescates en el desierto más grande**: un Mercedes Atego 1726 modificado que mide 8,3 × 2,8 × 3,5 m.

El tiempo de carga más breve para cruzar EE.UU. en un vehículo eléctrico
Del 7 al 12 de noviembre de 2021, Wayne Gerdes (EE.UU., detalle) condujo un Porsche Taycan 2022 de Los Ángeles a Nueva York con un tiempo de carga acumulado de solo 2 h, 26 min y 46 s. Gerdes, un «viajero profesional de larga distancia», se detuvo en 18 estaciones de carga durante su recorrido de 4.561 km.

APRENDER A TOCAR LA GUITARRA
46
Nunca es demasiado tarde para iniciarte en la música. Aunque es posible que tengas que hacer pesas antes de coger la **guitarra acústica más grande**, de 4,22 m de largo, tal como pudo comprobarse el 8 de septiembre de 2018. El instrumento fue obra de Long Yunzhi (China) en Yunnan, China.

Hablamos con Lennart Hessels, el líder del equipo Brunel, que competirá en el Bridgestone World Solar Challenge en septiembre de 2023.

Cuéntanos algo sobre el Brunel Solar Team.
Se fundó en 1998 y está formado por estudiantes de Delft que dedican más de un año de sus estudios a construir y desarrollar un coche solar nuevo para competir con él.

¿Hay alguna limitación en el diseño de los coches?
El World Solar Challenge establece una serie de reglas sobre el tamaño del coche, la batería y los paneles solares, para garantizar la igualdad de condiciones en la competición e impulsar la innovación.

¿Cómo es un día de competición?
El despertador suena a las 5:00 y la dirección de carreras planea el día. Desde las 8:00 hasta las 17:00 horas, la competición está en marcha. Todos los días hay una parada de control, en la que el Nuna se recarga al sol durante 30 min. A las 17:00 se traza una línea en el camino donde tiene que detenerse y allí mismo se monta un campamento. El equipo de apoyo trabaja toda la noche para que el vehículo esté listo para correr a la mañana siguiente.

¿Qué velocidad pueden alcanzar los coches que funcionan con energía solar?
La velocidad media del coche es de 90 km/h, con una velocidad máxima de unos 120 km/h.

¿Cómo van los preparativos para 2023?
Después de ejecutar cientos de simulaciones por ordenador para desarrollar la aerodinámica ideal, hemos empezado a construirlo a mano con fibra de carbono. Estamos teniendo que idear soluciones para problemas que hasta ahora no se habían resuelto. Es muy emocionante, pero todo un desafío.

¿Cómo ha cambiado el coche desde la última carrera?
Ahora conducimos solo sobre tres ruedas para lograr una menor resistencia a la rodadura. También ha mejorado la tecnología de los paneles solares, los motores eléctricos y las baterías. Pero nuestros rivales han progresado de forma parecida, por lo que tenemos que optimizar hasta el último detalle.

El equipo prepara el coche para su mantenimiento en una parada de control durante la carrera de 2019.

MÁS VICTORIAS EN EL WORLD SOLAR CHALLENGE
Celebrado por primera vez en 1987, el World Solar Challenge es una carrera de coches bienal en la que compiten vehículos alimentados con energía solar a lo largo de 3.020 km del *outback* australiano entre Darwin y Adelaida. El Brunel Solar Team (anteriormente Nuon) de la Universidad Tecnológica de Delft, Países Bajos, lo ha ganado en siete ocasiones. Este equipo de estudiantes ha construido 11 bólidos solares Nuna diferentes desde que su primera versión ganó el World Solar Challenge de 2001, el año de su debut. En 2005, el Nuna 3 (izquierda) cruzó la meta con un tiempo de tan solo 29 h y 11 min y registró la **velocidad media más rápida en el World Solar Challenge**: 102,75 km/h.

En su viaje por Australia, los equipos lidian con carreteras en mal estado, incendios forestales y trenes de carretera gigantescos.

BARCOS

El buque de guerra más grande
Encargado el 22 de julio de 2017, el Gerald R. Ford es un portaviones nuclear de la Armada de los Estados Unidos. Mide 333 m de eslora y tiene un desplazamiento de unas 100.000 toneladas cuando está totalmente cargado. Los sistemas de última generación del buque permiten que una tripulación un 20% inferior a la de los anteriores portaaviones de clase Nimitz opere el buque y su ala aérea embarcada.

El barco más grande
Con un arqueo bruto de 403.342, el Pioneering Spirit es un barco de superlativos, porque también es el **catamarán**, el **buque de tendido de tuberías** y el **buque de construcción más grande.** Construido en 2011-2014, se diseñó para proyectos de construcción de carga pesada en alta mar, como el montaje de plataformas petrolíferas y de gas. Lo opera Allseas (Suiza).

LOS BARCOS MÁS LARGOS POR TIPO

1. **Petrolero** Seawise Giant 458,45 m
2. **Carguero** MSC Irina (récord compartido con muchos otros) 400 m
3. **Crucero** Harmony of the Seas 362,12 m (ver también pág. siguiente)
4. **Mineralero** Vale-class 362 m
5. **Buque de guerra** Gerald R Ford 333 m (ver arriba)

*El tamaño de las embarcaciones civiles se mide usando el arqueo bruto, una unidad de medida que, al contrario de lo que pueda parecer, no tiene nada que ver con el peso, sino con el volumen interno total del barco.

El primer barco a motor
Nederlandsche Scheepsbouw Maats construyó el petrolero Vulcanus, con un arqueo bruto de 1.179, para Shell Oil en 1910. En lugar de un motor a vapor, tenía un motor diésel Werkspoor de 460 caballos y seis cilindros, que le proporcionaba una velocidad de 7,5 nudos (13,89 km/h). Este motor era más seguro, porque las chispas que generaba la propulsión a vapor podían prender el inflamable cargamento. Se desguazó en 1931.

El buque de guerra más rápido
El hidroplano experimental Bras d'Or, de la Royal Canadian Army superó los 63 nudos (117 km/h) desarmado en pruebas llevadas a cabo en 1969. Estaba propulsado por una turbina de gas de 30.000 caballos con doble propulsor.

El **buque de guerra con casco de desplazamiento más rápido** (cuyo casco descansa en el agua incluso a altas velocidades) fue el destructor francés Le Terrible. Alcanzó 45,02 nudos (83,38 km/h) en 1935.

El primer ferri de hidrógeno
El Hydra, un ferri noruego con un arqueo bruto de 2.699, se construyó en julio de 2021 en Westcon Yards, Florø, aunque al principio contaba con baterías convencionales. En octubre de 2022, se le instalaron baterías de hidrógeno líquido construidas por Ballard Power Systems (Canadá). Un mes después, superó las pruebas de navegación. Los sistemas de hidrógeno son más limpios que otros combustibles, porque solo emiten vapor de agua.

El superyate más grande
El Azzam, con un arqueo bruto de 13.136, mide 180,6 × 20,8 m. Tiene capacidad para 36 huéspedes y hasta 80 miembros de la tripulación, y sus dos turbinas de gas le permiten alcanzar una velocidad de 33 nudos (61,12 km/h). Lürssen Yachts (Alemania) lo construyó para el jeque Jalifa bin Zayed Al Nahyan, que falleció en 2022.

Los barcos más anchos
Los barcos monocasco más anchos son los buques hidrográficos de clase Ramform Titan. Mitsubishi Heavy Industries botó el primero de ellos el 26 de abril de 2013 en Nagasaki, Japón. Los cascos casi forman un triángulo equilátero y miden 70 m de manga y 104 m de proa a popa. Son barcos muy especializados, diseñados para arrastrar sistemas de sondeo sísmico y micrófonos.

El barco semisumergible de carga pesada más grande
Hyundai Heavy Industries (Corea) construyó el BOKA Vanguard, con un arqueo bruto de 91.784, en 2013. Con 21.725 m², su cubierta es alrededor de 1,5 veces más grande que la Trafalgar Square londinense, y puede llegar a soportar un peso total de 117.000 toneladas. En la imagen, tomada en 2019, carga el crucero Carnival Vista, que luego transportó a un astillero para que lo repararan.

El casco del BOKA Vanguard se sumerge parcialmente para colocar el puente debajo de otras embarcaciones, que eleva al volver a ascender.

EXPERIMENTAR LA INGRAVIDEZ
Quítate un peso de encima, ¡literalmente!, y despídete de la fuerza de la gravedad durante un rato. A Erin Finnegan y Noah Fulmor (ambos de EE.UU.) les gustó tanto la sensación que protagonizaron la **primera boda a gravedad cero**, a bordo de una aeronave de gravedad reducida el 23 de junio de 2009.

El Icon of the Seas, con un arqueo bruto de 250.800, superará al Wonder of the Seas a principios de 2024.

EL CRUCERO MÁS GRANDE

El crucero de lujo Wonder of the Seas, con un arqueo bruto de 235.600, hizo su viaje inaugural el 4 de marzo de 2022. Tiene capacidad para unos 7.000 pasajeros y 2.300 tripulantes. Entre sus múltiples atracciones, cuenta con una pista de patinaje sobre hielo, un parque al aire libre con miles de plantas y el Bionic Bar (con camareros robots). Los amantes de la adrenalina pueden lanzarse por el Ultimate Abyss, un tobogán con forma de tirabuzón de 21,3 m de altura que atraviesa varios puentes, o deslizarse por la tirolina de 25 m de longitud, que tiene nueve puentes de altura.

El Wonder of the Seas es el quinto crucero de clase Oasis de Royal Caribbean International y fue construido por Chantiers de l'Atlantique en Saint-Nazaire, Francia. Lo impulsan seis enormes motores diésel Wärtsilä, con una potencia combinada de 100.140 kW (134.290 caballos). Además, son la central eléctrica de todo el barco.

VELEROS DE MÁSTIL ALTO

Sail Training International

La Sail Training International es una organización sin ánimo de lucro para el desarrollo y la educación de los jóvenes a través de la práctica de la navegación a vela. Creada por el Comité de Regatas de la Sail Training International, en 1956 organizó **la primera regata de veleros de mástil alto** (abajo). Un total de 20 veleros navegaron desde Torbay, en Devon, R.U., hasta Lisboa, la capital de Portugal, entre el 7 y el 15 de julio. La regata dio un nuevo impulso a la flota, y hoy en día la serie de regatas de la Sail Training International suele atraer entre 40 y 100 participantes. Los principales requisitos son que un 50% de la tripulación tenga entre 15 y 25 años y que la longitud de la línea de flotación de los veleros sea de al menos 9,14 m. Existen cuatro tipos de veleros: los de mayores dimensiones pertenecen a la Clase A, que incluye los veleros con aparejo en cruz y los veleros con cualquier aparejo que tenga una longitud total mínima de 40 m.

El mayor velero de todos los tiempos

El France II tenía 146,5 m de eslora y un arqueo bruto de 5.633. Fue construido en Chantiers et Ateliers de la Gironde, en Burdeos, Francia, y botado el 9 de noviembre de 1912. En 1919 se retiraron sus dos motores diésel para reducir costes. El 12 de julio de 1922, encalló durante una tormenta frente a las costas de Nueva Caledonia, en el Pacífico Sur, tras surcar los mares durante casi tres años exclusivamente a vela.

El mayor velero de madera de todos los tiempos

Botado el 15 de diciembre de 1909, el Wyoming fue una goleta de seis mástiles con una eslora de 137 m, una manga de 15,3 m y un arqueo bruto de 3.730. Se invirtieron 175.000 dólares en su construcción (el equivalente a unos 5,6 millones de dólares en 2023). Tenía el casco de pino melis y un motor de vapor tan pequeño que su jarcia podía ser manejada por una tripulación de tan solo 11 personas. Sin embargo, el casco de madera del Wyoming cabeceó y se combó con el fuerte oleaje del mar, y se produjeron filtraciones. El 11 de marzo de 1924, se hundió frente a la isla de Monomoy, en Massachusetts, EE.UU.

El mayor velero de madera

El Götheborg mide 58 m desde la popa al bauprés y tiene un arqueo bruto de 788. Es una réplica del buque de la Compañía Sueca de las Indias Orientales, que naufragó en 1735 cerca de su puerto natal de Gotemburgo tras regresar de China. El Götheborg actual fue construido entre 1995 y 2003 y es una reproducción exacta, realizada a partir de los planos originales.

El velero con el mayor número de mástiles

La única goleta de siete mástiles que se ha construido fue la Thomas W. Lawson (arqueo bruto de 5.218), con 114,4 m de eslora. Construida en Quincy, Massachusetts, EE.UU., en 1902, naufragó el 14 de diciembre de 1907 frente a las islas Sorlingas, R.U. Sus siete mástiles se rompieron y desaparecieron 16 miembros de la tripulación.

La regata de veleros de mástil alto con mayor número de participantes

En 1993, participaron 122 veleros en la etapa de Newcastle, R.U., a Bergen, Noruega, de la regata Tall Ships Races. El ganador fue el Frithjof II (Noruega), un cúter de clase B.

El **mayor número de etapas ganadas en una regata por un velero de mástil alto** es 13, y lo consiguió la embarcación británica Jolie Brise. Este cúter de clase B, construido en 1913, se ha proclamado cinco veces campeón absoluto de la regata Tall Ships Races (1980, 2008, 2011 y 2015-2016).

El velero de mástil alto más antiguo

Construido en 1874, Far Barcelona es un velero español de clase B que ha participado en la Tall Ships Races. Este *jakt* noruego, cuyo nombre original era Anne Dorthea, se construyó en la región de Hardanger para transportar toneles de arenques. Restaurado en España, actualmente es un aula flotante y en ella ya se han impartido 15.000 horas de formación sobre construcción y mantenimiento naval.

¿SABÍAS QUE...?

El barco ganador de la Tall Ships Races de 1956, Moyana, naufragó en su viaje de vuelta al R.U.

La mayor tripulación de un velero de mástil alto

El Amerigo Vespucci tiene una capacidad máxima para 415 personas, entre tripulación profesional y en prácticas. Construido a imagen y semejanza de un buque de guerra de madera del siglo XVIII, en el astillero naval de Castellammare di Stabia, en Nápoles, Italia, fue botado el 22 de febrero de 1931. Actualmente es un buque escuela de la marina militar italiana con 24 velas y puede alcanzar los 12 nudos.

El Amerigo Vespucci fue catalogado como «el barco más bonito del mundo» por las tripulaciones de la marina de EE.UU.

VIAJAR POR EL MUNDO

Amplía tus horizontes explorando nuevos lugares y culturas. Entre el 1 de junio de 2017 y el 7 de diciembre de 2018, Taylor Demonbreun (EE.UU.) dio una vuelta al mundo relámpago y logró el **menor tiempo en visitar todos los países soberanos** (1 año y 189 días).

Los aprendices a bordo del Statsraad Lehmkuhl estudian técnicas náuticas básicas, como la navegación y la guardia.

EL VELERO DE MÁSTIL ALTO MÁS VELOZ

Desde 1964, la Sail Training International ha registrado las velocidades máximas de todos los veleros que han realizado travesías rápidas en el trofeo anual Boston Teapot. Para calcular estos récords, se hace un promedio de la velocidad en un período de 124 h. De este modo, se contrarrestan factores como las fuertes rachas de viento, que pueden dar lugar a picos de velocidad. El Statsraad Lehmkuhl, ganador de ocho ediciones, logró una velocidad media récord de 12,49 nudos (23,1 km/h) en 2016. Este veloz buque con aparejo de cruz fue construido en 1914 en Bremerhaven, Alemania, y en 1921 fue adquirido por el político noruego Kristofer Lehmkuhl. Cuenta con una tripulación de 150 personas y es operado por una fundación sin ánimo de lucro.

EL ESPACIO

EL VUELO A MAYOR DISTANCIA EN MARTE

El 8 de abril de 2022, el helicóptero autónomo de la NASA Ingenuity recorrió 704 m sobre el cráter de Jezero. El vuelo fue el tramo más largo de un recorrido de 2 km en seis etapas sobre un área de arena suelta y azotada por el viento llamada Séítah, intransitable para el pesado róver Perseverance. A continuación, se muestra la carcasa posterior rota del módulo de descenso, descartada cuando el róver llegó a Marte en febrero de 2021. Tiempo después se encontró en el Séítah y fue fotografiada por el róver.

¿SABÍAS QUE...?

- El Ingenuity es una maravilla en miniatura; solo mide 49 cm de altura.
- El helicóptero robótico recarga las baterías con un panel solar de 46 × 16 cm.
- Tiene dos rotores de dos palas que giran en direcciones opuestas para estabilizarlo.
- El Ingenuity solo iba a realizar cinco vuelos de prueba. A 27 de enero de 2023, ya llevaba 41.

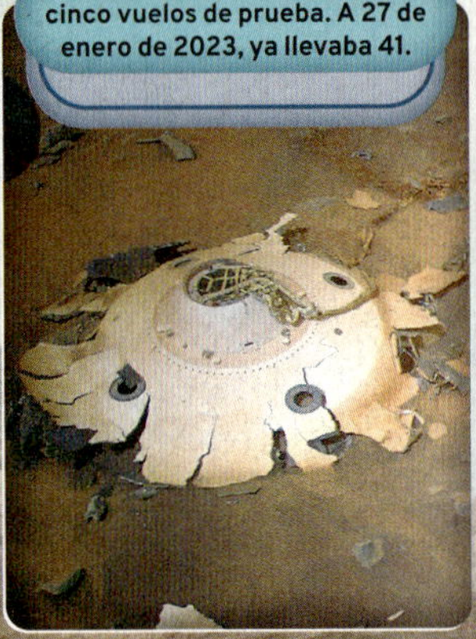

La nave espacial más veloz

La sonda solar Parker, que orbita el Sol, alcanzó los 586.800 km/h a las 21:25:24 UTC* del 20 de noviembre de 2021. La sonda alcanzó esta velocidad en el perihelio (el punto más próximo de su órbita solar elíptica) tras la asistencia gravitatoria de su sobrevuelo a Venus el 16 de octubre.

A la vez, logró la **máxima aproximación al Sol de una nave espacial**: 8.541.744 km. Ambos récords se mantendrán hasta después del próximo encuentro de la sonda con Venus el 21 de agosto de 2023.

La carrera más larga como científico de proyecto

Cuando se jubiló en octubre de 2022, el físico estadounidense Edward Stone había trabajado como científico del proyecto Voyager durante 50 años. Ascendió al puesto de responsable de las operaciones de investigación en 1972, durante la fase de planificación, y se convirtió en el rostro público del programa Voyager durante los históricos sobrevuelos de planetas exteriores por parte de esta sonda.

La Voyager 1, lanzada al espacio en 1977, actualmente es el **objeto fabricado por el hombre más distante**, y surca el espacio interestelar a unos 23.631 millones de km de la Tierra.

El telescopio espacial más grande

El esperadísimo telescopio espacial James Webb, con su gigantesco espejo primario de 6,5 m, envió sus primeras imágenes calibradas en julio de 2022. Ya ha capturado multitud de imágenes espaciales extraordinarias, como los Pilares de la Creación (derecha), que son columnas de gas y polvo interestelares donde se forman estrellas. La primera imagen de campo profundo que tomó (arriba) contiene varias candidatas potenciales al título de la **galaxia más lejana**, aunque se necesitarán más observaciones antes de confirmarlo. De momento, lee con atención esta sección...

La mayor elevación alcanzada por un róver espacial

Desde que aterrizara en Marte el 6 de agosto de 2012, el róver Curiosity de la NASA ha ascendido más de 621 m respecto al lugar donde aterrizó. El Curiosity condujo ligeramente cuesta abajo durante el primer año de su misión, por lo que su rango de elevación exacto había sido de 641,54 m a sol 3606 (después de 3.606 días marcianos). Esta imagen (tomada por el Curiosity el 9 de septiembre de 2015) muestra las escarpadas cumbres de la cresta Vera Rubin. El círculo amarillo, a más de 3,5 km de distancia, marca una roca del tamaño del Curiosity junto a la que pasó el 15 de julio de 2022.

La astronauta que ha pasado más tiempo en el espacio

Entre 2002 y 2017, Peggy Whitson (EE.UU.) pasó un total de 665 días, 22 horas y 22 minutos en órbita. Durante su estancia, se convirtió en la **primera mujer comandante de la Estación Espacial Internacional (EEI)**. Aunque se jubiló de la NASA en junio de 2018, la icónica astronauta regresará al espacio en 2023, en el segundo vuelo de la empresa privada Axiom a la EEI. En la imagen, aparece entrenando junto a John Shoffner, quien será su copiloto.

El orbitador de Marte más longevo

El 2001 Mars Odyssey de la NASA celebró su 21.º año en órbita alrededor del planeta rojo el 24 de octubre de 2022. Tras despegar el 7 de abril de 2001 de la Estación de la Fuerza Espacial de Cabo Cañaveral, en Florida, EE.UU., entró en órbita el 24 de octubre de 2001 a las 02:18.

Más lanzamientos en un año de un modelo de cohete

Durante 2022, los cohetes Falcon 9 de SpaceX han logrado 60 lanzamientos con éxito y han batido así el récord de 45 que los soviéticos Soyuz-U tenían desde 1980. Este total incluye seis lanzamientos del núcleo B1058, que terminó el año con el **mayor número de lanzamientos por parte de una etapa de cohete**: 15 (un récord que el B1060 igualó el 3 de enero de 2023).

El terremoto más potente registrado en otro planeta

El 4 de mayo de 2022, el sismógrafo del aterrizador InSight de la NASA registró un terremoto (o «martemoto») de magnitud 5, el mayor detectado en otro planeta. A 27 de octubre de 2022, el InSight había registrado 1.318 sismos, provocados sobre todo por movimientos a lo largo de fracturas en el interior de Marte, aunque algunos eran consecuencia del impacto de asteroides.

El 5 de septiembre de 2021, el InSight registró las **primeras ondas de impacto de un asteroide sentido en otro planeta**. Un asteroide explotó en el aire en al menos tres fragmentos que abrieron cráteres en el suelo. La Tierra es el único otro planeta en el que se han detectado vibraciones y explosiones derivadas del impacto de un asteroide.

**Todas las horas y fechas se dan en tiempo universal coordinado (UTC).*

Calificada de «impactadora» por la NASA, la nave espacial DART fue obra del Laboratorio de Física Aplicada de la Universidad John Hopkins. Medía unos 1,8 m de ancho y 1,9 m de largo. En la imagen, se ve uno de los paneles solares, semejantes a alas, enrollado en un tubo. Cada panel se abre hasta 8,5 m y, juntos, dan a la nave una longitud similar a la de una pista de bolos.

LA PRIMERA REDIRECCIÓN PLANEADA DE UN OBJETO CELESTE

El Double Asteroid Redirection Test (DART) de la NASA, lanzado el 24 de noviembre de 2021, impactó contra Dimorphos, el satélite del asteroide Dydimos, el 26 de septiembre de 2022. DART viajaba a una velocidad de 21.960 km/h, unas nueve veces más que un caza de reacción. El impacto produjo una enorme nube de polvo, que actuó como un cohete y empujó al satélite en dirección contraria a su trayectoria. Esto acortó el diámetro de la órbita de Dimorphos, reduciendo las cerca de 12 horas que tardaba en dar la vuelta a Didymos en 32 minutos (tres veces más de lo que esperaban los organizadores de la misión). Si se aplicara la misma técnica a un asteroide en rumbo de colisión con la Tierra, podría cambiar el instante en que se cruzaría con la trayectoria de nuestro planeta lo suficiente como para que la esquivara y, así, evitar una tragedia. Otra nave espacial, la LICIACube, de la Agencia Espacial Italiana, tomó la fotografía inferior justo después del impacto.

La masa de impacto de DART (570 kg) no era nada en comparación con los 5.000 millones de kg de Dimorphos.

PRACTICAR ESFERISMO

Estas ruedas de hámster hinchables para humanos se inventaron en 1994 y son muy populares entre los amantes a la adrenalina de todo el mundo. Steve Camp (Sudáfrica) logró la **mayor distancia recorrida en una esfera de esferismo con un solo impulso:** 570 m, en Paengaroa, Nueva Zelanda, el 7 de noviembre de 2006, durante el Día del GWR.

MONTAÑAS RUSAS

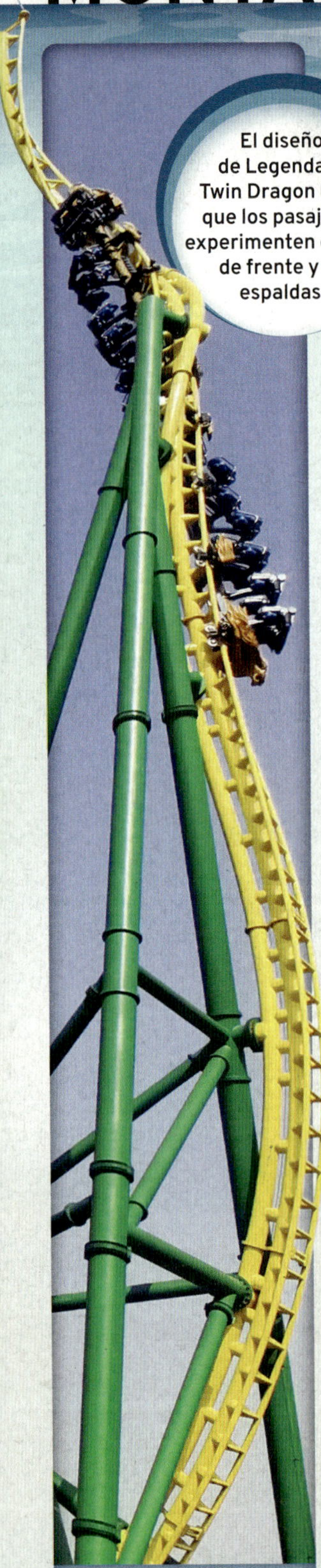

El diseño de Legendary Twin Dragon hace que los pasajeros experimenten caídas de frente y de espaldas.

La primera
Inaugurada en los Campos Elíseos la primavera de 1817, la Promenades Aériennes permitió a los parisinos adinerados disfrutar de un emocionante viaje impulsado por la fuerza de la gravedad a bordo de unos carros de tres ruedas que estaban montados sobre una serpenteante pista de madera. Su creador, Nicolas Beaujon (Francia), la comercializó como una alternativa ideal para cualquier época del año a los toboganes de hielo artificial también conocidos como «montañas rusas», cuyo origen se remontaba al siglo xv.

El primer bucle
En marzo de 1842, los diarios británicos publicaron anuncios en los que invitaban al público a ver un «ferrocarril centrífugo» en el Salón de Ciencias de Mánchester. Esta «novedad científica», desarrollada por la empresa de ingeniería local Tarr & Riley, comprendía un tramo de raíles en fuerte pendiente que conducían a una estructura de hierro con forma de bucle. En un primer momento, en esa protomontaña rusa solo montaban artistas circenses, pero cuando la trasladaron a Liverpool ese mismo verano, se abrió al público.

La más antigua en servicio ininterrumpido
La Great Scenic Railway ha sido la pieza central de Luna Park, en Melbourne, Australia, durante más de 110 años desde que se abrió al público el 13 de diciembre de 1912. Esta montaña rusa de madera todavía depende de un operario que monta en ella y maneja los frenos. Leap-the-Dips, en Lakemont Park, Pensilvania, EE.UU., se construyó antes, en 1902, pero estuvo inoperativa de 1985 a 1999. En la actualidad es la **montaña rusa restaurada más antigua**.

El bucle más grande
Este título lo comparten dos montañas rusas idénticas: Flash, en Lewa Adventure, Shaanxi (China), e Hyper Coaster, en Land of Legends, Antalya (Turquía, en la foto). Mack Rides (Alemania) construyó ambas, que cuentan con un bucle de 42,52 m de diámetro que envuelve su ascensor de cadena. Flash se inauguró en 2016 e Hyper Coaster, en 2018.

La montaña rusa de madera más larga
La vía de The Beast, en funcionamiento desde el 14 de abril de 1979 en Kings Island, Ohio, EE.UU., tiene una longitud de 2.255 m. La construcción de los enormes caballetes que la soportan requirió de 1.533 m^3 de madera y 82.480 pernos de acero.

La más alta
Con una altura de 139 m, la Kingda Ka domina el Six Flags Great Adventure de Nueva Jersey, EE.UU. Al inaugurarse el 21 de mayo de 2005, su sistema de lanzamiento hidráulico también la convirtió en la **montaña rusa más rápida** (velocidad máxima de 206 km/h). Actualmente la supera la Fórmula Rossa, en Ferrari World de Dubái, EAU (240 km/h).

La montaña rusa más larga
Un viaje en la Steel Dragon 2000, ubicada en Nagashima Spa Land (Japón), cubre una distancia de 2.479 m en un tiempo de cuatro minutos. Durante su recorrido, los pasajeros suben hasta 95 m de altura antes de caer en un laberinto de giros en espiral a velocidades de hasta 149 km/h.

Steel Dragon es una gigamontaña rusa, término que emplea la industria para una instalación que supera los 91,4 m de altura.

La montaña rusa invertida más rápida
Chongqing Sunac Land, en China, presentó su última atracción, la Legendary Twin Dragon, el 3 de febrero de 2021. Esta montaña rusa invertida (es decir, en la que los pasajeros viajan suspendidos debajo del raíl) alcanza una velocidad máxima de 118,9 km/h. Sus raíles a modo de lanzadera son también los más altos, con una torre de 69,9 m en forma de cola retorcida en cada extremo del recorrido.

VISITAR GRECIA
Viaja al corazón de una antigua civilización, a la Acrópolis de Atenas, que alberga templos milenarios y edificios civiles que dominan la ciudad moderna. Entre ellos se encuentra el **primer teatro permanente**, el Teatro de Dionisio, con forma de anfiteatro. Se construyó alrededor del 500 a. C. (Para más información sobre el teatro griego, consulta la pág. 184.)

EL PARQUE TEMÁTICO CON MÁS MONTAÑAS RUSAS

Tras la inauguración de la Wonder Woman Flight of Courage el 16 de julio de 2022, Six Flags Magic Mountain, en Valencia, California (EE.UU.) contaba con un total de 20 montañas rusas en funcionamiento. La lista incluye cuatro poseedoras de récords vigentes (ver detalles), además de otras atracciones que establecieron récords en el momento de su construcción.

Magic Mountain se abrió al público en 1971 con solo una montaña rusa de tamaño completo; pero no se convirtió en un referencia para los amantes de la adrenalina hasta 1976, con la inauguración de la Great American Revolution (hoy llamada New Revolution). Esta fue la primera montaña rusa moderna con un bucle vertical completo, una característica de las primeras instalaciones (ver página anterior) descartada durante casi 70 años por problemas de seguridad.

El *stand-up* más alto
Riddler's Revenge (1998)
47,5 m

El tramo a más altura
Tatsu (2006)
52 m

La lanzadera más alta
Superman: Escape from Krypton (1997)
126,5 m

Wonder Woman Flight of Courage, con sus 40 m de altura, es la montaña rusa con un único riel más alta.

APRENDER LA LENGUA DE SIGNOS

Mejora tus habilidades con los signos viendo *CODA* (Francia/Canadá/EE.UU.; 2021), donde actúa Troy Kotsur (EE.UU.), el **primer sordo en ganar un Óscar como actor.** Su coprotagonista, Marlee Matlin (EE.UU.), se convirtió en 1987 en la **primera persona sorda en ganar un Óscar.**

CIENCIA A LO BESTIA

Torre de caída libre Fallturm Bremen
1. Mecanismo de liberación
2. Cesto
3. Cápsula de caída libre
4. Conducto
5. Ascensor
6. Oficinas
7. Cámara de desaceleración
8. Cámara de vacío
9. Barras de suspensión
10. Cápsula de caída libre
11. Pie de la torre
12. Cámara de aceleración que alberga la catapulta
13. Cimientos

La molécula más magnética

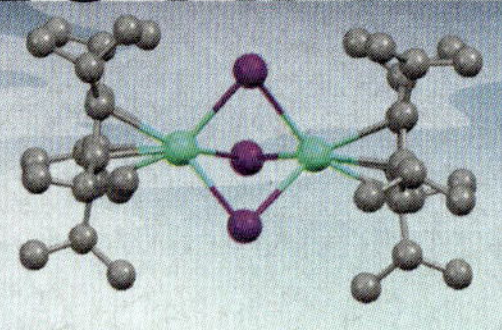

Diseñado por un equipo internacional, el complejo de dilantánido $(Cp^{iPr5})_2Tb_2I_3$ (derecha) tiene un campo magnético coercitivo de más de 25 teslas a -223 °C. Es 100 veces mayor que el de los imanes de hierro más potentes. Se logró mediante un puente de yodo y de carbono (en verde y morado) para unir dos iones de una tierra rara muy magnética (en gris).

El ordenador más rápido

En 2022, el Oak Ridge National Laboratory de Tennessee, EE.UU., desveló el primer ordenador de exaescala, el Frontier. En tests aritméticos de coma flotante (manipulación de números muy grandes o muy pequeños, o FLOP), este superordenador de 268 toneladas alcanzó una velocidad de 1,102 exaflops (justo por encima 10^{18} de operaciones de punto flotante por segundo). Un ordenador estándar tardaría unas seis semanas en hacer lo que Frontier logra en un segundo.

La imagen microscópica a más alta resolución

Desarrollada por un equipo liderado por David Muller de la Universidad de Cornell (EE.UU.), la pticografía electrónica puede capturar detalles de solo 20 picómetros de ancho. Es cerca de una quinta parte del ancho de un átomo de hidrógeno. *Science* publicó una imagen tomada con este método el 21 de mayo de 2021.

El túnel de viento de plasma más grande

Los ingenieros usan túneles de plasma para reproducir las condiciones que se pueden experimentar durante el vuelo hipersónico (y sobre todo durante la reentrada en la atmósfera). El túnel de viento más grande es el SCIROCCO, en el Centro Italiano de Investigación Aeroespacial ubicado cerca de Capua, Italia, que alberga un calentador de arco de 70 megavatios. Es capaz de lanzar un chorro de plasma supercaliente de 2 m de ancho a través de una cámara de pruebas a velocidades de hasta Mach 12.

La torre de caída libre con el recorrido más largo

Lo que llamamos ingravidez es, en realidad, un estado de caída libre continuada. Por ello, se puede replicar el comportamiento de un objeto en órbita dejándolo caer por un tubo en el que se ha hecho el vacío. Sin embargo, a no ser que el tubo sea extraordinariamente largo, el objeto solo tiene unos segundos de caída libre. La torre de caída libre Fallturm, en la Universidad de Bremen, Alemania, contiene un tubo de vacío de 122 m. Para estudiar objetos en caída libre, los investigadores cargan experimentos en una cápsula que disparan hacia el extremo superior de la torre con una catapulta muy potente. El resultado es una caída libre de 9,3 s, frente a los 4,74 s que se conseguirían si se dejara caer el objeto desde arriba.

El telescopio solar más grande

El telescopio solar Daniel K. Inouye (EE.UU.) tiene un espejo primario de 4 m de diámetro. Rematado el 22 de noviembre de 2021, forma parte del Observatorio de Gran Altitud de Haleakala, cerca de la cima de un volcán inactivo en Maui, Hawái. Toma múltiples imágenes del sol en un segundo y capta características de su superficie tres veces más pequeñas que las de otros observatorios solares.

La burbuja más duradera

El doctorando Aymeric Roux y la Universidad de Lille (ambos de Francia) produjeron una burbuja que aguantó intacta 1 año y 100 días en Lille, Francia. Estaba formada por una concentración elevada de glicerol, y por partículas de plástico. Se verificó el 18 de enero de 2021.

Una burbuja es una fina capa de líquido que contiene un gas, mientras que una «antiburbuja» es una fina capa de gas que contiene un líquido mientras está sumergida también en líquido. La **antiburbuja más duradera** permaneció intacta unas 13 horas en un experimento realizado por un equipo de científicos chinos y belgas. Los resultados se publicaron en *Physical Review Fluids* el 27 de junio de 2022.

El día más corto medido en la Tierra

Según el Servicio Internacional de Rotación de la Tierra y Sistemas de Referencia, el 29 de junio de 2022 fue 1,59 milisegundos más corto de lo normal. Desde hace poco, los días terrestres se acortan cada vez más. Es posible que se deba a la reducción de los glaciares y de los casquetes polares (lo que suaviza la presión de la corteza terrestre en los polos) o a la oscilación periódica del polo magnético del planeta.

La fuente de rayos X más intensa

La llamada Fuente Extremadamente Brillante (EBS, por sus siglas en inglés) puede generar un haz de rayos X con una energía de 6 gigaelectronvoltios. Realiza imágenes 100.000 millones de veces más intensas que las radiografías de los hospitales, lo que permite ver vasos sanguíneos de solo 5 micrómetros de diámetro. Ubicado en el Laboratorio Europeo de Radiación Sincrotrón en Grenoble, Francia, esta máquina con forma de anillo mide 268,6 m de diámetro. Ya ha hecho aportaciones de gran valor al Human Organ Atlas digital (un detallado mapa de órganos humanos) del University College London (detalle).

VISITAR LOS 50 ESTADOS ESTADOUNIDENSES

40

¿Y por qué no hacerlo volando? Regálate una experiencia a vista de pájaro de la diversidad geográfica (y de la abrumadora magnitud) de EE.UU. Andrew Holly (R.U.) consiguió el **vuelo en globo aerostático más rápido por los 50 estados de EE.UU.:** 43 días, 3 h y 11 min. Terminó su recorrido en Hawái el 24 de marzo de 2016.

La cámara LSST tomará imágenes tan grandes que se necesitarían 1.500 televisores HD para ver una de ellas.

LA CÁMARA DIGITAL MÁS GRANDE

La cámara LSST del Observatorio Vera C. Rubin mide 1,65 m de diámetro y 3,73 m de longitud y pesa 2,8 toneladas. El nombre alude al Legacy Survey of Space and Time, que proporcionará un estudio de 10 años de duración del cielo meridional sobre el norte de Chile. La cámara fue presentada por su fabricante principal, el SLAC National Accelerator Laboratory de Palo Alto, California, EE.UU., el 26 de octubre de 2022. Combina un colosal sistema CCD de 3.200 millones de píxeles (que la convierten también en la **cámara digital de mayor resolución**) con enormes lentes y sistemas de adquisición de imágenes. Tiene potencia suficiente para fotografiar una pelota de golf a 24 km de distancia.

La cámara LSST registrará imágenes del telescopio de rastreo Simonyi. Ambos están en el Observatorio Rubin, aún en proceso de construcción en la provincia de Elqui, Chile. El telescopio fotografiará el cielo nocturno unas cuantas veces por semana.

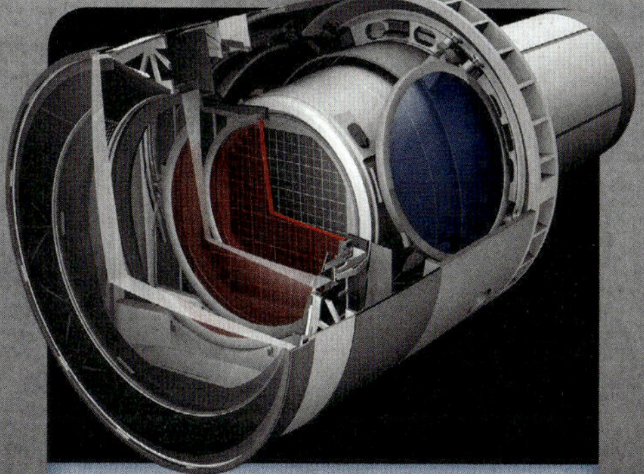

La parte frontal de la cámara alberga tres lentes, filtros, un cambiador automático de filtros y el sistema CCD. Un contenedor en la parte más estrecha de la unidad contiene sistemas electrónicos de apoyo, bombas de vacío y sistemas de refrigeración.

El sistema de lentes L1-L2 en la parte anterior de la cámara contiene dos lentes primarias cuidadosamente alineadas. La lente L1, en la imagen, mide 1,6 m de diámetro. Todas las lentes se han tratado con antirreflejantes de banda ancha.

39

TOMAR EL PRIMER AVIÓN QUE DESPEGUE

Planificar un viaje puede ser estresante, así que ¿por qué no te dejas llevar por el azar? Quizá te conduzca al Aeropuerto Internacional de Dubái (EAU), el **aeropuerto con más tráfico de pasajeros internacionales.** Se estima que por allí pasaron 88,8 millones de viajeros en 2018.

ROBOTS

Según la Federación Internacional de Robótica (IFR), el **tipo más común de robot doméstico** es el robot aspirador, que aspira o friega. Se estima que hay unos 17 millones de unidades activas en todo el mundo, aunque probablemente esta cifra sea significativamente superior.

Los siguientes tipos más habituales son los robots de jardinería y de limpieza exterior, con aproximadamente 1 millón de unidades activas. Fundada en 1987, la IFR promueve la investigación, desarrollo y beneficios prácticos de los robots. La edición de 2022 de su encuesta anual de la industria reveló también que Corea del Sur tiene 1.000 robots por cada 10.000 empleados y es la **economía más automatizada**, mientras que China tiene la **mayor cantidad de robots industriales activos**, unas 1.224.000 unidades.

¿SABÍAS QUE...?

- El polímata renacentista Leonardo da Vinci diseñó un autómata humano en 1495.
- El término «robot» procede de *robota*, una palabra checa que significa «trabajador forzado».
- Un androide es un robot diseñado con forma humana.
- En la actualidad, hay unos 3,5 millones de robots industriales activos, según la IFR.

El robot blando operativo a mayor profundidad

Los robots blandos están hechos de materiales flexibles a semejanza de los que se encuentran en organismos vivos, y sus mecanismos acostumbran a reflejar cómo operan las formas de vida. Los investigadores de la Universidad de Zhejiang (China) enviaron un robot a una profundidad de 10.900 m en la fosa de las Marianas; los resultados del estudio se publicaron el 3 de marzo de 2021. Su diseño está inspirado en el pez baboso, el **pez a mayor profundidad** (ver pág. 43).

La aeronave no tripulada que ha pasado más tiempo dentro de un ciclón tropical

El 28 de septiembre de 2022, un dron ALTIUS-600 permaneció activo durante 102 minutos en el ojo del huracán Ian, una tormenta de categoría 4. Fue lanzado por un avión cazador de huracanes de la Oficina Nacional de Administración Oceánica y Atmosférica (NOAA). El ALTIUS-600 se lanza desde un tubo neumático y tiene alas plegables que se extienden hasta una envergadura de 2,5 m. Sus sistemas de orientación permanecieron fijos en el centro del ojo del huracán mientras soportaba vientos de 348 km/h para recoger valiosos datos meteorológicos para los científicos de la NOAA.

El robot cuadrúpedo más veloz

El WildCat, el robot de cuatro patas de Boston Dynamics, alcanzó los 25 km/h cuando se puso a prueba en Cambridge, Massachusetts, EE.UU., en octubre de 2013.

Para alcanzar semejante velocidad, los actuadores hidráulicos del WildCat necesitaban un diseño pesado (154 kg) y muy ruidoso.

La industria más automatizada

Según el último estudio de la Federación Internacional de Robótica del 13 de octubre de 2022, los fabricantes de automóviles operan el 31 % de los robots industriales activos. El siguiente sector más robotizado es el de la producción de aparatos eléctricos/electrónicos, con un 25 % del total global, seguido del sector de la fundición metalúrgica (11 %).

Más drones realizando una coreografía aérea

El 5 de noviembre de 2022, un enjambre de 1.990 cuadricópteros iluminó el cielo nocturno sobre Riad, Arabia Saudí. El espectáculo formó parte de Noor Riyadh, un festival anual de luces y arte. Los drones, controlados por ordenador, participaron en dos espectáculos aéreos titulados *El orden del caos: el caos del orden*, con coreografía del artista Marc Brickman.

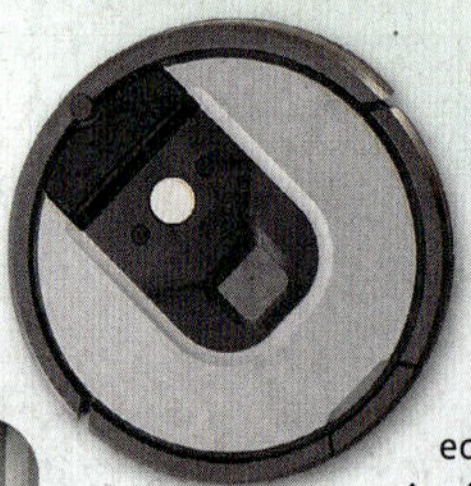

La investigación posterior se ha centrado en usar sistemas de control de «aprendizaje por refuerzo» para lograr un mejor desempeño y diseños completamente eléctricos, como el Mini Cheetah de 9 kg del Instituto de Tecnología de Massachusetts (MIT). En marzo de 2022, un equipo del MIT logró el récord de la **velocidad más rápida actuada eléctricamente** con los 14 km/h conseguidos por uno de estos robots. En diciembre de 2022, un grupo de la universidad de Zhejiang superó este récord con un robot basado en el Mini Cheetah, que alcanzó los 18 km/h.

El salto más alto de un robot cuadrúpedo

El 4 de julio de 2018, el hermano mayor del Mini Cheetah del MIT, el Cheetah 3, de 45,3 kg de peso, alcanzó una altura de 78,74 cm impulsándose únicamente con las patas traseras, como un felino.

El brazo robótico más grande en el espacio

El Canadarm2, construido por la Agencia Espacial Canadiense, mide 17,5 m de longitud y pesa 1.641 kg. El 22 de abril de 2001, se acopló a la Estación Espacial Internacional (EII). Se puede desacoplar de la estación por ambos extremos y avanzar como una oruga sobre el casco para gestionar la construcción y cargamento en cualquier parte de la EII.

En la Tierra, el **brazo robótico más fuerte** es el M-2000iA/2300 Super Heavy Payload Robot, lanzado por la FANUC Corporation (Japón) en 2016. Este brazo mecánico de seis ejes puede levantar hasta 2.300 kg de peso.

La variante «huracanada» de la NOAA tiene una vela recortada que le da estabilidad ante vientos potentes.

El viento a mayor velocidad registrado por un vehículo de superficie no tripulado

El 30 de septiembre de 2021, el Saildrone Explorer SD 1045 registró vientos a 231 km/h al pasar por la pared del ojo del huracán Sam, de categoría 4, a unos 750 km al nordeste de Puerto Rico. Esta nave de investigación autónoma mide 7 m de longitud y es un diseño de Saildrone (EE.UU.) en asociación con la NOAA. Cada vehículo cuenta con instrumentos que miden la temperatura del aire y del mar, la velocidad del viento y la presión atmosférica. La fotografía muestra la vista de la cámara del SD1405 durante la tormenta.

VISITAR HAWÁI

¡Aloha! Bienvenido al único estado de EE.UU. formado íntegramente por islas. En Hawái también se alza el Mauna Kea, la **montaña más alta**. Medida desde su base oceánica en la fosa de Hawái hasta su cima, alcanza los 10.205 m y supera en más de 1,3 km al Everest.

38

Devin Crowley (delante a la izquierda) supervisó el intento de récord y lideró el equipo de la Universidad Estatal de Oregón que diseñó los nuevos sistemas de carrera de Cassie.

¿Qué os llevó a intentar este récord?
El objetivo de nuestra investigación es desarrollar las capacidades de robots bípedos. Es muy importante si queremos que los robots operen en un mundo pensado para seres humanos.

¿Cuántos intentos necesitasteis para que Cassie recorriera toda la distancia?
Muchísimos intentos en simulación. Después, pusimos a Cassie sobre una cinta de correr con un fijador para comprobar el comportamiento del *hardware* e hicimos una carrera de prueba, con una tasa de éxito del 50%. El gran día, Cassie se cayó en sus dos primeros intentos por un error de usuario, pero luego fue muy constante.

¿Las caídas dañaron al robot?
No, aunque con frecuencia tenemos que reparar cables internos que se desconectan. Y los pies de goma se desgastan, como las suelas de las zapatillas de los atletas.

¿En qué estáis trabajando ahora?
Nuestro laboratorio, el Dynamic Robotics and AI Lab, va a empezar a trabajar con el sucesor de Cassie, Digit, que tiene brazos, torso y cámaras integradas. Exploraremos las dificultades de navegación y la evitación de obstáculos, además de tareas complejas: entregar paquetes o mover objetos en un almacén. La utilidad prevista para el robot es la de reforzar y ayudar a la mano de obra humana.

Cassie: grados de libertad
Cassie usa una combinación de motores eléctricos y de muelles pasivos para que las articulaciones se puedan mover como se muestra a continuación. El robot mide 1,15 m de altura y pesa 31 kg.

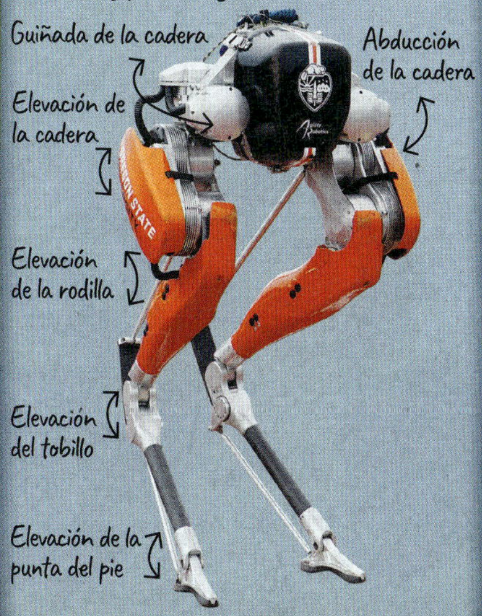

LOS 100 M MÁS VELOCES DE UN ROBOT BÍPEDO
El 11 de mayo de 2022, Cassie corrió 100 m en 24,73 segundos en Corvallis, Oregón, EE.UU. Inspirado en el casuario (el tercer pájaro más grande del mundo), Cassie fue diseñado por el Dynamic Robotics Laboratory de la Universidad de Oregón y construido por la empresa Agility Robotics (ambas de EE.UU.). Aunque hay otros títulos GWR para robots veloces, esta hazaña es única: una velocidad promedio lograda en una distancia establecida, con la condición de que el robot ha de comenzar y terminar erguido. En otras palabras, no puede correr 100 m y desplomarse al cruzar la meta.

RECOPILATORIO

El partido de fútbol a mayor altitud en un vuelo parabólico

El 20 de agosto de 2022, la leyenda del fútbol Luis Figo convocó a dos equipos para un partido a gravedad cero en una nave que volaba a 6.166 m sobre Burdeos, Francia. Un árbitro y un adjudicador de GWR subieron a bordo para garantizar un partido justo. Mastercard organizó este «Out-of-this-World-Match».

La habitación más silenciosa

La cámara anecoica de Orfield Laboratories, en Mineápolis, Minesota, EE.UU., ha generado una lectura de sonido de fondo de -13 dBA (decibelios ponderados A). El cero en la escala de decibelios es el sonido más tenue que el oído humano puede percibir. La sala, aislada con gruesas paredes y cuñas acústicas de fibra de vidrio, se usa para probar el volumen y la calidad de sonido de productos.

La primera fusión nuclear con ganancia de energía neta

El 13 de diciembre de 2002, los investigadores de la National Ignition Facility de California, EE.UU., lograron un hito muy importante. Enfocaron 192 rayos láser sobre un pellet de deuterio y tritio del tamaño de un grano de pimienta y se desencadenó una reacción de fusión nuclear que creó más energía de la que se necesitó para desencadenarla.

Sin embargo, producir energía con esta tecnología exige fusiones nucleares continuadas. De momento, la reacción nuclear más larga se prolongó durante 17 min y 36 s en un reactor tokamak de los Institutos Hefei de Ciencias Físicas de China el 30 de diciembre de 2021.

Los dos relojes ópticos sincronizados a mayor distancia

Dos relojes ópticos a 113 km de distancia en Xinjiang, China, se sincronizaron con un láser de alta potencia refinado de la Universidad de Ciencia y Tecnología de China. Los resultados se publicaron en *Nature* el 5 de octubre de 2022. Los relojes ópticos pueden lograr mayor precisión que la de la tecnología de sincronización actual, por lo que no pueden utilizarse para estándares científicos. Lograr la sincronización de relojes ópticos permitiría desarrollar tecnologías como GPS más precisos.

El parque eólico marino con mayor capacidad

El Hornsea Two, construido por la empresa danesa Ørstedt a unos 89 km en la costa de Yorkshire, R.U., es un parque eólico de 1.320 MW. Las 165 turbinas que lo componen se declararon operativas el 31 de agosto de 2022. A máxima eficiencia, puede generar electricidad suficiente para 1,4 millones de hogares.

La mayor distancia recorrida por un vehículo impulsado por gomas elásticas

El 20 de febrero de 2022, un vehículo de construcción de juguete fabricado por Micah Bartel (Canadá) impulsado por una goma elástica recorrió 32,93 m en un gimnasio de Winnipeg, Manitoba, Canadá.

La pila de patatas con mayor voltaje

El 16 de diciembre de 2022, la estrella pop brasileña Anitta remezcló su éxito «Envolver» en un estudio de grabación de Los Ángeles alimentado por una pila de patatas compuesta por 8.500 patatas y que produjo 67,76 vatios/hora. La remezcla fue el resultado de una colaboración entre ZyynLabs y los fabricantes de patatas fritas Frito-Lay North America (ambos de EE.UU.).

El teléfono de lata más largo

El 8 de octubre de 2022, dos botes de yogur unidos por un cable transmitieron voces a 373,79 m de distancia a lo largo de la costa de Sidmouth, Devon, R.U. El teléfono fue obra de John Hems y del Sidmouth Science Festival (ambos del R.U.)

El cohete más potente por empuje (actualidad)

El Space Launch System (SLS, izquierda) de la NASA genera 36.786 kN de empuje en el lanzamiento. Su Bloque 1 hizo su primer lanzamiento el 16 de noviembre de 2022 desde el Centro Espacial Kennedy en Florida, EE.UU., el 16 de noviembre de 2022. Con una capacidad de carga de 95.000 kg, el SLS también es el **cohete activo más potente por capacidad de lanzamiento**.

El SLS tiene un serio rival en el horizonte: el Space X Starship (derecha), cuyo lanzamiento estaba programado para abril de 2023. El cohete, completamente reutilizable, tiene una primera fase de 30 motores que se espera que generen 74.285 kN. Si tiene éxito, superará tanto al SLS como al **cohete más potente de todos los tiempos**, el Soviet N1 (1969-1972).

37

VISITAR IRLANDA

La isla Esmeralda es célebre por su riqueza cultural, su cálida hospitalidad y sus extraordinarios paisajes. Si te gusta el deporte, ve directo al histórico Croke Park de Dublín, el **estadio de fútbol gaélico más grande**, con un aforo para 82.300 espectadores.

El puente más largo
El puente 1915 Çanakkale se extiende 2.023 m sobre el estrecho de los Dardanelos, en Turquía. Construido en cinco años con un coste declarado de unos 2.800 millones de dólares, el puente colgante de acero se inauguró el 18 de marzo de 2022. Lleva el nombre de una célebre victoria otomana durante la Primera Guerra Mundial.

Más emojis formados con VANT en tres minutos
El 19 de diciembre de 2022, el cielo nocturno sobre el autódromo de Monza, Italia, se iluminó con un espectáculo de arte con drones: 12 emojis dibujados por Vehículos Aéreos No Tripulados (VANT) en 180 s. El acontecimiento se filmó para *Lo Show dei Record* y fue producido por Nocturne Drone Shows y Jens Hillenkötter (ambos de Alemania).

La cinta americana más resistente
En las pruebas estandarizadas con criterios internacionales que se llevaron a cabo el 6 de julio de 2022 en Mentor, Ohio, EE.UU., la cinta T-Rex Brute Force demostró una tensión de rotura de 30,8 Newtons por metro. Esta cinta adhesiva superfuerte y resistente al agua es una creación de Shurtape Technologies (EE.UU.).

El *monster truck* más rápido
El 6 de agosto de 2022, Joe Sylvester (EE.UU.) condujo un Jeep Gladiator llamado Bad Habit a 163,89 km/h en el Summit MotorSports Park de Norwalk, Ohio, EE.UU. Bad Habit es uno de los *monster trucks* favoritos de los aficionados y fue recuperado para la competición en 2019, tras haber protagonizado con anterioridad el **salto con un *monster truck* desde una rampa más largo**: 72,42 m, el 1 de septiembre de 2013.

La primera erupción volcánica documentada en Venus
En febrero de 1991, la sonda Magallanes de la NASA examinó una cordillera venusina llamada Atla Regio. Desde su órbita, capturó la imagen de una caldera volcánica cerca de Maat Mons, un estratovolcán de 8.000 m de altura. Cuando la sonda regresó a esa área en octubre de 1991, la caldera había cambiado de tamaño y de forma y, en las pendientes a sus pies, había aparecido un campo de lava de 69 km^2 de superficie. La erupción pasó desapercibida hasta 2020, cuando el geofísico Robert Herrick (EE.UU.) empezó a comparar imágenes de la Magallanes durante largas reuniones por Zoom. Las hallazgos se publicaron en *Science* el 15 de marzo de 2023.

El láser portátil más potente
El 13 de junio de 2022, un instrumento personalizado construido por Daniel Black (R.U.) logró una potencia máxima de 7,61 W en Melbourn, Cambridgeshire, R.U. Para ser aceptado como láser portátil, las directrices de GWR estipulan que tanto el láser como su fuente de alimentación han de caber en una maleta de no más de 40 cm de largo y 5 cm de ancho.

La pasarela peatonal más larga
Inaugurada el 13 de mayo de 2022, la Sky Bridge 721 se extiende a lo largo de 721 m entre dos cordilleras en Dolní Morava, República Checa. El diseño se inspira en los puentes colgantes de sogas tradicionales, con la plataforma y los cables de suspensión colgando entre los puntos de anclaje. Está situada a 1.125 m sobre el nivel del mar y ofrece vistas de pájaro sobre el área circundante, un paraíso para los amantes de la naturaleza y del esquí.

El tractor a vapor más grande
El 150 HP Case pesa 34.000 kg y mide 7,62 m de largo y tiene más fuerza de tiro que tres camiones articulados. El titánico tractor es la obra maestra del entusiasta del vapor Kory Anderson (EE.UU.) y está inspirado en varios motores construidos por la Case Company en 1905. Se presentó en 2018.

El 10 de septiembre de 2022, el 150 HP Case batió por tercera vez el récord de **más arados tirados** cuando arrastró simultáneamente 50 arados John Deer cerca de Andover, Dakota del Sur.

36

BAÑARSE DESNUDO
Olvida el traje de baño y atrévete a zambullirte sin tapujos. El 9 de junio de 2018, 2.505 mujeres desafiaron a los elementos y nadaron desnudas en el mar de Irlanda durante el «Strip and Dip», un acto que recaudó fondos para una ONG en Wicklow, Irlanda, y en el que se logró el récord de **más personas bañándose desnudas**.

MAGOS DEL BALONCESTO

HARLEM GLOBETROTTERS

Los Harlem Globetrotters y GWR comparten una larga historia. El equipo hizo su primera aparición en estas páginas en nuestra primera edición, hace 69 años, y desde entonces ha repetido casi todos los años.

La historia de los Globetrotters comienza en 1926, cuando un grupo de amigos de Chicago comenzó a jugar partidos de exhibición en un salón de baile local. Excluidos de las ligas profesionales de baloncesto por ser negros, estos jugadores formaron los Harlem Globetrotters, un conjunto arrasador que recorrió los EE.UU. jugando contra cualquier equipo que se atreviera a enfrentarse a ellos, al que solían derrotar.

Sin embargo, las victorias fáciles no despiertan grandes emociones entre los espectadores, y los Globetrotters comenzaron a incluir trucos y bromas en sus intervenciones, lo que dio paso a la mezcla de deporte y espectáculo por la que hoy se les conoce.

En el casi un siglo que ha pasado desde su fundación, los Globetrotters se han convertido en el **equipo de baloncesto que más países ha visitado** (101).

Su plantilla de 28 jugadores hace cientos de apariciones públicas todos los años.

1

2

3

4

INFORMACIÓN	
Nombre	Harlem Globetrotters
Lugar de fundación	Chicago, Illinois, EE.UU.
Año de fundación	1926
Países visitados	101
Mayor asistencia a un partido	75.000 espectadores, 1951 (ver abajo)
Títulos vigentes de GWR	30 en total, entre ellos los de **más mates con los ojos vendados en un minuto** (9) y la **canasta por debajo de las piernas a más distancia** (19,43 m)

En la actualidad, los Harlem Globetrotters juegan contra su eterno rival, los Washington Generals.

1. Los Harlem Globetrotters en Italia durante su gira europea de 1951, cuando el equipo se hizo con su primer título GWR: las 75.000 personas que el 22 de agosto fueron a verlos jugar en Berlín, Alemania, representaron la **asistencia más multitudinaria a un partido de baloncesto**.

2. *Torch* George celebra el récord de **más giros en el suelo haciendo botar el balón entre las piernas en un minuto** (32) junto a la adjudicadora Hannah Ortman en el Día del GWR de 2018.

3. Durante su Spread Game Tour de 2021-22, cambiaron su indumentaria tradicional de color rojo, blanco y azul por un nuevo conjunto negro y gris. Incluso Globie, la mascota que se incorporó al equipo en 1993, lució esta nueva equipación.

4. La **primera mujer de los Harlem Globetrotter** fue Lynette Woodard, quien llegó al equipo en 1985 tras lograr la medalla de oro con la selección femenina de baloncesto de EE.UU. en los Juegos Olímpicos de Los Ángeles 1984.

5. *Hot Shot* Swanson, quien se unió al equipo en diciembre de 2017, es el **globetrotter más bajo** (134 cm). Junto con su hermano menor, *X-Over* Tompkins, son los únicos miembros del equipo procedentes del barrio de Harlem de Nueva York.

6. Wilt Chamberlain, miembro del Salón de la Fama de la NBA, fue jugador de los Globetrotters la temporada 1958-1959. Estableció muchos récords de la NBA, entre ellos el de **más puntos en una temporada** (4.029 en 1961-1962), que sigue vigente.

En la cúspide de su carrera, Wilt volvió a jugar con los Globetrotters fuera de la temporada regular de la NBA.

Descubre más información sobre los Harlem Globetrotters en la sección del Salón de la Fama en www.guinnessworldrecords.com/2024.

La saga de películas con mayores ingresos brutos (promedio)

A 14 de marzo de 2023, las dos entregas de la odisea de ciencia ficción de James Cameron *Avatar* habían recaudado un promedio de 2.607.691.829 dólares en la taquilla global. Superó así a la saga de *Los Vengadores*, cuyas cuatro películas recaudaron un promedio de 1.900 millones de dólares.

Estrenada el 6 de diciembre de 2022, *Avatar: El sentido del agua* (EE.UU.) devolvió al público a Pandora y presentó a los Metkayina, un clan Na'vi que habita en el océano. La épica secuela revivió el éxito de *Avatar* (EE.UU./R.U., 2009), que es la **película más taquillera** con una recaudación de 2.900 millones de dólares. Se han previsto otras tres secuelas, y el estreno de *Avatar 5* se ha programado para 2028.

De izquierda a derecha: Kate Winslet (Ronal), Zoe Saldaña (Neytiri; ver también pág. 246), Cliff Curtis (Tonowari) y Sam Worthington (Jake) rodaron, por primera vez en la industria cinematográfica, escenas en el agua con captura de movimiento. La superficie del agua se cubrió de bolitas blancas flotantes para minimizar los reflejos. «Parece real, porque el movimiento era real», declaró Cameron, el director.

Para hacer realidad el océano de Pandora, el equipo de *Avatar: El sentido del agua* adaptó la tecnología de captura de movimiento usada en la película original para que funcionara bajo el agua. Se construyeron dos depósitos de agua colosales con cámaras a su alrededor, y los protagonistas aprendieron a bucear para poder interpretar las escenas submarinas. Kate Winslet (R.U., abajo), que interpreta a la Metkayina Ronal, contuvo la respiración durante 7 min y 5 s, la **respiración contenida en escena durante más tiempo (actor protagonista)**. Batió así el récord de 6 min que Tom Cruise estableció en *Misión imposible: Nación secreta* (2015). Durante los 18 meses de rodaje que comenzaron en 2017, el elenco y el equipo de la película acumularon más de 250.000 inmersiones, en lo que es el **proyecto de captura de movimiento bajo el agua más grande**.

EL ESPINOSAURIO DE *JURASSIC PARK*

Las películas de *Jurassic Park* son célebres por sus efectos digitales, pero cuando los actores han de estar en estrecho contacto con depredadores prehistóricos, necesitan algo con más presencia física. Esto llevó a la construcción del **animatrónico para cine más grande de todos los tiempos**, *para Jurassic Park III*, en 2001.

Construida por el Stan Winston Studio, esta maqueta a tamaño real de un espinosaurio, que fue el **dinosaurio carnívoro más grande**, medía casi 13,7 m de largo y pesaba 11,3 toneladas (¡más que un espinosaurio de verdad!). El gigantesco robot se movía y «rugía» gracias a un sistema de pistones hidráulicos y de motores eléctricos, que un «sistema nervioso» de cables eléctricos conectaba a un equipo de ocho titiriteros. El operador de los brazos ejecutaba los movimientos enfundado en dispositivos de telemetría que transmitían las instrucciones pertinentes al ordenador, quien controlaba las estructuras internas de las extremidades.

En la edición de 2023, celebramos esta extraordinaria hazaña artística y de ingeniería para conmemorar el 30.º aniversario del estreno de la primera película de *Jurassic Park*. De hecho, los dos *Tyrannosaurus rex* animatrónicos que se crearon para ese taquillazo sentaron las bases del futuro espinosaurio.

Las seis películas de *Jurassic Park* son la **franquicia de dinosaurios más taquillera**, con una recaudación de 6.010 millones de dólares hasta la fecha. De esos, 1.670 millones de dólares son atribuibles a la cuarta entrega, *Jurassic World* (EE.UU., 2015), la **película de dinosaurios más taquillera**. ¡Películas de colosos con récords igualmente colosales!

Los equipos de efectos especiales que trabajaron en las películas de *Jurassic Park* combinaron maquetas mecánicas e imágenes digitales para crear dinosaurios muy realistas. Stan Winston comentó que, si el dinosaurio en pantalla mueve todo el cuerpo, piernas incluidas, probablemente sea digital. De otro modo, es muy posible que se trate de un animatrónico, sobre todo si es un primer plano.

Primero, técnicos especialistas construyeron maquetas del espinosaurio a pequeña escala. Eran muy detalladas y fueron los modelos para los animatrónicos definitivos.

La piel del dinosaurio
La escamosa piel del espinosaurio era de gomaespuma y se ajustó minuciosamente para que quedara tensa, suelta o arrugada según fuera necesario. Los movimientos de los tendones se recrearon fijando cuerdas elásticas a la estructura interna. Luego, se pintó con un esquema cromático aprobado por Jack Horner, el paleontólogo asesor.

El espinosaurio iba montado sobre un carro a motor que avanzaba sobre raíles. Con 1.000 caballos de potencia a su disposición, ¡podía avanzar a una velocidad aterradora!

Del dibujo a la pantalla
Casi 80 de los artistas, ingenieros y diseñadores del estudio trabajaron en los animatrónicos de *Jurassic Park III*. De ellos, unos 30 se centraron exclusivamente en el espinosaurio, tarea que se prolongó casi un año.

Una cámara de aire interna simula los movimientos de la respiración.

Los ojos se basan en los de los cocodrilos.

Palancas laterales dotan a la lengua de total movilidad.

Raíles de acero soportan el enorme peso del animatrónico.

Duelo de miradas con un espinosaurio
Abajo, Stan Winston (EE.UU., 1946-2008) sostiene la mirada a la creación de su estudio. Stan, que había comenzado como maquillador de Disney, se convirtió en uno de los principales artistas de efectos especiales de Hollywood. Las obras de su estudio abarcan películas tan icónicas como *Terminator* (1984) *Aliens* (1986) o *Avatar* (2009).

No todas las marionetas del estudio están motorizadas. Por ejemplo, en el interior de los raptores de *Jurassic Park* de 1993, había personas. A partir de maquetas a pequeña escala (abajo), se crearon prototipos huecos de espuma a tamaño real para las «pruebas de concepto». Diseñadores de efectos especiales se vistieron los trajes de dinosaurio y ejecutaron distintos movimientos.

DOBLES DE RIESGO

EL QUIÉN ES QUIÉN DE LOS DOBLES DE RIESGO

Para prosperar, por no decir sobrevivir, como doble de riesgo hay que ser una persona muy especial. A continuación, te presentamos a tres leyendas, todos con décadas de éxitos de taquilla a sus espaldas.

Roy Alon (R.U.) fue el **doble más prolífico**. Es todo un veterano, con más de 1.000 proyectos en TV, cine y teatro, como varias películas de James Bond. Aquí, lo vemos en *Superman III* (EE.UU., 1983).

El **doble de cine más prolífico** es Vic Armstrong (R.U.). Como doble, coordinador de dobles y director, ha trabajado en más de 250 filmes, como las tres primeras películas de *Indiana Jones*.

Rocky Taylor (R.U., a la izquierda, doblando a Sean Connery) debutó en *The Young Ones* (R.U., 1961) y, 62 años después, trabajó en *Misión imposible: Sentencia mortal* (EE.UU., 2023). Es el **doble con la carrera profesional más larga**.

El primer doble de riesgo profesional

El exmilitar de caballería estadounidense Frank Hanaway (EE.UU.) logró un papel en la película *Asalto y robo de un tren* (EE.UU., 1903) gracias a su habilidad para caer de un caballo sin hacerse daño.

La **primera doble de riesgo profesional** fue la exartista del Oeste Helen Gibson (EE.UU., n. Rose August Wenger). Dobló a Helen Holmes en la serie *The Hazards of Helen* (EE.UU., 1914-1917) antes de asumir el papel protagonista en 1915.

La doble de riesgo de edad más avanzada

Jeannie Epper (EE.UU., n. el 27 de enero de 1941) tenía 78 años y 37 días cuando participó como doble de riesgo en la serie *The Rookie* (EE.UU., 2019; «Manhunt», temporada 1, episodio 15). Tras 10 años en la industria del cine, su gran oportunidad le llegó cuando fue la doble de Lynda Carter en *La Mujer Maravilla* (Warner Bros., 1975-1979). También es la **doble de riesgo profesional más prolífica**, con 158 papeles hasta la fecha. Su primer trabajo fue en la película de John Ford *El gran combate* (EE.UU., 1964).

La primera mujer en ganar un Emmy a la coordinación de especialistas

En los premios del 8-9 de septiembre de 2018, Shauna Duggins (EE.UU., en el detalle, siendo levantada), logró un reconocimiento por su trabajo en *GLOW* (Netflix, 2017-2019), una narración ficticia del «Gorgeous Ladies of Wrestling», el circuito de lucha femenina que debutó en la TV estadounidense en 1986. En 2019, recibió el mismo galardón. En 2006, Duggins fue la **primera mujer nominada** al trofeo por *Alias* (ABC, 2001-2006).

El doble de riesgo/coordinador más taquillero

A 13 de enero de 2023, las 36 películas en las que Andy Gill (EE.UU.) ha trabajado como coordinador de especialistas habían recaudado 12.200 millones de dólares. Su carrera incluye taquillazos como *Capitán América: Civil War* (EE.UU., 2016), *Black Panther* (EE.UU., 2018) y las cuatro películas más recientes de *Fast & Furious*, además de la inminente *Fast X*. En la imagen, Gill (delante) tras rodar la escena del accidente múltiple en *Fast & Furious 8*, con el director de la segunda unidad Spiro Razatos (a su derecha) y algunos de los 35 especialistas que participaron en la colisión de unos 40 automóviles para esta secuencia.

Más escenas de riesgo interpretadas por un actor

Actualmente, solo unas pocas estrellas de cine tienen la influencia suficiente (y un seguro que los cubra) para interpretar sus propias escenas de riesgo. Tom Cruise escaló el **edificio más alto** (ver pág. 63), se aferró a un Airbus en pleno vuelo y se despeñó por un precipicio en moto. Sin embargo, con 45 años de experiencia, el actor más prolífico tanto protagonizando como coordinando este tipo de escenas es Jackie Chan (China), con más de 100 filmes, desde *Puños de furia* (China, 1972) a *Kung Fu Yoga* (China/India, 2017).

El doble de riesgo con más premios Taurus World Stunt Awards

Debbie Evans (EE.UU.) ha ganado el prestigioso premio Taurus World Stunt en siete ocasiones, en 2002-2011. Esta exmotorista de trial logró saltar sobre un barranco de 9 m en su primera actuación, en la distopía de ciencia ficción *Deporte mortal* (1978).

El récord **masculino** es de cinco, compartido por Troy Robinson y Jimmy N. Roberts (ambos de EE.UU.). En la página siguiente encontrarás más información sobre este codiciado premio.

Más premios Emmy a las mejores escenas de riesgo

Rowley Irlam (R.U., abajo) ha logrado cuatro veces este galardón por la coordinación de escenas de riesgo en *Juego de Tronos* (HBO, 2011-2019). Sus proyectos en la gran pantalla incluyen las películas de Bond *Casino Royale* (R.U./EE.UU., 2066) y *Quantum of Solace* (R.U./EE.UU., 2008). Esta última le valió una nominación a un premio Taurus.

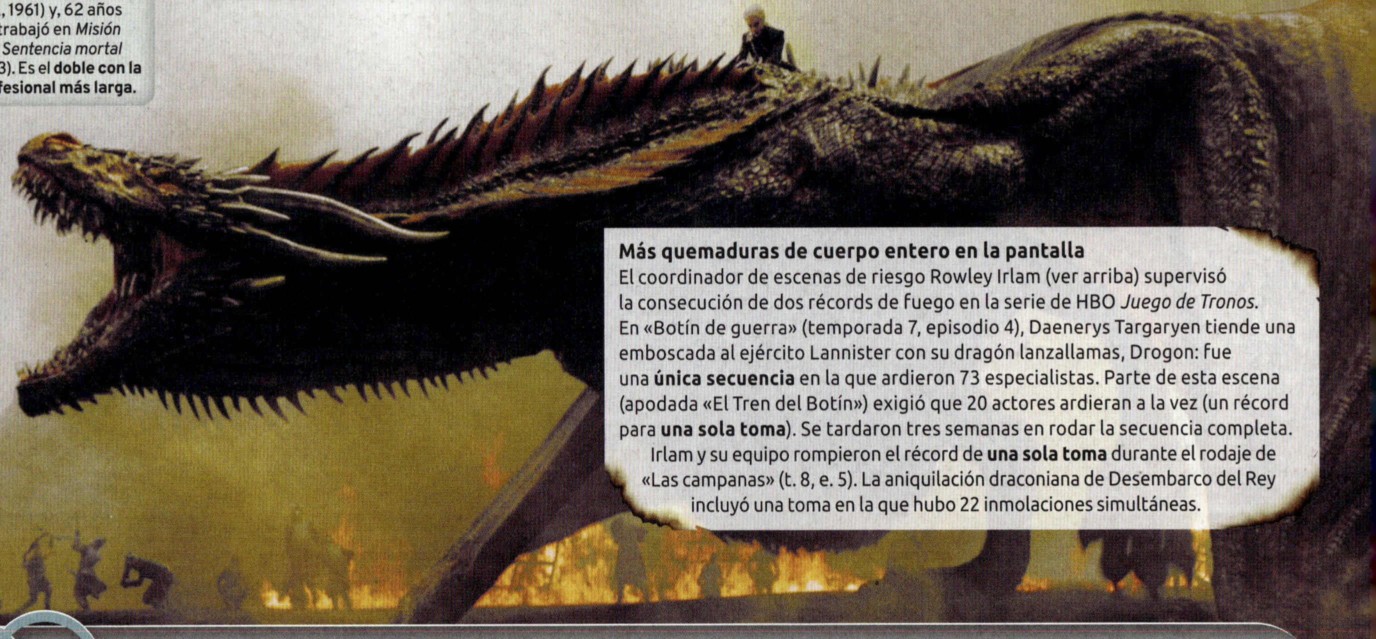

Más quemaduras de cuerpo entero en la pantalla

El coordinador de escenas de riesgo Rowley Irlam (ver arriba) supervisó la consecución de dos récords de fuego en la serie de HBO *Juego de Tronos*. En «Botín de guerra» (temporada 7, episodio 4), Daenerys Targaryen tiende una emboscada al ejército Lannister con su dragón lanzallamas, Drogon: fue una **única secuencia** en la que ardieron 73 especialistas. Parte de esta escena (apodada «El Tren del Botín») exigió que 20 actores ardieran a la vez (un récord para **una sola toma**). Se tardaron tres semanas en rodar la secuencia completa.

Irlam y su equipo rompieron el récord de **una sola toma** durante el rodaje de «Las campanas» (t. 8, e. 5). La aniquilación draconiana de Desembarco del Rey incluyó una toma en la que hubo 22 inmolaciones simultáneas.

35

DORMIR BAJO LAS ESTRELLAS

Duerme bajo el cosmos centelleante, que podrás contemplar mucho mejor cuanto más te alejes de la contaminación lumínica. El **cúmulo estelar más próximo** es el de las Híades con unas 300 estrellas, situado en la constelación de Tauro. Por supuesto, la expresión «más próximo» es relativa: está a unos 150 años luz de distancia.

LA PELÍCULA CON MÁS PREMIOS TAURUS WORLD STUNT AWARDS

Paradójicamente, no hay premios Óscar al trabajo de los dobles de riesgo, aunque los Taurus World Stunt Awards anuales premian «las interpretaciones extraordinarias de los mejores y más brillantes especialistas». Tres películas comparten el récord de haber ganado cinco galardones: *Sin tiempo para morir* (R.U./EE.UU., 2021), *El Caballero Oscuro* (EE.UU./R.U., 2008) y *Fast & Furious: A todo gas* (EE.UU./Alemania, 2001).

En *Sin tiempo para morir*, el especialista Dave Grant saltó 40 m desde un puente (izquierda, arriba), que le valió el premio al mejor trabajo en las alturas. Paul *Fast Eddy* Edmonson saltó con una motocicleta sobre una pared de 20 m de altura (izquierda) y logró el reconocimiento a la mejor escena de riesgo especializada. También es el doble de Daniel Craig (abajo) en esta persecución de motocicletas.

Sin tiempo para morir
- **Mejor coordinador de especialistas/Director de la 2.ª unidad:** Lee Morrison y Olivier Schneider
- **Mejor trabajo con un vehículo:** Evangelos Grecos, Mark Higgins, Martin Ivanov, Cristian Knight y Pascal Lavanchy
- **Mejor trabajo en las alturas:** Dave Grant (arriba)
- **Mejor escena de riesgo especializada:** Paul Edmondson (arriba)
- **Mejor escena de riesgo global femenina:** Chelsea Mather, Christina Petrou y Charlotte Williams

El Caballero Oscuro
- **Mejor pelea:** Rob Cooper, Richard Hansen, Mark Mottram, Andy Pilgrim, Dominic Preece, Buster Reeves, Marvin Stewart-Campbell y Steen Young
- **Mejor trabajo en las alturas:** Mark Harper, Luke Kearney, Tom Lowell, Mark Mottram y Brian A Peters
- **Mejor escena de riesgo especializada:** Jim Wilkey
- **Mejor trabajo con un vehículo:** Rick Avery, Richard Burden, George Cottle, Tobiasz Daszkiewicz, James Fierro, Jean-Pierre Goy, Terry Jackson, Tom Lowell, Rick Miller y Jim Wilkey
- **Mejor coordinador de especialistas/Director de la 2.ª unidad:** Paul Jennings, Rick LeFevour y Tom Struthers

Fast & Furious: A todo gas
- **Mejor trabajo con un vehículo:** Jimmy N. Roberts
- **Mejor escena de riesgo global femenina:** Debbie Evans
- **Mejor escena de riesgo global masculina:** Tim Trella y Chris Tuck
- **Mejor conducción:** Debbie Evans, Matt Johnston, Mike Justus, Kevin Scott, Tim Trella y Chris Tuck
- **Mejor coordinador de especialistas/Director de la 2.ª unidad:** Mic Rodgers

2023 marca el 70.º aniversario de la publicación de *Casino Royale*, la primera novela de Ian Fleming protagonizada por 007.

UTILERÍA

1. El objeto de utilería de ciencia ficción más filmado
«El instrumento más importante de todo el Universo», como se conoce irónicamente al «Generador de ejes dual» de Modern Props, consiste en un par de tubos transparentes rellenos de luces parpadeantes y adornados con piezas de aspecto industrial. Ha aparecido en más de 200 series de televisión y películas, como, por ejemplo, en ocho episodios de *Star Trek*. Esta pieza futurista fue obra de John Zabrucky (EE.UU.), el fundador de Modern Props, una empresa de alquiler de utilería de Los Ángeles, California, EE.UU., que cerró en 2020.

2. El automóvil más caro de una película
El director de utilería suele ser el responsable de hacer o encontrar todo lo que no sea escenario o vestuario, incluidos artículos voluminosos como los vehículos. En agosto de 2019, un Aston Martin DB5 de 1965 modificado se vendió por 6.385.000 dólares en una subasta en Monterey, California, EE.UU. El característico automóvil de Bond fue uno de los dos que se fabricaron para la cuarta película del agente 007, *Operación Trueno* (1965). Igual que el DB5 que aparece en *Goldfinger*, película del año anterior, el vehículo se modificó con varios artilugios de la «división Q», como ametralladoras en los parachoques y un parabrisas trasero blindado.

3. Los primeros directores de utilería
Los artesanos conocidos como *skeuopoios* trabajaban para el teatro clásico griego que, hacia el año 500 a. C., se convirtió en la forma de arte que conocemos hoy. Principalmente hacían máscaras, aunque es probable que crearan o buscaran otros objetos para el escenario.

4. El arma de utilería más cara
Un DL-44 Heavy Blaster de BlasTech, hecho para el personaje de Han Solo en la trilogía de *Star Wars* original, se vendió por 1.057.500 dólares en Rock Island Auction en Illinois, EE.UU., el 30 de agosto de 2022. El ejemplar era el único que se conservó de los tres originales creados en 1976 por la empresa londinense de utilería Bapty & Co. para la primera película de la saga: *Una nueva esperanza* (1977). Es un Mauser C98 de fogueo, decorado con piezas de una ametralladora de la Segunda Guerra Mundial, de un rifle de caza del siglo XIX y de una maqueta de avión.

5. El objeto de utilería más caro
El 21 de noviembre de 2017, Robby el Robot se vendió por 5.375.000 dólares en Bonhams New York. Robby, que hizo su memorable debut en el clásico de ciencia ficción *Planeta prohibido* (1965), se vendió como un sistema completo junto a una cabeza alternativa, su panel de control y un «jeep» motorizado que usaba en pantalla. Se estima que su construcción costó más de 100.000 dólares, que equivalen a 1.100.000 dólares actuales.

6. El modelo de automóvil que más veces ha aparecido en el cine
A 16 de enero de 2023, el Ford Crown Victoria (1992-2012) había aparecido 10.382 veces en series y películas, según la Internet Movie Cars Database. En parte, debe su popularidad en la pantalla a que fue uno de los coches de policía más habituales en EE.UU., además de ser adoptado por muchas flotas de taxis en el país, sobre todo en Nueva York.

7. El objeto de utilería más reutilizado
The Recurring Newspaper ha aparecido en más de 10.000 producciones de cine y TV desde su presentación en la década de 1960. Aunque sus prístinas páginas son convincentes desde lejos, vistas de cerca revelarían que, a excepción de los titulares, contienen textos sin sentido. Los cineastas pueden encargar páginas personalizadas que reflejen los eventos del argumento.

El periódico es obra de Earl Hays Press, que proporciona utilería impresa a Hollywood desde 1917, por lo que es el **fabricante de utilería más antiguo en activo**. Entre sus otros productos destacan los omnipresentes cigarrillos «Morley», que han aparecido en filmes como *Psicosis* (1960) de Hitchcock o en la serie de TV *Friends* (1994-2004).

8. El objeto de utilería de teatro más antiguo conservado
Los objetos de utilería más antiguos conservados son un par de máscaras noh, empleadas en el teatro tradicional japonés, que se remontan al siglo XIV.

Se han conservado réplicas en terracota de máscaras del teatro griego, pero no las originales de madera y de tela rígida.

VISITAR LAS VEGAS
¿Te consideras un tipo con suerte? El **mayor premio de una máquina tragaperras** fue de 39.713.982,25 dólares, entregado el 21 de marzo de 2003 en el Excalibur Hotel-Casino de Las Vegas, Nevada, EE.UU. El afortunado ganador fue un ingeniero de *software* de 25 años de Los Ángeles, que se gastó 100 dólares en una tragaperras Megabucks.

Representan a «Chichinojou» (un anciano alegre) y a «Enmeikaja» (un joven), personajes estándar en las obras noh, aunque se mantuvieron hasta la década de 1950 gracias a la Konparu Troupe. En la actualidad, son propiedad del Museo Nacional de Tokio, Japón.

9 La utilería de mano más cara

La utilería de mano engloba todos los objetos diseñados para ser manipulados durante una representación. El 25 de noviembre de 2013, la estatuilla homónima de la película de cine negro *El halcón maltés* (1941) se vendió en Bonhams New York por 4.085.000 dólares. La figura de 30 cm es de plomo fundido y fue una de las varias que se hicieron para la película.

ENAMORARSE

Hace milenios que los poetas escriben sobre el amor. El **poema de amor más antiguo que se conserva** es una obra anónima escrita en una tablilla de arcilla de la época de los sumerios, que inventaron la escritura hacia el 3500 a. C. Los arqueólogos le han puesto el nada romántico título de «Estambul #2461».

LAS MEJORES SERIES DE TV DE 2022 SEGÚN LOS USUARIOS DE METACRITIC

A finales de 2022, tras 13 años en activo, el sitio web de recopilación de reseñas Metacritic pidió a sus usuarios que votaran sus series de televisión favoritas de los últimos 12 meses. Cada participante podía elegir cinco series; las primeras de la lista recibían cinco puntos y las que ocupaban el quinto lugar solo uno. Aquí te mostramos los resultados.

1. *Better Call Saul* (AMC, EE.UU.) 1.612
2. *Severance* (Apple TV+, EE.UU.) 1.164
3. *La casa del dragón* (HBO, EE.UU.) 657
4. *Andor* (Disney+, EE.UU.) 611
5. *The White Lotus* (HBO, EE.UU.) 608
6. *The Bear* (FX/Hulu, EE.UU.) 536
7. *Barry* (HBO, EE.UU.) 386
8. *Stranger Things* (Netflix, EE.UU.) 312
9. *Los ensayos* (HBO, EE.UU.) 297
10. *Atlanta* (FX, EE.UU.) 278

La pareja de presentadores de telenoticias más veterana
A 24 de enero de 2023, Rick Ardon y Susannah Carr (ambos de Australia) llevaban 38 años copresentando *7NEWS Perth* en Australia.

La carrera más larga como presentador de un programa musical de televisión
Jorge Barón (Colombia) ha sido la cara de *El show de las estrellas* (Canal RCN, Colombia) desde que este empezó a emitirse en 1969. A 19 de marzo de 2022, llevaba en activo 52 años y 299 días.

El **presentador más veterano de un programa de talentos musicales** fue Song Hae (Corea del Sur, n. el 27 de abril de 1927), quien, a 12 de abril de 2022, con 94 años y 350 días, seguía colaborando con el *Concurso nacional de canto* de KBS (Corea del Sur). Tristemente, falleció dos meses después, el 8 de junio.

El director de televisión más veterano
El «rey de la acción» Chalong Pakdeevijit (Tailandia, n. el 15 de abril de 1932) dirigió su primera serie de televisión, *Raya*, en 1998. A 6 de febrero de 2023, con 90 años y 297 días, seguía trabajando en *La conexión Mekong* (Ch7HD, Tailandia). Pakdeevijit comenzó en el negocio en 1950 y debutó como director en 1968 con *Jao Insee* (*El águila*). Ha producido y dirigido más de 60 filmes y programas de televisión.

La estrella en ascenso más demandada en televisión
Kit Connor (R.U.), Nick en *Heartstopper* (Netflix, R.U.), fue la estrella en ascenso más popular de 2022-23, según Parrot Analytics. La media de demanda que alcanzó (ver pág. siguiente) fue 8,7 veces mayor que la del resto de estrellas. Esta categoría se reserva para las celebridades de la pequeña pantalla menores de 25 años que tuvieron más impacto en el año precedente.

Más candidaturas a un Emmy a la mejor interpretación en un año (serie de televisión)
En julio de 2022, el reparto de la temporada 3 de *Succession* (HBO, EE.UU.) obtuvo 14 candidaturas en los 74 Primetime Emmy Awards. También fue la serie con más candidaturas del año: 25, por delante de las 20 de *Ted Lasso* y *The White Lotus*. Matthew Macfadyen (que interpreta a Tom Wambsgans) fue el único actor de la serie que logró un premio, al mejor actor de reparto.

El programa de cocina de televisión más longevo
Parece claro que *Kyou no ryouri* (*Cocina de hoy*; NHK, Japón) tiene la receta del éxito: a noviembre de 2022, llevaba más de 65 años en las pantallas de televisión japonesas. Se estrenó el 4 de noviembre de 1957.

Más sustos guionizados en un episodio de una serie de televisión
El 6 de octubre de 2022, Netflix sobresaltó a los espectadores 21 veces en 58 min en el estreno de la primera entrega de *El club de la medianoche* (EE.UU.) en la Comic Con de Nueva York. Esta siniestra serie fue creada por Mike Flanagan (EE.UU.).

Más premios Emmy ganados por una serie de animación en un año
Dos series comparten este récord con seis premios Emmy cada una. *LOVE DEATH + ROBOTS* (Netflix, EE.UU.), un compendio de cortos de distintos géneros con autómatas e historias emotivas, en 2021, y la veterana serie de situación de dibujos animados *Los Simpson* (Fox, EE.UU.), que logró su sexteto de premios casi 30 años antes, en 1992.

Más National Television Awards (NTA) al...
- **Mejor programa de entretenimiento basado en hechos reales**: En la 27.ª edición de los NTA celebrada el 13 de octubre de 2022, *Gogglebox* (Canal 4, R.U.) se hizo con su sexto premio tras los logrados en 2015-18 y 2021.
- **Mejor programa de talentos**: *Strictly Come Dancing* (BBC, R.U.) se ha hecho con este premio 10 veces: 2008, 2013-14 y 2016-22.
- **Mejor serie dramática**: *EastEnders* (BBC, R.U.) ha obtenido 12 galardones en esta categoría. Supera los 10 de *Coronation Street* (ITV, R.U.), la **telenovela más longeva**, en emisión desde el 9 de diciembre de 1960. El botín acumulado por *EastEnders* (36 premios hasta el 13 de octubre de 2022) también lo convierten en el **programa de televisión con más premios NTA**.

Tim Burton, que en su momento optó a dirigir la película *La familia Addams* (1991), fue el director invitado de cuatro episodios de *Miércoles*.

La serie más vista en Netflix en una semana
Miércoles (Netflix, EE.UU.) alcanzó unas espeluznantes 411.290.000 horas de visualización durante los siete días que terminaron el 4 de diciembre de 2022. Más de 50 millones de hogares sintonizaron esta comedia sobrenatural protagonizada por Jenna Ortega (izquierda) durante su primera semana. Esta serie derivada de *La familia Addams*, ideada por Alfred Gough y Miles Millar, superó el récord de 335,01 millones de horas logrado por la temporada 4 de *Stranger Things*.

VISITAR ITALIA
Este país del sur de Europa es un paraíso para los turistas por tener la **mayor cantidad de sitios declarados Patrimonio de la Humanidad por la UNESCO** (58). Entre estos, se cuentan el monte Etna en Sicilia, que genera los **anillos de vapor más grandes** (de unos 200 m de ancho), y el Orto Botanico de Padua, los **jardines botánicos más antiguos**, que datan de 1545.

32

LOS PROGRAMAS DE TV MÁS DEMANDADOS DE 2022

Parrot Analytics cuantifica el seguimiento de los programas de televisión de los espectadores de todo el mundo mediante las «expresiones de demanda per cápita», o DEx/c, medida que abarca las cifras de visualización y los números de transmisión, así como la cobertura en redes sociales. Cada programa se clasifica en comparación con la media del resto de programas; por ejemplo, la puntuación de *Stranger Things* de 104,3 indica que la serie fue 104,3 veces más popular que su competencia. A continuación, sin seguir ningún orden en particular, te presentamos una selección de los mayores éxitos de la pequeña pantalla de 2022.

1. Comedia / Comedia de situación
The Big Bang Theory (CBS, EE.UU.); 45,9

2. Telenovela
Yeh Rishta Kya Kehlata hai (StarPlus,India); 28,8

3. Anime / Serie de animación
Ataque a los titanes (MBS, Japón); 68,2

4. Debut de un programa de televisión*
La casa del dragón (HBO, EE.UU.); 114,9

5. Acción y aventura / Superhéroes
The Boys (Amazon Prime, EE.UU.); 55,3

6. Drama romántico
Los Bridgerton (Netflix, EE.UU.); 33,9

7. Programa de telerrealidad
RuPaul: reinas del drag (VH1, EE.UU.); 22,1

8. Programa de televisión / Ciencia ficción / Original digital
Stranger Things (Netflix, EE.UU.); 104,3

9. Documental
Formula 1: La emoción de un Grand Prix (Netflix, R.U.); 19,2

10. Programa infantil
Bob Esponja (Nickelodeon, EE.UU.); 47,9

*Basado en un período de 30 días después del estreno

NÚMEROS UNO

El sencillo más reproducido en Spotify (año actual)
«As It Was», de Harry Styles (R.U.), acumuló más de 1.500 millones de reproducciones en Spotify en 2022. El sencillo ganó el premio a la canción del año en los BRIT Awards el 11 de febrero de 2023, uno de los cuatro gongs conseguidos por el exmiembro de 1D.

El sencillo digital más vendido
Lanzado el 25 de abril de 2020, «Spotlight» (o «Light Spot» o «Made to Love»), de Xiao Zhan (alias de Sean Xiao, China), había vendido 54,31 millones de copias a 4 de enero de 2023. Consiguió 24,37 millones de descargas de pago solo durante las primeras 24 horas. El **sencillo físico más vendido** sigue siendo «White Christmas», de Bing Crosby (EE.UU.), del que se estima que se han vendido 50 millones de copias desde 1942. (Para el **sencillo físico más vendido desde que existen las listas**, consulta a las págs. 134-135.)

La actuación más reproducida en YouTube (año actual)
En 2022, la cantante de playback india Alka Yagnik fue la artista más vista en YouTube de todo el mundo, con 15.300 millones de reproducciones, casi 420 millones diarias durante el año. A lo largo de su carrera, que abarca cuatro décadas, Yagnik ha grabado más de 20.000 canciones para películas y álbumes.

El primer n.º 1 en The Official MENA Chart
El 29 de noviembre de 2022, «Calm Down», del rapero nigeriano Rema (n. Divine Ikubor), se convirtió en el primer n.º 1 de The Official Mena Chart, la primera lista oficial de música pop en Oriente Medio y el Norte de África (MENA). El Top 20 semanal recoge datos de las principales plataformas de *streaming* de 13 países MENA, que abarcan una población de más de 300 millones de personas.

El mayor intervalo entre sencillos n.º 1 en el R.U.
Los dos n.º 1 de Kate Bush (R.U.) hasta la fecha distan 44 años y 83 días. Su debut, «Wuthering Heights», pasó su última semana en el n.º 1 el 1 de abril de 1978. «Running Up that Hill (A Deal with God)» llegó al n.º 1 la semana acabada el 23 de junio de 2022, tras su inclusión en la temporada 4 de *Stranger Things* (detalle). Bush tenía 63 años y 342 días y es la **artista más veterana en conseguir un n.º 1 en la lista de sencillos del R.U.**

Más semanas acumuladas en el Hot 100 de *Billboard* (un sencillo)
El 22 de octubre de 2022, la banda británica de *indie-rock* Glass Animals sumó su 91.ª semana en el Hot 100 de *Billboard* con «Heat Waves», que debutó en el número 100 el 16 de enero de 2021 antes de iniciar sus 90 semanas ininterrumpidas en la lista el 6 de febrero de 2021. Alcanzó el n.º 1 el 12 de marzo de 2022, tras 59 semanas: el **ascenso más lento al n.º 1 del Hot 100 de *Billboard*.**

El sencillo en español en la posición más alta del Hot 100 de *Billboard* (mujeres)
«TQG», de la cantante colombiana KAROL G (n. Carolina Giraldo Navarro) y Shakira (n. Shakira Isabel Mebarak Ripoll), debutó en el n.º 7 del Hot 100 el 11 de marzo de 2023. «TQG» irrumpió justo seis semanas después de que Shakira debutara en el n.º 9 con «BZRP Music Sessions Vol. 53» el 28 de enero de 2023, la **primera vocalista en debutar en el Top 10 de los Hot 100 con una canción en español**.

Los más reproducidos en Spotify
- **Artista**: Drake (n. Aubrey Drake Graham, Canadá); 75.560 millones de reproducciones totales a 16 de febrero de 2023
- **Canción**: «Blinding Lights», de The Weeknd (n. Abel Tesfaye, Canadá); 3.413 millones de reproducciones a 16 de febrero de 2023
- **Álbum**: ÷ *(Divide)*, edición Deluxe, de Ed Sheeran; 12.830 millones de reproducciones a 16 de febrero de 2023

TOP 10
SERVICIOS DE *STREAMING* (TOTAL DE CANCIONES)

Puesto	Servicio	País	Canciones
1	SoundCloud	Alemania	300 millones
2	Napster	EE.UU.	110 millones
=3	Amazon Music Unlimited	EE.UU.	100 millones
=3	Apple Music	EE.UU.	100 millones
=3	YouTube Music	EE.UU.	100 millones
=6	Deezer	Francia	90 millones
=6	KKBOX	China	90 millones
=6	Qobuz	Francia	90 millones
=6	TIDAL	Noruega/EE.UU.	90 millones
10	Spotify	Suecia	80 millones

El primer grupo femenino de k-pop en llegar al n.º 1 en la lista de álbumes de EE.UU.
El 1 de octubre de 2022, *Born Pink*, el segundo LP de estudio de BLACKPINK (Corea del Sur), llegó al n.º 1 de *Billboard* 200 de EE.UU. Esa misma semana, se convirtieron en el **primer grupo femenino de k-pop en alcanzar el n.º 1 en la lista de álbumes del R.U.**, con el mismo LP.

VOLAR EN PRIMERA CLASE
Abre la cartera y viaja con estilo. ¿O quizá prefieras tener todo un avión para ti solo? El **jet privado más grande** es el Boeing Business Jet 747-8, con un peso máximo al despegue de 447.700 kg. A 2022, su precio recomendado era de unos 418 millones de dólares, así que ya puedes ir ahorrando...

SWIFT SUPERLATIVA: *MIDNIGHTS*

Taylor Swift logró o amplió toda una serie de récords tras el lanzamiento de *Midnights* el 21 de octubre de 2022. Estos son solo unos cuantos...

Récord	Total
Más sencillos en el Top 10 de los Hot 100 de EE.UU. (mujeres)	40
Más semanas totales en el n.º 1 de la lista de álbumes de EE.UU. (mujeres)	60 semanas
Más debuts en el n.º 1 en la lista de álbumes de EE.UU. (mujeres)	11
Más n.º 1 en la Digital Song Sales Chart de EE.UU.	24
Artista más reproducido en Spotify en 24 horas	228 millones (21 de octubre de 2022)
Más reproducciones de un álbum el día de su lanzamiento en Spotify (mujeres)	184.695.609
Álbum más reproducido en Spotify en una semana	776.481.256 (21-27 de octubre de 2022)
Álbum más reproducido en Amazon Music en 24 horas	7,97 millones (21 de octubre de 2022)

**Datos validados a 15 de febrero de 2023*

Más American Music Awards (AMA)

El 20 de noviembre de 2022, Taylor Swift amplió a 40 su colección de AMA al lograr los seis galardones a los que optaba en la 50.ª ceremonia anual, que se celebró en Los Ángeles, California, EE.UU. Michael Jackson (EE.UU., 1958-2009) ostenta el récord **masculino**: 26.

LA PRIMERA ARTISTA EN COPAR SIMULTANEAMENTE LAS POSICIONES DEL 1 AL 10 EN EL US HOT 100

El 5 de noviembre de 2022, Taylor Swift (EE.UU.) copó el Top 10 de los Hot 100 de *Billboard* con los sencillos de *Midnights*. La hazaña superó el récord anterior del rapero Drake, que consiguió 9 de las 10 nuevas entradas del Top 10 el 18 de septiembre de 2021.

Midnights alcanzó el n.º 1 el 5 de noviembre de 2022, con unas ventas de 1,140 millones de copias físicas y 1,578 millones de unidades equivalentes a álbumes en todos los formatos. A la vanguardia del renacimiento del vinilo, *Midnights*, del que se vendieron 575.000 copias en una semana, es también el **álbum de vinilo más vendido en una semana** en EE.UU. desde que hay listas completas (1991).

Catapultada por *Midnights*, Swift es ahora la **artista más reproducida**, con 41.130 millones de reproducciones a 16 de febrero de 2023.

Swift también ha logrado el récord de **más semanas con ventas millonarias en la lista de álbumes de EE.UU.**: cinco, cada una con un álbum distinto.

MÚSICA GLOBAL

EL MUNDO DEL FOLK

La base de datos en línea colaborativa Rate Your Music (RYM) tiene listas de 26 géneros, desde música ambiente a la palabra hablada. Si se combinan, son unos asombrosos 3.272 subgéneros. Los géneros mayoritarios son el clásico (169 subgéneros), *dance* (267), electrónico (327), folk (400), pop (159), regional (1.180) y rock (259). A continuación, nos sumergimos en la carpeta folk de RYM, para destacar algunas variaciones regionales de todo el mundo poco conocidas.

Freak folk: Surge del movimiento «New Weird America» y se caracteriza por el uso de instrumentos acústicos y eclécticos, estilos vocales peculiares, letras románticas y una atmósfera infantil.

Ripsaw (o rake'n' scrape): Estilo nativo de las islas Turcas y Caicos, donde se usan sierras como instrumentos musicales.

Voz abierta: Estilo vocal de Europa del este, popularizado por los obreros que trabajaban al aire libre. La técnica de canto con la garganta abierta se ha comparado a gritos controlados.

Baul gaan: Canciones de los *baul*, un grupo de artistas místicos de Bangladés e India con influencias espirituales diversas.

Modinha: Popular en el Brasil de los siglos XVIII y XIX. Se caracteriza por sus composiciones de temática amorosa, letras poéticas, instrumentación acústica y vocales operísticas.

¿SABÍAS QUE...?

La pieza de música escrita más antigua es el «Himno a Nikkal», inscrita en tablillas del 1400 a. C., aunque faltan fragmentos.

La canción completa más antigua es la «Canción de Seikilos», hallada en una lápida en Turquía, que data del siglo I-II d. C.

El primer uso del término «músicas del mundo»

Se atribuye al etnomusicólogo Robert *Bob* Brown (EE.UU.) el haber acuñado el término «músicas del mundo» a principios de la década de 1960 para denotar la música popular no informada por tradiciones musicales occidentales. En el siglo XXI, el término «música global» se ha hecho más popular; los Grammy rebautizaron la categoría mejor álbum de músicas del mundo como mejor álbum de música global en su 63.ª ceremonia, el 14 de marzo de 2021. Su primer ganador fue el cantautor y productor nigeriano Burna Boy, por *Twice as Tall* (2020).

El álbum de músicas del mundo más vendido

El álbum epónimo del colectivo cubano Buenavista Social Club ha ganado un Grammy y ha vendido más de 8 millones de discos. Lanzado en 1997, incluye géneros como el son, el bolero y el danzón, y reunió a 20 de los mejores músicos cubanos, como el vocalista Ibrahim Ferrer, el pianista Rubén González o el vocalista y guitarrista Compay Segundo.

El primer artista rock en ser designado Artista por la Paz de la UNESCO

El 25 de noviembre de 2022, la banda de folk-metal mongola The HU se convirtió en el último Artista por la Paz de la UNESCO. Es la 37.ª receptora de la distinción, concedida por primera vez en 1998 al violinista japonés Eijin Nimura y al contrabajista uruguayo Milton Masciadri.

El concurso musical internacional anual retransmitido por TV más longevo

El Festival de la Canción de Eurovisión se celebra anualmente desde 1956 (excepto en 2020). Antes conocido como el Eurovision Grand Prix, en su primera edición participaron siete países europeos, y Lys Assia, de Suiza, obtuvo la victoria. En 2022, el evento celebró su 66.º aniversario en Turín, Italia, donde los ganadores fueron los ucranianos Kalush Orchestra (arriba) con el tema «Stefania».

El primer ganador del Grammy a la mejor actuación de música global

Arooj Aftab (Pakistán/EE.UU., n. en Arabia Saudí) se impuso en esta categoría (introducida en los 64.º Grammys Anuales en 2022), por su canción de 2021 «Mohabbat.» Cosechó críticas excelentes y apareció en una lista de reproducción de Barack Obama, expresidente de EE.UU.

El grupo a capela más vendido

Desde 1960, Ladysmith Black Mambazo (Sudáfrica) ha vendido 16,7 millones de álbumes y de sencillos y ha ganado cinco Grammy. El grupo se hizo famoso por su hipnótica actuación vocal en el álbum *Graceland* (1986) de Paul Simon.

El músico folk de más edad

Thanga Darlong (India, n. el 20 de julio de 1920) tenía 98 años y 319 días cuando recibió el premio civil Padma Shri por su aportación a la música folk el 4 de junio de 2019. Nacido en la aldea de Muruai, en Tripura, es reconocido como el último músico tribal que toca el *rosem*, un instrumento parecido a una flauta hecho con madera, bambú y una regadera tradicional.

All Africa Music Awards (AFRIMA)

- **Más premios**: Ocho, por Wizkid (n. Ayodeji Ibrahim Balogun, Nigeria). También ostenta el récord de **más premios al artista del año**, con tres, ganados en 2016-2017 y en 2021.
- **Más premios en un mismo año**: Cinco, por Iba One (n. Ibrahim Mahamadou Fily Sissoko, Mali) en la séptima ceremonia de los AFRIMA celebrada en Lagos, Nigeria, el 21 de noviembre de 2021. Entre ellos, destaca el premio al álbum del año (por *My Empire*) y al cantautor del año.

El grupo pop con más nacionalidades

Formado en 2017, Now United contaba con 14 miembros de 14 países distintos: Brasil, Canadá, China, Finlandia, Alemania, India, Japón, México, Filipinas, Rusia, Senegal, Corea del Sur, R.U. y EE.UU. El colectivo, experto en redes sociales, consiguió una nominación al mejor grupo de los premios MTV Video Music de 2020, junto a artistas como BLACKPINK, Little Mix o los ganadores, BTS.

VISITAR UN PARQUE DE ATRACCIONES DE DISNEY

30

Visitar a Mickey Mouse y su pandilla es una forma infalible de desterrar la tristeza. Para subirse la moral mientras buscaba trabajo, Jeff Reitz (EE.UU.) visitó el parque de atracciones en California a diario durante 2.995 días entre 2012 y 2020. Es la **mayor cantidad de visitas consecutivas a Disneyland**.

1

2

3

4

Más premios Grammy al álbum de música global
Angélique Kidjo (Benín, antes república de Dahomey) ha ganado el Grammy al mejor álbum de música global en cuatro ocasiones: en 2015-2016, 2020 y 2022, este último por *Mother Nature* (2021). En 2008, también ganó el efímero Grammy al mejor álbum de música mundial contemporánea. En la imagen, aparece en el escenario del WOMAD 2022.

5

EL FESTIVAL DE MÚSICA INTERNACIONAL MÁS GRANDE

Desde 1982, el WOMAD (World of Music, Arts and Dance) ha presentado más de 300 festivales en seis continentes, en los que han participado más de 10.000 artistas, y ha cautivado a millones de asistentes. Fue cofundado por el cantante Peter Gabriel (derecha) para promover la diversidad musical global. En esta página, hemos plasmado escenas destacadas de la edición del 40.º aniversario, celebrada del 28 al 31 de julio de 2022 en el Charlton Park Estate de Wiltshire, R.U., y que atrajo a más de 40.000 amantes de la música.

1. Actuación de los afro-rockeros de Ghana y R.U. Osibisa en el Open Air Stage.
2. La multitud observa la celebrada procesión el último día del festival.
3. Joji Hirota y los London Taiko Drummers.
4. ADG7 ofrece una visión contemporánea de la música tradicional coreana.
5. Miembro del Mariachi Las Adelitas, un grupo mexicano de mujeres.

«Era una idea muy simple: crear un festival con la excelente música y el arte de todo el mundo», recordaba Peter Gabriel en 2015. «Música hecha fuera de la corriente dominante, música que no llegaba a la radio y que aún era más difícil de encontrar en las tiendas de discos.»

ENVIAR UN MENSAJE EN UNA BOTELLA

No es el medio de comunicación más efectivo, pero quizá sí el más romántico. El **mensaje en una botella más antiguo** tiene 131 años y 223 días. El capitán del barco alemán Paula lo lanzó por la borda el 12 de junio de 1886 y fue encontrado por Tonya y Kym Illman (ambos de Australia) en Wedge Island, Australia, el 21 de enero de 2018.

MANGA Y ANIME

Todos los poseedores de récords son japoneses a menos que se indique de otro modo.

¿SABÍAS QUE...?

Casi el 30 % de los estudiantes de secundaria japoneses leen mangas todos los días.

El primer anime, *Tetsuwan Atomu* (*Astro Boy*), debutó en la televisión japonesa el 1 de enero de 1963.

LAS PELÍCULAS ANIME CON MAYORES INGRESOS BRUTOS

De las fantasías oníricas del Studio Ghibli a la matanza demoníaca de *Mugen Train*, las animaciones japonesas hechizan a público de todo el mundo. Esta lista de las películas más exitosas del género incluye la **primera película anime en ganar un óscar**: *Sen a Chihiro no kamikakushi* (*El viaje de Chihiro*, *arriba*), que logró el premio a la mejor película de animación en 2003.

Película	Ingresos brutos
Kimetsu no Yaiba: Mugen Ressha-Hen (Guardianes de la noche: tren infinito, 2020, abajo)	506,5 millones de $
Sen to Chihiro no Kamikakushi (*El viaje de Chihiro*, 2001)	383,8 millones de $
Kimi no Na wa (2016)	351,5 millones de $
Hauru no ugoku shiro (*El castillo ambulante*, 2004)	237,8 millones de $
Gekijouban Jujutsu Kaisen 0 (*Jujutsu Kaisen 0: la película*, 2021)	195,8 millones de $

Cifras a 1 de enero de 2023

La primera revista de manga

Rakuten Kitazawa (1876-1955), el primer dibujante profesional de Japón y uno de los padres fundadores del manga moderno, creó *Tokyo Puck* en 1905. El cómic iba dirigido a adultos y sus temas principales fueron la política y, más adelante, las caricaturas satíricas. Se publicó en Tokio en 1905-1915, 1919-23, 1928-41 y 1948.

La revista de manga más vendida

En julio-septiembre de 2022, *Weekly Shōnen Jump*, publicado por Shueisha, tuvo una tirada semanal media de 1,28 millones de ejemplares. Desde su lanzamiento en 1968, se han vendido más de 7.500 millones de copias de este influyente manga. Shueisha es la **empresa editorial de manga más grande**, con unas ventas anuales que alcanzan los 1.300 millones de dólares, acaparando el 30 % del mercado del manga japonés en 2021-22.

Más volúmenes publicados de una serie de manga

En septiembre de 2022, *Golgo 13*, una serie que aparece en *Big Comic* desde 1968, constaba de 206 volúmenes recopilatorios (*tankōbon*). Publicado por Shogakukan, narra las andanzas de un asesino profesional también conocido por el seudónimo de Duke Togo. Su creador, Takao Saitō, falleció en 2021, pero el grupo Saitō Production mantiene la serie de acuerdo con su voluntad.

El evento de *cosplay* más longevo

La primera vez que se organizó el World Cosplay Summit tuvo lugar en Nagoya, Japón, en 2003, y con el encuentro celebrado del 5 a 7 de agosto de 2022 ya suma 20 ediciones. El evento cuenta con participantes de todo el mundo que se disfrazan de personajes de videojuegos, manga, anime y *tokusatsu* («efectos especiales») japoneses. Desde 2005, el momento culminante es el Campeonato Mundial, en el que equipos que representan a diferentes países compiten para ser coronados como Gran Campeón en múltiples apartados de *cosplay*.

El anime basado en un videojuego más longevo

El primer episodio de *Pokémon* se emitió en Japón el 1 de abril de 1997; el 4 de noviembre de 2022 alcanzó el episodio 1.218. Las aventuras de Ash y Pikachu, ya en su 25.ª temporada, surgieron de los populares videojuegos de rol de Nintendo. Convertido en un fenómeno global, *Pokémon* es la **franquicia de medios con mayores ingresos brutos**, con un valor estimado de 105.000 millones de dólares.

Más premios Shogakukan Manga

Los mangakas Naoki Urasawa y Akimi Yoshida han sido galardonados cada uno con tres trofeos del certamen competitivo de manga más prestigioso, que empezó su andadura en 1955: Urasawa por *Yawara!* (1989), *Monster* (2000) y *20th Century Boys* (2002); y Yoshida por *Kisshō Tennyo* (1983), *Yasha* (2001) y *Diario Umimachi* (2015).

La convención de fans más multitudinaria

Celebrado por primera vez en diciembre de 1975 con una asistencia de 700 participantes, Comic Market o Comiket en la actualidad abre sus puertas dos veces al año en el centro de exposiciones Big Sight de Tokio. Alcanzó su pico de asistencia el verano de 2019, cuando atrajo a unas 750.000 personas. El evento está dedicado a los productos *dōjin*, en el que creadores aficionados y profesionales y «círculos» (grupos) venden de todo, desde *dōjinshi* (cómics hechos por fans) hasta artículos relacionados con el anime y el manga. La edición n.º 100 de Comiket tuvo lugar en agosto de 2022.

El programa de televisión de anime más solicitado

Shingeki no Kyojin (*Ataque a los titanes*; MBS) fue el anime televisivo más popular en 2021-22, con una demanda global 75,4 veces mayor que la media de los programas de televisión, según la empresa de análisis de datos Parrot Analytics.

La película de anime más cara

Studio Ghibli lanzó *El cuento de la princesa Kaguya* en 2013. La producción de esta obra de animación, que en gran parte se dibujó a mano y se basa en el cuento tradicional *Taketori Monogatari*, duró ocho años y costó 47,2 millones de dólares. La película de Isao Takahata fue candidata al Óscar a la mejor película de animación en 2015.

La serie de televisión de anime más longeva

Sazae-san es una comedia de dibujos animados con episodios de media hora de duración sobre la vida en un barrio residencial japonés. Está basada en el *yonkoma manga* (tira cómica) creado por Machiko Hasegawa, que se publicó por primera vez en 1946. Se estrenó el 5 de octubre de 1969, y, a 6 de noviembre de 2022, sumaba 2.675 episodios.

Sazae-San es también la **serie de televisión de animación más longeva de cualquier tipo.**

Tanjiro Kamado, héroe de *Guardianes de la noche: tren infinito*

HACER *PARASAILING*

Si te gusta la idea de lanzarte en paracaídas, pero no quieres saltar desde un avión, entonces considera el *parasailing*. Y si estás realmente interesado y vas por el récord de la **maratón de *parasailing* más larga**, el hombre a batir es Berne Persson (Suecia): en julio de 2002, permaneció en el aire 24 horas y 10 minutos sobre el lago Graningesjön, Suecia.

28

La colección más grande de artículos relacionados con *One Piece*
A 11 de abril de 2021, el buscador de tesoros Lam Siu Fung (China) había adquirido 20.125 objetos inspirados en la serie de manga de Eiichiro Oda en Hong Kong, China. Comenzó su colección con el primer volumen de *One Piece*, y sus piezas más queridas son las figurillas de la serie *Portrait of Pirates*.

MÁS EJEMPLARES PUBLICADOS DE UNA SERIE DE CÓMICS DE UN SOLO AUTOR
Entre diciembre de 1997 y septiembre de 2022, se imprimió la asombrosa cifra de 516,6 millones de copias de la serie de manga *One Piece* de Eiichiro Oda en 103 volúmenes de *tankōbon*. Las hazañas oceánicas de Monkey D Luffy, capitán de los Piratas de Sombrero de Paja, se serializan en la revista *Weekly Shōnen Jump* (ver página opuesta). En 2015, el redactor jefe de la revista, Hiroyuki Nakano (abajo, con un certificado), organizó una celebración especial para conmemorar que las ventas de *One Piece* habían superado la barrera de los 500 millones.

Oda ha declarado que el capítulo final de *One Piece* se publicará en 2025.

ARTE CIRCENSE

El monociclo funcional más alto
The One Wheel Wonder (alias de Wesley Williams, EE.UU.) pedaleó sobre un monociclo de 9,71 m de altura en Stuttgart, Alemania, el 29 de diciembre de 2022. Tal y como indican las normas de GWR, recorrió una distancia mínima de 8,5 m sin ayuda sobre el vertiginoso vehículo. Wesley superó su propio récord de 8,87 m, logrado en 2020.

EL REY DE LOS MALABARES

Michael Ferreri (España), un artista de circo de cuarta generación, podría hacer malabares con su gran colección de récords vinculados a esta disciplina, que presentamos empezando por el más reciente...

33 – **Más giros de 360° mientras se hacen malabares con cuatro objetos en un minuto** (Balatonlelle, Hungría, 20 de agosto de 2022).

44 – **Más giros de 360° mientras se hacen malabares con tres objetos en un minuto** (Debrecen, Hungría, 20 de abril de 2022).

14 – **Más giros de 360° mientras se hacen malabares con seis objetos con una sola mano en un minuto** (Blackpool, Lancashire, R.U., 14 de junio de 2021).

1.302 – **Más capturas en tres minutos (malabares con cuatro bolas)** (Jaén, España, 7 de abril de 2021)

1.208 – **Más capturas en tres minutos (malabares con cinco bolas)** (Málaga, España, 9 de febrero de 2021)

19 – **Más giros de 360° mientras se hacen malabares con cinco objetos en un minuto** (San Luis Obispo, California, EE.UU., 3 de julio de 2018).

Los zancos más altos
El 4 de junio de 2022, Jordan Wolf (EE.UU.) dio 10 pasos sobre unos zancos de 16,48 m de altura en Marshfield, Wisconsin, EE.UU. Batir este récord es una tradición familiar para los Wolf; antes que Jordan, lo ostentaron su padre, *Steady* Eddie y su hermano Travis.

La patada a un hacha más larga
Sam Pollock (R.U.) le dio una patada a la tradición cuando decidió usar el pie para arrojar un hacha a un objetivo a 14,2 m de distancia en Bristol, R.U., el 15 de julio de 2021.

El mayor recorrido con tacones sobre una cuerda floja
El 16 de mayo de 2022, Ariana Wunderle (EE.UU.) recorrió 194,98 m encaramada sobre unos tacones de 10,2 cm a lo largo de una cuerda floja en Vermont, EE.UU. Superó el récord anterior por 170 m.

Más saltos mortales a través de un aro acrobático en un minuto
Yammel Rodríguez (México) pasó su cuerpo 47 veces por un aro suspendido en Las Vegas, Nevada, EE.UU., el 8 de febrero de 2023. Aunque el Cirque du Soleil lo popularizó bien entrado el siglo XXI, ya se mencionó al arco acrobático en prensa el 12 de agosto de 1893 en un anuncio del artista «Ceado the Marvel» en el periódico del sector *New York Clipper*.

El más rápido en caminar 10 m sobre cuchillos
El Fakir Testa (alias de Jaime Oms, España) cruzó un pavimento de cuchillas (¡descalzo!) en solo 1 min y 5 s el 24 de febrero de 2022 en Milán, Italia.

El más rápido en alcanzar 10 objetivos con un látigo con un *Tasmanian cutback*
Con esta técnica, el artista hace volar el látigo alrededor de su cuerpo y a sus espaldas antes de propulsarlo hacia adelante. El 7 de noviembre de 2022, April Choi (EE.UU.) derribó 10 vasos de plástico con este método en solo 5,56 segundos en Titusville, Florida, EE.UU. Ese mismo día, Choi, que además de artista del látigo es tragafuegos e ingeniera mecánica, aumentó su nómina de GWR con:

- **El lanzamiento a mayor altura y recogida de un cuchillo de fuego**: 3,14 m.
- **Más transferencias «*shoot the moon*» escupiendo fuego en un minuto**: 30. En este truco, el artista apaga con la boca la llama de una antorcha mientras enciende otra que sostiene sobre el rostro y, a continuación, repite la maniobra.
- **Más flores arrebatadas de la mano con un latigazo en un minuto**: 50, con la ayuda de su mujer, Bethany Byrnes (EE.UU.).

La danza con telas acrobáticas a mayor altura
El 27 de junio de 2022, Daniela Dragan (Moldavia) organizó un espectáculo acrobático de altura a 1.090 m sobre Manresa, España. Ejecutó una rutina de 5 minutos de duración mientras permanecía suspendida de un globo aerostático. Daniela es paracaidista profesional y, para el gran final de su actuación, se soltó y se lanzó en paracaídas a través de las nubes antes de aterrizar en el suelo.

MÁS...

Espadas en equilibrio sobre el cuerpo en tres minutos
Emily Quant (EE.UU.) equilibró 56 espadas curvas sobre su cuerpo en Salem, Massachusetts, EE.UU., el 30 de mayo de 2022. Exactamente un mes antes, había conseguido el récord de **un minuto**, con 28.

***Roll-ups* en cuerdas acrobáticas tras tragar una espada**
Alex Magala (EE.UU.) tragó una espada de acero y, a continuación, ejecutó 12 *roll-ups* aéreos con los brazos enredados en sendas cuerdas acrobáticas en Milán, Italia, el 1 de marzo de 2022.

Bloques de hormigón rotos sobre una cama de clavos en un minuto
El 10 de noviembre de 2022 en Nellore, India, Prabhakar Reddy P. rompió con un martillo 67 bloques de hormigón colocados sobre el cuerpo de Vishal Singh Lakka, tendido sobre una cama de clavos.
En marzo de 2021, Prabhakar blandió una espada de 68 cm, con la que batió su récord de **más sandías cortadas sobre la cabeza en un minuto**, al partir por la mitad 59 frutas sobre la cabeza de su valiente ayudante, Anil Paliwal (todos de la India).

Más tiempo haciendo girar una rueda Cyr
El giroscopio humano Daniel Craig (Canadá) pasó 40 min y 8 s balanceando y haciendo girar un enorme aro de metal en Winnipeg, Canadá, el 10 de noviembre de 2022.
El 27 de octubre de 2021, Chen Yuantang (China) consiguió los **50 m más rápidos en una rueda Cyr** (12,17 s) en Tianjin, China.

27

VISITAR LA GRAN MURALLA CHINA
Esta icónica hazaña de la ingeniería, cuya construcción comenzó hacia el 220 a. C. y que se amplió y renovó hasta el siglo XVII, comprende una red total de unos 20.000 km de defensas fortificadas. Sin embargo, el paso del tiempo va recortando la **muralla más larga**, así que no demores demasiado tu visita.

MÁS HULA-HOOPS EN LLAMAS GIRANDO AL MISMO TIEMPO

Grace Good (EE.EE.) afirma que «hablo en serio cuando digo que hacer girar hula-hoops en llamas me relaja». La artista circense de élite lo demostró el 6 de diciembre de 2022 cuando hizo girar ocho aros ardientes durante las tres rotaciones completas exigidas, en Las Vegas, Nevada, EE.UU.

Con anterioridad ese mismo día, demostró ser una equilibrista igualmente hábil cuando consiguió la hazaña de **más hula-hoops girando simultáneamente haciendo equilibrios sobre una pelota gigante**: 28 (detalle).

Grace se aficionó a los hula-hoops en 2011, al terminar el instituto. Ahora es una instructora circense certificada.

A CARCAJADAS

EN BUSCA DEL CHISTE MÁS GRACIOSO DEL MUNDO

En 2001-2002, el psicólogo Richard Wiseman (R.U., abajo) y la British Association for the Advancement of Science intentaron encontrar el chiste más gracioso del mundo a través de una votación. Al final del proyecto LaughLab, más de 350.000 personas de 70 países habían valorado 40.000 chistes: **la votación de un chiste por internet con más participación.**

GANADOR ABSOLUTO
Dos cazadores están en el bosque y uno de ellos se desploma. No respira y tiene los ojos vidriosos. El otro cazador saca el móvil y llama a emergencias. «¡Mi amigo ha muerto! ¿Qué he de hacer?». La operadora responde: «Tranquilo. Lo primero es asegurarse de que está muerto». Hay unos instantes de silencio, seguidos de un disparo. El cazador vuelve a coger el móvil y dice: «Ya me he asegurado. Y ahora, ¿qué?».

EL CHISTE MÁS GRACIOSO DE...

DINAMARCA Y BÉLGICA
¿Por qué los patos tienen los pies palmeados? Para apagar fuegos. ¿Por qué los elefantes tienen los pies planos? Para apagar patos en llamas.

ALEMANIA
Un general ve que uno de sus soldados se comporta de un modo muy peculiar: coge cada papel que ve, lo mira, frunce el ceño y dice «Este no es» y vuelve a dejar el papel donde estaba. Como la conducta persiste en el tiempo, el general ordena al soldado someterse a un estudio psicológico. El psicólogo concluye que el soldado está perturbado y lo licencia del ejército por motivos médicos. El soldado coge el papel con la baja, lo mira, sonríe y dice: «Este sí que es».

FRANCIA
Un hombre visita una granja y ve a un cerdo con tres patas caminando a saltos. Intrigado, le pregunta al granjero y este le responde: «Este cerdo es un héroe. En el granero se desató un incendio que se extendió hasta la casa mientras todos dormíamos. El cerdo salió de su pocilga, liberó al resto de los animales y los rescató. Luego, abrió la puerta trasera de casa y nos hizo salir para ponernos a salvo».
«Ya veo», dice el visitante. «Pero, ¿por qué solo tiene tres patas?»
«Hombre, a un cerdo así no te lo puedes comer de golpe»

SUECIA
Un señor llama al hospital y grita: «¡Envíen una ambulancia! ¡Mi mujer está dando a luz!». La enfermera responde: «Cálmese. ¿Es su primer hijo?», a lo que él exclama: «¡No! ¡Soy su marido!».

El chiste más antiguo
Un proverbio sumerio que advierte a los maridos recién casados sobre novias flatulentas se remonta a al menos el 1900 a. C., según un estudio dirigido por Paul McDonald, de la Universidad de Wolverhampton, R.U. Hallado en una tablilla del Imperio paleobabilónico, dice así: «Algo que no ha sucedido jamás desde tiempo inmemorial: una joven no se ha peído en el lecho matrimonial».

La competición de chistes más longeva
El O Henry Museum de Austin, en Texas, EE.UU., celebra una competición de chistes anual desde 1978, con la salvedad de la edición en línea de 2020 debido a las restricciones por la COVID. Consta de «Punslingers» (duelos de chistes improvisados) y de «Punniest of Show» (una representación de 90 s). El concurso lleva el nombre del pseudónimo del escritor William Sydney Porter, gran aficionado a los juegos de palabras.

El programa de TV con más premios Emmy Primetime
El programa satírico *Saturday Night Live* (NBC, EE.UU.) ganó 87 premios Emmy entre 1976 y 2022, o 93 si se incluyen los especiales y los programas de formato corto. En 2009, también logró la **mayor cantidad de nominaciones de un programa de espectáculos en un año**: 13.

La serie cómica con más episodios
A 2 de julio de 2022, se habían emitido 3.500 episodios de *Taarak Mehta Ka Ooltah Chashmah* (*Las gafas invertidas de Taarak Mehta*, SAB TV). El primer capítulo de esta serie de TV hindú se emitió el 28 de julio de 2008.
La británica *Last of the Summer Wine* (BBC) terminó en 2010 tras 37 años y 31 temporadas, por lo que es la **serie cómica más larga**. Roy Clark escribió todos los episodios de la nostálgica serie.

El largometraje cómico más taquillero
A 1 de enero de 2023, *Minions* (EE.UU., 2015) había recaudado 1.157.271.759 dólares en la taquilla mundial. Los diminutos personajes amarillos debutaron en la gran pantalla con *Gru: Mi villano favorito*.
Ni Hao, Li Huan Ying (*Hola, mamá*; China, 2021) ostenta el récord de la **película de acción real más taquillera**, con una recaudación de 841.674.419 dólares según The Numbers.

La **serie cómica con más premios Emmy** es *Frasier* (NBC, EE.UU., 1994-1998), con 37, mientras que la **serie cómica con más premios en una temporada** es *Schitt's Creek* (Pop TV, Canadá), con nueve en 2020.
El **debut cómico con más nominaciones en un año** es *Ted Lasso* (Apple TV+/Doozer, EE.UU.), con 20 en 2021. Está protagonizada por Jason Sudeikis, que interpreta a un entrenador de fútbol americano universitario.

Más premios BAFTA infantiles a la mejor comedia
Horrible Histories (R.U.; 2009-actualidad) ha ganado el British Academy Children's Award en nueve ocasiones, seis de ellas a la mejor comedia. Los reconocimientos llegaron en 2010-2013, 2016 (por su especial *Sensational Shakespeare*) y en 2019.

Más entradas vendidas para la gira de un monologuista
Jeff Dunham (EE.UU.) vendió 1.981.720 entradas para su gira mundial *Spark of Insanity* (13 de septiembre de 2007-21 de agosto de 2010).
Mario Barth (Alemania) reunió a 67.733 personas para su actuación en el Olympiastadion de Berlín, Alemania, el 12 de julio de 2008, lo que supone la **mayor audiencia para un cómico**.

Más emisiones anuales de un *sketch* cómico televisivo
En 2022, el *sketch* «Dinner for One» se emitió por 51.ª vez en la TV alemana. La escena de 18 minutos sobre un mayordomo que se emborracha cada vez más mientras sirve a un nonagenario, se emite en Noche Vieja desde 1972.

Los cómicos más populares de las redes sociales
- **TikTok**: Khabane Lame (Italia, n. en Senegal; @khaby.lame): 154,2 millones de seguidores observan su reacción a trucos domésticos muy complicados con expresión de desconcierto.
- **Twitter**: Ellen DeGeneres (EE.UU.; @EllenDeGeneres): 76,8 millones de seguidores leen sus tuits pese a que su programa de TV finalizó en mayo de 2022.
- **Instagram**: Kevin Hart (EE.UU.; @kevinhart4real): El actor y estrella de la comedia divierte con regularidad a sus 163 millones de Instafans.
- **YouTube**: Whindersson Nunes Batista (Brasil; @whinderssonnunes): El *vlogger* y monologuista divierte a sus 44 millones de subscriptores.

Cifras a 20 de enero de 2022

26

IR DE SAFARI A ÁFRICA
¡Nutre tu lado salvaje! Este continente es el hogar del guepardo (*Acinonyx jubatus*), el **animal terrestre más veloz en distancias cortas**. Puede correr a unos 100 km/h. Quizá te resulte más fácil avistar jirafas (*Giraffa camelopardalis*), cuyos machos adultos pueden medir entre 4,6 y 5,5 m, por lo que son los **animales más altos**.

1

2

3

4

5

6

1. La cómica más longeva: D'yan Forest, alias de Diana Shulman (EE.UU.; n. el 31 de julio de 1934), realizó su irreverente monólogo en directo en The Drew Barrymore Show (CBS) el 30 de enero de 2023, con 88 años y 183 días.

2. El cómico más taquillero: Sebastian Maniscalco (EE.UU.) recaudó 44.902.984 dólares en 84 espectáculos en el año acabado el 15 de septiembre de 2022. Actuó ante un total de 440.268 personas y llenó salas como el Madison Square Garden Arena de Nueva York o el TD Garden de Boston.

El **monologuista más taquillero por espectáculo** durante ese mismo período fue David Chappelle (EE.UU.), que recaudó 21.499.305 dólares en solo 11 espectáculos. Esto equivale a 1.954.482 dólares por actuación.

3. El cómico más bajito: Imaan Hadchiti (Líbano/Australia) mide 102,5 cm. Es un artista regular en los circuitos cómicos australiano y británico desde 2005. (Ver también la pág. 68.)

4. El cómico con más ingresos: Según *Forbes*, Jerry Seinfeld (EE.UU.) ingresó 51.000.000 dólares en los 12 meses previos al 1 de junio de 2020.

5/6. Más nominaciones para el Mejor Espectáculo Cómico en el Fringe de Edimburgo: Dos cómicos británicos han recibido cinco nominaciones cada uno. Al Murray (izquierda) logró la primera en 1994 por *Harry Hill's Pub Internationale with Al Murray* y obtuvo otras cuatro entre 1996-1999, de las que ganó la última. James Acaster (derecha), de Leftfield, estuvo nominado en 2012-2016.

La actuación de 40 h y 8 min de The Midnight Swinger (David Scott, EE.UU.) en 2013 sigue siendo el **monólogo cómico individual más largo**.

25

VIAJAR EN GÓNDOLA EN VENECIA

Admira la belleza de la **ciudad más inundada** del mundo desde la comodidad de una embarcación de fondo plano impulsada por la pértiga de un gondolero. Con el nivel del agua cada vez más alto y unas 100 inundaciones anuales, es posible que, muy pronto, las góndolas sean la única opción para contemplar las vistas.

MAGIA

CAMPEONATO MUNDIAL DE MAGIA

Fundada en 1948, la Fédération Internationale des Sociétés Magiques (FISM) acoge 70.000 magos de unos 49 países. Su Campeonato Mundial es el **certamen de magia más longevo**. El récord de **más Grand Prix de la FISM** (el premio más codiciado) es tres, establecido por Fred Kaps (alias de Abraham Pieter Adrianus Bongers, Países Bajos; arriba) en 1950, 1955 y 1961. Kaps era conocido por un número en el que hacía levitar un corcho. A continuación, te presentamos a los campeones mundiales más recientes.

1 En julio de 2022, Laurent Piron (Bélgica) ganó el Grand Prix de la FISM en la categoría «escena» en Quebec City, Canadá, por su truco «bola de papel», en el que un papel arrugado parece cobrar vida.

2 En la misma edición, Simon Coronel (EE.UU.) logró el Grand Prix en la categoría «magia de cerca». Creó un «objeto imposible» vinculando partes recortadas de naipes con el anillo de un espectador.

1

2

La sociedad de magia más antigua

El 10 de mayo de 1902, se fundó la Society of American Magicians en la tienda de magia Martinka, en Nueva York, EE.UU. Desde entonces, ha pasado de los 24 miembros iniciales a los cerca de 5.000 actuales. Creció significativamente en 1917-1926, bajo la dirección de Harry Houdini (alias de Erich Weisz; EE.UU., n. en Hungría), quien está ampliamente considerado como uno de los mejores ilusionistas de todos los tiempos.

El rosal de floración automática de Houdini fue un mecanismo de atrezo confeccionado hacia 1924. El 29 de octubre de 2022, se convirtió en el **objeto de magia más caro** (324.000 dólares) en una subasta celebrada en Potter & Potter, Chicago, Illinois, EE.UU.

Más animales vivos producidos durante una actuación de magia

Penn & Teller (ambos de EE.UU.) convocaron un enjambre de más de 80.000 abejas en su especial de televisión de 1990 *Don't Try this at Home*. La pareja representó con una abeja cada animal vivo conjurado alguna vez por un mago. Después de que Penn sufriera una picadura en la boca durante la actuación, optaron por usar moscas.

La cadena de vídeos en línea más larga de personas realizando un truco de magia

El 20 de mayo de 2021, *Big Trick Energy* y truTV (ambos de EE.UU.) reunieron a cientos de magos aficionados que realizaron 274 trucos en TikTok. Los vídeos de #BigTrickTokChallenge se editaron para formar un solo vídeo. Arriba, Chris Ramsay (al frente), de *Big Trick Energy*, con (de izquierda a derecha) Wes Barker, Alex Boyer y Eric Leclerc, compañeros en la serie.

Más conejos sacados de un sombrero

El 17 de mayo de 2008, Walter Rolfo y Jabba (conocidos como Piero Ustignani, ambos de Italia) sacaron 300 conejitos de un sombrero durante el Congreso de Magia celebrado en Saint-Vincent, Aosta, Italia.

Más naipes lanzados alrededor de una persona en un minuto

El 18 de octubre de 2022, Rick Smith Jr. (EE.UU.) lanzó 56 naipes estándar que se clavaron en una diana colocada detrás de su ayudante, en Irvine, California, EE.UU. Smith también ostenta los récords de los lanzamientos de un naipe **a más distancia** y **a más altura**: 65,96 m y 21,41 m, respectivamente.

La teletransportación a más distancia

El 28 de agosto de 2018, Scott Tokar (EE.UU.) «teletransportó» a una ayudante entre dos tiendas de campaña separadas por 285,33 m en Boone, Iowa, EE.UU. La ayudante portaba una carta (elegida por un espectador) sin una esquina para probar que era la misma persona.

El primer truco de la persona cortada por la mitad

El 17 de enero de 1921, P. T. Selbit (alias de Percy Tibbles, R.U.; arriba) realizó por primera vez el clásico truco de la división de un cuerpo en el Finsbury Park Empire de Londres, R.U. Su ayudante estaba encerrada dentro de la caja. La versión con la cabeza y los pies visibles la realizó por primera vez el mago Horace Goldin (EE.UU.) el 3 de junio de 1921 en el Hotel McAlpin de Nueva York, EE.UU., con una «víctima» masculina.

El programa de televisión de magia con más audiencia

Más de 50 millones de espectadores vieron el primero de los ochos especiales de una hora de *World of Magic*, a cargo del mago canadiense Doug Henning. La NBS retransmitió el programa en directo en EE.UU. el 26 de diciembre de 1975. Incluía una recreación de la cámara de tortura con agua de Harry Houdini. En este número, el artista se sumerge boca abajo en un tanque lleno de agua, con las piernas atrapadas en cepos.

El récord de **más espectadores** en una función de magia es de 38.503, logrado por los hermanos Ehrlich (Alemania) en el Commerzbank-Arena (conocido como Waldstadion) de Fráncfort, Alemania, el 11 de junio de 2016.

El truco de magia más copiado

Inventado por Robert Harbin (Sudáfrica) en 1965, el «Zig Zag Girl» presenta a una ayudante de pie dentro de un armario a la que se corta en tres. A continuación, la sección central se mueve hacia un lado. En 1970, Harbin publicó un libro (con una edición limitada de 500 copias) que permitía construir una versión del accesorio. Se estima que hasta la fecha se han construido unos 15.000 artefactos de este tipo, por lo que unas 14.500 son copias no autorizadas.

David Copperfield

En el mundo de la magia contemporánea, ninguna figura ha alcanzado más fama que este ilusionista estadounidense. De hecho, el FISM lo declaró «mago del milenio» en 2000.

Sus especiales para la CBS *The Magic of David Copperfield* ostentan los récords de **más premios Emmy ganados** (18) y **más nominaciones de un programa de televisión sobre magia** (36). En 1991, fundó el Museo y Biblioteca Internacional de la Artes de la Prestidigitación en Nevada, EE.UU. Con más de 150.000 accesorios, libros y otros objetos relacionados con la disciplina, es la **colección de objetos mágicos más grande**.

24

TENER DESCENDENCIA

Traer una nueva vida al mundo es una experiencia única, no importa cuántas veces suceda... El 6 de mayo de 2021, Associated Press anunció que Halima Cissé (Mali) había dado a luz a nueve hijos en Casablanca, Marruecos, el récord de **más niños nacidos en un solo parto** (ver pág. 65).

MARTIN *MAGIC MAN* REES

Este prestidigitador británico recibió su primer juego de magia como regalo de Navidad a los cuatro años, lo que despertó en él un amor de por vida por el ilusionismo y dio paso a toda una colección de GWR. El 26 de febrero de 2023, en Wonderville, Londres, R.U., estableció los récords en un minuto de **más trucos** (42) y **más trucos con los ojos vendados** (36). Las fascinantes actuaciones de Rees incluyen cartas que se desvanecen, reaparecen y levitan, rosas que cambian de color y monedas que desaparecen.

Estos récords de Rees demuestran que su capacidad para hacer varias cosas al mismo tiempo está a la altura de su habilidad para la prestidigitación, ya que ostenta los récords de **más trucos de magia...**

- **Bajo el agua en tres minutos**: 20 en 2020
- **En un túnel de viento en tres minutos**: 8 en 2016
- **Saltando en paracaídas**: 11 en 2016.

Rees también tiene el récord de **más cartas identificadas en un minuto**: 18. Todas fueron elegidas por desconocidos y devueltas a la baraja, que volvió a mezclarse.

MARIONETAS

LAS PRIMERAS MARIONETAS DECLARADAS PATRIMONIO CULTURAL INMATERIAL

En 2008, la UNESCO incorporó cuatro tipos de marionetas históricas a la lista denominada patrimonio «vivo, contemporáneo y tradicional».

Teatro de marionetas Ningyō Jōruri Bunraku (Japón, arriba): Una mezcla de narrativa cantada, acompañamiento instrumental y teatro de marionetas.

Teatro de marionetas siciliano (Italia, arriba): Historias basadas en la literatura caballeresca medieval y otras fuentes, tales como poemas renacentistas.

Teatro de sombras jemer o Sbek Thom (Camboya): Marionetas de 2 m de alto hechas con cuero calado, que son consideradas sagradas.

Teatro de marionetas Wayang (Indonesia, arriba): Usado en rituales y ceremonias, así como para relatar leyendas javanesas y poemas épicos hindúes.

La marioneta más antigua

Durante las excavaciones de un sistema de alcantarillado realizadas en 1981, se descubrió una figura de 28.000 años de antigüedad en una tumba en Brno, República Checa. La marioneta o muñeca, de 20 cm de alto, es considerada una representación de un chamán del Paleolítico. Está tallada en marfil de mamut y teñida de ocre rojizo.

La compañía de marionetas más antigua

La Compagnia Carlo Colla e Figli (Italia) es una familia de titiriteros, representada todavía hoy por dos compañías. La fecha en que probablemente Gaspare Carlo Gioacchino Colla, uno de sus antepasados, hizo el primer espectáculo en público (no documentado) fue 1815, mientras que la primera actuación en público de la que se tiene constancia tuvo lugar el 6 de marzo de 1835 en un espectáculo en el Piamonte.

La asociación teatral internacional más antigua

La Union Internationale de la Marionnette (UNIMA) fue creada en Praga, República Checa, en 1929, primero bajo el nombre de Union Internationale des Marionnettistes, con el objetivo de fomentar el arte de la marioneta. En 1969 adoptó su nombre actual. En 2022 había unos 100 centros UNIMA nacionales y varios países contaban con representación en la asociación.

La primera marioneta en convertirse en estrella televisiva

La mula Muffin hizo su debut televisivo en *For the Children* (BBC, R.U.) el 20 de octubre de 1946, y siguió apareciendo hasta 1955. La traviesa marioneta de Muffinham, que fue la primera en encabezar su propio espectáculo, bailaba encima de un piano de cola que tocaba Annette Mills.

La mayor distancia que ha recorrido una marioneta de cuerpo entero

La pequeña Amal es una muñeca de 3,5 m de alto de una niña refugiada siria de nueve años, que manejan tres titiriteros. Del 27 de julio al 3 de noviembre de 2021, viajó 8.000 km desde Gaziantep, Turquía, hasta Mánchester, R.U. para arrojar luz sobre la crisis de los refugiados. Amal significa «esperanza» en árabe.

La marioneta más grande en una obra de teatro

Global Creature Technology (Australia) creó un primate de 1,1 toneladas para el musical *King Kong*, estrenado en Melbourne, Australia, el 15 de junio de 2013. Mezcla de marioneta, títere de varillas y robot animatrónico, este King Kong de 6 m de alto tenía 45 ejes de movimiento, desde las pestañas hasta los codos, y era manejado por un equipo de 35 operarios.

El primer titiritero en ganar un premio Emmy

En 1949, Shirley Dinsdale (EE.UU.) fue galardonado con el Emmy a la persona televisiva más destacada por *Judy Splinters*, donde actuaba con su muñeco ventrílocuo epónimo. Fue el primer Emmy que se presentó en la ceremonia inaugural de los Premios Emmy.

Barrio Sésamo es el **programa de muñecos que ha ganado más premios Emmy**. A 2021, había conseguido 205, incluyendo 193 premios Daytime. También ha cosechado 11 Grammy.

En 1994, Paco Pico, la superestrella del programa que cantaba, bailaba e iba con patines sobre ruedas (interpretado por Caroll Spinney), se convirtió en la **primera marioneta en ser reconocida en el Paseo de la Fama de Hollywood**. La rana Gustavo, vecino de *Barrio Sésamo* que más adelante se convirtió en protagonista de *Los Teleñecos*, fue inmortalizado con una estrella propia en 2002 (ver abajo).

El dragón bailarín más largo

El 30 de septiembre de 2012, más de 3.000 personas bailaron por las calles de Markham, en Ontario, Canadá, bajo un dragón de 5,56 km de largo. Este muñeco tradicional fue un obsequio a modo de intercambio cultural de los ciudadanos de Zhongshan, China.

La película de marionetas más taquillera

Estrenados en televisión en la década de 1950, los Teleñecos, creados por el titiritero pionero estadounidense Jim Henson, han tenido una larga y exitosa trayectoria, con ocho espectáculos teatrales y dos películas. *Los Muppets* (EE.UU., 2011), de Disney, recaudó 160.971.922 dólares brutos. Para saber más sobre los Teleñecos, consulta la pág. 145.

APRENDER A SURFEAR

¡Imagínate surcando la cresta de una gran ola o atravesándola por su interior! Maya Gabeira (Brasil) es la **mujer que ha surfeado la ola más grande** (22,4 m), y lo logró frente a las costas de Praia do Norte, Nazaré, Portugal, el 11 de febrero de 2020. Para conocer el récord **masculino**, consulta las págs. 228-229.

23

Asterión era el nombre de nacimiento del minotauro. Según el mito griego, la bestia fue apresada en un laberinto de Creta.

Encontrarás a Asterión en La Halle de la Machine en Toulouse. Al templo situado en su espalda, pueden acceder hasta 50 turistas a la vez.

EL TÍTERE MECÁNICO MÁS ALTO

El minotauro Asterión mide ni más ni menos que 14 m de alto. Mitad hombre, mitad toro, deambuló por primera vez las laberínticas calles de Toulouse, Francia, del 1 al 4 de noviembre de 2018, en una función inspirada en los mitos griegos.

El dragón de Calais que escupe fuego (arriba) es el **títere más pesado**, con unas increíbles 65,3 toneladas. Híbrido gigante de iguana y dragón de Komodo, mide 25 m del hocico a la cola y es operado por 17 técnicos.

Excluyendo a las bestias mitológicas, el **títere más grande de un animal** fue el elefante del Sultán (en la parte superior de la página), con un peso de 48,4 toneladas. Tenía una altura de 11,2 m, una anchura de 7,2 m y una longitud máxima de 22 m.

Los tres títeres fueron diseñados por François Delarozière (Francia).

22

HACER *RAFTING* EN AGUAS RÁPIDAS

Hacer eslalon por corrientes vivas y espumeantes es algo de lo más emocionante. Ahora bien, no empieces por las cataratas Inga, en la República Democrática del Congo. Son los **rápidos más grandes en cuanto a caudal**, con una media de unos 42,400 m^3/s, ¡suficiente para llenar el Royal Albert Hall de Londres en unos 2 s!

COMUNIDADES

MÁS PERROS DIGITALES ACARICIADOS

A 12 de agosto de 2022, Tristan Cooper (EE.UU.) se había hecho amigo de 269 perros en videojuegos. Tristan ha pasado años buscando perritos achuchables en títulos que van desde *Fallout 4* a *Far Cry New Dawn*. Los resultados se documentan en su página de Twitter «Can You Pet the Dog?», que tiene más de medio millón de seguidores. También ha acariciado gatos, cangrejos y capibaras, todos en nombre de la investigación.

269

El lobo *Hati* es el mejor amigo de un vikingo en *Assassin's Creed Valhalla* (Ubisoft, 2020).

Saludando al galgo *Staub* en *Pentiment* (Obsidian Entertainment, 2022).

Kratos muestra su lado más tierno en *God of War* (Santa Mónica Studio, 2018).

Final Fantasy XVI (2023), de Square Enix, cuenta con un nuevo personaje canino: *Torgal*.

Más jugadores en una batalla FPS en línea

El 5 de noviembre de 2022, un total de 1.530 combatientes se enfrentaron en el épico MMO *PlanetSide 2* (2012).

Esta enorme batalla virtual fue resultado de una llamada a las armas del desarrollador Daybreak (EE.UU.) con la intención de batir el récord de 1.158 jugadores establecido en 2015. El nuevo pico se dio en el mapa Amerish y el servidor Emerald. Daybreak confirmó que daría a todos los participantes un título especial en el juego y tuiteó: «Gracias por la locura».

El proyecto de *Minecraft* más grande

Iniciado por el *youtuber* «PippenFTS» (EE.UU.) en marzo de 2020, «Build the Earth» tiene como objetivo recrear todo nuestro planeta, bloque a bloque, a escala 1:1. El proyecto utiliza el mod Terra 1-to-1 para extraer datos de servicios como Google Maps y genera terreno automáticamente. A finales de 2022, Build the Earth tenía 4.839 proyectos de construcción en curso que cubrían alrededor de 7.118 km^2.

El videojuego con más financiación por *crowdfunding*

A 22 de febrero de 2023, *Star Citizen* (Cloud Imperium Games) había recaudado 551.095.618 dólares de 4.419.232 patrocinadores. Más de una década tras el inicio de su campaña de *crowdfunding* en septiembre de 2012, se desconoce la fecha de estreno de este videojuego de simulación de combates espaciales de ciencia ficción. Pese a ello, un ejército de leales seguidores sigue gastándose millones de dólares en naves espaciales virtuales.

Más dinero recaudado por un evento de *speedrunning*

Awesome Games Done Quick 2022 recaudó 3.416.729 dólares para la Prevent Cancer Foundation entre el 9 y 16 de enero. Este evento en línea acogió a 149 *speedruns* y recibió 49.482 donaciones de 28.073 personas. El desafío más destacado tuvo como protagonista a «Mitchriz» (EE.UU.), quien completó *Sekiro: Shadows Die Twice* (FromSoftware, 2019) con los ojos vendados en poco más de dos horas.

Más usuarios simultáneos en Steam

El 8 de enero de 2023, 33.078.963 personas iniciaron sesión simultáneamente en el servicio de distribución digital de Valve y batieron la marca de 31 millones establecida el Día de Acción de Gracias de 2022. La campaña de ventas de invierno de Steam y el deseo de los jugadores de obtener el nuevo *hardware* (incluido el Steam Deck portátil de Valve) con motivo de la Navidad fueron las causas de esta enorme afluencia de usuarios.

La entrega de premios de videojuegos más vista

El 8 de diciembre de 2022, una audiencia global de 103 millones de personas siguió en directo The Game Awards 2022. La ceremonia, celebrada con público en el Microsoft Theatre de Los Ángeles, California, EE.UU., se transmitió en más de 40 plataformas digitales y en los cines IMAX.

El juego para un solo jugador más visto en Twitch

El 9 de febrero de 2023, el lanzamiento de *Hogwarts Legacy* atrajo un pico de 1.280.000 espectadores simultáneos en Twitch. Este RPG de acción, desarrollado por Avalanche Software (EE.UU.), transporta a los jugadores a 1899, cuando una rebelión de duendes amenaza al Colegio Hogwarts de Magia y Hechicería.

El evento en línea de recolección comunitaria de Pokémon brillantes más multitudinario

El 3 de junio de 2022, «Nomeyy» (alias de Naomi Finnegan, Irlanda) y Jack Taylor (R.U.) lideraron a un equipo de 136 cazadores en busca de todas las variantes de los 151 Pokémon originales. Jugaron a la saga principal de *Pokémon* y a *Pokémon GO*, y completaron su tarea en 16 h, 23 min y 12 s: el **tiempo más rápido en reunir todas las variantes brillantes de los 151 Pokémon originales en un evento comunitario en línea**.

VIAJAR A AUSTRALIA

Haz un viaje a la otra punta del planeta para conocer lo mejor del **continente más pequeño** del mundo, incluido el **arrecife más largo** (ver pág. 44). Una visita obligada es el Uluru, el **monolito de arenisca más grande**. La roca, que se encuentra en el Territorio del Norte, mide 348 m de alto y 3,6 km de largo.

Greenfield se basa libremente en Los Ángeles, California, y cuenta con referencias como la tienda de muebles «Minekea».

LA CIUDAD MÁS GRANDE EN *MINECRAFT*

Se estima que Greenfield, una metrópolis en expansión construida en el icónico videojuego *sandbox* de Mojang, mide 38 km^2 sin contar las zonas cubiertas de agua, con más de 500 millones de bloques colocados hasta el momento. Cada uno de sus más de 8.000 edificios aparece representado en detalle y sus interiores son totalmente explorables. Fundada por «THEJESTR» en agosto de 2011, más de 500 constructores, incluidos ingenieros de *software* y estudiantes de arquitectura, han supervisado su desarrollo. La ciudad duplicó su tamaño en octubre de 2022 con la incorporación de casi 3.000 nuevos edificios, siete nuevos distritos y un aeropuerto a tamaño natural.

E-SPORTS

Los ingresos más altos de un jugador de e-sports
A 3 de febrero de 2023, «N0tail» (también conocido como Johan Sundstein, Dinamarca) había ganado 7.184.163 dólares, según e-sportsearnings. Nieto del exprimer ministro feroés, N0tail comenzó a jugar a videojuegos con dos años. Ha hecho su fortuna jugando principalmente a *Dota 2*, y es dos veces ganador de The International (2018-19).

El equipo de e-sports con mayores ingresos

A 3 de febrero de 2023, la organización multinacional Team Liquid había ganado 43.011.651 dólares en 2.395 torneos. Con sede en los Países Bajos, compite en varios juegos, y ha logrado grandes victorias en The International, jugando a *Dota 2* y cuatro campeonatos de liga consecutivos de *League of Legends*.

El torneo de e-sports más longevo

QuakeCon, que se celebrada anualmente desde 1996 en Dallas, Texas, EE.UU., es un evento dedicado a los juegos de disparos de ritmo rápido de la década de 1990. El acontecimiento principal es un torneo para jugadores del clásico *Quake* y de sus secuelas. Aunque las restricciones por la pandemia de la COVID-19 obligaron a que el encuentro se celebrara en línea, suele organizarse como una fiesta LAN tradicional en la que cada jugador lleva su ordenador.

El equipo de e-sports de personas con discapacidad más numeroso

Permastunned Gaming, un colectivo global de e-sports de jugadores con discapacidad, contaba con 33 miembros a abril de 2022. Impulsado por Alexander «Cristal» Nathan (n. en Países Bajos y residente en Bélgica, arriba) en 2019, el equipo está especializado en *Dota 2*, *Call of Duty* y *Tekken*, entre otros.

Más victorias en torneos profesionales de e-sports (mujeres)

A 3 de febrero de 2023, Sasha «Scarlett» Hostyn (Canadá) había acumulado 43 victorias en torneos. Todas llegaron jugando a *StarCraft II*, en el que «Scarlett» participa en pro de la facción alienígena Zerg. Empezó a competir en 2011 con 17 años, y hasta la fecha acumula unas ganancias de 442.478 dólares logrados en 249 torneos.

TOP 5 DE E-SPORTS

(clasificados por la cuantía de los premios económicos entregados a 16 de febrero de 2023)

1. *Dota 2* (312,4 millones de dólares)
2. *Fortnite* (150,2 millones de dólares)
3. *Counter-Strike: Global Offensive* (147,1 millones de dólares)
4. *League of Legends* (98,7 millones de dólares)
5. *Arena of Valor* (70,3 millones de dólares)

Más participaciones en torneos de e-sports

A 3 de febrero de 2023, Jason «Mew2King» Zimmerman (EE.UU.) había participado en 618 torneos de videojuegos. Acumula unas ganancias de 284.655 dólares en toda su carrera jugando a *Super Smash Bros* y aventaja en ocho torneos al especialista en *StarCraft II* Kang «Solar» Min-soo.

La mayor bolsa de premios de un juego para móvil

El Campeonato Internacional *Honor of Kings* 2022 entregó premios económicos por un total de 10 millones de dólares. El equipo chino eStar Pro se llevó el primer premio, de 3,5 millones de dólares. Este juego MOBA de Tencent Games de 2015 es uno de los más populares del mundo, con 100 millones de jugadores diarios según las estimaciones.

El jugador de *Counter-Strike: Global Offensive* con mayores ganancias

A 3 de febrero de 2023, Peter «dupreeh» Rasmussen (Dinamarca) había acumulado 2.030.331 dólares jugando al FPS clásico de Valve. El 2 de octubre de 2022, Dupreeh superó a su compañero Dane Andreas «Xyp9x» Højsleth cuando ganó con su equipo Team Vitality la ESL Pro League Season 16 en Malta. A la vez, se convirtió en el **primer jugador de *CS: GO* en ganar 2 millones de dólares**.

El torneo de *Counter-Strike* más visto

El 7 de noviembre de 2021, el PGL Major Stockholm 2021 atrajo a una audiencia de 2.748.850 espectadores durante la gran final en el Avicii Arena de Estocolmo, Suecia, entre el equipo ucraniano Natus Vincere y el G2 Esports, con victoria de los primeros por 2-0.

El mayor número de victorias en torneos de un jugador de *Call of Duty*

Ian «Crimsix» Porter (EE.UU.) se ha proclamado 38 veces campeón jugando a este FPS de Activision. Comparte el récord de tres anillos de campeón mundial (en 2014, 2017 y 2020) y ha ganado 1,4 millones de dólares. Porter ha ganado siete torneos más que su rival más cercano, Seth «Scump» Abner.

«iDom» ha mostrado una gran lealtad a Laura, la estrella brasileña de jiu-jitsu, de la que destaca su capacidad ofensiva.

El torneo de *Street Fighter* más visto

El torneo *Street Fighter V* de las Evolution Championship Series 2022 disputado en Las Vegas, Nevada, EE.UU., alcanzó un pico de 250.730 espectadores el 7 de agosto. La final enfrentó al estadounidense Derek «iDom» Ruffin (izquierda) contra el japonés Masaki Kawano (derecha); fue este último, jugando como Kolin, quien salió victorioso tras imponerse a Laura de «iDom» por 3-2.

VOLAR EN GLOBO AEROSTÁTICO

20

El lugar de moda en el mundo para volar en globo aerostático es Albuquerque, en Nuevo México, EE.UU., donde su clima estable y sus impresionantes paisajes son muy apreciados por los aficionados. El 6 de octubre de 2019, durante la Annual Ballon Fiesta, fue el escenario del récord de **más globos volando simultáneamente**, con 524 ejemplares surcando los cielos.

DRX se convirtió en el primer equipo en levantar la nueva copa Summoner (arriba), elaborada por joyeros de Tiffany & Co.

EL EVENTO DE *LEAGUE OF LEGENDS* MÁS VISTO

El Campeonato Mundial de *League of Legends* 2022 congregó una audiencia máxima de 5.147.701 personas durante la gran final disputada el 5 de noviembre, según Esports Charts. DRX (Corea del Sur, **1**) se impuso a su compatriota T1 en el Chase Center de San Francisco, California, EE.UU. Kim «Deft» Hyuk-kyu, de DRX (n. el 23 de octubre de 1996; **2**, izquierda) se convirtió en el **campeón del mundo de *League of Legends* más veterano**: 26 años y 13 días.

El referente de T1, Lee «Faker» Sang-hyeok (**2**), se quedó a las puertas de la victoria, aunque el tres veces ganador terminó el torneo con el récord de **más muertes** en la historia de la competición: 385.

El editor de *League of Legends*, Riot Games, aún no ha hecho públicas sus estimaciones sobre la audiencia del torneo de 2022 en China. Según la información facilitada, durante el Campeonato Mundial 2021, a los 4,01 millones de espectadores registrados por Esports Charts se sumaron unos 60 millones de espectadores chinos.

HARDWARE

LAS 5 CONSOLAS DE VIDEOJUEGOS MÁS VENDIDAS

1

Entre su lanzamiento en Japón el 4 de marzo de 2000 y el 31 de marzo de 2012, se vendieron 155 millones de unidades de la PlayStation 2 de Sony, por lo que es la **consola más vendida**. Sony mantuvo su producción incluso tras el lanzamiento de la PS3 de última generación en 2006.

2

La Nintendo DS es la **consola portátil más vendida**, con 154,02 millones de unidades a 30 de septiembre de 2022. Desde su lanzamiento el 21 de noviembre de 2004, ha habido cuatro iteraciones de la DS.

3

La Nintendo Switch es la **consola que ha alcanzado los 100 millones de unidades vendidas con mayor rapidez**. Esta consola híbrida alcanzó el hito el 31 de diciembre de 2021, solo 4 años y 303 días tras su lanzamiento. A 31 de diciembre de 2022, sumaba 122,55 millones de unidades vendidas.

4

Aunque el lanzamiento de la Nintendo Game Boy el 21 de abril de 1989 generó diversidad de opiniones, este ordenador portátil de 8 bits fue un icono cultural con 118,69 millones de unidades vendidas. En 1993, una Game Boy cargada con el juego *Tetris* se convirtió en la **primera consola en el espacio**.

5

Desde su lanzamiento en 2013, se han vendido 117,2 millones de unidades de la PlayStation 4, según informes de Sony de marzo de 2022. Esta consola de octava generación, de la que también había versiones «Slim» y «Pro», permitía que las partidas se retransmitieran por internet.

La marca de consola doméstica más vendida

A 30 de septiembre de 2022, se habían vendido un total de 833,58 millones de consolas Nintendo en todo el mundo. La cifra eclipsa la lograda por su rival más cercano, la PlayStation de Sony: 569,2 millones de unidades vendidas. La primera consola de Nintendo se lanzó en Japón en 1983 como la «computadora familiar» (Famicom).

La máquina recreativa arcade más rentable

Se estima que las máquinas recreativas *Pac-Man* originales de 1980 de Namco (Japón) habían generado unos ingresos de 3.500 millones de dólares en 1990, según un estudio realizado por *USGamer* en 2016. Su competidora más cercana fue *Space Invaders* (1978), que generó 2.700 millones de dólares entre esa fecha y 1982.

El primer controlador adaptativo oficial

Xbox Adaptive Controller permite a los jugadores con movilidad reducida conectar dispositivos externos como interruptores, botones, monturas y *joysticks* para adaptar el juego a sus necesidades específicas. Se lanzó el 4 de septiembre de 2018.

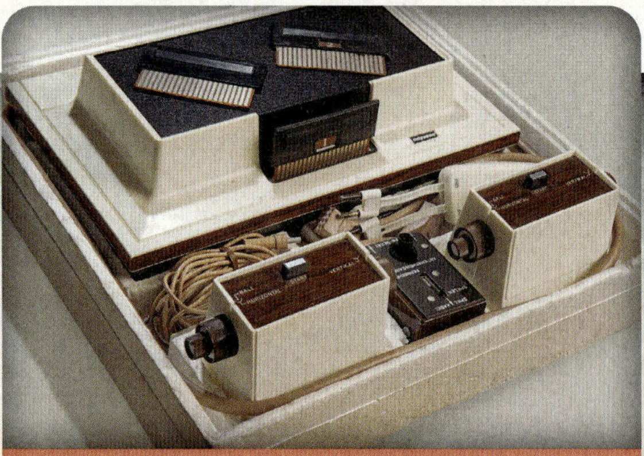

La primera consola de videojuegos

Lanzada en EE.UU. en 1972, la Magnavox Odyssey funcionaba con pilas conectada a un televisor. Venía con superposiciones de pantalla y accesorios propios de los juegos de mesa, como dados; el **primer periférico de una consola**, una pistola ligera, debía adquirirse por separado. A pesar de las bajas cifras de ventas, en 1975 Nintendo la distribuyó en Japón, y contribuyó a poner en marcha la revolución de los videojuegos.

El mando más pequeño

El 12 de febrero de 2018, el *modder* «Madmorda» (EE.UU.) presentó un mando de Nintendo GameCube que mide 63 mm de ancho, 45 mm de alto y 31 mm de profundidad. Es completamente funcional y cuenta incluso con la función de vibración. Como base, se empleó un llavero con forma de mando de GameCube al que añadió piezas impresas en 3D para los botones L, R y Z.

100%

La máquina recreativa MAME más pequeña

Phillip Burgess (EE.UU.) construyó un emulador de máquina recreativa múltiple completamente funcional de 67,2 mm de alto, 33,6 mm de ancho y 35,8 mm de profundidad, tal como se verificó el 14 de septiembre de 2016. Un ordenador Raspberry Pi permite visualizar juegos como *Pac-Man* y *Donkey Kong* en una pantalla en miniatura.

El mando estándar más pesado

Incluido con la consola Wii U de Nintendo tras su lanzamiento el 18 de noviembre de 2012, el Wii U GamePad pesaba 500 g. Inspirado en la exitosa Nintendo DS (ver a la izquierda), incluía una pantalla secundaria de 15,7 cm entre los controles y un considerable conjunto de baterías. El rival más cercano del GamePad fue el famoso controlador masivo «Duke» para la Xbox original, con 425 g, a pesar de ser un mando con cable convencional sin pantalla ni batería.

La consola Xbox más grande

Michael Pick (EE.UU.) construyó una Xbox extragrande de 2,08 × 1,04 × 1,04 m, tal y como se verificó el 9 de diciembre de 2021 en Huntsville, Alabama, EE.UU. Michael metió una Xbox Series X estándar dentro de un gran bastidor de madera. Comentó que el desafío más difícil fue recrear el brillante logotipo de Xbox como botón funcional.

En el extremo opuesto del espectro hay una comunidad de *hackers* que se animan mutuamente a hacer modificaciones del *hardware* original de consolas. La Nintendo 64 (1996) es uno de sus objetivos habituales. La **N64 más pequeña**, fabricada por Gunnar Turnquist (EE.UU.), concentra todos los controles, toda la circuitería, la pantalla e incluso los altavoces en una caja de solo 11,8 cm en su parte más ancha, menos de la mitad del tamaño de la original.

Más puertos de videojuegos no oficiales

Desarrollado por id Software y lanzado para PC en 1993, *Doom* se ha adaptado extraoficialmente para conectarlo a al menos 110 plataformas diferentes, según una investigación realizada por el blog *It Runs Doom*. Este FPS se programó para animar a los *modders* a jugar con él, y durante la década de 1990 creció a su alrededor toda una comunidad de desarrolladores aficionados que idearon niveles adicionales y modificaciones. Los *modders* lo han conectado a un tractor John Deere, a un robot aspirador Roomba, al enorme escenario «Cube» de DJ deadmau5's ¡e incluso a un test de embarazo!

Doom se ha modificado de modo que pueda ejecutarse en ordenadores de control de equipos de maquinaria industrial que cuestan millones.

Los *modders* exprimen hasta la última gota de viejos teléfonos móviles.

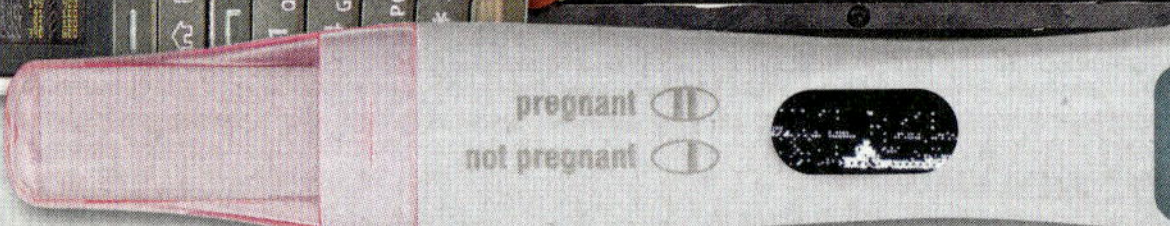

Cualquier cosa con un ordenador sencillo y una pantalla, incluso un test de embarazo digital, puede ejecutar alguna versión de *Doom*.

79

DONAR SANGRE

Donar tu plasma es un pequeño acto desinteresado que puede salvar a alguien. Dale Faughn (EE.UU., n. el 8 de noviembre de 1925) lo tiene bien claro. A 6 de febrero de 2023, había donado 138,1 litros de sangre. Con 97 años y 90 días, es el **donante regular de sangre de mayor edad**.

La máquina recreativa arcade más grande
El 18 de diciembre de 2021, MadLab (España) presentó una máquina de *Tetris* de 4,9 m de altura en su centro de ocio en Zaragoza, España. Los jugadores tienen que subir unos escalones para llegar a los controles e insertar una moneda gigante en la ranura para comenzar a jugar.

LA GAME BOY MÁS GRANDE

El estudiante de ingeniería Ilhan Ünal (Bélgica) creó una versión a escala de la clásica consola portátil de Nintendo de 1,01 m de alto, 0,62 m de ancho y 0,2 m de profundidad. El tamaño de la máquina, cuyo funcionamiento se basa en una Raspberry Pi oculta en la conexión de la toma de corriente, se verificó en Amberes, Bélgica, el 13 de noviembre de 2016.

La **Game Boy más pequeña** mide apenas 54 mm de largo y puede llevarse en un llavero. Fue creada por Jeroen Domburgo (Países Bajos) en 2016.

¿Cómo se te ocurrió la idea de construir una Game Boy gigante?
Un amigo mío organiza festivales donde tocan música *chiptune*, y se nos ocurrió instalar una Game Boy gigante para llamar la atención de la gente sobre la zona de juegos.

¿Cuánto tiempo tardaste en construirla?
El diseño por ordenador de la primera versión me llevó una semana; tras eso, un mes de trabajo en el laboratorio. Luego implementé algunas funciones adicionales, como la lectura de cartuchos, lo que implicó *hackear* una Game Boy real. Eso me llevó casi un año.

¿Con cuántos juegos puede usarse?
¡Con todos los cartuchos originales de Game Boy! Pero eso no es todo. Funciona con una Raspberry Pi, por lo que puedes jugar con juegos de varias consolas diferentes usando un *software* de emulación.

¿Siempre has inventado cosas?
Con cuatro años ya podía usar un destornillador y me interesaba la electrónica, así que aprendí a construir ordenadores. Cuando tenía 14 o 15 años, un amigo me invitó a un laboratorio y ahí es donde comencé a hacer cosas que molaban.

¿Cómo te sientes tras el reconocimiento de Guinness World Records?
Es un gran logro. Tener una creación mía reconocida mundialmente es una gran sensación. Quiero inventar cosas que hagan que la gente se sienta feliz y disfrute interactuando con ellas. Eso hace que me sienta bien.

CLASIFICACIONES

La finalización más rápida Any% de *Super Mario Bros.*
El 7 de agosto de 2022, el *speedrunner* «Niftski» (EE.UU.) rescató a la princesa Peach de las garras de Bowser en solo 4 min y 54,798 s. Batió su propio récord mundial Any% por tan solo 83 ms utilizando un teclado para jugar en una versión emulada de este videojuego clásico de desplazamiento lateral de NES de 1985. Su marca queda a apenas 0,533 s de la mejor partida posible preprogramada y asistida por herramientas (TAS).

La primera finalización de «Legendary All Skulls On inmortal» de *Halo 2*
Con los enemigos más duros, la munición más escasa y sin avisos para Master Chief, «LASO deathless» de *Halo 2* está considerado por muchos el mayor desafío en el mundo de los videojuegos. El 3 de agosto de 2022, «JerValiN» (EE.UU.) se convirtió en el primer jugador en la historia en completarlo. Lo hizo ante una audiencia de 12.000 espectadores en Twitch en 6 h, 29 min y 44 s, y obtuvo un premio de 20.000 dólares ofrecido por el YouTuber Charles «Cr1TiKal» White Jr.

La primera finalización de los siete juegos de «SoulsBorneKiroRing» sin recibir ningún golpe
El 13 de septiembre de 2022, «BushidoYu» (España) superó un desafío denominado "The God Run 3" durante una transmisión en directo de Twitch. Tuvo que completar un septeto de los famosos juegos desarrollados por FromSoftware (*Sekiro: Shadows Die Twice*, *Bloodborne*, *Demon's Souls*, *Dark Souls I*, *II* y *III*, y *Elden Ring*) sin recibir ni un solo golpe.

La finalización más rápida de la Fuente de los Gnomos de *PowerWash Simulator*
El 4 de noviembre de 2022, «Gnarlton» (EE.UU.) limpió todo el moho y la mugre de la Fuente de los Gnomos de Muckingham en tan solo 1 h, 35 min y 15 s. Como muchos *speedrunners* que juegan con este relajante simulador, «Gnarlton» usa la técnica del «wigglewaggle»: poner el cañón de agua en automático mientras mueve rápidamente el cursor de lado a lado.

¿SABÍAS QUE...?

Una de las primeras tablas de clasificación de *speedrunning* fue para el FPS *Doom* de 1993.

Hoy en día, el *speedrunning* incluye muchas disciplinas diferentes. Los usuarios de Speedrun.com han registrado más de 2 millones de partidas en 26.277 juegos.

En una partida Any%, los jugadores se saltan partes del juego para llegar cuanto antes a la pantalla final.

En una partida 100 %, el jugador debe completar todo el juego.

El viaje por tierra más largo en *No Man's Sky*
Entre el 27 de agosto y el 11 de septiembre de 2016, «Steam-bot» (EE.UU.) dejó atrás su barco y acometió un viaje épico por la superficie del planeta Dudenbeaumodeme a pie y en *jetpack*. Pasó más de 40 horas circunnavegándolo antes de regresar a su barco. Dejó constancia de su viaje en Reddit y en Twitch.

Más trofeos de PlayStation
A 13 de enero de 2023, «ikemenzi» (alias de Kenji Ito, Japón) había ganado 237.838 trofeos de PS, según se verificó en PSNProfiles. Encabezaba las categorías de **más trofeos de oro** (59.361), **plata** (51.763) y **bronce** (119.947). También había ganado 6.767 trofeos de platino.

El récord de **más trofeos de platino de PlayStation** es 7.017, establecido por «caro3c-gabber9» (Francia) a esa misma fecha.

La finalización más rápida Any% de *Zelda: Ocarina of Time*
El debut de Link para la N64 ha proporcionado uno de los desafíos más duraderos de los videojuegos, con más de 9.000 partidas registradas en Speedrun.com a 13 de enero de 2023. En la cima de la clasificación se encuentra «Murph_E» (EE.UU.), quien el 22 de octubre de 2022 completó el juego en 3 min y 54 s. Otras partidas clásicas Any% son:

- ***Minecraft: Java Edition* (sin fallos, semilla determinada)**: 1 min, 49 s y 160 ms (tiempo de juego), por «EmpireKills702» (EE.UU.) el 11 de diciembre de 2022
- ***Celeste* (PC)**: 25 min y 55 s, por «secureaccount» (EE.UU.) el 7 de enero de 2023
- ***Super Metroid***: 27 min exactos (tiempo de juego), por «zoast» (PLW) el 24 de octubre de 2022

La primera obtención de las 120 estrellas de *Super Mario 64* con los ojos vendados
El 8 de mayo de 2022, «Bubzia» (Alemania) completó el clásico juego de plataformas de Nintendo valiéndose solo de señales de audio y de su conocimiento enciclopédico del juego. La partida se alargó 11 h, 22 min y 43 s y fue transmitida por Twitch. «Bubzia» entrenó más de 700 h para su intento de récord.

Más victorias en *Marvel Snap*
A 20 de enero de 2023, «bambern» se había impuesto en 19.360 partidas de un total de 41.013 de este juego de cartas digital, un porcentaje de victorias que alcanza el 47,2 %. El juego, que presenta personajes del Universo Marvel, se lanzó el 18 de octubre de 2022. En la misma fecha, Killmonger, el supervillano de Wakanda, era la **carta más popular de *Marvel Snap*** con 2.536.570 usos en partidas en línea.

18

VISITAR PARÍS
La capital mundial del amor es una visita obligada para cualquiera que aprecie la belleza. Admira la ciudad de la luz desde lo alto de la Torre Eiffel. Este icónico símbolo de 330 m fue la **estructura independiente más alta** del mundo de 1889 a 1930, y sigue siendo la **estructura de hierro más alta** a día de hoy.

Se vendieron 12 millones de unidades de *Elden Ring* en las dos semanas que siguieron a su lanzamiento el 25 de febrero de 2022.

Dragonlord Placidusax, un enemigo legendario que se encuentra en Crumbling Farum Azula, es el **jefe menos derrotado de *Elden Ring***. A 13 de diciembre de 2022, su trofeo era el logro menos habitual en la PS4 (26,1 % de los jugadores), PS5 (26,6 %), Xbox (38 %) y en PC (43 %).

LA FINALIZACIÓN MÁS RÁPIDA SIN RESTRICCIONES ANY% DE *ELDEN RING*

El 15 de agosto de 2022, «HYP3RSOMNIAC» (EE.UU.) completó en un PC este juego de rol de acción de FromSoftware RPG en 3 min y 56 s. Para ello se aprovechó de una falla que permite a los jugadores recorrer grandes distancias y evitar todos los capítulos del juego. La **partida Any% más rápida** sin aprovecharse de esta falla la completó «FirstTwoWeeks» (EE.UU.) el 17 de septiembre de 2022: 19 min y 49 s.

Una de las superestrellas más inesperadas de 2022 fue «LetMeSoloHer» (EE.UU.), un voluntario con una olla en la cabeza que ayuda a los jugadores que intentan derrotar a Malenia, uno de los jefes más temidos de *Elden Ring*. Entre el 25 de febrero y el 10 de mayo de 2022, estableció el récord de **más victorias contra Malenia**: 1.000. Para celebrar este hito, la editora del juego, Bandai Namco, le regaló una espada decorativa el 22 de mayo.

RESEÑAS

Más victorias en *Fall Guys*

La «fiesta real» gratuita de Mediatonic invita a hasta 60 jugadores para que compitan en una serie de carreras de obstáculos. Más de 50 millones de jugadores se han unido a la diversión. En la actualidad, «KawaiiNekoWaifu» encabeza la tabla de clasificación, con 28.978 victorias a 5 de diciembre de 2022.

El discurso más largo en The Game Awards

El 8 de diciembre de 2022, Christopher Judge (EE.UU.) dio las gracias durante 7 min y 59 s tras recibir, de manos del actor Al Pacino, su premio a la mejor actuación por su trabajo como Kratos en la producción de Sony *God of War Ragnarök* (2022, ver pág. siguiente).

La finalización más rápida de 16 estrellas de *Super Mario 64* con una batería

César «CZR» Aguirre (EE.UU.) ha conectado los botones y el controlador del mando analógico de una Nintendo 64 a su batería eléctrica. Así, para correr adelante y saltar, toca un redoble con un tambor y luego golpea el bombo. El 9 de diciembre de 2022, completó *Super Mario 64* (1996) con un solo de batería de 19 min y 48 s.

Más premios al juego de rol del año de una franquicia en los DICE Awards

El 24 de febrero de 2022, *Final Fantasy XIV: Endwalker* (Square Enix, 2021) se hizo con este premio por quinta vez para la serie *Final Fantasy*. Los títulos de la franquicia han sido candidatos en esta categoría nada menos que 11 veces desde 1998.

El récord de **más premios al mejor juego del año de una franquicia** es dos. Tres títulos lo han conseguido: *Call of Duty* (Activision, en 2004 y 2008), *The Legend of Zelda* (Nintendo, en 1999 y 2018) y *God of War* (Sony, en 2006 y 2019).

La finalización más rápida de *Amok Runner*

El 10 de enero de 2023, «Weegee» (EE.UU.) completó este juego de aventuras independiente de Gamedeus en 25 min y 32 s. El interés en *Amok Runner* se disparó cuando el *streamer* de Twitch «MoistCr1TiKaL» (alias de Charles White Jr., EE.UU.) organizó un desafío de *speedrunning* de dos semanas con un premio de 10.000 dólares. Antes, el juego era poco conocido.

El primer jugador en derrotar a todos los jefes de *Elden Ring* sin recibir un golpe

El 25 de octubre de 2022, «GinoMachino» (Canadá) logró lo impensable al derribar a los 165 jefes en *Elden Ring* (FromSoftware, 2022) sin sufrir un solo rasguño en una transmisión en directo de 9 horas. «GinoMachino» pasó dos meses planeando la ruta más segura y dejó para el final al jefe del tutorial, al que tumbó de un solo golpe. También ha completado el juego peleando con los puños.

El fin de semana de estreno de una película de animación con mayores ingresos brutos

A pesar de la tibia acogida de los críticos de cine, *Super Mario Bros.: La película* (EE.UU./Japón, 2023) recaudó 375.579.730 dólares en todo el mundo durante su primer fin de semana. Esta cifra, confirmada el 10 de abril, supera en más de 17 millones de dólares la alcanzada por *Frozen II* (EE.UU./Japón, 2019).

La colección de recuerdos de *Sonic the Hedgehog* más grande

A 1 de marzo de 2022, Barry Evans (EE.UU.) había acumulado 3.050 artículos relacionados con el veloz erizo de Sega. Barry guarda su colección, que comenzó con un paquete de chicles de Sonic, en su sala de juegos, que ha transformado en una sala de juegos infantil a la que llama «Yesterdays».

Más premios al juego de carreras del año para una franquicia en los DICE Awards

La serie simcade para Xbox *Forza* ha recibido este reconocimiento siete veces en los premios Óscar de la industria de los videojuegos. En la 25.ª ceremonia, del 24 de febrero de 2022, *Forza Horizon 5* se convirtió en el último título de la franquicia en lograr el premio. La entrega de 2019, *Forza Street*, es el único de los 13 títulos de *Forza* que no ha sido candidato en esta categoría.

CONTEMPLAR ELEFANTES EN LIBERTAD

Con sus largas trompas y sus enormes orejas, estos amables gigantes de África y Asia siempre nos han impresionado sobremanera. El elefante africano macho adulto (*Loxodonta africana*) es el **animal terrestre más grande**, con un peso que suele oscilar entre las 4 y 7 toneladas.

La adaptación de un videojuego para televisión mejor valorada por la crítica
El drama posapocalíptico de HBO *The Last of Us* (EE.UU.) obtuvo una calificación de 84 sobre 100 en Metacritic tras su lanzamiento el 15 de enero de 2023. La serie se basa en el videojuego de terror y supervivencia de Naughty Dog de 2013, en el que el contrabandista Joel acompaña a la joven de 14 años Ellie por un EE.UU. devastado por monstruos.

Más candidaturas a los BAFTA
El 30 de marzo de 2023, *God of War Ragnarök* obtuvo 14 candidaturas a los BAFTA Games Awards. La continuación de la historia del guerrero espartano Kratos y su hijo Atreus fue candidata en todas las categorías a las que optaba, y seis miembros del reparto (ver pág. anterior) también estuvieron en la terna final. Los creadores del juego, que se fueron a casa con seis gongs bajo el brazo, perdieron inesperadamente el premio al juego del año, que se llevó el juego de disparos independiente *Vampire Survivors* (Luca Galante, 2022).

La primera mujer en calificarse para un torneo Call of Duty Challengers Elite
El 5 de enero de 2023, Kelsie «Kels» Grieg (R.U.) pasó el corte para competir en un torneo de élite de Activision jugando a *Call of Duty Modern Warfare II* (Infinity Ward, 2022). La joven de 21 años tenía como compañeros de equipo a las superestrellas James «Génesis» Smith, Conor «BBConor» Beale y Ewen «Disarray» Harmer. Call of Duty Challengers Elite está dirigido a jugadores aficionados de Norteamérica y de Europa, con los 12 mejores equipos compitiendo por un gran premio.

La puntuación más alta en *Crossy Road*
El 8 de enero de 2022, Joshua Beesley (R.U.) batió su propio récord por cuarta vez y lo situó en 9.699 puntos tras una trepidante carrera de 30 min. Beesley domina las tablas de clasificación de este *runner* sin fin de Hipster Whale de 2014, en el que el jugador guía un pollo a través carreteras cada vez más peligrosas.

El primer ganador del Grammy a la mejor banda sonora para videojuegos
En la 65.ª entrega anual de los premios Grammy del 5 de febrero de 2023, Stephanie Economou (EE.UU.) recibió el Grammy inaugural a la mejor banda sonora para videojuegos y otros medios interactivos por su composición para la expansión *Dawn of Ragnarök* de 2022 de *Assassin's Creed Valhalla* (Ubisoft, 2020).

El primer jugador en alcanzar el nivel 50 en *Pokémon GO*
A las 3 de la noche del 26 de enero de 2021, «FleeceKing» (alias de Daniel Amos, Australia) alcanzó el nivel máximo de *Pokémon GO* ante 5.000 espectadores de Twitch, solo 16 min antes de que su colega australiana «Lauren Lolly» (alias de Lauren Bertoni) hiciera lo propio. «FleeceKing» había caminado unos increíbles 20.614 km, durante los cuales capturó casi 800.000 Pokémon. En enero de 2023, alcanzó los 2.000 millones de puntos XP en su cuenta.

16

ESCRIBIR UN LIBRO
Lleva al papel esa idea que te ronda en la cabeza y quién sabe dónde puede terminar la historia. Aunque hubiese recibido clases de adivinación, es poco probable que J. K. Rowling (R.U.) previera el futuro mágico que el destino le deparaba. En 2004, *Forbes* señaló a la creadora *Harry Potter* como el **primer escritor milmillonario**.

El libro publicado más grande
Basado en la serie éxito de ventas *Ordinary People Change the World*, de Brad Meltzer y Christopher Eliopoulos, *I Am Texas* es una recopilación de 7,48 m² de historias e ilustraciones relacionadas con Texas, obra de 1.000 estudiantes. Producido por la iWRITE Literacy Organization y The Bryan Museum (ambos de EE.UU.), se expuso en Houston, Texas, EE.UU., el 5 de noviembre de 2022.

La reunión más multitudinaria de personas vestidas de vampiros
El 26 de mayo de 2022, 1.369 aficionados a la ficción gótica acudieron a la abadía de Whitby en Yorkshire del Norte, R.U. La macabra reunión, organizada por English Heritage (R.U.), conmemoró el 125 aniversario de la publicación de *Drácula* de Bram Stoker (1897), que se inspiró en la atmósfera que envuelve a la abadía. En la novela, Drácula llega en barco a Whitby.

El primer actor principal con síndrome de Down en una película ganadora de un Óscar
El 12 de marzo de 2023, la comedia negra de Tom Berkeley y Ross White *Un adiós irlandés* (R.U., 2022), protagonizada por James Martin (R.U., segundo por la izquierda) en el papel de Lorcan, ganó el premio de la Academia al mejor cortometraje. La ceremonia coincidió con el 31 cumpleaños de Martin, y las estrellas de Hollywood le cantaron «Cumpleaños feliz» durante la entrega del Óscar.

El candidato al Óscar más veterano
El compositor y director de orquesta estadounidense John Williams (n. el 8 de febrero de 1932) tenía 90 años y 350 días cuando fue candidato en la categoría a la mejor banda sonora original por su trabajo en *Los Fabelman*, de Steven Spielberg (EE.UU., 2022) el 24 de enero de 2023. Fue su 53.ª candidatura a los Óscar de su carrera, el récord de **más candidaturas al Óscar de una persona viva**; desde 1968, ha optado 48 veces a una estatuilla a la mejor banda sonora original y cinco a la mejor canción original. Williams solo suma seis candidaturas menos que Walt Disney (EE.UU.), la **persona con más candidaturas al Óscar de todos los tiempos**.

La obra de arte de alambre más grande
El 16 de febrero de 2022, Ali Alrawi (Irak) presentó una obra de arte de 203,76 m² hecha de alambre de cobre en Al Ramadi, Irak. Representaba un *lammasu*, una bestia asiria mítica con cabeza humana, cuerpo de toro y alas de águila.

Más copias publicadas de una serie de manga *shōjo* escrita por un solo autor
Desde octubre de 1992 hasta noviembre de 2022, se imprimieron y se pusieron en circulación 59.409.000 copias de *Hana Yori Dango* (*Los chicos son mejores que las flores*) de Yoko Kamio (Japón), una serie sobre el estudiante Tsukushi Makino. (Ver también las págs. 192-193.)

El presentador de documentales más joven
Aneeshwar Kunchala (R.U., n. el 21 de enero de 2015) tenía 7 años y 288 días cuando se emitió *COP27: Six Ways to Save Our Planet* el 5 de noviembre de 2022. Este joven conservacionista, que tiene a David Attenborough como referente, ha aparecido en la pequeña pantalla para reivindicar la necesidad de proteger la naturaleza. A finales de 2021, también recibió un premio de la Scientific Exploration Society.

La carrera más larga en la misma orquesta
La viola Anne Miller (R.U.) ha sido miembro de Redhill Sinfonia 71 años y 194 días, tal como se verificó en Reigate, Surrey, R.U., el 25 de junio de 2022.

Más seguidores en Instagram
El futbolista Cristiano Ronaldo (Portugal; @cristiano) reina con 565.143.282 seguidores, más de 50 veces la población de su país.

En 2023, Selena Gomez (EE.UU.; @selenagomez) recuperó el récord femenino: 403.011.388 seguidores.

La componente de BLACKPINK Lisa (Tailandia, alias de Pranpriya Manobal; @lalalalisa_m) es la **artista de k-pop con más seguidores**: 90.739.796.

La **imagen con más «me gusta» en Instagram** es una de Lionel Messi (Argentina; @leomessi) levantando el trofeo de campeón de la Copa Mundial de la FIFA tras ganar Argentina la final el 18 de diciembre de 2022 (ver pág. 225). La publicación acumula 75.471.946 «corazones».

**Cifras de Instagram actualizadas a 24 de marzo de 2023*

Las alas mecánicas más grandes de un disfraz *cosplay*
El 29 de enero de 2022, Arianna Palumbo (Italia), ilustradora y gran aficionada al *cosplay*, lució un par de alas móviles de 6,22 m de envergadura en Santa Marinella, Italia. Su espectacular disfraz se basó en el personaje de la diosa Elizabeth de la serie de manga *Los siete pecados capitales*, de Nakaba Suzuki.

Palumbo construyó sus alas a escala en solo un mes. Según dice, la parte más complicada fue el circuito eléctrico.

HACER *PUENTING*
Una caída libre trepidante seguida de un rebote emocionante (y tranquilizador) debe encabezar cualquier lista de deseos de los amantes de la adrenalina. Para llevar este pasatiempo a nuevas alturas, visita la **instalación comercial de *puenting* más alta**: 370,25 m, en el puente Balinghe cerca de Anshun, Guizhou, China.

EL tema más reproducido en Spotify en una semana

«Flowers» de Miley Cyrus (EE.UU.) acumuló 115.156.896 reproducciones en todo el mundo en Spotify la semana que remató el 26 de enero de 2023. Batía así el récord que la misma canción había establecido una semana antes (96.032.624) tras superar a «Easy on Me» de Adele, reproducida 84.952.932 veces la semana que finalizó el 21 de octubre de 2021.

La pantalla de cine permanente más grande

El cine Traumalast Leonberg (Alemania) acoge una pantalla IMAX de 814,8 m², más que cuatro canchas de tenis, tal como pudo confirmarse en Leonberg, Alemania, el 6 de diciembre de 2022. Se inauguró con el filme de James Bond *Sin tiempo para morir* (R.U./EE.UU., 2021).

La danza folclórica portuguesa más multitudinaria

El 17 de septiembre de 2022, 747 bailarines se reunieron para danzar una «Vira Geral» cortesía del Centro Cultural Portugués de Mississauga (Canadá) en Ontario, Canadá.

El 27 de noviembre de 2022, se bailó la **rueda de casino más multitudinaria**: 1.585 personas reunidas por Retomando el Son (Venezuela) en Caracas, Venezuela. Este baile grupal salsero de origen cubano se ejecuta formando un círculo.

Más selfis en tres minutos

El 22 de febrero de 2023, la megaestrella de Bollywood Akshay Kumar (India) se hizo 184 fotos (más de una por segundo) con fans en Bombay, Maharashtra, India. De forma muy oportuna, la sesión se organizó para promocionar su última película, *Selfiee* (India, 2023).

Más galardones en los BET YoungStars Award

El 26 de junio de 2022, Marsai Martin (EE.UU.) consiguió su cuarto trofeo YoungStars consecutivo en los 22 Black Entertainment Television Awards, entregados en Los Ángeles, California, EE.UU. Esta actriz de la comedia de situación *black·ish* (ABC) ganó el galardón por primera vez en 2019, con 14 años.

Más galardones de una película en los Screen Actors Guild (SAG) Awards

El 26 de febrero de 2023, la fantasía multiverso *Everything Everywhere All at Once* (EE.UU., 2022) se hizo con cuatro gongs en los 29 Premios SAG: Michelle Yeoh (actriz protagonista, como Evelyn Wang), Jamie Lee Curtis y Ke Huy Quan (actriz y actor de reparto, respectivamente) y el premio a la actuación destacada de un elenco.

Dos semanas después, el 12 de marzo de 2023, en los 95 Premios de la Academia, Yeoh (Malasia) se convirtió en la **primera asiática en ganar un Óscar a la mejor actriz**, por el mismo papel.

La primera candidatura de Marvel a un Óscar a la mejor actuación

El 24 de enero de 2023, la actriz estadounidense Angela Bassett fue nominada al premio de la Academia por su actuación como la reina Ramonda en *Black Panther: Wakanda Forever* (EE.UU., 2022). El **primer actor en ganar un Óscar por interpretar a un personaje de cómic** fue Heath Ledger (Australia), candidato póstumo al Óscar al mejor actor de reparto por su interpretación del Joker en *El caballero oscuro* (EE.UU./R.U., 2008).

Más secuelas nominadas al Óscar a la mejor película en un año

En los Premios de la Academia de 2023, dos secuelas competían por el Óscar a la mejor película: *Top Gun: Maverick* (en la foto) y *Avatar: El sentido del agua* (ver págs. 178-79), ambas entre los lanzamientos de 2022 con mayores ingresos brutos. Contar con dos películas que recaudaron más de 1.000 millones de $ en taquilla entre las candidatas al Óscar a la mejor película también es inaudito, y tal vez indica un cambio de la Academia hacia un mayor reconocimiento de las películas comerciales.

Se especuló con que la segunda entrega de *Black Panther* también podría ser candidata, ya que la de 2018 fue la **primera película de superhéroes candidata al Óscar a la mejor película**. Sin embargo, *Wakanda Forever* se hizo con otras cinco candidaturas, entre ellas una que supuso un hito para Marvel (ver arriba).

14 **CONTEMPLAR LAS PIRÁMIDES DE EGIPTO**

Sumérgete en la historia antigua y maravíllate con las imponentes tumbas faraónicas. La Gran Pirámide de Guiza (ver pág. 140) es la **pirámide más alta del mundo**. Cuando se construyó hace unos 4.500 años estaba revestida de piedra caliza muy pulida y medía 146,7 m de altura.

REINA DE RÉCORD

LA REINA ISABEL II

El fallecimiento de la reina Isabel II de Inglaterra el 8 de septiembre de 2022 entristeció a todo el planeta. Su carisma y su devoción al deber le granjearon muchos admiradores, mientras que su largo reinado la convirtió en una constante tranquilizadora en tiempos tumultuosos.

Ascendió al trono el 6 de febrero de 1952, a los 25 años, tras el fallecimiento de su padre, Jorge VI. Su coronación al año siguiente se televisó en directo, motivó a muchos ciudadanos británicos a comprar su primer televisor y fue seguida por millones de personas de todo el mundo. Aunque, para entonces, el Imperio británico estaba en declive, todavía comprendía 70 territorios en ultramar, de los que, al final de su reinado, mantenía una cuarta parte. Sin embargo, siempre fue muy querida tanto en casa como en el resto de los territorios. Prueba de ello fueron las multitudinarias celebraciones de sus cuatro jubileos: de plata (1977), de oro (2002), de diamantes (2012) y de platino (2022). Este último marcó sus 70 años como monarca británica, un hito sin precedentes.

Isabel II logró numerosos GWR, algunos de los cuales todavía siguen vigentes. Es la **reina que ha disfrutado del reinado más largo de la historia**, tras gobernar ininterrumpidamente durante 70 años y 214 días, superando así a su rival más próxima (y su tatarabuela), la reina Victoria de Inglaterra, en unos siete años. Isabel II también sigue siendo la **reina más longeva** de toda la historia, ya que falleció a los 96 años y 140 días de edad, manteniéndose en activo.

A lo largo de su vida, recorrió cerca de 120 países e hizo 265 visitas oficiales al extranjero. Eso le supuso viajar más de 1,6 millones de kilómetros, lo que equivale a más de 40 vueltas al mundo. Irónicamente, nunca necesitó un pasaporte británico, que lleva inscrita la frase «en nombre de Majestad», ya que se habría emitido el pasaporte a sí misma. Su hijo y sucesor, el rey Carlos III, ha heredado el récord de **jefe de estado con más países a su cargo simultáneamente**: 15.

1

2

La reina visitó la sede de GWR en Londres en 2004, como parte de las celebraciones del British Enterprise Day.

DATOS PERSONALES	
Nombre	Elizabeth Alexandra Mary Windsor
Lugar de nacimiento	Londres, R.U.
Fecha de nacimiento	21 de abril de 1926
Fecha de coronación	2 de junio de 1953
Títulos GWR vigentes	Entre ellos, el del **reinado más largo** y **reina más longeva**
Estados soberanos que gobernaba a su muerte	15, entre ellos Australia, Canadá, Nueva Zelanda, Belice y Jamaica
Fortuna estimada	419 millones de dólares

Ranald Mackechnie, que colabora con GWR desde hace mucho tiempo, le hizo esta fotografía a la reina en 2022.

3

Descubre más información sobre la Reina en la sección del Salón de la Fama en **www.guinnessworldrecords.com/2024.**

4

5

1. La coronación de la reina se celebró el 2 de junio de 1953, en la abadía de Westminster, Londres. Aquí aparece sosteniendo los ceremoniales Cetro con Cruz y Cetro con Paloma. Sobre la cabeza, luce la corona de San Eduardo, considera la **corona más valiosa**. Tasada en 4,5 millones de dólares en 2019, en realidad tiene un valor histórico incalculable.

2. La reina fue una apasionada del corgi galés de Pembroke durante toda su vida, un amor que comenzó cuando su padre, el futuro Jorge VI, adoptó uno (llamado *Dookie*) en 1933. La reina (con 10 años en la imagen) tuvo más de 30 corgis desde su ascenso al trono y hasta su muerte.

3. El vuelo que llevó el féretro de la reina Isabel II de Escocia de vuelta a Londres el 16 de septiembre de 2022 es el **vuelo más seguido** de todos los tiempos. Flightradar24 registró 4,79 millones de usuarios, a los que se sumaron 296.000 personas que lo siguieron por YouTube. El féretro permaneció durante cinco días en una capilla ardiente, que visitaron 250.000 personas. El funeral se celebró el 19 de septiembre de 2022, en la abadía de Westminster, donde había sido coronada 69 años antes.

4. Hasta la fecha, unos 14 millones de usuarios de YouTube han visto a la reina Isabel II tomando el té con el oso Paddington, el querido personaje infantil. La escena, filmada en el palacio de Buckingham, inauguró las celebraciones del Jubileo de Platino de Su Majestad, en las que participaron muchas estrellas.

5. La familia real en 2017, en el famoso balcón del palacio de Buckingham. A la derecha de la reina, está su hijo, el príncipe Carlos (actual Carlos III) que, a la muerte de su madre, había sido heredero al trono durante 70 años y 214 días, el **heredero de servicio más prolongado**. A su izquierda está su devoto marido, el príncipe Felipe (1921-2021), que permaneció a su lado durante casi el mismo tiempo (69 años y 62 días) y es el **rey consorte más longevo** de la historia.

DEPORTES

Los 100 m estilo libre en piscina olímpica más rápidos
El 13 de agosto de 2022, el fenómeno adolescente David Popovici (Rumanía) ganó la final masculina de los 100 m estilo libre del Campeonato Europeo de Natación celebrado en Roma, Italia, con un tiempo de 46,86 s. El récord anterior se había establecido en 2009 durante la era de los «superbañadores», cuando, durante un breve tiempo, se permitió competir con trajes no textiles de baja fricción.

Popovici está destinado a erigirse en la próxima superestrella del deporte: en el Campeonato Mundial de 2022, este joven de 17 años se convirtió en el segundo nadador (después de Jim Montgomery en 1973) en ganar los títulos de 100 m y 200 m estilo libre el mismo año.

Popovici protagonizó un 2022 dorado después de ganar 11 títulos en los campeonatos mundial, europeo y júnior.

BALONCESTO

NBA

Más espectadores en un partido de temporada regular
El 13 de enero de 2023, 68.323 personas abarrotaron el Alamodome de San Antonio, Texas, para asistir al partido entre los San Antonio Spurs y los Golden State Warriors, en el que los Warriors se impusieron por 144-113.

Más tiros libres encestados en un partido sin un solo fallo (equipo)
El 10 de enero de 2023, los Miami Heat encestaron 40 tiros libres contra los Oklahoma City Thunder, a los que derrotaron por 112-111 en Miami, Florida. Jimmy Butler lideró a su equipo con 23 tiros libres convertidos, el último a solo 12 s del final. El récord anterior de 39 estaba en posesión de los Utah Jazz desde 1982.

Más partidos consecutivos de la NBA encestando un triple
A 1 de marzo de 2023, Stephen Curry, jugador de los Golden State Warriors, había anotado por lo menos un triple en 227 partidos de temporada regular consecutivos. Su increíble racha empezó el 1 de diciembre de 2018. Este tirador letal también ostenta el récord de la NBA de **más triples**: 3.302.

Más partidos ganados por un entrenador
A 1 de marzo de 2023, Gregg Popovich sumaba 1.529 victorias como primer entrenador de los San Antonio Spurs. La cifra incluye 170 victorias en playoffs y el récord de **más victorias a domicilio de un entrenador**: 583. Popovich es el **entrenador de la NBA más longevo** tras 27 temporadas con los Spurs, equipo con el que ha ganado cinco campeonatos (1999, 2003, 2005, 2007 y 2014).

El jugador que ha pertenecido a más equipos
El 19 de octubre de 2022, Ish Smith jugó con su 13.ª franquicia de la NBA tras saltar a la cancha como base de los Denver Nuggets. Este veterano jugador inició su carrera en los Houston Rockets en 2010, pasó tres temporadas con los Detroit Pistons, dos con los Philadelphia 76ers y otras dos con los Washington Wizards.

**Todos los poseedores de récords son estadounidenses.*

WNBA

La mayor remontada en un partido de temporada regular
El 21 de junio de 2022, las Chicago Sky remontaron 28 puntos y se impusieron a Las Vegas Aces por 104-95 en el Michelob Ultra Arena de Nevada. El equipo de Chicago perdía 23-51 en el segundo cuarto.

El 20 de agosto de 2022, las Sky establecieron el récord del **mayor margen de victoria en un partido de playoffs**: 38 puntos (100-62), frente a las New York Liberty.

Más puntos anotados en un partido de playoffs
El 6 de septiembre de 2022, Breanna Stewart, jugadora de las Seattle Storm, sumó 42 tantos en el cuarto partido de las semifinales de la WNBA contra Las Vegas Aces. Stewart igualaba así a Angel McCoughtry, quien lo logró el 7 de septiembre de 2010 como jugadora de las Atlanta Dream.

Más puntos anotados en la NBA
El 7 de febrero de 2023, LeBron James, jugador de LA Lakers, anotó 38 tantos contra los Oklahoma City Thunders y alcanzó los 38.390 puntos. James necesitó 1.410 partidos de la NBA, con una media de 27,2 puntos por encuentro, para superar el récord de Kareem Abdul-Jabbar de 38.387 puntos, que llevaba 30 años vigente.

Más campeonatos de la NBA
Entre 1957 y 1969, Bill Russell ganó 11 títulos en 13 años como jugador con los Boston Celtics. Este pívot de 2,08 m, que capturó 21.620 rebotes a lo largo de su carrera, estableció el récord de **más partidos en finales de la NBA**: 70. Russell falleció el 31 de julio de 2022 a los 88 años.

Más partidos de la WNBA jugados
El 14 de agosto de 2022, Sue Bird, escolta de las Seattle Storm, jugó su último partido de temporada regular de la WNBA (derrota contra Las Vegas Aces 109-100) y alcanzó los 580 encuentros. Bird se retiró como una de las mejores jugadoras de la WNBA con cuatro títulos y el récord de **más asistencias**: 3.234.

Más rebotes
Sylvia Fowles se retiró de la WNBA al final de la temporada de 2022 con 4.006 rebotes en su haber tras 15 años como jugadora de las Minnesota Lynx y de las Chicago Sky. Fowles también tiene el récord del **mejor porcentaje en tiros de campo**: 2.531 canastas de 4.228 intentos, un porcentaje de acierto del 59,9%.

Más tiros de campos encestados en un partido All-Star
El 10 de julio de 2022, Kelsey Plum encestó 12 tiros de 18 intentos con el equipo Wilson en el partido de All-Star de la WNBA disputado en Chicago. También igualó el récord de **más puntos** (30), establecido por Maya Moore en 2015.

13

VISITAR TODOS LOS CONTINENTES
Descubre el mundo en todo su esplendor viajando a los siete continentes. Pero si quieres lograrlo en un tiempo récord, tendrás que superar a Sujoy Kumar Mitra y al Dr. Ali Irani (ambos de la India), cuya gira «world-wind» de diciembre de 2022 duró 3 días, 1 h, 5 min y 4 s: el **tiempo más rápido en viajar a los siete continentes**.

HOCKEY SOBRE HIELO

Más rondas de tiros de desempate ganadas por un portero
El 28 de enero de 2023, Marc-André Fleury (Canadá), de los Minnesota Wild, salió airoso por 64.ª vez de una ronda de tiros de desempate frente a los Buffalo Sabres (3-2). Mejoró en tres la marca de Henrik Lundqvist. Fleury es uno de los tres porteros con más de 500 victorias: 540 a 9 de marzo de 2023 (Patrick Roy: 551; y Martin Brodeur: 691).

Más asistencias en prórrogas
A 1 de marzo de 2023, Patrick Kane (EE.UU.), de los Chicago Blackhawks, había repartido 26 asistencias en los tiempos extra. Este triple ganador de la Copa Stanley también había marcado nueve goles en prórrogas, lo que supone un total de 35 puntos, seis por detrás del récord de Sidney Crosby (Canadá; 19 goles y 22 asistencias).

La racha goleadora más larga de un defensa al inicio de la temporada
Rasmus Dahlin (Suecia), de los Buffalo Sabres, marcó en los cinco primeros partidos de la temporada 2022/23 de la NHL. El 22 de octubre de 2022, consiguió el último gol de esta racha contra los Vancouver Canucks. Dahlin fue seleccionado por los Sabres como n.º 1 del draft en 2018.

Más asistencias en unos playoffs
Del 18 al 26 de mayo de 2022, Leon Draisaitl (Alemania), jugador de los Edmonton Oilers, repartió 15 asistencias durante la eliminatoria a cinco partidos de la conferencia oeste contra los Calgary Flames. Esta cifra incluye el récord en **un período de un partido de playoffs**: cuatro asistencias, en el encuentro del 22 de mayo en el que Edmonton venció por 4-1. Los Oilers se impusieron en la última edición de la «batalla de Alberta» por 4-1.

Más tiros bloqueados
A 6 de marzo de 2023, el defensa Mark Giordano (Canadá), jugador de los Toronto Maple Leafs, había impedido que 2.050 tiros llegaran a la portería de su equipo. Giordano lideró esta categoría apenas ocho días antes tras superar la marca de Kris Russell de 2.044.

El récord de **más tiros bloqueados por un delantero** es 1.058, por Joe Pavelski (EE.UU.), quien pasó 13 temporadas en los San Jose Sharks y actualmente es jugador de los Dallas Stars.

Más saques neutrales ganados
A 1 de marzo de 2023, Patrice Bergeron (Canadá), de los Boston Bruins, había ganado 14.614 de estos enfrentamientos. A 6 de marzo, era el segundo en la clasificación de **más saques neutrales disputados**, por detrás de Sidney Crosby, de los Pittsburgh Penguins, con 25.448. La NHL comenzó a elaborar estadísticas oficiales de este lance del juego en 2005/06.

El **mejor porcentaje de victorias en saques neutrales** es de un 62,86 %, establecido por el central Yanic Perreault (Canadá) entre 2005 y 2008. Se impuso en 1.359 de 2.162 enfrentamientos.

Más partidos consecutivos disputados
Entre el 3 de noviembre de 2009 y el 1 de marzo de 2023, Phil Kessel (EE.UU.), de los Vegas Golden Knights, sumó 1.042 partidos consecutivos en la NHL: más de 13 temporadas sin perderse un solo encuentro. El 17 de noviembre de 2022, este extremo de 35 años se convirtió en el primer jugador de la NHL en alcanzar el hito de 1.000 partidos, en un encuentro contra los Arizona Coyotes.

Más hits
El 21 de noviembre de 2022, Cal Clutterbuck (Canadá), jugado de los New York Islanders, sumó nueve hits contra los Toronto Maple Leafs y superó los 3.632 de Dustin Brown a lo largo de toda su carrera. A 6 de marzo de 2023, este extremo derecho había ampliado su récord a 3.692.

Más partidos jugados por un defensa
El 20 de septiembre de 2022, Zdeno Chára (Eslovaquia) anunció su retirada del hockey profesional tras 1.680 partidos en la NHL en 24 temporadas. Con una estatura de 2,06 m, fue el **jugador de la NHL más alto de todos los tiempos**. Fue capitán de los Boston Bruins en tres finales de la Copa Stanley, que ganó en 2011.

**Todos los récords se establecieron en la National Hockey League (NHL).*

Los Bruins inauguraron la campaña con la racha ganadora en casa al inicio de temporada más larga: 14 victorias.

Menos partidos para sumar 100 puntos
El 2 de marzo de 2023, los Boston Bruins derrotaron a los Buffalo Sabres (7-1) y alcanzaron los 100 puntos en la temporada en su partido n.º 61. Los Bruins habían ganado 48 encuentros, perdido ocho y habían caído derrotados en cinco prórrogas (por las que sumaron un punto). Los Sabres mejoraron en un partido a los Montreal Canadiens (1976/77). Al final de la liga, los Canadiens batieron el récord de **más puntos en una temporada de la NHL**: 132.

BÉISBOL

Más home runs ante más lanzadores
Albert Pujols (República Dominicana) sumó home runs ante 458 lanzadores diferentes durante su carrera. El 29 de agosto de 2022, superó a Barry Bonds (449). Se retiró dos meses después con 703 home runs, la cuarta cifra más alta de la historia en la MLB. Su rival favorito fue el lanzador Ryan Dempster, ante quien logró ocho home runs.

Todos los récords hacen referencia a la Major League Baseball (MLB) y todos los poseedores de récords son estadounidenses, a menos que se indique de otro modo.

Más home runs consecutivos en una entrada
El 2 de julio de 2022, Nolan Arenado, Nolan Gorman, Juan Yépez (Venezuela) y Dylan Carlson, de los St Louis Cardinals, se convirtieron en el undécimo cuarteto en lograr home runs de forma sucesiva en una sola entrada en la MLB. La racha se dio en la primera entrada del partido entre los Cardinals y los Philadelphia Phillies, quienes cayeron derrotados por 7-6.

El jugador que ha pertenecido a más franquicias
El lanzador Edwin Jackson anunció su retirada en septiembre de 2022. Jugó en 14 equipos de la MLB desde su debut con los Los Angeles Dodgers en 2003.

Más strikeouts en playoffs
Desde 2005, Justin Verlander ha eliminado a 230 bateadores en 35 participaciones en partidos de playoff. Lo ha hecho como lanzador de los Detroit Tigers y de los Houston Astros.

Más strikes consecutivos al inicio de un partido
El 24 de agosto de 2022, George Kirby, lanzador de los Seattle Mariners, estableció un récord de la MLB en su temporada de novato: 24 strikes consecutivos contra Washington Nationals. Esta cifra es la más alta desde el comienzo de la primera entrada desde que hay estadísticas sobre este lance del juego (1988).

La pelota bateada a más velocidad
El 24 de agosto de 2022, Oneil Cruz (República Dominicana), de los Pittsburgh Pirates, bateó una pelota a 196,9 km/h contra los Atlanta Braves, el bateo más duro desde que la MLB usa el sistema de seguimiento Statcast (2015). Cruz también realizó el **lanzamiento más rápido de un jugador de cuadro**: 157,3 km/h, el 14 de julio de 2022.

El jugador mejor pagado
En noviembre de 2021, el lanzador Max Scherzer firmó un contrato de tres años con los New York Mets por 130 millones de dólares, un salario anual de 43,3 millones de dólares. Este lanzador diestro ha ganado tres veces el Cy Young Award y ostenta el récord de **más strikeouts en un partido** (20) junto con Roger Clemens y Kerry Wood.

Más victorias de una batería de lanzador y receptor
De 2005 a 2022, el lanzador de apertura Adam Wainwright y el receptor Yadier Molina (Puerto Rico), de los St Louis Cardinals, se combinaron para lograr 213 victorias. Superaron así la anterior marca de 202, establecida por Warren Spahn y el receptor Del Crandall con los Boston y los Milwaukee Braves entre 1949 y 1963.

El lanzamiento más lento bateado para un home run
El 12 de junio de 2022, el primera base convertido en lanzador Frank Schwindel realizó un lanzamiento a 56,4 km/h que Kyle Higashioka bateó para lograr un home run en el partido en que los New York Yankees derrotaron a los Chicago Cubs por 18-4 en el Yankee Stadium. A modo de comparación, el **lanzamiento de una pelota de béisbol más rápido** es 170,2 km/h, por Aroldis Chapman (Cuba), de los Cincinnati Reds, el 24 de septiembre de 2010.

En diciembre de 2022, Judge renovó su contrato con los Yankees por nueve años y 360 millones de dólares.

Más partidos con varios home runs en una temporada
Aaron Judge, de los New York Yankees, conectó dos o más home runs en un mismo partido 11 veces en 2022. Este bateador de 2,01 m igualaba así la hazaña de Hank Greenberg, de los Detroit Tigers, en 1938 y de Sammy Sosa (República Dominicana), de los Chicago Cubs, en 1998. En 2022, estableció un nuevo récord de home runs en la American League: 62, mejorando en uno la marca de Roger Maris, también de los Yankees, de 1961.

Menos hits en un partido de la World Series
El 2 de noviembre de 2022, los Houston Astros no concedieron ni un hit en su victoria por 5-0 sobre los Philadelphia Phillies en el cuarto partido de la World Series. Christian Javier (centro) lanzó en seis entradas, apoyado (de izquierda a derecha) por Rafael Montero, Bryan Abreu (todos de República Dominicana), Christian Vázquez (Puerto Rico) y Ryan Pressley. Igualaban la hazaña de los Yankees del 8 de octubre de 1956, en la que el lanzador Don Larsen logró el **primer partido perfecto en las World Series**, el único con un solo lanzador.

COMPRAR UNA CASA
Echa raíces de forma definitiva. La **casa privada más grande** es un rascacielos particular de 27 pisos de altura perteneciente a Mukesh Ambani que está situado en Bombay, India. ¡Todo magnate de los negocios que se precie necesita tres helipuertos, varias piscinas y un teatro!

FÚTBOL AMERICANO

Más pases completados en una temporada
Tom Brady, jugador de los Tampa Buccaneers, completó 490 pases en 2022. El siete veces campeón de la Super Bowl, quien anunció su retirada el 1 de febrero de 2023, añadía así un nuevo logro a su larga lista de récords como quarterback. También mejoró su récord de **más pases en carrera completados**: 7.753, 611 más que su inmediato seguidor.

Más partidos avanzando más de 200 yardas en carrera
El 30 de octubre de 2022, Derrick Henry, de los Tennessee Titans, avanzó 219 yardas en un partido contra los Houston Texans. Era la sexta vez que superaba la marca de las 200 yardas en un encuentro. Igualaba así la marca lograda por OJ Simpson y por Adrian Peterson. En cuatro ocasiones lo hizo contra los Texans, las otras dos contra los Jacksonville Jaguars.

Todos los récords hacen referencia a la National Football League (NFL) y todos los poseedores de récords son estadounidenses, a menos que se indique de otro modo.

Más partidos avanzando al menos 100 yardas en carrera de un quarterback
Desde 2018, Lamar Jackson, de los Baltimore Ravens, ha avanzado al menos 100 yardas en carrera en 12 partidos de temporada regular. El 18 de septiembre de 2022, superó a Michael Vick (10 partidos) al avanzar 119 yardas contra los Miami Dophins; una semana más tarde, corrió 107 yardas ante los New England Patriots.

Más yardas avanzadas en carrera en un partido de temporada regular de un quarterback
El 6 de noviembre de 2022, el quarterback de los Chicago Bears, Justin Fields, corrió 178 yardas contra los Miami Dolphins en el Soldier Field de Chicago, Illinois. Corrió 61 yardas para lograr un touchdown y avanzó para otros tres más, pero no evitó que los Bears perdieran por 35-32.

El récord en **playoffs** es de 181 yardas, establecido el 12 de enero de 2013 por Colin Kaepernick, jugador de los San Francisco 49ers, en un partido contra los Green Bay Packers, a quienes derrotaron por 45-31 en los playoffs de la ronda divisional de la NFC.

Más drives para ganar un partido de un quarterback
Tom Brady (ver arriba) orquestó 55 drives ganadores en el último cuarto o en la prórroga de un partido como quarterback de los New England Patriots y de los Tampa Bay Buccaneers. El 6 de noviembre de 2022, superó a Peyton Manning (54) tras lanzar un touchdown de 1 yarda a 9 s de la finalización del encuentro entre los Bucs y Los Angeles Rams, a quienes derrotaron por 16-13.

La mayor remontada
El 17 de diciembre de 2022, los Minnesota Vikings remontaron 33 puntos para derrotar en la prórroga a los Indianapolis Colt en el US Bank Stadium de Mineápolis, Minesota. Tras llegar al descanso perdiendo 33-0, los Vikings anotaron cinco touchdowns en la segunda mitad; en la prórroga, Greg Joseph (arriba) convirtió un gol de campo desde 40 yardas para sellar la remontada: 39-36.

Más devoluciones de la patada inicial para lograr un touchdown
El 20 de noviembre de 2022, Cordarrelle Patterson logró por novena vez un touchdown al capturar el balón tras la patada inicial en un partido entre los Atlanta Falcons y los Chicago Bears, quienes perdieron por 27-24. Apodado Flash, ha jugado en cinco equipos de la NFL desde su debut en 2013.

También ostenta el récord de la **devolución de la patada inicial para lograr un touchdown desde más lejos** (109 yardas), con los Minnesota Vikings contra los Green Bay Packers el 27 de octubre de 2013.

Más goles de campo desde 50 yardas
Desde 2007, Matt Prater pateó 71 goles de campo desde 50 yardas de 95 intentos, una tasa de éxito del 74,7 %.

Más goles de campo desde 60 yardas
El 20 de noviembre de 2022, Brett Maher, jugador de los Dallas Cowboys, marcó un gol de campo desde 60 yardas en un partido contra los Minnesota Vikings. Fue el cuarto gol de su carrera desde esa distancia, pero tuvo que intentarlo dos veces ya que su primera patada, que también terminó en gol, fue anulada tras una revisión. Ningún otro pateador en la historia de la NFL ha sumado más de dos goles de campo desde 60 yardas.

Más victorias en la Copa Grey
El 20 de noviembre de 2022, los Toronto Argonauts ganaron la Copa Grey de la Canadian Football League por 18.ª vez. Los campeones de la división este superaron a los Winnipeg Blue Bombers 24-23 en Regina, Saskatchewan. Desde 1911, los Argonautas han jugado 24 partidos por el campeonato.

El porcentaje de acierto más alto en goles de campo
Al final de la temporada de 2022, Justin Tucker, de los Baltimore Ravens, había convertido 363 de 401 intentos, un porcentaje de acierto del 90,52 % en toda la carrera. Entre todos ellos se encuentra el récord del **gol de campo a más distancia**: 66 yardas, contra los Detroit Lions el 26 de septiembre de 2021. El 27 de noviembre de 2022, Tucker intentó un gol desde 67 yardas contra los Jacksonville Jaguars.

Menos partidos para alcanzar 20.000 yardas aéreas en toda la carrera
El 2 de octubre de 2022, el quarterback Patrick Mahomes sumó su yarda n.º 20.000 en su 67.º partido de temporada regular con los Kansas City Chiefs. También ostenta el récord de las **10.000 yardas aéreas**, hito que logró en apenas 34 partidos. El 12 de febrero de 2023, tras una lesión en el tobillo, lideró a los Chiefs en la Super Bowl LVII. Se impusieron a los Philadelphia Eagles por 38-35 y logró su segundo campeonato en cuatro años. Mahomes fue elegido MVP de la liga y de la Super Bowl.

CRÍQUET

La puntuación más alta de un equipo en un partido One-Day International (ODI)
El 17 de junio de 2022, la selección masculina de Inglaterra sumó 498 carreras por solo 4 wickets perdidos contra Países Bajos en el campo VRA de Amstelveen. Eclipsaba así el récord absoluto anterior, establecido el 8 de junio de 2018 por la selección femenina de Nueva Zelanda contra Irlanda: 491 carreras por 4 wickets perdidos. Inglaterra sumó 300 carreras desde el borde del campo, lo que incluye el récord de **más seises en una entrada en un partido ODI**: 26.

El jugador más joven en lograr una doble centena en un partido ODI
El 18 de enero de 2023, Shubman Gill (India, n. el 8 de septiembre de 1999) tenía 23 años y 132 días cuando sumó 208 puntos contra Nueva Zelanda en el estadio Rajiv Gandhi International de Hyderabad. Gill batió el récord de su compañero de equipo Ishan Kishan, quien el 10 de diciembre de 2022 tenía 24 años y 145 días cuando sumó 210 puntos frente a Bangladés en Chattogram. Kishan estableció su marca con solo 126 bolas: la **doble centena en un partido ODI más rápida**.

Más carreras anotadas en la Copa Mundial Masculina T20
Virat Kohli (India) sumó 1.141 carreras en 25 entradas en la Copa Mundial Masculina T20. Con 296 carreras, fue el máximo anotador de la edición de 2022.

El récord de **más wickets alcanzados** es 47, establecido por el bangladesí Shakib Al Hasan (detalle) desde 2007. Al Hasan ha participado en las ocho Copas Mundiales T20 disputadas, donde también ha sumado 742 carreras.

Más tiempo entre los debuts en partidos ODI y Test
El 8 de diciembre de 2022, el portero de Indias Occidentales, Devon Thomas (Antigua y Barbuda) saltó al campo para jugar contra Australia en el Adelaide Oval. Era su primer partido Test, que llegó 13 años y 133 días tras su debut en un partido ODI, entre su selección y la de Bangladés en Roseau, Dominica, el 28 de julio de 2009.

La máxima puntuación de un equipo en la Copa Mundial Femenina T20
El 21 de febrero de 2023, Inglaterra arrolló a Pakistán 213-5 en Ciudad del Cabo, Sudáfrica. Australia, que ganó el campeonato, estableció el récord de **más títulos de la Copa Mundial Femenina T20**: seis.

Más participaciones en partidos internacionales femeninos
El 8 de junio de 2022, Mithali Raj (India) anunció su retirada de las competiciones internacionales tras haber jugado 333 partidos desde el 26 de junio de 1999. Las 10.868 carreras que consiguió suponen el récord de **más carreras en partidos internacionales femeninos**.

Más wickets en partidos internacionales (mujeres)
El 24 de septiembre de 2022, Jhulan Goswami (India) se retiró del críquet internacional con 355 wickets en su haber: 44 en partidos Test, 56 en T20 International y 255 en lo que supone el récord de **más wickets en partidos ODI (mujeres)**. Goswami es lanzadora diestra e hizo su debut con la India en 2002.

La puntuación individual más alta en un partido de la Lista A
El 21 de noviembre de 2022, Narayan Jagadeesan (India), primer bateador de Tamil Nadu, sumó 277 puntos con 141 bolas en el trofeo Vijay Hazare contra Arunachal Pradesh en Bangalore, India. Superaba así el récord de 271 de Sripali Weerakkody, del Kandyan Ladies Cricket Club, establecido 15 años antes, el 20 de agosto de 2007.

La puntuación de equipo más baja en un partido T20 masculino
El 26 de febrero de 2023, la Isla de Man cayó eliminada al sumar solo 10 carreras ante España en La Manga Club de Cartagena. El anterior récord eran las 15 carreras del Sydney Thunder ante los Adelaide Strikers en la Big Bash League el 16 de diciembre de 2022.

Más victorias consecutivas en T20 International (hombres)
Entre el 29 de junio y el 19 de diciembre de 2022, Malasia ganó 13 partidos consecutivos. El récord **femenino** es 17, establecido por Tailandia entre el 12 de julio de 2018 y el 10 de agosto de 2019.

Más carreras anotadas por un equipo el primer día de un partido Test
El 1 de diciembre de 2022, Inglaterra arrolló a Pakistán con 506 carreras frente a 4 wickets perdidos en 75 overs. Inglaterra batía un récord de 112 años. Cuatro jugadores sumaron centenas, y la media del equipo fue de 6,74 por over. Bajo la batuta del entrenador Brendon McCullum y el capitán Ben Stokes (izquierda), la estrategia de ataque de Inglaterra, conocida como «bazball», ha llevado al equipo a sumar 10 victorias en 12 partidos Test.

La puntuación individual más alta en cricket para ciegos
El 14 de junio de 2022, Stefan Nero (Australia) sumó 309 not out en solo 140 bolas en un partido ODI contra Nueva Zelanda en Brisbane, Australia. La hoja de servicios de Nero incluyó 49 cuatros y un seis, y su puntuación fue la primera triple centena en críquet para ciegos. El récord anterior eran los 262 puntos que Masood Jan logró con Pakistán en un encuentro contra Sudáfrica de la Copa Mundial de Críquet para Ciegos el 19 de noviembre de 1998.

LANZARSE POR UNA TIROLINA
¡Abróchate el cinturón y prepárate para saltar! Los amantes de las emociones fuertes tienen que visitar el Jebel Jais Flight de Ras Al Khaimah, EAU, donde encontrarán la **tirolina más larga**: 2.831 m sobre picos de montañas y a través de barrancos.

TENIS

La competición por equipos anual con más participantes
La Copa Davis arrancó en 1900 como un desafío entre EE.UU. y R.U., pero evolucionó hasta convertirse en la autoproclamada «Copa del Mundo de Tenis». La edición de 2023 contó con 155 países participantes, entre ellos selecciones poco conocidas tenísticamente como Jordania, Nueva Zelanda y Vietnam. Canadá, que levantó la Copa Davis por primera vez en 2022, defendía título.
- **País con más títulos**: 32; EE.UU., entre 1900 y 2007
- **Jugador con más títulos**: 8; Roy Emerson (Australia) entre 1959 y 1967
- **Más partidos ganados**: 120; Nicola Pietrangeli (Italia) entre 1954 y 1972. Ganó 78 individuales y 42 en dobles.
- **El jugador más joven**: Marco De Rossi (San Marino, n. el 27 de junio de 1997), con 13 años y 319 días el 12 de mayo de 2011

Más victorias en partidos individuales de Grand Slam
Dos gigantes del tenis se retiraron del deporte profesional en 2022. Roger Federer (Suiza) lo hizo tras ganar 1.251 partidos individuales en el circuito de la ATP, 369 de ellos en torneos de Grand Slam. El maestro suizo estableció el récord masculino de **más semanas consecutivas como n.º 1** (237) y ganó 20 Grand Slams, lo que incluye el récord de **más títulos individuales de Wimbledon (hombres)**: ocho.

Serena Williams (EE.UU.) también manifestó su intención de «evolucionar» al margen del tenis, donde logró el récord **femenino** de más victorias en partidos individuales de Grand Slam: 367. Además, ostenta el récord de **más títulos individuales de Grand Slam en la era Open (mujeres)**: 23.

Más títulos individuales masculinos de Roland Garros
El 5 de junio de 2022, Rafael Nadal (España) ganó su 14.º título individual de Roland Garros tras derrotar al noruego Casper Ruud por 6-3, 6-3 y 6-0 en la final en París. Con ese logro también estableció el récord de **más títulos individuales de Grand Slam masculinos** (22), posteriormente igualado por Novak Djokovic (ver más abajo). Nadal también amplió su récord de **más títulos individuales en tierra batida en la era Open**: 63.

Más aces
A 17 de enero de 2023, John Isner (EE.UU.) había logrado 14.039 aces en el circuito de la ATP. El 1 de julio de 2022, este jugador diestro de 2,08 m de altura, profesional desde 2007, superó el récord de Ivo Karlović de 13.728 aces, en un partido contra Jannik Sinner en Wimbledon.

Más participaciones consecutivas en torneos individuales de Grand Slam (mujeres)
Alizé Cornet (Francia) hizo su 64.º aparición consecutiva en un torneo de Grand Slam en el Abierto de Australia de 2023. Batía así el récord de 62 (1994-2009) establecido por Ai Sugiyama en el Abierto de EE.UU. de 2022. La racha épica de Cornet comenzó en el Abierto de Australia de 2007, el mismo torneo en el que logró su mejor resultado, los cuartos de final en 2022.

El premio económico más cuantioso ganado en un torneo
El 20 de noviembre de 2022, Novak Djokovic (Serbia) se embolsó 4.740.300 dólares al ganar las ATP Finals de 2022 en Pala Alpitour, Turín, Italia. Su botín se incrementó por permanecer invicto durante todo el torneo de fin de temporada, donde superó a Casper Ruud en la final por 7-5 y 6-3. Djokovic (n. el 22 de mayo de 1987) se convirtió en el **ganador del torneo individual de las ATP Finals más veterano**: 35 años y 182 días.

Djokovic comparte ahora con su gran rival Roger Federer (Suiza, arriba) el récord de **más victorias en el torneo individual de las ATP Finals**: seis.

El premio económico más elevado ganado en un torneo por una pareja de dobles
Rajeev Ram (EE.UU.) y Joe Salisbury (R.U.) se embolsaron 930.300 dólares gracias a su victoria en las ATP Finals de 2022. Los segundos cabezas de serie ganaron los cinco partidos que disputaron en Turín, donde derrotaron a la pareja croata formada por Nikola Mektić y Mate Pavić en la final por 7-6 y 6-4.

En 2023, Djokovic alcanzó la cifra de 28 partidos invicto en el Abierto de Australia desde 2019.

Más títulos individuales de Grand Slam (hombres)
El 29 de enero de 2023, Novak Djokovic (Serbia) derrotó a Stefanos Tsitsipas por 6-3, 7-6 y 7-6 en la final del Abierto de Australia y se anotó su 22.º torneo de Grand Slam, lo que igualaba la cuenta de Rafael Nadal (ver más arriba). Djokovic, con el récord de **más títulos individuales del Abierto de Australia** (10), es el rey indiscutible del torneo. También ha ganado siete veces Wimbledon, tres veces el Abierto de EE.UU. y dos Roland Garros.

El jugador más joven en alcanzar el n.º 1 del mundo
El español Carlos Alcaraz (n. el 5 de mayo de 2003) solo tenía 19 años y 129 días cuando el 11 de septiembre de 2022 llegó a la cima de la clasificación de la Asociación de Tenistas Profesionales (ATP). Alcaraz selló su ascenso tras derrotar a Casper Ruud en la final del Abierto de EE.UU. disputada en Flushing Meadows, Nueva York, por 6-4, 2-6, 7-6 y 6-3. Ganó cinco títulos en 2022, incluidos los Masters 1000 de Miami y de Madrid.

El triplete más rápido en la Liga de Campeones de la UEFA
El 12 de octubre de 2022, el jugador del Liverpool Mohamed Salah (Egipto) marcó tres goles en 6 min y 12 s contra los Rangers en Glasgow, R.U. Salah salió del banquillo e hizo un triplete que contribuyó a la victoria del Liverpool por 7-1.

Más partidos consecutivos en La Liga
El 29 de enero de 2023, una lesión impidió a Iñaki Williams (España) jugar con el Athletic de Bilbao contra el Celta de Vigo, y rompió una racha de 251 partidos consecutivos en siete temporadas en la máxima categoría del fútbol español.

Más goles con un club en la English Premier League
A 18 de marzo de 2023, el capitán de Inglaterra, Harry Kane, había anotado 204 goles en liga con el Tottenham Hotspur. Entre los poseedores anteriores de este récord se cuentan Thierry Henry, Wayne Rooney y Sergio Agüero.

Más goles en un partido de la Liga de Campeones de la UEFA
El 14 de marzo de 2023, el jugador del Manchester City Erling Haaland (Noruega, n. en el R.U.) logró cinco tantos en la goleada por 7-0 contra el RB Leipzig. Haaland igualaba el récord de Lionel Messi (Argentina), establecido como jugador del Barcelona el 7 de marzo de 2012, y de Luiz Adriano (Brasil), con el Shakhtar Donetsk el 21 de octubre de 2014.

Más participaciones en la Liga de Campeones Femenina de la UEFA
A 30 de marzo de 2023, Wendie Renard (Francia), jugadora del Lyon, había participado en 110 encuentros de la Liga de Campeones. La central es la única jugadora con 100 participaciones. Comparte con sus compañeras de equipo Eugénie Le Sommer y Sarah Bouhaddi (ambas de Francia) el récord de **más títulos de la Liga de Campeones de un jugador**: ocho.

Más participaciones en la Women's Super League
Gilly Flaherty (R.U.) se retiró en enero de 2023 tras jugar 177 partidos en la primera división inglesa. El 13 de abril de 2011, esta defensa marcó el primer gol de la historia de la WSL.

Más títulos de liga de la primera división nacional consecutivos (mujeres)
Entre 2003 y 2022, el SFK 2000 Sarajevo ganó 20 ediciones del Premijer Ženska Liga de Bosnia y Herzegovina.

La mayor asistencia a un partido de la Major League Soccer
El 5 de marzo de 2022, 74.479 aficionados vieron el debut en casa del Charlotte FC en el estadio Bank of America de Charlotte, Carolina del Norte, EE.UU. El equipo visitante, LA Galaxy, ganó 0-1.

Más participaciones de un equipo en la Copa Mundial de Clubes de la FIFA
El 1 de febrero de 2023, el Auckland City (Nueva Zelanda) jugó en Marruecos contra el Al Ahly (Egipto) en su 10.º torneo internacional de clubes, encuentro que perdió por 3-0. En 2014, el Auckland logró su mejor resultado en la competición, un tercer puesto.

El ganador de la edición de 2023 fue el Real Madrid (España), que amplió su récord de **más victorias en la Copa Mundial de Clubes de la FIFA** a cinco.

Más goles de un jugador en un partido de la Copa Libertadores
El 25 de mayo de 2022, Julián Álvarez (Argentina) logró seis goles en la victoria de River Plate sobre Alianza Lima por 8-1 en Buenos Aires. Igualaba a Juan Carlos Sánchez (Argentina), jugador del Bloomig, quien el 7 de abril de 1985, marcó seis goles al Deportivo Italia.

Más goles en la Liga de Campeones de la Asian Football Confederation
Entre 2009 y 2022, el delantero montenegrino Dejan Damjanović marcó 42 goles en el principal torneo de clubes de Asia como jugador de cuatro equipos distintos: FC Seoul, Beijing Guoan, Suwon Samsung Bluewings y Kitchee.

Más victorias en la Liga de Campeones de la UEFA
El todopoderoso Real Madrid ha logrado el título de la competición de clubes más prestigiosa del fútbol europeo 14 veces, el doble que su rival más cercano, el AC Milán. El Madrid ganó seis Copas de Europa entre 1956 y 1966, y ocho Ligas de Campeones tras el cambio de nombre de la competición en 1992. Su último triunfo llegó el 28 de mayo de 2022 tras derrotar al Liverpool 1-0 en la final.

VISITAR EL GRAN CAÑÓN
10
Este abismo de 6 millones de años ubicado en Arizona, EE.UU., es una maravilla natural y está declarado Patrimonio Mundial de la UNESCO. El 7 de noviembre de 2019, John Jepkema (EE.UU., n. el 8 de junio de 1928) tenía 91 años y 152 días cuando se convirtió en la **persona de más edad en cruzar a pie el Gran Cañón de lado a lado.**

COPA MUNDIAL DE LA FIFA

Más goles en una final masculina
Kylian Mbappé (Francia) anotó tres tantos en la final del mundial de 2022, el 18 de diciembre en el estadio Lusail de Catar. Su triplete incluyó dos goles de penalti (anotó el tercero en la tanda de penaltis), aunque no pudo salvar a Francia de la derrota. Mbappé igualó la hazaña de Geoff Hurst, que marcó tres goles con Inglaterra en la final contra la RFA disputada el 30 de julio de 1966.

Más goles de un jugador en un torneo
Just Fontaine (Francia) marcó 13 goles en tan solo seis partidos en la Copa Mundial de 1958 disputada en Suecia, entre los que se cuentan los cuatro que logró en el partido por el tercer lugar contra la RFA. La cifra se queda a solo tres tantos del récord masculino de **más goles** (16), establecido por Miroslav Klose (Alemania, n. en Polonia) en cuatro torneos desde 2002 a 2014. Fontaine falleció el 1 de marzo de 2023.

Más goles en un torneo
En la 22.ª Copa Mundial de la FIFA disputada en Catar se marcaron 172 goles en 64 partidos. Los 32 países participantes encontraron el fondo de la red al menos una vez. Sin embargo, en el torneo de 1954, disputado en Suiza, se marcaron 140 goles en 26 partidos, el récord del **promedio de goles por partido más alto**: 5,38, frente a los 2,69 de Catar.

La primera tarjeta roja
El 14 de junio de 1974, el árbitro Doğan Babacan mostró la tarjeta roja a Carlos Caszely en el partido entre Chile y la RFA. Las tarjetas rojas y amarillas se introdujeron en la Copa Mundial de 1970, aunque ya existían las expulsiones.

El jugador más joven
El 17 de junio de 1982, Norman Whiteside (R.U., n. el 7 de mayo de 1965) tenía 17 años y 41 días cuando jugó con Irlanda del Norte contra Yugoslavia. Este talentoso adolescente batió un récord que antes había pertenecido a Pelé (ver abajo a la izquierda).

Más goles
Entre 2003 y 2019, Marta (Marta Vieira da Silva, Brasil) marcó 17 goles en la Copa Mundial Femenina. Comparte el récord de **más torneos anotando algún gol** (cinco) con Christine Sinclair (Canadá). Ha marcado en su agenda la Copa Mundial Femenina de la FIFA 2023 de Australia y Nueva Zelanda para aumentar su racha.

HOMBRES

Más victorias de un equipo
La primera Copa Mundial masculina comenzó a disputarse el 13 de julio de 1930 en Montevideo, Uruguay. Brasil ha ganado cinco veces este torneo cuatrienal (en 1958, 1962, 1970, 1994 y 2002) en cuatro continentes diferentes. La «seleção» también ostenta el récord de **más partidos jugados** (114) y el de **más partidos ganados**: 76.

Más partidos jugados (hombres)
Entre 2006 y 2022, Lionel Messi (Argentina) disputó 26 partidos en cinco Copas Mundiales. Batió el récord de Lothar Matthäus de 25 con su participación en la final en la Copa Mundial de la FIFA 2022 disputada en Catar, en la que Messi completó un torneo de ensueño al marcar dos tantos en el 3-3 de Argentina contra Francia. En la tanda de penaltis convirtió el primero y fue decisivo para la victoria por 4-2.

Más victorias de un jugador
Pelé (alias de Edson Arantes do Nascimento, 23 de octubre de 1940, Brasil) se proclamó campeón del mundo en 1958, 1962 y 1970. El legendario n.º 10, que falleció el 29 de diciembre de 2022, tenía 17 años y 249 días cuando Brasil derrotó a Suecia por 5-2 en la final de 1958, hito que lo convierte en el **campeón más joven**. Aunque una lesión obligó a Pelé a retirarse del torneo de 1962, la FIFA le entregó la medalla de ganador en 2007.

Más paradas en la tanda de penaltis
El croata Dominik Livaković detuvo cuatro lanzamientos de penalti en la Copa Mundial de 2022. Igualaba así el logro de Harald Schumacher con la RFA en 1982 y 1986, el del argentino Sergio Goycochea en 1990 y el de su compatriota, Danijel Subašić, en 2018.

MUJERES

Más victorias de un equipo
EE.UU. ha ganado cuatro de las ocho Copas Mundiales Femeninas de la FIFA disputadas hasta la fecha. Levantaron el trofeo en el torneo inaugural celebrado en China en 1991, y repitieron victoria en 1999, 2015 y 2019.

Más torneos jugados
Entre 1995 y 2019, Formiga (alias de Miraildes Maciel Mota, Brasil) jugó en siete mundiales consecutivos. Esta mediocampista defensiva se ganó su apodo por su continuo esfuerzo físico en el campo.

Más goles en una final
El 5 de julio de 2015, Carli Lloyd (EE.UU.) consiguió un triplete en 13 min en la victoria de EE.UU. sobre Japón por 5-2 en Vancouver, Columbia Británica, Canadá.

Más torneos anotando algún gol (hombres)
El 24 de noviembre de 2022, Cristiano Ronaldo (Portugal) marcó en su quinta Copa Mundial tras convertir un penalti en la victoria por 3-2 de Portugal sobre Ghana en Doha, Catar. Entre 2006 y 2022, Ronaldo logró ocho goles en 22 partidos en Copas Mundiales. Su torneo más prolífico fue el de 2018, donde anotó cuatro tantos.

ATLETISMO

Más medallas de oro en salto de altura en Campeonatos Mundiales de Atletismo (hombres)
El 18 de julio de 2022, Mutaz Essa Barshim (Catar) se hizo con su tercer título mundial consecutivo con un salto de 2,37 m en Eugene, Oregón, EE.UU. También es el actual campeón olímpico, donde compartió el oro de 2020 con el italiano Gianmarco Tamberi.

CAMPEONATOS MUNDIALES DE ATLETISMO

Más medallas de un atleta
Entre 2005 y 2022, Allyson Felix (EE.UU.) ganó 20 medallas en ocho campeonatos: 14 de oro (el récord de **más oros**), tres de plata y tres de bronce. Felix culminó una brillante carrera con dos medallas en su última competición, los Campeonatos Mundiales de 2022 celebrados en Eugene, Oregón, EE.UU. Ganó un bronce en el relevo mixto 4 × 400 m y retomó la competición una semana después para correr en las rondas eliminatorias del 4 × 400 m femenino, prueba en la que finalmente se hizo con la medalla de oro.

Más medallas de un país
Entre 1983 y 2022, EE.UU. ganó 414 medallas en 18 ediciones del Campeonato Mundial de Atletismo: 183 de oro, 126 de plata y 105 de bronce. En Eugene, donde actuaba como anfitriona, EE.UU. estableció un nuevo récord de **más medallas en unos campeonatos** (33, superando en dos a las ganadas por Alemania Oriental en 1987) y de **más oros** (13).

Más medallas de oro en lanzamiento de martillo (hombres)
El 16 de julio de 2022, Paweł Fajdek (Polonia) se aseguró su quinto título mundial consecutivo con un lanzamiento de 81,98 m. Como Shelly-Ann Fraser-Pryce (izquierda), Fajdek está a solo un título del récord general en los campeonatos de **más medallas de oro de un atleta consecutivas**: seis, establecido por Sergey Bubka (Ucrania) en la prueba masculina de salto con pértiga entre 1983 y 1997.

Los 400 m vallas femeninos más rápidos
El 22 de julio de 2022, Sydney McLaughlin-Levrone (EE.UU.) ganó el oro en el Campeonato Mundial de Atletismo (50,68 s). La atleta ha establecido nuevos estándares en esta prueba, al lograr cuatro récords mundiales en 13 meses y rebajar el tiempo más rápido en unos increíbles 1,48 s.

Más medallas de oro de una atleta en Campeonatos Mundiales de Atletismo
El 17 de julio de 2022, la reina del esprint Shelly-Ann Fraser-Pryce (Jamaica) ganó su quinto título mundial en los 100 m y estableció el récord de los campeonatos (10,67 s) a los 35 años. En su decimoquinta temporada en la competición internacional estableció los ocho tiempos más rápidos en los 100 m femeninos de 2022.

Más victorias en la Liga de Diamante
La lanzadora de disco Sandra Perković (Croacia) ha acumulado 45 victorias en esta serie anual de un día de duración. El 16 de junio de 2022, amplió su récord tras ganar en los Bislett Games en Oslo, Noruega. Perković ha sido campeona general en lanzamiento de disco de la Liga de Diamante seis veces, el récord de **más títulos de la Liga de Diamante (mujeres)**, compartido con la lanzadora de peso Valerie Adams (Nueva Zelanda) y la saltadora Caterine Ibargüen (Colombia).

Perković es la única atleta que ha protagonizado dos Ligas de Diamante perfectas: en 2013 y 2016.

VISITAR NUEVA YORK
Haz un viaje a la Gran Manzana, la ciudad más poblada de EE.UU. y contempla sus increíbles rascacielos. El edificio Chrysler, el 40 Wall Street y el Empire State Building han podido presumir del récord del **edificio más alto del mundo**. Con 472 m, la Central Park Tower es el **edificio residencial más alto**.

LOS MÁS RÁPIDOS...

100 m (hombres, T47)

El 31 de marzo de 2022, Petrúcio Ferreira dos Santos (Brasil) corrió los 100 m más rápidos de la historia del atletismo paralímpico: 10,29 s en el Brazilian Athletics Challenge celebrado en São Paulo. Al día siguiente, dos Santos, que a los dos años perdió el antebrazo izquierdo en un accidente, corrió los **200 m más rápidos (T47)**: 20,83 s.

400 m en pista cubierta (mujeres)*

El 19 de febrero de 2023, Femke Bol (Países Bajos) batió uno de los récords más antiguos del atletismo tras dar dos vueltas a una pista en 49,26 s en el Campeonato de los Países Bajos de Atletismo en Pista Cubierta celebrado en Apeldoorn. El anterior récord llevaba vigente desde 1982, casi 18 años antes de que Bol naciera.

Más países ganadores de una medalla de oro en un Campeonato Mundial de Atletismo

Un total de 29 naciones subieron a lo más alto del podio en el Campeonato Mundial de Atletismo 2022 celebrado en Eugene, Oregón, EE.UU., incluyendo tres debutantes: Perú, Kazajstán y Nigeria. Perú ganó dos oros: Kimberly García en los 20 km y 35 km marcha femeninos (derecha); y Tobi Amusan de Nigeria (arriba) corrió los **100 m vallas más rápidos (mujeres)** con un tiempo de 12,12 s en su semifinal antes de lograr el oro.

Relevo combinado (mujeres)*

El relevo combinado es una prueba que rara vez se disputa. En ella, se corren cuatro postas de 1.200 m, 400 m, 800 m y 1.600 m. El 15 de abril de 2022, el cuarteto estadounidense formado por Heather MacLean, Kendall Ellis, Roisin Willis y Elle Purrier St Pierre registraron un tiempo acumulado de 10 min y 33,85 s en una reunión en pista cubierta celebrada en Boston, Massachusetts, EE.UU.

3.000 m en pista cubierta (hombres)*

El 15 de febrero de 2023, Lamecha Girma (Etiopía) se impuso en los 3.000 m con una marca de 7 min y 23,81 s en una reunión del World Athletics Indoor Tour celebra en Liévin, Francia. Girma batió en más de un segundo el récord de Daniel Komen logrado hace 25 años.

LOS MÁS LEJANOS...

Lanzamiento de disco (F42, mujeres)

El 4 de agosto de 2022, Goodness Nwachukwu (Nigeria) lanzó el disco a 36,56 m de distancia y se hizo con el oro en los Juegos de la Commonwealth 2022 celebrados en Birmingham, R.U. Batió su propio récord mundial con sus primeros dos lanzamientos en la competición.

Lanzamiento de jabalina (F40, hombres)

El 22 de marzo de 2022, Ahmed Naas (Irak) logró un lanzamiento de 39,08 m en Dubái, EAU. Naas, que es de baja estatura, mejoró su propio récord de los Juegos Paralímpicos de 2016.

Pendiente de ratificación por World Athletics

Los 100 m más rápidos (T63, mujeres)

El 28 de mayo de 2022, Martina Caironi (Italia) corrió 100 m en 14,02 s en el Prefontaine Classic celebrado en Eugene, Oregón, EE.UU. Caironi, que perdió la pierna izquierda por encima de la rodilla en un accidente en 2007, es dos veces campeona paralímpica de velocidad. También ostenta el récord del **salto de longitud más largo** en su categoría: 5,46 m, en París, Francia, el 10 de junio de 2022.

El salto con pértiga más alto (hombres)

El 24 de julio de 2022, Armand Duplantis (Suecia, n. en EE.UU.) saltó 6,21 m en los Campeonatos Mundiales de Atletismo. Este atleta prodigio batió el récord mundial tres veces en 2022. Con los 6,21 m logrados en Eugene, Duplantis lograba batir el récord masculino de salto con pértiga al aire libre por primera vez desde 1994, cinco años antes de su nacimiento. Era la 48.ª vez que salvaba los 6 m, un récord en sí mismo. Consulta el apartado Última hora (págs. 246-47) para conocer más proezas de Duplantis.

DEPORTES ACUÁTICOS

Más títulos de la Serie Mundial de Natación de Maratón de la FINS (mujeres)
Ana Marcela Cunha (Brasil) logró su sexto título de la Serie Mundial en 2022. En cuatro carreras de 10 km en aguas abiertas celebradas por todo el mundo, ganó un bronce, una plata y dos oros, aumentando su propio récord de **más carreras ganadas (mujeres)** en la competición: 28.

Los 2.000 m en scull individual paralímpico más rápidos (PR1, hombres)
El 17 de junio de 2022, Giacomo Perini (Italia) remó 2.000 m en 8 min y 55,21 s en la regata World Rowing Cup II en Poznan, Polonia. Perini, a quien le amputaron la pierna derecha por un tumor, marcó los mejores tiempos del mundo en su primera competición internacional.

MEJORES TIEMPOS EN REMO PARALÍMPICO

Categoría	Tiempo	Nombre y nacionalidad	Lugar	Fecha
Scull individual PR1 (hombres)	8:55:21	Giacomo Perini (Italia)	Poznań, Polonia	17 jun 2022
Scull individual PR1 (mujeres)	9:50:39	Birgit Skarstein (Noruega)	Poznań, Polonia	17 jun 2022
Scull individual PR2 (hombres)	8:20:61	Corné de Koning (Países Bajos)	Poznań, Polonia	18 jun 2022
Scull individual PR2 (mujeres)	9:14:65	Katie O'Brien (Irlanda)	Poznań, Polonia	18 jun 2022
Doble scull mixto PR2	8:06:21	Países Bajos (Annika van der Meer y Corné de Koning)	Poznań, Polonia	17 jun 2017
Dos con timonel PR3 (hombres)	6:52:08	Francia (Laurent Cadot y Jérôme Hamelin)	Poznań, Polonia	18 jun 2022
Dos con timonel PR3 (mujeres)	7:39:30	EE.UU. (Jaclyn Smith y Danielle Hansen)	Plovdiv, Bulgaria	15 sep 2018
Doble scull mixto PR3	7:28:95	Brasil (Diana Barcelos de Oliveira y Jairo Klug)	Sarasota-Bradenton, EE.UU.	29 sep 2017
Cuatro con timonel mixto PR3	6:48:34	R.U. (Francesca Allen, Giedrė Rakauskaitė [n. en Lituania], Edward Fuller, Oliver Stanhope y Morgan Baynham-Williams)	Račice, República Checa	24 sep 2022

La distancia más larga recorrida en apnea dinámica
En las competiciones de apnea dinámica, los buceadores intentan cubrir la máxima distancia horizontal bajo el agua con una sola inhalación de aire. Las pruebas se celebran en lugares controlados, como piscinas. En 2002 se batieron récords en las seis categorías supervisadas por la AIDA (Asociación Internacional para el Desarrollo de la Apnea):
- **Con aletas (hombres)**: 301 m, por Guillaume Bourdila (Francia) el 24 de junio en Burgas, Bulgaria
- **Con aletas (mujeres)**: 277 m, por Magdalena Solich-Talanda (Polonia) el 10 de abril de abril en Łódź, Polonia
- **Sin aletas (hombres)**: 250 m, por Mateusz Malina (Polonia) el 1 de mayo en Dębica, Polonia
- **Sin aletas (mujeres)**: 209 m, por Julia Kozerska (Polonia) el 21 de junio en Burgas
- **Con bialetas (hombres)**: 290 m, por Mateusz Malina el 27 de marzo en Łódź (más hazañas de apnea de Malina en la pág. siguiente)
- **Con bialetas (mujeres)**: 243 m, por Magdalena Solich-Talanda el 2 de mayo en Dębica

La apnea a más profundidad con peso constante con bialetas (hombres)
Los apneístas en la categoría de peso constante deben descender y ascender sin alterar su lastre, y únicamente pueden tocar la línea de buceo para realizar los giros. El 9 de agosto de 2022, Arnaud Jerald (Francia) alcanzó una profundidad de 120 m en la competición de apnea Vertical Blue 2022, celebrada en Bahamas.

El récord **femenino** es 97 m, establecido por Marianna Gillespie (Francia, n. en Rusia) en la isla de Roatán, Honduras, el 17 de agosto de 2022.

Más victorias en el campeonato de la World Surfing League (mujeres)
El 16 de septiembre de 2022, Stephanie Gilmore (Australia) se alzó con su octava corona mundial de surf por todo lo alto tras imponerse en las Rip Curl WSL Finals, que enfrentaba a las cinco primeras clasificadas de la temporada. Gilmore superaba así a Layne Beachley, siete veces campeona del ASP World Tour entre 1998 y 2006.

La ola más grande surfeada
El 29 de octubre de 2020, Sebastian Steudtner (Alemania) cabalgó una ola de 26,21 m de altura en la costa de Praia do Norte en Nazaré, Portugal. Steudtner, quien se fue de Alemania a Hawái a la edad de 16 años para dedicarse profesionalmente al surf, ha ganado tres veces el premio World Surf League Biggest Wave. La costa de Nazaré se ha hecho famosa por sus enormes rompientes, causados por un cañón submarino que canaliza el oleaje. El 24 de mayo de 2022, Steudtner recibió su certificado oficial GWR de mano de Francisco Spínola (derecha), de la World Surf League, en Nazaré.

Steudtner batió el récord anterior de Rodrigo Koxa por 1,8 m. Ambos récords se establecieron en Nazaré.

CORRER UNA MARATÓN
Atrévete con la clásica carrera de fondo… pero ¿por qué hacerlo a pie? Michelle Frost (R.U.) llevó el desafío a una nueva dimensión en la Maratón de Londres de 2018, donde completó la **maratón con zancos más rápida**: 6 h 37 min y 38 s.

Más medallas de oro individuales en el Campeonato Mundial de Piragüismo en Eslalon de la ICF
El 31 de julio de 2022, Jessica Fox (Australia, n. en Francia) se alzó con su noveno título individual en el campeonato mundial tras ganar el eslalon extremo en Augsburgo, Alemania. Jessica ha ganado tres medallas de oro en kayak individual (K1), cuatro en canoa individual (C1) y dos en eslalon extremo. Fox también puede presumir de tres títulos en la competición por equipos femenina C1.

Los 2000 m en scull individual ligero más rápidos (mujeres)
El 9 de julio de 2022, Imogen Grant (R.U.) ganó el oro en la regata World Rowing Cup III, su primera carrera internacional de la temporada, con un tiempo de 7 min y 23,36 s. La competición se celebró en el lago Rotsee, Lucerna, Suiza. Para calificarse como ligeras, las remeras deben pesar menos de 59 kg.

El salto de esquí acuático más largo (mujeres)
El 31 de octubre de 2021, Jacinta Carroll (Australia) saltó 61,3 m en el lago Grew, Polk City, Florida, EE.UU, aproximadamente la misma longitud que una pista de hockey sobre hielo de la NHL. Carroll se convirtió en la primera esquiadora acuática en romper la barrera de los 60 m en la Mastercraft Pro 2021. Fue su quinto récord mundial consecutivo en salto.

La inmersión a más profundidad en apnea libre
El 11 de agosto de 2022, Mateusz Malina (Polonia) se sumergió 127 m en el evento Vertical Blue celebrado en el agujero azul de Dean, Bahamas. Se mantuvo bajo el agua 4 min y 32 s. Los apneístas pueden utilizar la línea de buceo para propulsarse a medida que descienden hasta (y ascienden desde) la profundidad que se han marcado como objetivo.

Más medallas de oro en la Copa del Mundo de Vela (hombres)
Instaurada en 2008, la Copa del Mundo de Vela está organizada por World Sailing y comprende una serie de regatas celebradas en diferentes lugares del mundo. Hasta 2022, los representantes de Australia habían ganado 56 oros, 43 platas y 39 bronces (138 medallas).

La velocidad más rápida haciendo windsurf (mujeres)
El 25 de noviembre de 2022, Heidi Ulrich (Suiza) alcanzó una velocidad de 47,06 nudos (87,15 km/h) durante el Lüderitz Speed Challenge celebrado en Namibia. Fue el último de una serie de récords establecidos en un canal construido ex profeso en Lüderitz que ofrece fuertes vientos y un agua plana. El Consejo Mundial de Récords de Velocidad a Vela ratificó el récord de Ulrich.

Más victorias en el Campeonato Mundial de Waterpolo (mujeres)
En 2022, la selección femenina de waterpolo de EE.UU. ganó su séptimo título, el cuarto consecutivo, en el Campeonato Mundial de Natación. Derrotó a la anfitriona Hungría por 7-9 en la final el 2 de julio en Budapest. EE.UU. también ostenta el récord de **más títulos olímpicos de waterpolo (mujeres)**: tres, en 2012, 2016 y los Juegos de 2020.

La regata internacional más antigua
La primera Copa América se disputó el 22 de agosto de 1851, cuando el velero America del New York Yacht Club se impuso a 15 rivales en una regata en la isla de Wight, R.U. Desde entonces, estas carreras uno contra uno se organizan cada pocos años. La 36.ª Copa América se celebró en 2021. El Emirates Team New Zealand se proclamó vencedor con su monocasco Te Rehutai (arriba a la izquierda).

Más victorias en las Red Bull Cliff Diving World Series (hombres)
En 2022, Gary Hunt (Francia, n. en R.U.) se alzó con el codiciado trofeo King Kahekili por décima vez. Selló su victoria con mucho suspense el 15 de octubre, cuando ganó el título con su última zambullida de la temporada en la competición final celebrada en Sídney, Australia.

En el detalle, Hunt aparece con Rhiannan Iffland (Australia), quien mejoró su propio récord femenino tras lograr su sexto título consecutivo de las Cliff Diving World Series en 2022. Iffland ha acumulado 30 victorias en tan solo 37 pruebas.

ESTADIOS INCREÍBLES

Circuito de Indianápolis
¡Que rujan los motores! Situado en Speedway, Indiana, este circuito ovalado de 4 km de longitud es el **estadio con más capacidad** (unas 250.000 localidades). Acogió su primera prueba de automovilismo el 14 de agosto de 1909 y, en la actualidad, los aficionados acuden en masa al «Brickyard» el fin de semana del Día de los Caídos para presenciar las 500 Millas de Indianápolis.

Fenway Park
El estadio de los Boston Red Sox es el **campo más antiguo de la Major League Baseball.** El 20 de abril de 1912, acogió el primer partido de béisbol oficial, en el que los Red Sox derrotaron a los New York Highlanders por 7-6. Entre los elementos más distintivos de Fenway Park se cuentan el muro «Green Monster», en el extremo izquierdo del campo, y «Pesky's Pole» en la línea de *foul* de la banda derecha.

SoFi Stadium
Con un coste de construcción estimado en más de 5.000 millones de dólares, el **estadio más caro** acoge los partidos de dos franquicias de la NFL de Los Ángeles: los Rams y los Chargers. Este estadio de última generación con capacidad para 70.000 espectadores cuenta con una pantalla de vídeo de 110 m de largo y 80 millones de píxeles, una cubierta translúcida y 260 *suites* de lujo.

St Andrews
St Andrews Links, en el condado de Fife, Escocia, ha sido uno de los templos del golf al menos desde 1552, lo que lo convierte en el **campo de golf más antiguo.** Su famoso Old Course fue el primero en establecer el recorrido estándar de 18 hoyos, en 1764. Cada uno de sus 112 *bunkers* tienen nombre, como Boca de león, los Ataúdes o Infierno.

Utah Olympic Oval
Este pabellón a gran altura es conocido como el «hielo más rápido de la Tierra» por la baja resistencia del aire y la dureza y rapidez de su pista. Se construyó con motivo de los JJ.OO. de Salt Lake City 2002, donde se establecieron récords mundiales en ocho de las 10 pruebas de patinaje de velocidad. Más información sobre los récords batidos en el Oval en 2022 en las págs. 242-43.

Estadio Maracaná
Maracaná, en Río de Janeiro, es uno de los campos de fútbol más famosos del mundo y ostenta el récord de la **mayor asistencia a un partido de la Copa Mundial de la FIFA.** El 16 de julio de 1950, 173.850 personas asistieron a la final que enfrentó a Brasil contra Uruguay, que terminó en decepción para los anfitriones ya que Uruguay dio una de las grandes campanadas en la Copa del Mundo al vencer 1-2 y alzarse con el título.

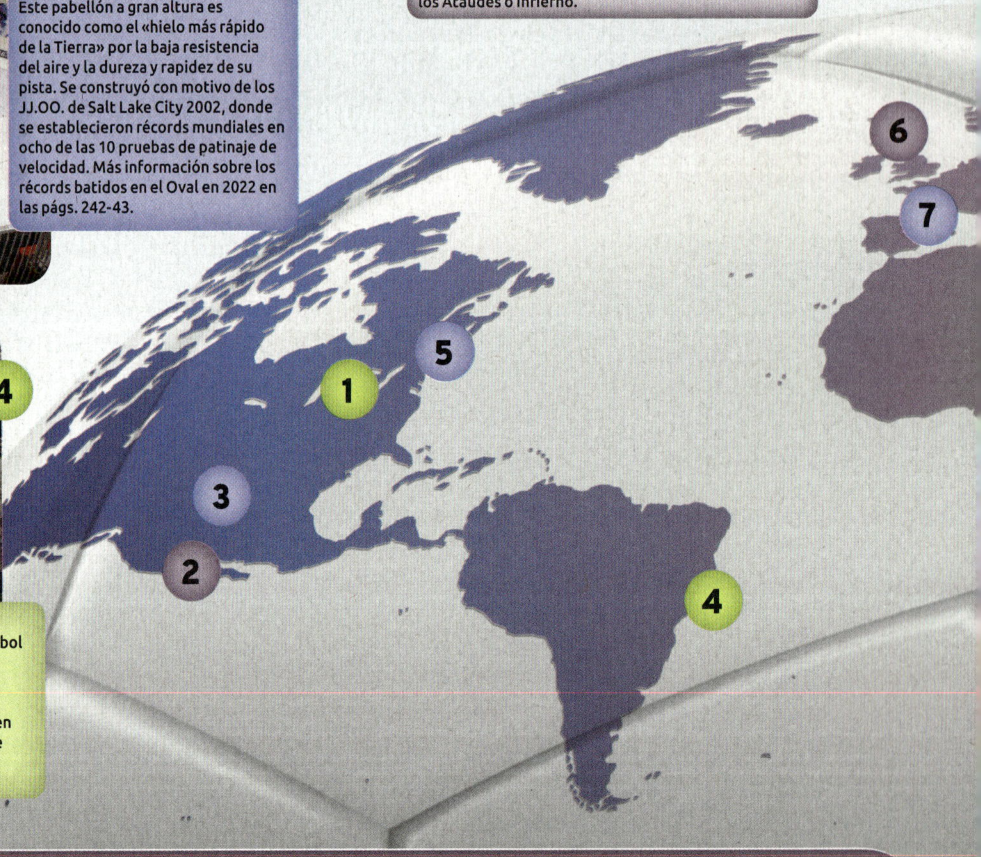

BUCEAR
Explora el mundo acuático debajo de la superficie de las olas y nada entre las increíbles criaturas que viven allí. Aunque no hace falta que vayas tan lejos como el temerario Ahmed Gabr (Egipto). El 18 de septiembre de 2014, se sumergió hasta los 332,35 m de profundidad en el mar Rojo, frente a la costa de Dahab, Egipto: la **inmersión en buceo autónomo a más profundidad.**

7

Circuito de Mónaco

Organizado en un circuito de calles angostas con curvas cerradas, el Gran Premio de Mónaco es uno de los premios de Fórmula 1 más desafiantes y glamurosos. Con sus escasos 3,3 km de longitud, también es el **circuito de F1 más corto**. Mónaco va estrechamente ligado al legendario Ayrton Senna, quien ganó seis veces aquí entre 1987 y 1993.

9

Estadio Nacional de Pekín

El «Nido de pájaro», con capacidad para 91.000 personas, debe su apodo a su diseño, inspirado en la cerámica china, de cerchas de acero en voladizo. Se construyó para los JJ.OO. de 2008, y en 2022 albergó las ceremonias de inauguración y de clausura de los Juegos de Invierno, convirtiéndose Pekín en la **primera ciudad en acoger unos JJ.OO. de Verano e Invierno.**

Rally de Finlandia

El llamado «Gran premio sobre grava» es famoso por sus cambios de rasante, grandes saltos y carreteras vertiginosamente rápidas. Nueve de las diez competiciones más rápidas del Campeonato Mundial de Rally (WRC) se han cronometrado en los bosques de los alrededores de Jyväskylä, Finlandia; en 2016, Kris Meeke (R.U.) estableció la **velocidad media más alta** en el WRC: 126,62 km/h.

8

10

Estadio Ellis Park

Este campo de Johannesburgo albergó su primera prueba de Rugby Union en 1928, y fue el escenario del triunfo histórico de Sudáfrica en la Copa del Mundo de Rugby 1995. Ellis Park también acoge partidos de fútbol, y en 2010 fue testigo del **partido más frío** de la Copa Mundial de la FIFA. El 15 de junio, las temperaturas cayeron a -1 °C durante el choque entre Brasil y Corea del Norte.

11

Ryōgoku Kokugikan

Situado en el barrio de Yokoami de Tokio, el **pabellón de sumo más grande** tiene capacidad para 11.908 espectadores. Desde su apertura en 1985, ha acogido tres de los seis *honbasho* (torneos) anuales de este deporte. Sus paredes están decoradas con retratos de los ganadores anteriores. El pabellón también ha abierto sus puertas a competiciones de lucha de la WWE.

12

Melbourne Cricket Ground

Construido en 1853, el MCG albergó el **primer partido de críquet**, disputado del 15 al 19 de marzo de 1877, cuando un equipo inglés capitaneado por James Lillywhite se enfrentó a Combined Australia XI. El 26 de diciembre de 2013, protagonizó el récord de la **mayor asistencia en un día a un partido de test**: 91.092 personas lo llenaron con motivo de la primera jornada del Fourth Ashes Test contra Inglaterra. El MCG también acoge partidos de fútbol australiano, fútbol y rugby.

DEPORTES DE PRECISIÓN

La puntuación más alta en tiro con carabina de aire comprimido a 10 m de pie (SH1, mujeres)
El 7 de junio de 2022, Avani Lekhara (India) sumó 250,6 puntos de 261,6 posibles con 24 tiros en la Copa Mundial de Tiro Paralímpico en Châteauroux, Francia. Lekhara (en la imagen, en Tokio 2020) es la primera deportista paralímpica india en lograr una medalla de oro. Compite en la categoría SH1 (atletas con discapacidad en las extremidades inferiores).

Más victorias en la Copa Mundial de Tiro con Arco
El 15 de octubre de 2022, Sara López (Colombia) logró su séptimo título de campeona de la Copa Mundial en la categoría de arco de poleas, tras derrotar a Ella Gibson por 148-146 en Tlaxcala, México. Este tipo de arcos se tensan con un sistema de poleas y cables que permiten disparos más rápidos y precisos que los que se consiguen con los arcos recurvos empleados en los JJ.OO. desde 1972.

Los récords de más victorias en el resto de disciplinas individuales de la Copa Mundial de Tiro con Arco son:
- **Compuesto masculino**: 4, por Mike Schloesser (Países Bajos) en 2016, 2019 y 2021-22
- **Recurvo femenino**: 3, por Ki Bo-bae (Corea del Sur) en 2012 y 2016-17
- **Recurvo masculino**: 5, por Brady Ellison (EE.UU.) en 2010-11, 2014, 2016 y 2019

Más torneos grandes de la Professional Bowlers Association
El 29 de enero de 2022, Jason Belmonte (Australia) derrotó a E. J. Tackett 246-179 y se adjudicó el Torneo de Campeones de la PBA, su 14.º gran torneo del campeonato de jugadores. Belmonte es el primer jugador de bolos después de Mike Aulby que completa el «Super Slam» de los cinco torneos principales de la PBA.

El jugador más veterano en la Mosconi Cup
La Mosconi Cup en un torneo anual de billar pool de la modalidad bola 9 que enfrenta a los equipos de EE.UU. y Europa. Se ha celebrado 29 veces desde la edición inaugural de 1994. Earl Strickland (EE.UU., n. el 8 de junio de 1961) tenía 61 años y 175 días cuando participó en ella por 15.ª vez el 30 de noviembre de 2022 en Las Vegas, Nevada, EE.UU.

Más campeonatos mundiales de lanzamiento de herradura
Alan Francis (EE.UU.) ganó en 2022 su 26.º título mundial de la National Horseshoe Pitchers Association. Logró 15 victorias perfectas en 15 partidos en Monroe, Luisiana, EE.UU.

Más títulos de la Premier League Darts
El 13 de junio de 2022, Michael van Gerwen (Países Bajos) se hizo con su sexto título de la Premier League Darts tras imponerse en la final a Joe Cullen por 11-10 en Berlín, Alemania. El maestro holandés de los dardos, campeón de la Premier League en 2013 y 2016-19, igualó así las victorias logradas por Phil *The Power* Taylor (R.U.) entre 2005 y 2012.

Más victorias en el Campeonato Mundial de Snooker (era moderna)
El 2 de mayo de 2022, Ronnie O'Sullivan (R.U.) derrotó a Judd Trump por 18 *frames* a 13 y se alzó con su séptimo título mundial en el Crucible Theatre de Sheffield, Yorkshire del Sur, R.U. «The Rocket» igualó así la marca establecida por Stephen Hendry (R.U.) entre 1990 y 1999 y sumó otro hito a su colección.

LOS RÉCORDS DE «THE ROCKET»

Más...	Récord	Años
Títulos de Ranking	39	1993-2022
Campeonatos del mundo (era moderna)	7 (compartido)	2001, 2004, 2008, 2012-13, 2020, 2022
Campeonatos del R.U.	7	1993, 1997, 2001, 2007,2014, 2017-18
Títulos de Master	7	1995, 2005, 2007, 2009, 2014, 2016-17
Centenas	1.196	1992-2022
Puntuación maxima de 147	15	1997-2018

Cifras actualizadas a 23 de febrero de 2023

Más medallas de oro en el Campeonato Mundial de Curling (mujeres)
Alina Pätz y Carole Howald (ambas de Suiza) han formado parte de seis equipos campeones desde 2012 y 2014, respectivamente. Cinco de los oros de Howald y uno de los de Pätz fueron como suplentes. En el torneo de 2023, celebrado en Sandviken (Suecia), ambas fueron partícipes de la racha de 12 partidos ganados consecutivamente por Suiza en la fase de grupos, antes de derrotar a Noruega por 6-3 en la final del 26 de marzo.

El *skip* es el capitán de un equipo de curling. Decide la estrategia y a menudo lanza las dos últimas piedras de un partido.

Más medallas de oro ganadas por un *skip* en el Campeonato Mundial de Curling (hombres)
Niklas Edin (Suecia) logró seis títulos de campeón mundial: en 2013, 2015, 2018-19 y 2021-22. El *skip* sueco guio a su equipo a un cuarto título consecutivo en el Campeonato Mundial de Curling Masculino 2022 disputado en Las Vegas, Nevada, EE.UU. Edin comparte el récord absoluto masculino con su compañero Oskar Eriksson, que también ha ganado seis oros, uno de ellos como suplente en 2013.

CASARSE
Muchas parejas tienen la esperanza de que su boda sea un acontecimiento único en la vida, pero está claro que el pastor bautista Glynn *Scotty* Wolfe (EE.UU.) tenía otra opinión. Entre 1927 y 1996 dio el «sí, quiero» 29 veces, el récord de **más matrimonios monógamos**. Se decía que engendró 41 hijos.

GOLF

La primera mujer ganadora del DP World Tour
Linn Grant (Suecia) hizo historia en el torneo Volvo Car Mixed de 2022 disputado en el Halmstad Golf Club, Suecia. El 12 de junio, completó el último recorrido en 64 golpes (8 bajo par) y aventajó en unos impresionantes nueve golpes al segundo clasificado. Este torneo del DP World Tour (antes PGA European Tour) reunió a 78 hombres y 78 mujeres, que jugaron en *tees* diferentes.

Más victorias de la FedEx Cup

Otorgada por primera vez en 2007, la FedEx Cup es el trofeo del campeonato del PGA Tour. Rory McIlroy (R.U.) se alzó con su tercer título tras vencer en el Tour Championship 2022, celebrado del 25 al 28 de agosto. Con anterioridad, había ganado la FedEx Cup en 2016 y 2019.

En 2002, McIlroy coronó una temporada memorable al proclamarse campeón del DP World Tour y levantar el trofeo Harry Vardon por cuarta vez. A 23 de febrero de 2023, McIlroy había acumulado las **ganancias más elevadas en el DP World Tour a lo largo de una carrera**: 44.594.732 €.

La puntuación más baja en una ronda del Campeonato de la PGA

En 2022, Bubba Watson (EE.UU.) se convirtió en el jugador número 17 en presentar una tarjeta con 63 golpes en el Campeonato de la PGA. En la segunda jornada del torneo disputado en el Southern Hills Country Club de Tulsa, Oklahoma, EE.UU., el zurdo falló por poco un *putt* en el *green* del hoyo 18 que hubiera supuesto completar por primera vez en el torneo un recorrido en 62 golpes.

Más victorias en el PGA Tour Champions

El 19 de febrero de 2023, Bernhard Langer (Alemania) se hizo con su victoria número 45 en este circuito para mayores de 50 años en el Chubb Classic de Naples, Florida, EE.UU., e igualó lo logrado por Hale Irwin (EE.UU.) entre 1995 y 2007. Langer (n. el 27 de agosto de 1957) también mejoró su récord del **ganador más veterano del Tour**: 65 años y 176 días. Asimismo, acumula las **ganancias más elevadas en el PGA Tour Champions en toda la carrera**: 34.057.198 dólares, el triple de lo que ganó en el PGA Tour.

Las ganancias más elevadas en una temporada del PGA Tour
Scottie Scheffler (EE.UU.) acumuló 14.046.910 $ en la temporada 2021/22. El 13 de febrero de 2022, logró su primera victoria del PGA Tour en el WM Phoenix Open, a la que siguieron cuatro victorias en seis torneos, incluida una por tres golpes en el Masters que lo catapultó al n.º 1 del *ranking* mundial.

La puntuación más baja en el Abierto Británico de Golf
El 17 de julio de 2022, Cameron Smith (Australia) ganó el 150.º Abierto Británico de Golf disputado en St. Andrews tras completar las cuatro rondas con 20 bajo par. Igualaba así la tarjeta ganadora de Henrik Stenson (Suecia) en Royal Troon en 2016. Esta es también la **puntuación más baja en un torneo grande (hombres)**, igualando la de Jason Day (Australia), lograda en el PGA Championship 2015, y la de Dustin Johnson (EE.UU.), en el Masters 2020.

Más cortes superados en el PGA Tour

Entre 1976 y 2022, Jay Haas (EE.UU.) superó el corte en 592 torneos del PGA Tour. El 22 de abril de 2022, se convirtió en el **jugador más veterano en superar el corte en un torneo del PGA Tour**, con 68 años y 141 días. Disputó el Zurich Classic de Nueva Orleans formando pareja con su hijo Bill.

Las ganancias más elevadas de un novato en una temporada del PGA Tour

Cameron Young (EE.UU.) ganó 6.520.598 dólares en 2021/22, su primera temporada en el PGA Tour. Logró cinco segundos puestos, uno de ellos en el Abierto Británico de Golf de 2022, y quedó tercero en el Campeonato de la PGA. Con estos resultados, Young también batió el récord de Louis Oosthuizen de las **ganancias más elevadas en una temporada del PGA Tour sin imponerse en ningún torneo**.

La puntuación total más baja en el US Women's Open
Minjee Lee (Australia) ganó el US Women's Open de 2022 con una puntuación de 271 (67, 66, 67, 71; 13 bajo par). El torneo, celebrado del 2 al 5 de junio en Carolina del Norte, ofreció el **premio económico más elevado de un torneo de golf femenino**: 10 millones de $. Lee se embolsó 1,8 millones de $.

Más *birdies* en un torneo del PGA Tour de 72 hoyos
Del 6 al 9 de enero de 2022, Jon Rahm (España) sumó 32 *birdies* en el Sentry Tournament of Champions 2022 disputado en el Kapalua Plantation Course de Maui, Hawái, EE.UU. Igualaba así la marca lograda por Mark Calcavecchia (EE.UU.) en el Phoenix Open de 2001 y por Paul Gow (Australia) en el BC Open de 2001. Rahm terminó el torneo en segundo lugar por detrás de Cameron Smith (Australia), quien embocó 31 *birdies* y logró la **puntuación más baja en un torneo del PGA Tour**: -34.

ESQUÍ

Más pruebas ganadas en la Copa del Mundo de Saltos de Esquí de la FIS
A 1 de marzo de 2023, Sara Takanashi (Japón) había vencido en 63 pruebas de la Copa del Mundo, estableciendo los récords de **más podios** (115) y **más títulos femeninos**: cuatro. También ha logrado una medalla olímpica y siete en campeonatos mundiales.

El récord de **más victorias en pruebas de la Copa del Mundo de Saltos de Esquí** es 53, por Gregor Schlierenzauer (Austria) entre 2006 y 2014.

Más victorias en pruebas de la Copa del Mundo de Esquí Estilo Libre de la FIS
A 1 de marzo de 2023, Mikaël Kingsbury (Canadá) había acumulado 78 victorias: 52 en individual y 26 en paralelo. El récord **absoluto** en estilo libre es 106, establecido por Conny Kissling (Suiza) entre 1982 y 1992.

En el Campeonato Mundial de Esquí Estilo Libre de la FIS 2023 disputado en Georgia, Kingsbury amplió su récord de **más medallas de oro** en la competición a ocho.

Más pruebas ganadas en una Copa del Mundo de la FIS
La Federación Internacional de Esquí y Snowboard (FIS) organiza competiciones anuales de saltos de esquí, snowboard, combinada nórdica y alpina, estilo libre, velocidad y esquí telemark. El récord de más victorias en cualquier disciplina es de 163, logrado por Amélie Wenger-Reymond (Suiza) el 2 de febrero de 2023 en la Copa del Mundo de Telemark.

Más pruebas ganadas en la Copa del Mundo de Combinada Nórdica de la FIS
Las pruebas de combinada nórdica comprenden el salto de esquí y el esquí de fondo; la Copa del Mundo se celebra desde la temporada 1983/84. Jarl Magnus Riiber (Noruega) acumula 53 victorias, y se ha impuesto en la general cuatro veces consecutivas desde 2018/19.

La velocidad más alta en la Copa del Mundo de Esquí Alpino de la FIS
El 19 de enero de 2013, Johan Clarey (Francia) alcanzó una velocidad de 161,9 km/h en la pista de Lauberhorn en el descenso de Wengen, Suiza. En los JJ.OO. de Invierno 2022, Clarey (n. el 8 de enero de 1981) se convirtió en la **persona más veterana en ganar una medalla olímpica de esquí alpino**: una plata, en el descenso masculino disputado el 7 de febrero, con 41 años y 30 días.

La velocidad más alta esquiando
El 26 de marzo de 2016, Ivan Origone (Italia) alcanzó los 254,958 km/h en Vars, Francia. Ese mismo día, Valentina Greggio (Italia) estableció el récord **femenino**: 247,083 km/h, también en Vars.

El hermano mayor de Ivan, Simone, ostenta el récord de **más pruebas ganadas en la Copa del Mundo de Esquí de Velocidad de la FIS**: 54. El récord **femenino** también está en manos de Valentina Greggio: 40 victorias.

Más victorias en una temporada en la Copa del Mundo de Esquí Alpino de la FIS (hombres)
Marco Odermatt (Suiza) se impuso en 13 carreras de la Copa del Mundo en 2022/23. Se convertía así en el cuarto esquiador en alcanzar esa marca en una temporada, tras Ingemar Stenmark (Suecia) en 1978/79, Hermann Maier en 2000/01 y Marcel Hirscher (ambos de Austria) en 2017/18.

Más medallas olímpicas en JJ.OO. de Invierno
Entre 2002 y 2018, la esquiadora de fondo Marit Bjørgen (Noruega) ganó 15 medallas en cinco JJ.OO. de Invierno. Su récord comprende ocho oros, cuatro platas y tres bronces. Bjørgen también ostenta el récord de **más pruebas ganadas en la Copa del Mundo de Esquí de Fondo de la FIS**: 114.

Más victorias de etapa en el Tour de Esquí
Celebrado por primera vez en 2006/07, el Tour de Esquí es una competición de esquí de fondo disputada en Europa central inspirada en la prueba ciclista francesa. Johannes Høsflot Klæbo (Noruega) lidera la clasificación de más victorias de etapa: 17. Klæbo ganó su tercer título de la general en 2022/23. El récord de **más títulos masculinos del Tour de Esquí** es cuatro, por Daroo Colonia (Suiza).

Más carreras ganadas en la Copa del Mundo de Esquí Alpino de la FIS
El 11 de marzo de 2023, 12 años después de debutar en la Copa de Mundo a los 15 años, Mikaela Shiffrin (EE.UU.) superó las 86 victorias de Ingemar Stenmark en la competición. Al final de la temporada, Shiffrin acumulaba 88 victorias: tres en descenso, cinco en super-G, 21 en eslalon gigante, 53 en eslalon (el récord de **más victorias en una disciplina de la Copa del Mundo**), tres en city event, dos en eslalon paralelo y una en combinada.

MÁS VICTORIAS EN LA COPA DEL MUNDO DE ESQUÍ ALPINO DE LA FIS

Disciplina (hombres)	Récord	Nombre
Descenso	25	Franz Klammer (Austria)
Super-G	24	Hermann Maier (Austria)
Eslalon gigante	46	Ingemar Stenmark (Suecia)
Eslalon	40	Ingemar Stenmark
Combinada	11	Phil Mahre (EE.UU.) Pirmin Zurbriggen (Suiza) Marc Girardelli (Luxemburgo)
Disciplina (mujeres)	**Récord**	**Nombre**
Descenso	43	Lindsey Vonn (EE.UU.)
Super-G	28	Lindsey Vonn
Eslalon gigante	21	Mikaela Shiffrin (EE.UU.)
Eslalon	53	Mikaela Shiffrin
Combinada	8	Hanni Wenzel (Liechtenstein)

**Datos validados a 20 de marzo de 2023*

CONTEMPLAR DELFINES EN LIBERTAD
Estos carismáticos mamíferos han cautivado a los navegantes desde la Antigüedad. Dado que respiran aire, suelen encontrarse cerca de la superficie ¡o saltando por encima de ella! El **salto más alto de un delfín del que se tiene constancia** son los 7,9 m que los mulares (*Tursiops truncatus*) son capaces de alcanzar.

DEPORTES EXTREMOS

El campeón mundial de snowboard más joven
El 27 de febrero de 2023, Mia Brookes (R.U., n. el 19 de enero de 2007) tenía apenas 16 años y 39 días cuando ganó la prueba femenina de slopestyle en el Campeonato Mundial de Esquí y Snowboard Estilo Libre de la FIS celebrado en Bakuriani, Georgia. Brookes completó un CAB 1440 doble grab en su segunda carrera y se hizo con el oro con una puntuación de 91,38.

Más medallas de oro en los X Games
El 22 de julio de 2022, la leyenda del BMX Garrett Reynolds (EE.UU.) se alzó con su 15.º título en los X Games tras imponerse en la prueba de BMX Street en la California Training Facility de Vista, EE.UU. Igualaba así a Shaun White (EE.UU.), quien ganó 13 oros en pruebas de snowboard y dos en skateboarding entre 2003 y 2013.

El salto en caída libre más rápido (hombres, aprobado por la FAI)
El 22 de octubre de 2022, Marco Hepp (Alemania) alcanzó una velocidad vertical media de 529,77 km/h durante una ventana de tres segundos de caída libre. Hepp competía en el cuarto Campeonato Mundial de Caída Libre de la Federación Aeronáutica Internacional (FAI) disputado en Eloy, Arizona, EE.UU.

El 24 de octubre, Natisha Dingle (Australia) batió el récord **femenino** en la misma prueba, con una velocidad media de 491,99 km/h.

El grind de skate a más altura desde un avión en vuelo
El 30 de agosto de 2022, Letícia Bufoni (Brasil) realizó un espectacular grind a lo largo de una barra que asomaba por la compuerta trasera de un avión Hércules C-130. Tras eso, cayó en paracaídas desde 2.750 m de altura sobre Merced, California, EE.UU. Bufoni ostenta múltiples GWR, entre ellos el de **más medallas en deportes de verano en los X Games (mujeres)**: 12.

Más medallas de oro en la Copa del Mundo de Escalada
El 26 de septiembre de 2022, Janja Garnbret (Eslovenia) logró su victoria número 37 en la Copa del Mundo de Escalada Deportiva de la Federación Internacional, en Yakarta, Indonesia. Es una de las mejores escaladoras de competición de todos los tiempos, y ha ganado 23 medallas de oro en escalada deportiva y 14 en escalada en bloque.

Los 15 m en escalada de velocidad más rápidos (hombres)
El 8 de julio de 2022, el indonesio Kiromal Katibin escaló un muro de 15 m en 5 s en la Copa del Mundo de la IFSC en Chamonix, Francia. Era la quinta vez que este joven de 21 años batía el récord mundial en 2022.

El corte de un tronco en tala deportiva más rápido (hombres)
En esta prueba, los competidores se sitúan sobre un tronco de 32 cm de espesor y lo cortan por la mitad por ambos lados con un hacha. El 17 de septiembre de 2022, Brayden Meyer (Australia) paró el crono a los 12,01 s en el Australian Pro Championship 2022 en Gold Coast, Queensland.

Más medallas de un país en Campeonatos Mundiales de Rugby en Silla de Ruedas
EE.UU. ganó su octava medalla en un campeonato mundial de «murderball» (balón asesino) en la edición de 2022 disputada en Dinamarca. EE.UU. ha ganado medallas en todos los torneos, y se he hecho con el oro cuatro veces.

Más medallas en deportes de invierno en los X Games
Desde 2011, Mark McMorris (Canadá) ha ganado 22 medallas en los X Games: 11 oros, ocho platas y tres bronces. El 29 de enero de 2023, logró su séptimo título de snowboard slopestyle en los X Games de Aspen y desempató en el récord general con la poseedora del récord **femenino**, la *snowboarder* Jamie Anderson (EE.UU.).

La carrera más rápida en el Red Bull Monserrate Cerro Abajo
El 5 de febrero de 2022, Camilo Sánchez (Colombia) recorrió en bicicleta los 2,4 km de este recorrido urbano en 4 min y 30,084 s. Celebrada por primera vez en 2012, la prueba es un descenso cargado de adrenalina por la montaña de Monserrate en Bogotá, la capital de Colombia. Los ciclistas tienen que salvar más de 1.600 escalones.

RUGBY

Más victorias consecutivas en partidos de Rugby Union internacionales
Entre el 9 de noviembre de 2019 y el 5 de noviembre de 2022, la selección femenina de Inglaterra ganó 30 partidos consecutivos. El 14 de septiembre de 2022, las Red Roses superaron las 24 victorias de la selección masculina de Chipre (2008-14) al derrotar a Gales por 73-7. La racha de victorias acabó con la final de la Copa Mundial Femenina de Rugby (ver abajo).

Más victorias en la Copa Mundial de Rugby 7 masculina
El 11 de septiembre de 2022, Fiyi se alzó con su tercer título de la Copa Mundial de Rugby 7 tras derrotar a la campeona vigente, Nueva Zelanda, por 29-12 en la final del campeonato celebrado en Ciudad del Cabo, Sudáfrica. Los Pacific Islanders, ganadores en 1997 y 2005, igualaron así el récord de los All Blacks de tres Copas Mundiales (2001, 2013 y 2018) en la variante de siete contra siete de Rugby Union.

Más victorias en la Copa Mundial Femenina de Rugby
La selección de Nueva Zelanda se adjudicó en casa su sexto título de la Copa del Mundo en el aplazado torneo de 2021. El 12 de noviembre de 2022, las Black Ferns ganaron a Inglaterra por 34-31 en una dramática final en el Eden Park de Auckland. 42.579 espectadores presenciaron el partido, el récord de la **asistencia más multitudinaria a un partido femenino de Rugby Union**.

El 29 de octubre de 2022, en la victoria de Nueva Zelanda sobre Gales por 55-3 en los cuartos de final, la extremo Portia Woodman anotó dos veces y estableció un nuevo récord de **más ensayos en la Copa Mundial Femenina de Rugby**: 20. Superó la marca anterior de 19, establecida por la inglesa Sue Day entre 1998 y 2006.

Más puntos en el Torneo de las Seis Naciones
El apertura irlandés Jonathan Sexton ha anotado 566 puntos en la competición anual europea de Rugby Union entre 2010 y 2023. Consiguió siete ensayos y anotó 106 penaltis, tres drops y el **mayor número de conversiones**: 102. Sexton superó el récord de 557 puntos de Ronan O'Gara en su último encuentro en el Seis Naciones, una victoria por 29-16 sobre Inglaterra el 18 de marzo de 2023.

Más partidos internacionales en Rugby Union femenino
El 25 de marzo de 2023, Sarah Hunter (R.U.) jugó su 141.º y último partido con Inglaterra, encuentro en el que su selección se impuso 58-7 a Escocia. Hunter se ha proclamado 10 veces campeona del Torneo Seis Naciones femenino y ganó la Copa del Mundo en 2014.

A esa misma fecha, Alun Wyn Jones (R.U.) había ampliado su récord **masculino** a 170 encuentros, 158 con la selección galesa y 12 con los British & Irish Lions.

Más participaciones en la Serie Mundial de Rugby 7
El extremo inglés Dan Norton se retiró de la Serie Mundial de Rugby 7 en abril de 2022 tras disputar 470 partidos entre 2009 y 2022. Norton ostenta el récord de **más ensayos** anotados en la competición (358), con un total de 1.804 puntos, que lo sitúan en el cuarto lugar de la clasificación de anotadores de todos los tiempos.

Más ensayos en un partido de la Super League
El 15 de julio de 2022, Bevan French (Australia) logró siete ensayos con los Wigan Warriors, que arrolló al Hull FC por 60-0 en el DW Stadium de Wigan, R.U. El extremo eclipsó el récord de seis de Lesley Vainikolo, vigente desde el 2 de septiembre de 2005, logrado con los Bradford Bulls, también contra los Hull.

Más victorias en la Copa Mundial de Rugby League Masculina
El 19 de noviembre de 2022, la selección de Australia logró su 12.º título en la Copa Mundial y mejoró su propio récord tras superar a Samoa por 30-10 en Mánchester, R.U. En 16 ediciones del torneo, nunca ha terminado por debajo del tercer puesto.

El mismo día, la selección femenina de Australia derrotó a su archirrival Nueva Zelanda por 54-4 y se alzó con su tercera Copa Mundial consecutiva. Ahora comparten el récord de **más victorias en la Copa Mundial de Rugby League Femenina**: 3.

Addo-Carr ha anotado 13 ensayos en partidos internacionales en tan solo siete participaciones con la selección australiana.

Más ensayos en la Copa Mundial de Rugby League Masculina
Josh Addo-Carr (Australia) anotó 12 ensayos en la Copa Mundial de Rugby League Masculina de 2021, celebrada en Inglaterra del 15 de octubre al 19 de noviembre de 2022. Este veloz extremo, a quien se le ha cronometrado una velocidad máxima en la Australia's National Rugby League de 38,7 km/h, igualó el récord en el torneo de su compañero de equipo Valentine Holmes de 2017. El récord de Addo-Carr incluyó cinco ensayos en la victoria en cuartos de final de Australia ante Líbano (más información a la izquierda).

HACER UN CRUCERO
Deja atrás tus preocupaciones en tierra firme y surca los mares en el entorno más lujoso. El 4 de marzo de 2022, el Wonder of the Seas realizó su viaje inaugural. Con un arqueo bruto de 235.600, es el **crucero más grande** (más sobre este transatlántico superlativo en la pág. 163).

NATACIÓN

Más medallas de natación en Campeonatos Mundiales de World Aquatics (mujeres)
Desde 2013, Katie Ledecky (EE.UU.) ha ganado 22 medallas en campeonatos mundiales: tres platas y 19 oros, el récord de **más medallas de oro (mujeres)**. En 2022, en Budapest, Hungría, logró cuatro títulos, incluido su quinto en 800 m estilo libre, el récord de **más oros consecutivos en la misma prueba en campeonatos mundiales en piscina de 50 m**.

LOS MÁS RÁPIDOS

50 m espalda (hombres)
El 28 de abril de 2022, Hunter Armstrong (EE.UU.) nadó un largo en 23,71 s. Competía en los US International Team Trials en Greensboro, Carolina del Norte, EE.UU.

50 m braza (SB2, mujeres)
El 12 de junio de 2022, Ellie Challis (R.U.) ganó el oro en el Campeonato Mundial de Natación Paralímpica celebrado en Funchal, Madeira, Portugal, con un tiempo de 1 min y 4,33 s. Fue una de las cuatro medallas que logró esta joven de 18 años, a quien le amputaron ambas piernas por debajo de la rodilla y ambos brazos por debajo del codo después de contraer meningitis cuando era una bebé.

100 m braza (SB7, hombres)
El 31 de marzo de 2022, Carlos Serrano Zárate (Colombia) estableció un tiempo de 1 min y 11,18 s en una competición de la Serie Mundial de Natación Paralímpica disputada en Berlín, Alemania. Zárate, que es de baja estatura, también estableció nuevos récords en los **50 m braza (SB7)** (32,23 s) y los **100 m mariposa** (S7): 1 min y 6,89 s en el mismo encuentro.

100 m espalda (hombres)
El 20 de junio de 2022, Thomas Ceccon (Italia) ganó la final de los 100 m espalda del Campeonato Mundial de la FINA 2022 de Budapest con un tiempo de 51,60 s que batía el récord de Ryan Murphy, vigente desde hacía seis años.

Ceccon también formó parte del equipo italiano que nadó el **relevo 4 x 100 m estilo libre en piscina de 25 m más rápido**: 3 min y 2,75 s, el 13 de diciembre de 2022 en el 16.º Campeonato Mundial de Natación de FINA (25 m), celebrado en Melbourne, Australia. Sus compañeros de equipo fueron Alessandro Miressi, Paolo Conte Bonin y Leonardo Deplano.

200 m mariposa (hombres)
El 21 de junio, Kristóf Milák (Hungría) deleitó al público local en el Campeonato Mundial de 2022 al ganar el oro con un tiempo de 1 min y 50,34 s. Hasta la fecha, Milák ha establecido siete de las 10 mejores marcas de la historia de los 200 m mariposa masculinos.

Los 100 m espalda más rápidos (S9, hombres)
El 17 de junio de 2022, Simone Barlaam (Italia) ganó el oro (59,72 s) en el Campeonato Mundial de Natación Paralímpica en Funchal, Madeira, Portugal. Barlaam logró seis títulos más y también estableció los récords masculinos en categoría S9 de los **100 m libres** (52,23 s) y los **50 m libres**, prueba en la que igualó su propia marca de 24 s exactos.

El campeón del mundo más veterano
El 14 de diciembre de 2022, Nicholas Santos (Brasil, n. el 14 de febrero de 1980) tenía 42 años y 303 días cuando se impuso en la prueba masculina de los 50 m mariposa del Campeonato Mundial de la FINA (25 m) en Melbourne, Australia. Estableció un tiempo de 21,78 s, a tan solo 0,03 s del récord de los **50 m mariposa más rápidos en piscina de 25 m**: 21,75 s, que comparte con Szebasztián Szabó (Hungría, n. en Alemania). Santos anunció su retirada de la competición después de su victoria.

400 m estilo libre (mujeres)
El 22 de mayo de 2022, Ariarne Titmus (Australia) se impuso en el Campeonato de Australia de Natación disputado en Adelaida, Australia Meridional, con un tiempo de 3 min y 56,40 s. Mejoró en 0,06 s el récord anterior de Katie Ledecky, establecido en los JJ.OO. de Río 2016.

Otro récord mundial que cayó en Adelaida fue el de los **200 m braza más rápidos (hombres)**: 2 min y 5,95 s, establecido por Zac Stubblety-Cook el 19 de mayo. Se convirtió en el sexto australiano en lograr un récord mundial en la prueba.

800 m estilo libre en piscina de 25 m (mujeres)
El 5 de noviembre de 2022, Katie Ledecky (EE.UU.) nadó 16 largos de una piscina de 25 m en 7 min y 57,42 s en la Copa del Mundo de Natación de la FINA disputada en Indianápolis, Indiana, EE.UU. En su primera participación en esta distancia en piscina corta, Ledecky batió el récord de Mireia Belmonte de 7 min y 59,34 s, vigente desde 2013.

Siete días antes, Ledecky había fulminado el récord de los **1.500 m estilo libre en piscina de 25 m (mujeres)**, que rebajó en casi 10 s en un encuentro de la Copa del Mundo en Toronto, Ottawa, Canadá, con 15 min y 8,24 s, también en su primera carrera en piscina de 25 m en esta distancia.

**Todos los récords son en piscina olímpica (es decir, en una piscina de 50 m) a menos que se indique de otro modo. En enero de 2023 la FINA fue oficialmente renombrada como World Aquatics.*

El relevo 4 × 200 m libres más rápido (mujeres)
El 31 de julio de 2022, el equipo australiano formado por Madison Wilson, Kiah Melverton, Mollie O'Callaghan y Ariarne Titmus (derecha) se alzó con el oro en los Juegos de la Commonwealth 2022 disputados en Birmingham, R.U., con un tiempo de 7 min y 39,29 s. El cuarteto obtuvo una victoria aplastante, con más de 12 s de ventaja sobre la segunda clasificada, Canadá. Titmus (arriba), quien nadó la última posta, estableció el récord del relevo más rápido en los 4 x 200 m libres femeninos: 1 min y 52,82 s.

DEPORTES DE MOTOR

Más victorias en la NHRA (mujeres)
Desde 1996, Angelle Sampey (EE.UU.) ha ganado 46 pruebas de la National Hot Rod Association en la clase Pro Stock Motorcycle (PSM). Su victoria del 26 de junio de 2022 en Norwalk, Ohio, EE.UU., la encumbró hasta el tercer puesto de la lista de más victorias en la PSM de todos los tiempos, por detrás de Andrew Hines (56) y Eddie Krawiec (49).

La velocidad más rápida en una carrera NHRA Top Fuel
El 11 de noviembre de 2022, Brittany Force (EE.UU.) alcanzó los 545,47 km/h en una carrera de clasificación de las NHRA Finals celebradas en Pomona, California, EE.UU. Batía así su propio récord de 544,73 km/h, establecido un mes antes en los Midwest Nationals. Los dragsters Top Fuel son los más rápidos de la NHRA, capaces de recorrer la pista de 1.000 pies (304 m) en unos 3,5 s.

La *pole position* más rápida en las 500 Millas de Indianápolis
El 22 de mayo, Scott Dixon (Nueva Zelanda) completó cuatro vueltas de clasificación para la Indy 500 de 2022 a una velocidad media de 376,65 km/h. Fue la quinta vez que Dixon lograba la *pole* en el Indianapolis Motor Speedway, solo una por detrás del récord de **más *pole positions*** establecido por Rick Mears (EE.UU) entre 1979 y 1991.

El 12 de mayo de 1996, Arie Luyendyk (Países Bajos) logró el récord de la **carrera de clasificación más rápida en la Indy 500**, con una velocidad media en cuatro vueltas de 381,391 km/h el segundo día de pruebas, que no cuenta para la *pole*. Se clasificó en el puesto 21.

Más victorias en carreras de la NASCAR
El 3 de marzo de 2023, Kyle Busch (EE.UU.) amplió su récord de victorias en las tres categorías de carreras de coches de serie de EE.UU. a 226. Busch ha logrado la victoria en 61 carreras de la NASCAR Cup Series, y ha establecido los récords de **más victorias en la Xfinity Series** (102) y **más victorias en la Truck Series** (63).

Más participaciones en carreras de Fórmula Uno
A 19 de marzo de 2023, Fernando Alonso (España) había participado en 357 grandes premios de F1 como piloto de seis equipos diferentes. Debutó en Australia en 2001 y ha logrado 32 victorias, proclamándose campeón con Renault en 2005 y 2006. El 2 de octubre de 2022, Alonso superó el récord de Kimi Räikkönen de 349 participaciones tras disputar el Gran Premio de Singapur.

El piloto más joven en terminar las 24 Horas de Le Mans
En 2022, Josh Pierson (EE.UU., n. el 14 de febrero de 2006) se convirtió en el piloto más joven en los 99 años de historia de la clásica carrera de resistencia francesa. Con 16 años y 118 días, Pierson, Alex Lynn y Oliver Jarvis terminaron décimos al volante de un ORECA 07 con el n.º 23.

El ganador más joven del Campeonato del Mundo de Rally
Kalle Rovanperä (Finlandia, n. el 1 de octubre de 2000) se coronó campeón del mundo en el Rally de Nueza Zelanda 2022 un día después de cumplir los 22 años. Hijo del expiloto del WRC Harri Rovanperä, ganó seis de los 13 rallies como piloto de Toyota Gazoo Racing junto a su copiloto Jonne Halttunen.

La vuelta más rápida en Supersport en las carreras TT de la Isla de Man
El 6 de junio de 2022, Michael Dunlop (R.U.) completó la última vuelta de su carrera en la clase Supersport de 600 cc en 17 min y 29,070 s. Pilotó su Yamaha YZF-R6 a una velocidad media de 208,370 km/h.

Tras el TT de la Isla de Man de 2022, Michael estaba a solo cinco victorias del récord de su tío Joey Dunlop (R.U.) de **más carreras ganadas**: 26.

La finalización más rápida de la carrera de montaña Goodwood
El 26 de junio de 2022, el expiloto de F1 Max Chilton (R.U.) solo necesitó 39,08 s para completar los 1,8 km de este clásico trazado en Chichester, West Sussex, R.U. Pilotó un innovador McMurtry Spéirling, un monoplaza totalmente eléctrico con un ventilador capaz de proporcionar 2.000 kg de carga aerodinámica. Chilton batió el récord anterior, establecido por Nick Heidfeld en un coche de F1 en 1999, por 2,52 s; y mejoró la marca de 2019 de Romain Dumas de 39,9 s durante unos entrenamientos a los mandos de un Volkswagen ID.R.

Más participaciones en grandes premios de Fórmula E
A 11 de febrero de 2023, Lucas di Grassi (Brasil) había participado en 104 carreras del campeonato de coches eléctricos. El 14 de agosto de 2022, en el E-Prix de Seúl, se convirtió en el primer piloto en alcanzar las 100 participaciones. Comparte el récord de **más victorias** (13) con Sébastien Buemi (Suiza).

Más victorias en grandes premios de Fórmula Uno en una temporada
Max Verstappen (Países Bajos) fue el gran dominador en la temporada 2022 de F1, en la que el piloto de Red Bull ganó 15 de las 22 pruebas y se adjudicó su segundo campeonato mundial consecutivo. Además, Verstappen consiguió otros dos podios, siete *poles* y cinco vueltas rápidas.

TATUARSE
Transforma tu piel en un lienzo. En 2017 se confirmó que Charlotte Guttenberg, de Florida, EE.UU., era la **mujer más tatuada de la historia** con una cobertura de tinta del 98,75 %. Y lo más impresionante es que ¡Charlotte se hizo su primer tatuaje con 50 años!

DEPORTES DE COMBATE

Más finalizaciones en la UFC
El 8 de mayo de 2022, Charles Oliveira (Brasil) ganó su 19.º combate del Ultimate Fighting Championship antes de la conclusión de todos los asaltos. Este excampeón de peso ligero, que ha tenido que sobreponerse a problemas de salud, hizo que Justin Gaethje golpeara la lona en el UFC 274 y amplió su récord de **más victorias por sumisión en la UFC** a 16.

LÍDERES DE LAS ESTADÍSTICAS EN LA UFC		
HOMBRES. Más...	**Récord**	**Nombre**
Combates	41	Jim Miller (EE.UU.)
Victorias	24	Jim Miller
Finalizaciones	19	Charles Oliveira (Brasil)
KO/TKO	13	Derrick Lewis (EE.UU.)
Sumisiones	16	Charles Oliveira
Decisiones	13	Neil Magny (EE.UU.)
MUJERES. Más...	**Récord**	**Nombre**
Combates	23	Jéssica Andrade (Brasil)
Victorias	15	Amanda Nunes (Brasil) Jéssica Andrade
Finalizaciones	10	Amanda Nunes
KO/TKO	7	Amanda Nunes
Sumisiones	6	Gillian Robertson (Canadá)
Decisiones	11	Katlyn Chookagian (EE.UU.)

**Datos actualizados a 24 de marzo de 2023*

Las ganancias anuales más elevadas de un boxeador
Saúl *Canelo* Álvarez (México) se endosó 90 millones de dólares en los 12 meses previos al 1 de mayo de 2022, según *Forbes*. Se estima que el 94 % de esa cantidad provino de sus peleas de peso supermediano contra Billy Joe Saunders y Caleb Plant en 2021.

El ganador más joven de una pelea de la UFC
El 10 de diciembre de 2022, Raúl Rosas Jr. (México, n. el 8 de octubre de 2004) derrotó a Jay Perrin en el UFC 282 celebrado en Las Vegas, Nevada, EE.UU., con 18 años y 63 días. Rosas Jr., apodado «El Niño Problema» se impuso a Perrin por sumisión en el primer asalto de su primera pelea en la promoción. Este estudiante de último curso de secundaria ya había logrado seis victorias en la MMA antes de fichar por la UFC.

Más medallas de oro en el Campeonato Mundial de la Federación Internacional de Jiu-Jitsu Brasileño (mujeres)
Beatriz Mesquita (Brasil) ha sumado 10 oros en mundiales: ocho títulos de peso ligero (-64 kg) entre 2012 y 2021, y dos en categoría absoluta (2013 y 2014).

El récord **masculino** es de 13, establecido por Marcus Almeida (Brasil) entre 2012 y 2019.

Más victorias en la competición de equipos mixtos en el Campeonato Mundial de Judo
Hasta la fecha, Japón se ha impuesto en las cinco ediciones de la competición de equipos mixtos de los Campeonatos del Mundo de Judo. El 13 de octubre de 2022, mantuvo vigente su imbatibilidad tras derrotar a Francia por 4-2 en Tashkent, Uzbekistán.

El campeón del mundo del Campeonato ONE más joven
El 22 de abril de 2022, Smilla Sundell (Suecia, n. el 12 de noviembre de 2004) se alzó con el título de campeona mundial de peso paja de muay thai de ONE a la edad de 17 años y 161 días. Derrotó a Jackie Buntan en el ONE 156 por unanimidad, su 33.ª victoria profesional. Conocida como «El Huracán», comenzó a practicar muay thai después de que su familia se mudara de Suecia a Tailandia.

Más medallas en el World Judo Masters
Organizada por primera vez en 2010, el World Judo Masters de la IJF es una competición anual a la que se accede solo por invitación. En la edición de 2022, celebrada del 20 al 22 de diciembre en Jerusalén, Israel, Miku Takaichi ganó el oro en peso semimedio y elevó su palmarés a seis medallas. Tanto Takaichi como el peso semiligero Distria Krasniqi (Kosovo) igualaron el récord de **más oros** en la competición (cuatro), que comparten con Dorjsürengiin Sumiyaa (Mongolia), Kim Polling (Países Bajos) y Teddy Riner (Francia).

Más medallas en la Premier League de Karate 1
Sandra Sánchez (España) anunció su retirada en 2022 tras una carrera dorada en la que estableció un récord de 37 medallas en kata en la Karate 1 Premier League (mujeres). Su palmarés incluye el récord de **más oros** (19), que comparte con Ryo Kiyuna (Japón). Sánchez también ha ganado dos campeonatos mundiales y un oro olímpico.

Con anterioridad, el 20 de octubre de 2018, Taylor había derrotado a la hermana de Amanda, Cindy, por decisión unánime.

El primer combate de boxeo femenino como evento principal en el Madison Square Garden
El 30 de abril de 2022, la pelea por el título de peso ligero entre Katie Taylor (Irlanda) y Amanda Serrano (Puerto Rico) fue el evento principal en el icónico pabellón de Nueva York, EE.UU. Taylor mantuvo sus cinturones WBA, IBF, WBO y WBC por decisión dividida y elevó su cuenta de victorias a 21 en 21 peleas profesionales.

CICLISMO

Los 500 m contrarreloj más rápidos (C3, mujeres)
El 20 de octubre de 2022, Aniek van den Aarssen (Países Bajos) ganó la final femenina de los 500 m contrarreloj C3 (39,093 s) en los Campeonatos Mundiales de Ciclismo en Pista Paralímpico de la UCI. Van den Aarssen alcanzó los 46 km/h de camino a la medalla de oro y al récord del mundo en la ciudad francesa de Saint-Quentinen-Yvelines.

La distancia más larga recorrida en pista en una hora (mujeres)
El 23 de mayo de 2022, Ellen van Dijk (Países Bajos) recorrió 49,254 km en 60 min en el Velodrome Suisse de Grenchen, Suiza. Van Dijk superó el récord anterior de la hora de la británica Joss Lowden por 849 m. A lo largo de la prueba, mantuvo una velocidad media de más de 48 km/h.

Los 200 m lanzados más rápidos (C2, hombres)
El 20 de octubre de 2022, Alexandre Léauté (Francia) estableció un tiempo de 11,212 s en el Campeonato Mundial de Ciclismo en Pista Paralímpico de la UCI disputado en Saint-Quentin-en-Yvelines, Francia, mientras competía en omnium multidisciplinar. Léauté, quien ganó cuatro oros y una plata en suelo patrio, estableció posteriormente récords mundiales en la categoría C2 en **1 km contrarreloj** (1 min y 8,365 s) y en **3 km persecución individual**: 3 min y 31,082 s.

En la prueba de omnium también se batieron nuevos récords de los **200 m lanzados más rápidos (mujeres)** en las siguientes categorías:
- **C1**: 15,606 s, por Katie Toft (R.U.)
- **C3**: 12,666 s, por Mel Pemble (Canadá)
- **C5**: 11,605 s, por Marie Patouillet (Francia)

Los 750 m en esprint por equipos más rápidos (mujeres)
El 12 de octubre de 2022, Alemania (Pauline Grabosch, Lea Friedrich y Emma Hinze) dio tres vueltas a la pista en 45,967 s en el Campeonato Mundial de Ciclismo en Pista de la UCI disputado en Francia. En la final, derrotó a China y se alzó con la medalla de oro.

Los 4 km en persecución individual más rápidos (hombres)
El 14 de octubre de 2022, Filippo Ganna (Italia) ganó la final de los 4 km (con 3 min y 59,636 s) en los Campeonatos Mundiales de Ciclismo de Pista de la UCI 2022 en Saint-Quentin-en-Yvelines, Francia. Fue el primero en bajar de los cuatro minutos a nivel del mar. Ganna puso así el broche de oro a una semana histórica, tras establecer el récord de la **distancia más larga recorrida en pista en una hora (hombres)** el 8 de octubre: 56,792 km en 60 min en Grenchen, Suiza.

La velocidad media más rápida en la París-Roubaix
Conocida como el «infierno del norte», la París-Roubaix es un clásico de un día famoso por los traicioneros adoquines de las calles por donde se disputa. Cubre una distancia de unos 257 km entre la capital francesa y la frontera belga. El 9 de abril, Mathieu van der Poel (Países Bajos) ganó la edición de 2023 con una velocidad media de 46,841 km/h.

Más victorias de etapa del Giro de Italia Femenino
Entre el 8 de julio de 2007 y el 6 de julio de 2022, Marianne Vos (Países Bajos) ganó 32 etapas en esta carrera de élite, antes conocida como Giro Rosa. La segunda corredora con más triunfos, Petra Rossner, tiene 14 victorias menos.

Más títulos de campo a través en los Campeonatos Mundiales de Mountain Bike de la UCI (hombres)
El 28 de agosto de 2022, Nino Schurter (Suiza) consiguió su décima corona en campo a través en Les Gets, Francia. También ha ganado cuatro oros en pruebas por equipos. Una semana después, Schurter estableció el récord absoluto de **más títulos de campo a través de la Copa del Mundo de Mountain Bike de la UCI**: ocho.

Más títulos de campo a través en Campeonatos Mundiales de Mountain Bike de la UCI (mujeres)
El 28 de agosto de 2022, Pauline Ferrand-Prévot (Francia) ganó su cuarto campeonato mundial de campo a través en Les Gets, Francia. Previamente se había impuesto en 2015 y 2019-20. Igualaba así el récord de Gunn-Rita Dahle Flesjå (Noruega) establecido en 2002 y 2004-06.

Pogačar ganó tres etapas en el Tour de Francia de 2022. Con apenas 23 años, ya suma nueve en toda su carrera.

Más victorias en la clasificación de los jóvenes del Tour de Francia
Desde 1975, el maillot blanco se concede al corredor de 25 años o menos mejor clasificado en el Tour de Francia. Tadej Pogačar (Eslovenia) lo ganó por tercer año consecutivo en 2022, e igualó así a Jan Ullrich (Alemania), quien lo consiguió en 1996-98, y a Andy Schleck (Luxemburgo), en 2008-10. Pogačar terminó la edición de 2022 en segundo lugar de la clasificación general, tras haber ganado la carrera los dos años anteriores.

SALTAR EN PARACAÍDAS
Experimenta la máxima descarga de adrenalina saltando al vacío. Y no olvides preguntarle a tu abuela si ella también se apunta. El 26 de junio de 2021, cuatro generaciones de la familia McNabb (EE.UU.) se lanzaron en paracaídas desde un avión a la vez, el récord de **más generaciones de una familia saltando en paracaídas simultáneamente**.

RESISTENCIA

La maratón más rápida (hombres)
El 25 de septiembre de 2022, Eliud Kipchoge (Kenia) ganó la Maratón de Berlín, Alemania, con un tiempo de 2 h, 1 min y 9 s y batió su récord mundial de 2018 por 30 s. Kipchoge igualó así el récord de Haile Gebrselassie (Etiopía) de **más victorias en la maratón de Berlín (hombres)**: cuatro. Fue su 15.º triunfo en 17 carreras en la distancia.

La maratón más rápida de un debutante (hombres)
El 4 de diciembre de 2022, Kelvin Kiptum (Kenia) obtuvo una extraordinaria victoria en la Maratón de Valencia, España, donde estableció un tiempo de 2 h, 1 min y 53 s: la cuarta mejor marca de todos los tiempos en la distancia.

Letesenbet Gidey (Etiopía) estableció el récord **femenino** en la misma prueba: 2 h, 16 min y 49 s. El año anterior, ya había corrido la **media maratón más rápida (mujeres)**: 1 h, 2 min y 52 s en su primera carrera en la distancia, también en Valencia.

Más participaciones en maratones en Campeonatos Mundiales de Atletismo
El 17 de julio de 2022, el corredor de fondo mongol Bat-Ochiryn Ser-Od compitió en su décimo campeonato mundial consecutivo. A los 40 años, terminó el 26.º con un tiempo de 2 h, 11 min y 39 s en Eugene, EE.UU.

Más días consecutivos corriendo la distancia de una maratón (LA2, mujeres)
Del 17 de enero al 30 de abril de 2022, Jacky Hunt-Broersma (EE.UU.) corrió 42,1 km diarios durante 104 días seguidos en Arizona, EE.UU. Jacky perdió la parte inferior de su pierna izquierda en 2001 tras contraer sarcoma de Ewing, un tipo de cáncer que afecta el tejido alrededor de los huesos.

Los 100 km más rápidos (hombres)
El 23 de abril de 2022, Aleksandr Sorokin (Lituania) tan solo necesitó 6 h, 5 min y 41 s para correr 100 km en la prueba Centurion Running Track 100 Mile disputada en Bedford, R.U. Su ritmo promedio fue de 3 min y 39 s por km. Durante la prueba, Sorokin también batió el récord de la **distancia más larga recorrida en 6 horas**, que llevaba 43 años en poder de Donald Ritchie, quien lo estableció en octubre de 1978 con 98,496 km.

Sorokin continúa ampliando los límites de lo posible en la ultramaratón. El 7 de enero de 2022, estableció los récords de las **100 millas más rápidas** (10 h, 51 min y 39 s) y la **distancia más larga recorrida en 12 h**: 177,410 km. Sorokin competía en la carrera Spartanion de 12 horas en Tel Aviv, Israel. Los tiempos y las distancias fueron ratificados por la International Association of Ultrarunners (IAU).

En Chicago, Hug batió un récord que llevaba 12 años vigente. Fue su tercera victoria en la carrera.

La maratón de Chicago en silla de ruedas más rápida (hombres)
El 9 de octubre de 2022, Marcel Hug (Suiza) logró la victoria con 1 h, 25 min y 20 s en Illinois, EE.UU. Hug se mostró intratable en 2022, al establecer los récords de la **maratón de Londres en silla de ruedas más rápida** (1 h, 24 min y 38 s, el 2 de octubre) y la **de Nueva York**: 1 h, 25 min y 26 s, el 6 de noviembre.

El triatlón IRONMAN® más rápido (mujeres)
El 5 de junio de 2022, Laura Philipp (Alemania) completó el Campeonato de Europa de IRONMAN® disputado en Hamburgo, Alemania, con un tiempo de 8 h, 18 min y 20 s. Philipp nadó 3,8 km en 54 min y 39 s; recorrió 180 km en bicicleta en 4 h, 31 min y 14 s y completó una maratón (42,1 km) en 2 h, 45 min y 39 s.

El tiempo más rápido en coronar todos los Wainwrights
Del 2 al 7 de mayo de 2022, John Kelly (EE.UU.) subió a la cumbre de los 214 picos del parque nacional del Distrito de los Lagos en Cumbria, R.U., en 5 días, 12 h, 14 min y 43 s. La ruta, de unos 515 km de longitud, le supuso ascender un total de 36.000 m, más de cuatro veces la altura del Everest.

Más vueltas completadas en una Backyard Ultra
Los competidores en esta prueba tan singular tienen que completar una vuelta de 6,706 km cada hora, lo que suma 100 millas (160,93 km) en 24 horas, hasta que solo quede un corredor. En el Campeonato Mundial de Backyard Ultra de 2022, celebrado del 15 al 19 de octubre, Merijn Geerts e Ivo Steyaert (ambos de Bélgica) completaron 101 vueltas en Bélgica antes de acordar dar por terminada la carrera en un gesto de solidaridad. Ambos corrieron un total de 677,319 km en 4 días y 5 h. A pesar de establecer un récord mundial, Geerts y Steyaert oficialmente no terminaron la carrera ya que las reglas de la competición establecen que el último corredor debe completar una vuelta en solitario para ser declarado ganador.

La Hardrock Hundred Mile Endurance Run más rápida
La Hardrock 100, una exigente prueba que comienza y termina en la ciudad de Silverton, Colorado, EE.UU., cubre 164,9 km por empinados senderos de las montañas de San Juan. Los días 15 y 16 de julio de 2022, Kílian Jornet (España) se alzó con su quinta victoria con un tiempo de 21 h, 36 min y 24 s.

El récord **femenino** también se batió en 2022: 26 h 44 min 36 s, por Courtney Dauwalter (EE.UU., detalle).

¿SABÍAS QUE...?

- El primer Hardrock 100 se disputó en 1992. 18 participantes la completaron en menos de 48 h.
- El recorrido se realiza en el sentido de las agujas del reloj, y antihorario en años alternos.
- El punto más alto (4.284 m) es la cumbre del Handies Peak.
- Los *finishers* tienen que «besar el Hardrock», una imagen de una cabeza de carnero.

RECOPILATORIO

Más victorias en la Copa del Mundo de la FIBA 3×3 (hombres)
El 26 de junio de 2022, Serbia logró su quinto título masculino de la Copa del Mundo 3×3 al vencer a Lituania (21-16) en Amberes, Bélgica. Strahinja Stojačić, n.º 1 del *ranking*, fue el máximo anotador con nueve puntos. Esta variante del baloncesto por equipos de tres jugadores se juega en media cancha, y gana el primero en llegar a 21 puntos o el que consigue más puntos tras 10 min de juego.

El primer cuádruple axel en patinaje artístico
El 14 de septiembre de 2022, Ilia Malinin (EE.UU.) completó con éxito un cuádruple axel en el US International Classic celebrado en Lake Placid, Nueva York, con 17 años. El axel es el único salto de patinaje artístico con un despegue hacia adelante, lo que significa que para ejecutar un cuádruple axel es necesario medio giro adicional a los cuatro estándar.

La velocidad más rápida en una prueba de MotoGP
Jorge Martín (España) alcanzó los 363,6 km/h en la segunda vuelta del Gran Premio de Italia de 2022, el 29 de mayo en el circuito de Mugello, en Scarperia e San Piero. Con una Pramac Ducati, batió el récord anterior de 362,4 km/h que compartían Johann Zarco y Brad Binder.

La Maratón de Patinaje en Línea de Berlín más rápida
Esta carrera de fondo en la capital alemana es una de las pruebas más destacadas del calendario de patinaje en línea. El 25 de septiembre, Bart Swings (Bélgica) ganó la edición de 2022 con un tiempo de 56 min y 45 s, que mejoraba en 4 s su propio récord de 2015. Con este triunfo, amplió a ocho su récord de **más victorias** en esta maratón. Sus victorias anteriores llegaron en 2013-18 y 2021.

Los 100 m en natación con aletas por superficie más rápidos
El 24 de abril de 2022, Max Poschart (Alemania) nadó en 33,71 s los 100 m de su relevo en la Copa Mundial de Natación con Aletas de la CMAS, en Leipzig, Alemania. Los participantes en esta carrera por la superficie del agua utilizan máscara, *snorkel* y monoaleta.

En la misma competición también se logró el récord de los **800 m por superficie más rápidos**: 6 min y 13,53 s, establecido por Nándor Kiss (Hungría), el 26 de febrero de 2022 en Eger, Hungría (récord mundial juvenil).

Más medallas de oro consecutivas en el Campeonatos Mundial de Orientación
Tove Alexandersson (Suecia) ganó 11 títulos mundiales de orientación consecutivos entre 2018 y 2022. Su racha a lo largo de cuatro competiciones incluye oros en todas las categorías: media y larga distancia, relevo, esprint, esprint eliminatorio y relevo de esprint mixto.

Más medallas de oro en dobles mixtos en Campeonatos Mundiales de Bádminton
El 28 de agosto de 2022, Zheng Siwei y Huang Yaqiong (ambos de China) lograron su tercer título tras imponerse a Yuta Watanabe y Arisa Higashino por 21-13 y 21-16 en Tokio, Japón. La pareja igualaba así la hazaña de sus compatriotas Zhang Nan y Zhao Yunlei, ganadores en 2011 y 2014-15.

Más títulos individuales en el Campeonato Mundial de Tenis Real (mujeres)
El 17 de abril de 2022, Claire Fahey (R.U.) se hizo con su sexto campeonato mundial consecutivo tras derrotar a Lea Van Der Zwalmen por 6-0, 6-2 en el Chateâu de Fontainebleau, Francia. Igualaba así la hazaña lograda por Penny Lumley (R.U.) entre 1989 y 2003. Ese mismo día, Fahey formó pareja con su hermana Sarah Shuckburgh (R.U.) para ampliar su récord de **más títulos de dobles femeninos** a cinco.

La ganadora de la Maratón de Londres más joven
El 2 de octubre de 2022, Yalemzerf Yehualaw (Etiopía, n. el 3 de agosto de 1999) ganó la 42.ª edición de la Maratón de Londres con 23 años y 60 días. Yehualaw tuvo que sobreponerse a una caída a unos 10 km de la meta, que cruzó con un tiempo de 2 h, 17 min y 26 s: el tercer tiempo más rápido (mujeres) en la historia de esta carrera de élite.

Kerry comparte con Cork el récord de **más victorias en el All-Ireland Senior Football Championship (mujeres): 11.**

Más victorias en el All-Ireland Senior Football Championship
Kerry ha ganado 38 veces la principal competición del fútbol gaélico, que se celebró por primera vez en 1887. El 24 de julio de 2022, el condado levantó la copa Sam Maguire por primera vez desde 2014 tras imponerse a Galway por 0-20 a 0-16 en Croke Park, Dublín. David Clifford, jugador de Kerry, lideró a «El reino» anotando ocho puntos.

CONTEMPLAR LA AURORA BOREAL
Para terminar, en lo alto de la lista de deseos colectiva se encuentra el espectáculo de luces más deslumbrante de la naturaleza. La aurora boreal está causada por el campo magnético de la Tierra, que redirige las partículas energéticas solares. Se trata del **fenómeno atmosférico a más altura**: 400 km sobre la superficie de nuestro planeta.

Más peso total levantado en halterofilia (89 kg, hombres)
El 2 de junio de 2022, Antonino Pizzolato (Italia) levantó un peso total de 392 kg en el Campeonato de Europa de Halterofilia celebrado en Tirana, Albania. Levantó 175 kg en arrancada y 217 kg en dos tiempos.

Más peso levantado en levantamiento de potencia paralímpico (-97 kg, hombres)
El 17 de diciembre de 2022, Abdelkareem Khattab (Jordania) estableció tres récords consecutivos en Dubái e hizo trizas el récord anterior de -97 kg al levantar 255 kg en la 12.ª Copa del Mundo de Levantamiento de Potencia Paralímpico Fazza Dubai, celebrada en Emiratos Árabes Unidos. Jattab ostenta ahora el récord en dos pesos, ya que el 4 de diciembre de 2021, levantó 250 kg en **-88 kg** en Tiflis, Georgia.

El 17 de diciembre también cayó en Dubái el récord mundial masculino de **-107 kg**: 254 kg, por Aliakbar Gharibshahi (Irán).

Más victorias en el Campeonato Mundial de Hockey sobre Hielo de la IIHF (mujeres)
El 4 de septiembre de 2022, Canadá se convirtió en campeona mundial de hockey sobre hielo por 12.ª vez tras superar a EE.UU. por 2-1 en la final disputada en Herning, Dinamarca. Estos dos archirrivales se han enfrentado en todas las finales de la historia del torneo, a excepción de la de 2019, en la que Finlandia perdió ante EE.UU. en la tanda de penaltis.

Más victorias de equipo en Campeonatos Mundiales de Tenis de Mesa (mujeres)
El 8 de octubre de 2022, la selección china se alzó con la Copa Corbillon por 22.ª vez tras imponerse a Japón por 3-0 en la final disputada en Chengdu, China. El equipo realizó un torneo perfecto, en el que ganó todos sus partidos.

Al día siguiente, China amplió el récord **masculino** al derrotar a Alemania por 3-0 y levantar la Copa Swaythling por 22.ª vez, 10 títulos más que su rival más cercana, Hungría.

El mejor tiempo en el Campeonato del Mundo de IRONMAN®
El 9 de octubre de 2022, Gustav Iden (Noruega) hizo un debut para la historia en el campeonato en Kailua-Kona, Hawái, EE.UU., donde se impuso con un tiempo de 7 h, 40 min y 24 s. Iden se aseguró la victoria en la sección final del triatlón al completar la maratón de 42,2 km en un tiempo récord en la prueba de 2 h, 36 min y 15 s. Los primeros cuatro clasificados en 2022 mejoraron el récord anterior del campeonato.

Más victorias en la Copa Mundial Femenina de Hockey de la FIH
Países Bajos ha ganado este torneo cuatrienal de hockey sobre hierba nueve veces desde 1974, siete más que cualquier otro país. El 17 de julio de 2022, logró su noveno título tras derrotar a Argentina por 3-1 en la final de la última edición, en Terrassa, España. Ganaron sus seis partidos, anotaron 17 goles y encajaron solo cinco.

Más victorias en el Campeonato Mundial Femenino de Lacrosse
El 9 de julio de 2022, EE.UU. derrotó a Canadá por 11-8 en Towson, Maryland, EE.UU. y se hizo con su noveno campeonato mundial (antes conocido como Copa Mundial Femenina de Lacrosse). Además de EE.UU., Australia es el único país que ha ganado el campeonato desde que comenzó a disputarse en 1982: en 1986 y 2005.

Más victorias en carreras del Campeonato Mundial de Superbikes
Jonathan Rea (R.U.) ganó seis carreras durante la temporada 2022 de superbikes y elevó su palmarés a 118, una cifra que es exactamente el doble de victorias logradas por su rival más cercano, Carl Fogarty.

Los 1.000 m en patinaje de velocidad en pista corta más rápidos (mujeres)
El 4 de noviembre de 2022, Suzanne Schulting (Países Bajos) patinó 1.000 m en 1 min y 25,958 s en el Utah Olympic Oval de Salt Lake City, EE.UU. (ver pág. 230) durante la Copa del Mundo de Patinaje de Velocidad de la ISU. Schulting batía así su propio récord mundial en la distancia.

El mismo día en Salt Lake City también cayó el récord de los **500 m (mujeres)**: 41,416 s, por Xandra Velzeboer, también de Países Bajos.

Más Campeonatos del Mundo de Trial
Toni Bou (España) es el rey indiscutible del trial, al haber ganado nada menos que 32 campeonatos del mundo consecutivos desde 2007. En 2022 amplió su récord de **más victorias en los X-Trials de la FIM** y **de Campeonatos del Mundo de Trial de la FIM**, con 16 en ambos casos. Al final de este último año, Bou había aumentado su número de victorias en distintas pruebas a 205 (73 bajo techo y 132 al aire libre). Su peor resultado en una prueba del campeonato en 2022 fue el segundo lugar.

TITANES DEL TENIS

SHINGO KUNIEDA

Con un récord estratosférico de 50 torneos de Grand Slam en su palmarés, el icono del tenis japonés Shingo Kunieda colgó la raqueta y se retiró en enero de 2023.
Shingo va en una silla de ruedas tras recuperarse de un tumor en la columna vertebral a la edad de nueve años. Al principio se interesó por el baloncesto, pero con 11 años empezó a jugar a tenis en silla de ruedas. Una década después, ya dominaba la disciplina y se había aupado al primer puesto de la clasificación mundial.

Los estantes de su vitrina de trofeos pronto empezaron a rebosar, pero el título individual en Wimbledon se le resistía. Eso cambió el 10 de julio de 2022, a la edad de 38 años, tras un emocionante partido de tres sets contra el británico Alfie Hewett. Su 50º título grande supuso el récord de **más títulos de tenis de Grand Slam** ganados por cualquier jugador. Ese triunfo también lo convirtió en el **primer jugador de tenis en silla de ruedas en completar el Career Grand Slam**, el **Golden Slam** y el **Super Slam** en categoría individual (ver 1).

Todas las raquetas de Shingo llevan una leyenda inscrita: «Soy el más fuerte». Su éxito sin precedentes demuestra que esa convicción solo es superada por su talento innato en la pista.

1

2

Entre 2008 y 2010, Shingo ganó 106 partidos consecutivos, la racha de victorias más larga de un tenista.

DATOS PERSONALES

Nombre	Shingo Kunieda
Lugar de Nacimiento	Tokio, Japón
Fecha de Nacimiento	21 de febrero de 1984
Títulos de Grand Slam	Individuales: 28 Dobles: 22
Medallas paralímpicas	Oro: 4 Bronce: 2
Títulos GWR vigentes	8, entre ellos el de **más títulos individuales de Grand Slam de tenis en silla de ruedas (hombres)**
Mejor posición en el *ranking*	N.º 1
Superficie preferida	Pista dura

1. En 2022, Shingo celebró la consecución del «Career Slams», que incluye un Super Slam en categoría individual. Eso supone ganar los cuatro Grand Slams (Abierto de Australia, Abierto de Estados Unidos, Roland Garros y Wimbledon), el oro paralímpico y el título de Masters al final de la temporada. Diede de Groot (abajo) había logrado el mismo hito en 2021.

2. Shingo obtuvo su tercera medalla de oro en individuales en los últimos Juegos Paralímpicos. Triunfar en casa significó mucho para él: «Es un sueño porque después de Río [2016] tuve una lesión y pensé en retirarme, así que no puedo creérmelo», confesó.

DIEDE DE GROOT

DATOS PERSONALES

Nombre	Diede de Groot
Lugar de nacimiento	Woerden, Países Bajos
Fecha de nacimiento	19 de diciembre de 1996
Títulos de Grand Slam (a 29 de enero de 2023)	Individuales: 17 Dobles: 16
Medallas paralímpicas	Oro: 2 Plata: 1
Títulos GWR vigentes	5, entre ellos el de la **primera persona en ganar los Grand Slams dos años consecutivos**
Mejor posición en el *ranking*	N.º 1
Superficie preferida	Pista dura

1

Diede fue candidata al premio Laureaus a la mejor deportista paralímpica en 2019, 2020 y 2022.

Con solo 25 años, Diede de Groot ha logrado una hazaña que ninguna tenista había alcanzado a título individual: ganar los cuatro Grand Slams dos años consecutivos, en 2021 y 2022. Como colofón, su éxito en los Juegos de Tokio 2021 también la convirtió en la primera mujer, desde la pionera Steffi Graf en 1988, en completar un Golden Slam en categoría individual.

Una prótesis de pierna forma parte de la vida de Diede desde que tiene memoria. Los médicos diagnosticaron que sus piernas no se desarrollarían por igual apenas unos meses después de su nacimiento.

Cuando empezó a jugar al tenis a los siete años, los fisioterapeutas le aconsejaron hacerlo en silla de ruedas. Aunque en ese momento tenía poca experiencia con ellas, siguió su recomendación y nació una estrella del tenis.

Tras convertirse en profesional a los 17 años, Diede pronto estampó su nombre en los anales del deporte. Consiguió sus primeros Grand Slams en 2017; desde entonces, ha sumado otros 31 más a su nómina (16 individuales y 15 dobles), así como innumerables títulos y trofeos más. Tras este éxito a edad tan prematura, quizá te preguntes qué ambiciones le quedan a Diede. «Mi sueño es convertirme en la mejor jugadora de tenis en silla de ruedas que pueda», confiesa.

2

1. Diede en las canchas de entrenamiento con sus certificados GWR. Ella atribuye parte de su enorme éxito a sus amigas, quienes siempre la trataron igual que a las demás.

2. Diede y su compañera de dobles, Aniek van Koot, celebran la victoria de los Países Bajos en los Juegos Paralímpicos 2021 el día después de que Diede también ganara el oro en categoría individual. Arrollaron a sus rivales británicas por 6-0, 6-1. Diede comentó al respecto: «Aunque estaba muy cansada, fue un buen partido... Hemos tenido el control. Vinimos a por este título y lo logramos».

Descubre más información sobre Shingo y Diede en la sección del Salón de la Fama en **www.guinnessworldrecords.com/2024.**

ÚLTIMA HORA

Las siguientes entradas se aprobaron y añadieron a nuestra base de datos tras la fecha de cierre oficial de candidaturas de este año.

La clase de *slime* más multitudinaria
El 19 de junio de 2022, 491 alumnos aprendieron los secretos para hacer esta sustancia pegajosa en el Centro de Ciencias de Montreal, Quebec, Canadá. Yannick Bergeron impartió la clase coincidiendo con la exposición *Science of Guinness Records*, que podía verse en el centro.

El baile de música disco más multitudinario
El 30 de julio de 2022, Sophie Ellis-Bextor enseñó algunos pasos de baile a un conjunto de 598 divas de la música disco en el festival Camp Bestival celebrado en castillo de Lulworth en Dorset, R.U. Con este récord, se recaudaron fondos para el Ellen MacArthur Cancer Trust.

La alfombra de serrín más larga
El 14 de agosto de 2022, se presentó una pasarela decorativa de 3,94 km (más larga que el National Mall de Washington D. C.) para la procesión anual de la imagen de la Virgen de la Caridad en Huamantla, Tlaxcala, México. Su elaboración requirió el trabajo de 240 artesanos, supervisados por la Secretaría de Turismo de Tlaxcala (México), y 80 toneladas de serrín de distintos colores.

El torneo de *cornhole* más multitudinario
El 20 de agosto de 2022, la Feria Estatal de Iowa, en Des Moines, EE.UU., organizó una competición de lanzamiento de *cornhole* en la que participaron 730 jugadores.

Más hoyos de golf de par tres completados en tres minutos por un equipo femenino
El 23 de agosto de 2022, el trío formado por Jennifer Kupcho, Alison Lee (ambas de EE.UU.) y A Lim Kim (Corea del Sur) completó el hoyo 17 del Ottawa Hunt & Golf Club en o bajo par seis veces en 180 s en Ontario, Canadá. El trío se impuso en un desafío organizado por Golf Canadá al equipo formado por Pauline Roussin (Francia), Megan Khang (EE.UU.) y Rebecca Lee-Bentham (Canadá).

La partida del escondite inglés más multitudinaria
El 21 de septiembre de 2022, un total de 1.415 estudiantes jugaron al escondite inglés en la Universidad de California, Irvine, EE.UU. La mascota de la universidad, el oso hormiguero Peter, no quiso perdérselo y se ofreció a ser el que contaba cara a la pared.

La aceleración más rápida de 0 a 100 km/h de un coche eléctrico
El 23 de septiembre de 2022, E0711-11 EVO tardó solo 1,461 s en alcanzar los 100 km/h arrancando en parado en una pista de pruebas en el campus de Robert Bosch en Renningen, Alemania. El coche fue diseñado y producido por GreenTeam Uni Stuttgart, que recuperó un récord que ya había ostentado en 2015.

La reunión de kitesurfistas más multitudinaria
El 25 de septiembre de 2022, el cielo sobre la playa de Cumbuco en Ceará, Brasil, se llenó de cometas de todos los colores cuando 884 kitesurfistas de 31 nacionalidades se lanzaron al mar. El espectáculo, organizado por Winds for Future (Brasil), duró 1 h y 45 min.

Más modelos en un desfile de moda
El 1 de octubre de 2022, 430 modelos subieron a la pasarela en el desfile «Ribbons Rock the Runway» celebrado en Nueva Orleans, Luisiana, EE.UU. Muchos participantes habían sobrevivido al cáncer y vestían trajes de colores que representaban cintas solidarias contra esta enfermedad. You Night Events, Positive Image Modeling y Chic Nouvelle Worldwide Model Management (todos de EE.UU.) organizaron el evento.

La pared de dónuts más grande
El 1 de octubre de 2022, los asistentes a la conferencia «Bridging the Gap», celebrada en Rochester, Minesota, EE.UU., fueron agasajados con una pared de la que colgaban 3.000 dónuts. Convoy of Hope (EE.UU.) ayudó en la preparación de este espectáculo tan dulce.

Más perros asistiendo a la proyección de una película
El 15 de octubre de 2022, una audiencia de 199 perros y sus dueños vieron *Uno más de la familia* (China/EE.UU., 2019) en el Litchfield Skyview Drive-In, en la Ruta 66, Illinois, EE.UU. KeepRoute66Kickin.com y Mobil 1 (ambos de EE.UU.) organizaron esta proyección al aire libre.

La exposición más grande de *monster trucks* de juguete
El 29 de octubre de 2022, con motivo de la celebración del 30 aniversario de Monster Jam (EE.UU.), Spin Master (Canadá) hizo entrega de 10.005 camiones de juguete en un evento celebrado en Orlando, Florida, EE.UU. Toda la flota de «minimonstruos» se soltó por una rampa de 12 m de largo antes de donarla a asociaciones benéficas.

Más botellas de vidrio recogidas para su reciclaje en una hora
El 5 de noviembre de 2022, Imagination Station recogió 9.519,78 kg de recipientes reciclables en Toledo, Ohio, EE.UU. Este museo de la ciencia, ubicado en el corazón de la «ciudad de cristal», albergaba la exposición *Science of Guinness World Records*.

El mayor bote acumulado en un sorteo de la lotería nacional
El 8 de noviembre de 2022, se celebró un sorteo de Powerball con un bote acumulado de 2.050 millones de dólares. Lo ganó Edwin Castro (EE.UU.) tras invertir 2 dólares en un boleto que había comprado en un pequeño supermercado de California. Castro optó por cobrar el premio en un pago al contando reducido de 997,6 millones de dólares. Según Powerball, las probabilidades de ganar eran de alrededor de 1 entre 292,2 millones.

Más nacionalidades en un baile
El 16 de noviembre de 2022, bailarines de 84 países formaron parte del Erasmus Student Network (ESN) Suecia. En ese momento, estos estudiantes navegaban entre Estocolmo y Tallin, Estonia, a bordo del MS Baltic Queen. Durante ese mismo viaje, también establecieron el récord de **más nacionalidades en una *coffee party*** (75) y **cantando simultáneamente música pop**: 85.

La rueda de plegaria más grande
Una rueda de plegaria midió 37,22 m de altura, casi el doble de la altura de la Casa Blanca, y 16,53 m de diámetro, tal y como pudo verificarse el 11 de diciembre de 2022 en Samten Hills, Dalat, Vietnam. Esta estructura cilíndrica de 181 toneladas está recubierta de oro de 24 quilates y contiene reliquias budistas sagradas y más de mil millones de mantras.

Los 100 m mariposa más rápidos en piscina de 25 m (mujeres)
El 18 de diciembre de 2022, Maggie Mac Neil (Canadá, n. en China) nadó cuatro largos en una piscina de 25 m en 54,05 s. Competía en los 16.os Campeonatos Mundiales de Natación de la FINA, celebrados en Melbourne, Australia.

Dos días antes, en el mismo evento, Mac Neil había batido el récord de los **50 m espalda (mujeres)** con un tiempo de 25,25 s.

Más personas cubiertas por pompas de jabón en 30 s
El 20 de diciembre de 2022, el artista profesional de las pompas de jabón Eran Backler (R.U.; ver pág. 110) formó pompas sobre 15 voluntarios en Ipoh, Malasia.

Más personas lanzando penaltis en 12 h
El 10 de enero de 2023, 4.470 personas acudieron al estadio de fútbol Manjeri de Malappuram, Kerala, India, para intentar marcar un gol desde el punto de penalti. El Departamento de Deportes y de la Juventud de Kerala y AAK International (ambos de la India) organizaron el reto.

El vestido de tarta ponible más grande (con asistencia)
El 15 de enero de 2023, Natasha Lee Fokas (Suiza) presentó un vestido de novia de 131,15 kg hecho de bizcocho y glaseado de fondant en la feria Swiss Wedding World, celebrada en Berna. La modelo tuvo que caminar 5 m sin que se desmoronara. Fokas es la fundadora de la empresa de pastelería SweetyCakes.

El mate de baloncesto pasándose el balón entre las piernas a más altura
El 20 de enero de 2023, Piotr *Grabo* Grabowski (Polonia) logró un mate espectacular en una canasta situada a 3,2 m de altura, 15 cm más que la de un aro estándar de la NBA. Este atleta de Dunk Elite estableció el récord durante un acto para promocionar los teléfonos inteligentes HONOR Magic5 Series en el Crystal Palace National Sports Center de Londres, R.U.

El saque de tenis de mesa a más distancia
El 22 de enero de 2023, Álvaro Martín Mendieta (España) realizó un saque reglamentario a 16,28 m de la mesa en Madrid, España. Mendieta recuperaba así un récord que ya había ostentado en 2020.

El ramo de novia más grande
El 22 de enero de 2023, Roshan Samuel y Angelina Sky (ambos de la India) celebraron el 25 aniversario de boda de sus padres, Prem Kumar y Ceceliya Prem, regalándoles un ramo con 9.400 flores en Bangalore, Karnataka, India.

Más premios ganados por un cortometraje
A 24 de enero de 2023, *ON/OFF* (Argentina, 2020) había recibido 1.125 premios. Esta película de animación de 7 min, obra de Nicolás Pedro Villarreal y Red Clover Studios (ambos de Argentina), aborda el impacto de las redes sociales en la vida cotidiana de las personas.

La actriz que ha participado en más películas que han superado los 2.000 millones de dólares de recaudación en la taquilla mundial
A 25 de enero de 2023, Zoe Saldaña (EE.UU.) había aparecido en cuatro de las seis películas que han recaudado más de 2.000 millones de dólares brutos: *Avatar* (EE.UU./R.U., 2009), *Vengadores: Infinity War* (EE.UU., 2018), *Vengadores: Endgame* (EE.UU., 2019) y *Avatar: El sentido del agua* (EE.UU., 2022).

El pomelo más pesado
Kazuki Maeda (Japón) cultivó un espécimen de la variante asiática de este cítrico de 5,528 kg de peso en Yatsushiro, Kumamoto, Japón, tal como pudo verificarse el 27 de enero de 2023. Este pomelo de 26 cm de ancho batió el récord anterior del propio Maeda por 142 g.

El wombat en cautiverio más viejo de todos los tiempos
El 31 de enero de 2023, se verificó que la edad de un wombat común (*Vombatus ursinus*) llamado *Wain* era de al menos 33 años y 86 días. *Wain*, que fue rescatado en estado salvaje en Australia, nació hacia enero de 1989 y vive en el zoológico de Satsukiyama en Osaka, Japón.

Más toques de fútbol consecutivos con una pelota de fútbol en equilibrio en la cabeza en un minuto
El 1 de febrero de 2023, Chinonso Eche (Nigeria) dio 133 toques a un balón de fútbol mientras mantenía otro en equilibrio en la cabeza. Actuaba en *Lo Show dei Record* en Milán, Italia.

El *green* de golf flotante más pequeño
El 1 de febrero de 2023, Golf Saudi presentó un *green* circular de 1 m² en medio de un lago en Ciudad Económica Rey Abdalá, Arabia Saudí.

El cruce a nado más rápido de la bahía de Kuwait (hombres)
El 2 de febrero de 2023, Yousef Alshatti (Kuwait) tardó 9 h y 44 min en cruzar a nado los 17,3 km de la bahía de Kuwait. Este oficial de las fuerzas especiales de la Armada de Kuwait pasó tres meses entrenando para este récord.

Más flexiones haciendo el pino en un minuto (hombres)
El 4 de febrero de 2023, el entrenador de calistenia Feras Alahmad (Siria) completó 66 flexiones haciendo el pino en 60 s en Doha, Catar. Contó con la colaboración de la National Service Academy de Catar con motivo del Día Mundial contra el Cáncer.

Más camisetas puestas al mismo tiempo durante una media maratón
El 5 de febrero de 2023, David Eliuk (Canadá) se abrigó a conciencia con 120 camisetas para correr la Media Maratón Hipotérmica de Edmonton, Alberta, Canadá, que tuvo que completar en menos de 3 horas para optar al récord. Al final de la prueba, David y sus ayudantes tardaron 15 min en quitar y contar las camisetas.

La reunión de personas con capa más multitudinaria
El 6 de febrero de 2023, 2.854 superhéroes asistieron a un partido en el estadio de los Raptors 905, un equipo de las ligas menores de la NBA, en Toronto, Ontario, Canadá. Fue la séptima edición del programa de recaudación de fondos «Capas para niños» de la Fundación Hospitalaria para la Rehabilitación Infantil Holland Bloorview (Canadá).

La danza muay thai *wai kru* más multitudinaria
Antes de los combates, los boxeadores tailandeses realizan una danza tradicional para mostrar respeto y gratitud a sus maestros. El 6 de febrero de 2023, la Autoridad de Turismo de Tailandia organizó una exhibición con 3.660 participantes en Prachuap Khiri Khan, Tailandia.

Más corbatas puestas a la vez
El 9 de febrero de 2023, David Araújo (Brasil) se anudó 330 corbatas para una sesión de fotos para la revista *Dazed* en París, Francia. Participó en un reportaje sobre los récords en la moda, entre los que se incluyeron el de los **pantalones más grandes**, de 13,07 m de largo por 9,22 m de cintura, fabricados por Anh Quynh Duong (EE.UU.), y el de **más pinzas para el pelo en la cabeza**: 1.415, por Alicia Farida Daïf (Francia).

Más personas realizando la postura de yoga del arado de forma simultánea
El 11 de febrero de 2023, 560 yoguis se tumbaron y doblaron la espalda sobre la cabeza en Bangalore, Karnataka, India. Colaboraron el Centro de Investigación y Desarrollo Akshar Yoga, Shree Mahaprabhu Jagannath Sangha y Himalaya Yoga Ashrama (todos de la India).

Más peso levantado haciendo *kettlebell swing* en un minuto (hombres)
El 11 de febrero de 2023, Stefan Schwitter (Suiza) levantó 2.184 kg en Zúrich, Suiza. Stefan, un exluchador profesional y practicante de zen, hizo 39 repeticiones levantando una pesa rusa de 56 kg en el tiempo asignado.

El más rápido en resolver un cubo square-1
El 11 de febrero de 2023, Michał Krasowski (Polonia) resolvió un cubo square-1 en solo 3,87 s en el evento Olsztyn Squared 2023 celebrado en Polonia. Hizo trizas la marca anterior, que mejoró en 0,41 s, y completó la primera resolución de menos de 4 s.

El huevo de Pascua decorado más grande
El 18 de febrero de 2023, la Associação Visite Pomerode (Brasil) preparó un huevo de 16,72 m de altura y 10,88 m de diámetro con motivo del Festival de Pascua de Pomerode, Santa Catarina, Brasil. Diseñado por un artista local, se pintó al estilo del arte popular casubio.

La tetera más grande
El 18 de febrero de 2023, Khadeer Tea (Arabia Saudí) presentó una tetera imponente de 4,19 m de altura (más alta que dos hombres adultos) y un diámetro de 2,81 m en Riad, Arabia Saudí. Se batía así un récord vigente desde 2016.

El salto con pértiga más alto (hombres)
El 25 de febrero de 2023, Armand Duplantis (Suecia, n. en EE.UU.) rompió el récord del mundo por sexta vez al superar un listón situado a 6,22 m de altura en una reunión de atletismo en pista cubierta celebrada en Clermont-Ferrand, Francia.

Más puntos en un pentatlón bajo techo (mujeres)
El 3 de marzo de 2023, Nafissatou Thiam (Bélgica) ganó el oro en pentatlón con 5.055 puntos en el Campeonato de Europa de Atletismo en Pista Cubierta celebrado en Estambul, Turquía. Cruzó la línea de meta de la última prueba de la disciplina (los 800 m) solo segundos después de que su rival Adrianna Sułek hubiera alcanzado los 5.014 puntos, marca que superaba en un solo punto el récord del mundo de Nataliya Dobrynska de 2012.

El medallista de oro más joven en el Campeonato Mundial de Patinaje de Velocidad sobre Hielo en Distancia Individual
El 3 de marzo de 2023, Jordan Stolz (EE.UU., n. el 21 de mayo de 2004) ganó la prueba masculina de los 500 m con 18 años y 286 días, en Heerenveen, Países Bajos. Posteriormente, Stolz se hizo con los títulos de 1.000 m y 1.500 m, el récord masculino de más medallas de oro en una sola edición de los campeonatos.

Más miembros de una familia en completar las Grandes Maratones
El 5 de marzo de 2023, el «Wolfpack» (formado por Rodrigo Lobo Puccio y sus cinco hijos: Tomás, Rodrigo, Santiago, Raimundo y Agustín Lobo van Wersch, todos de Chile) completó la Maratón de Tokio, Japón, la última de las seis Grandes Maratones que corría como unidad familiar desde 2016. Las otras cinco carreras se disputan en Boston, Londres, Berlín, Chicago y Nueva York.

El Wolfpack formó parte del total de 3.049 corredores que completaron en Tokio las Grandes Maratones, el récord de **más personas en obtener la medalla de seis estrellas con la misma maratón**.

El cruce a nado más rápido del estrecho de Cook
Del 7 al 8 de marzo de 2023, Andrew Donaldson (R.U.) cruzó este canal de 23 km de ancho entre la isla Norte y la isla Sur de Nueva Zelanda en 4 h, 33 min y 50 s. Su récord fue ratificado por la Asociación de Natación Aguas Abiertas de Nueva Zelanda.

La primera vocalista en alcanzar el n.º 1 en el *Billboard* 200 con un álbum en español
El 11 de marzo de 2023, KAROL G (Colombia, alias de Carolina Giraldo Navarro) debutó en el n.º 1 con su cuarto trabajo de estudio, *MAÑANA SERÁ BONITO*. El álbum ocupó el lugar de *SOS* de SZA en lo alto de la lista tras alcanzar las 94.000 unidades equivalentes a álbumes.

MAÑANA SERÁ BONITO también ayudó a KAROL G a establecer los nuevos récords de **más entradas simultáneas en la lista de sencillos de EE.UU. de una artista latina** (11, también el 11 de marzo) y del **álbum latino más reproducido en Spotify en 24 h (mujeres)**. Sus 17 temas se reprodujeron más de 32 millones de veces el 24 de febrero de 2023.

El mejor promedio en resolver un cubo rompecabezas giratorio 3 × 3 × 3
El 12 de marzo de 2023, Yiheng Wang (China) resolvió cinco cubos rompecabezas en un tiempo medio de 4,69 s en el evento Yong Jun KL Speedcubing celebrado en Kuala Lumpur, Malasia. Sus resoluciones más rápidas y más lentas (3,90 y 6,16 s) se excluyeron de la media, tal como establece el reglamento. Yiheng batió el récord anterior de 4,86 s, que compartían Max Park y Tymon Kolasiński (ver pág. 86).

La mayor distancia recorrida a nado en aguas heladas
El 12 de marzo de 2023, Krzysztof Gajewski (Polonia) nadó 5 km en un lago en Kopalnia Wrocław cerca de Paniowice, Polonia. Su zambullida en esas aguas por debajo de los 5 °C duró 1 h, 24 min y 43 s. El mismo día, el compatriota de Krzysztof, Marcin Szarpak (ver también la pág. 123) completó la **milla recorrida a nado en aguas heladas más rápida**: 19 min y 57 s, en Kąpielisko Skałka, Świętochłowice, Polonia. La Asociación Internacional de Natación en Aguas Heladas ratificó ambos récords.

Más diamantes engarzados en un colgante
Shiv Narayan Jewelers (India) diseñó una escultura en miniatura de Ganesha adornada con 11.472 diamantes en Hyderabad, Telangana, India. Esta lujosa pieza de joyería también cuenta con flósculos de rubíes y esmeraldas. Se evaluó el 13 de marzo de 2023.

El llavero colgante más largo
El 17 de marzo de 2023, se desplegó un llavero colgante de 3,78 km en el Anfield Stadium de Liverpool, R.U. Hidden Disabilities Sunflower Scheme (R.U.) lo produjo como parte de sus iniciativas para llamar la atención sobre discapacidades que no siempre son visibles. El ejemplar, lo bastante largo como para dar la vuelta al campo 10 veces, batió un récord que la Hong Kong Girl Guides' Association había mantenido durante 23 años.

La carrera más larga como auxiliar administrativa de la misma persona
A 15 de marzo de 2023, Maureen Chant había trabajado para Jim Pattison (ambos de Canadá) en The Jim Pattison Group durante 59 años y 193 días. Maureen comenzó a trabajar como telefonista antes de que Jim la viera ensayando sus discursos y la contratara como auxiliar administrativa. Han pasado 59 desde entonces, y siguen trabajando juntos.

ÍNDICE

Los términos en **negrita** indican la entrada principal de un determinado tema; y los que aparecen en **NEGRITA MAYÚSCULA**, un capítulo completo.

ÍNDICE

COLABORADORES

Todos los años, trabajamos con decenas de expertos que conocen al detalle sus temas de especialización. Los nuevos colaboradores que han trabajado en el *GWR 2024* destacan en materias de lo más variado, desde sirenas, grandes veleros, guerra de asedio y piratas, hasta el manga y el anime, los accesorios teatrales, la comedia y el minigolf, por nombrar solo algunas. Puedes encontrar la lista completa en www.guinnessworldrecords.com/records/partners.

David Fischer es el asesor deportivo sénior sobre deportes de EE.UU. de GWR desde 2006. Ha escrito para *The New York Times* y *Sports Illustrated for Kids*, y ha trabajado en *Sports Illustrated*, *The National Sports Daily* y NBC Sports. Es el autor de *Tom Brady: A Celebration of Greatness on the Gridiron* (2021), *The New York Yankees of the 1950s: Mantle, Stengel, Berra, and a Decade of Dominance* (2019) y *The Super Bowl: The First Fifty Years of America's Greatest Game* (2015).

Monica Hanna es egiptóloga y ejerce como profesora asociada y decana en funciones de la Facultad de Arqueología y Patrimonio Cultural en la Academia Árabe para la Ciencia, la Tecnología y el Transporte Marítimo de Asuán, Egipto. Allí, Hanna fundó un programa de licenciatura especializado en arqueología y patrimonio cultural. Sus investigaciones recientes se centran en la descolonización y repatriación del patrimonio arqueológico y en el acceso público a la arqueología y las humanidades digitales.

Tom Beckerlegge es un galardonado escritor, cuyos libros se han traducido en todo el mundo. También es asesor de deportes de GWR, y todos los años se encarga de actualizar cientos de nuevos récords de distintas disciplinas y de mantenerse en contacto con numerosas federaciones deportivas para conocer los últimos datos. Este año se ha sumergido en el fútbol canadiense, el esquí telemark y en las curiosidades de la Copa Mundial de la FIFA de 1950.

Richard Gottfried juega a minigolf desde niño, y en 2006 empezó a bloguear sobre sus viajes (en compañía de su esposa, Emily) a más de 900 campos de minigolf. Ha ganado varios títulos como jugador en el circuito de torneos del R.U. y ha competido en torneos internacionales en Finlandia, Suecia y EE.UU. Ávido coleccionista de artículos relacionados con el minigolf, ha amasado un gran archivo y colección en el Crazy Golf Museum. Puedes conocer más datos sobre él en **hamandeggerfiles.blogspot.com**.

Vanessa Heggie es profesora asociada de Historia de la Ciencia y la Medicina en el Instituto de Investigación Sanitaria Aplicada de la Universidad de Birmingham, y está especializada en el período 1800-2000. Ha publicado artículos sobre enfermería, salud pública y avances médicos relacionados con el deporte y la aventura. Entre sus libros se cuentan *A History of British Sports Medicine* (2011) y *Higher and Colder: A History of Extreme Physiology and Exploration* (2019).

Bruce Dessau es periodista cómico y crítico de arte, y el principal crítico de comedia del londinense *Evening Standar*. Es el editor de la página web sobre humor *Beyond the Joke*, coeditor de *The Best British Stand-up and Comedy Routines* y autor de *Beyond a Joke: Dark World of Stand-Up Comedy* (2011) y *The Bluffer's Guide to Stand-Up Comedy* (2014). También ha escrito biografías de importantes figuras de la comedia como Rowan Atkinson.

R. G. Grant es un historiador que ha publicado unos 20 libros para adultos, además de escribir numerosos títulos de historia para niños y colaborar en muchas obras colectivas. Entre sus títulos más vendidos se cuentan *Flight: 100 Years of Aviation* y *World War I: The Definitive Visual Guide*. Su trabajo más reciente fue el elogiado *Sentinels of the Sea*, una historia ilustrada de faros que ha resultado muy útil en los récords relacionados recogidos en esta edición.

Andrea Horbinski es doctora en Historia Japonesa Moderna y tiene especial interés en los nuevos medios. Su libro *Manga's Global Century* es una historia del cómic japonés de 1905 a 1989. Ha dado charlas sobre anime, manga, fandom e historia japonesa en convenciones y conferencias, y ha publicado muchos artículos sobre estos temas. En la actualidad, es editora de originales de *Mechademia: Second Arc* y forma parte del consejo editorial de *The Journal of Anime and Manga Studies*.

Jay Duckworth acumula más de 40 años de experiencia como diseñador y fabricante de atrezo en espectáculos de Broadway y Off-Broadway. Su currículo incluye obras como *Hamilton, Fun Home, Road Show, Here Lies Love, Latin History for Morons, For Colored Girls Who Have Considered Suicide/When the Rainbow is Enuf* y las representaciones de *Shakespeare en el parque* de Nueva York durante sus diez años como residente en The Public Theater. Enseña en la Universidad del Estado de Colorado y en la Universidad Pace. Para más datos sobre él: **proptologist.com**.

Ambrose Greenway, miembro independiente de la Cámara de los Lores desde 1975, está especializado en asuntos marítimos y es el presidente del All-Party Parliamentary Ports & Maritime Group. Es Elder Brother de la Trinity House, y ha sido presidente de Cruise Europe y The World Ship Society, y presidente de la junta directiva de The Marine Society y The World Ship Trust. Sus publicaciones incluyen trabajos sobre transbordadores, cargueros transatlánticos y buques mercantes soviéticos.

Ceri Houlbrook es profesora de Historia y Folclore en la Universidad de Hertfordshire, R.U. Se doctoró en Arqueología con una tesis sobre los árboles de monedas británicos e irlandeses. Es miembro del comité de la Folklore Society y ha publicado trabajos sobre creencias populares y prácticas rituales, pasadas y presentes. A Ceri le encanta enseñar a los curiosos, probar nuevos alimentos relacionados con el folclore y sumergirse en la investigación.

GWR colabora con muchos clubes, instituciones y federaciones para investigar y comprobar los récords de un amplio abanico de disciplinas. A continuación, destacamos algunos de los que han colaborado en esta edición. Puedes encontrar la lista completa en www.guinnessworldrecords.com/records/partners.

8000ers.com
Eberhard Jurgalski ha desarrollado el sistema «Elevation Equality», un método de clasificación de montañas y cordilleras. Su sitio web es la fuente principal de estadísticas de altitud de las cordilleras del Himalaya y del Karakórum.

American Coaster Enthusiasts
Fundada en 1978, la ACE es una asociación de voluntarios sin ánimo de lucro dedicada a la conservación y estudio de las montañas rusas. Los 7.000 miembros de la ACE de todo el mundo disfrutan de ventajas exclusivas en los parques de atracciones, con la posibilidad de realizar recorridos por ellos, y reciben boletines de noticias. Cada año, la ACE organiza más de 75 eventos nacionales y regionales relacionados con las montañas rusas.

Asociación Internacional de Natación en Aguas Heladas
Fundada por Ram Barkai, la IISA nació en 2009 con el objetivo de formalizar la natación en aguas heladas (por debajo de 5 °C). Ha establecido un conjunto de reglas para garantizar la máxima seguridad y regular la práctica de la natación en términos de distancias, tiempo y condiciones. La IISA también supervisa el Campeonato Internacional de Natación en Aguas Heladas.

Asociación Internacional de *Slackline*
La ISA tiene como objetivo apoyar y desarrollar todo tipo de comunidades de *slackline*, así como como regular el *slackline* como deporte de competición.

Asociación Mundial de Ultraciclismo
La WUCA es una organización sin ánimo de lucro dedicada al apoyo del ciclismo de ultrafondo en todo el mundo. Dispone del mayor repositorio con información sobre récords ciclistas logrados con cualquier tipo de bicicleta, y certifica los récords de sus miembros.

Behind the Stunts
Behind the Stunts es un archivo de documentos de audio y vídeo con preguntas y respuestas y análisis sobre la acción en películas y en TV compilado por el historiador de las escenas de riesgo en el cine Jon Auty, presentador del pódcast y del canal de YouTube *Behind the Stunts*. Auty también es el autor del libro *Jump Rocky Jump* (2019), sobre la vida y la época del legendario doble de riesgo Rocky Taylor, y de *Stunts, Bond Stunts*, la historia definitiva de las escenas de riesgo en la franquicia cinematográfica de *James Bond*, que en breve llegará a las librerías.

Esquema de Clasificación de Expediciones Polares
El PECS es un sistema de clasificación de grandes viajes polares sin vehículos a motor. Lo administra un comité de especialistas en expediciones polares dirigido por Eric Philips. El sistema tiene en cuenta las regiones, la forma de viajar, las rutas y el tipo de asistencia, y orienta a los expedicionarios sobre cómo clasificar, promover e inmortalizar sus viajes.

European Coaster Club
Justin Garvanovic, asesor jefe de GWR de montañas rusas, fundó el ECC en 1996. Sus primeros miembros fueron los lectores de su revista *First Drop*. La asociación ha crecido hasta convertirse en un club social popular entre los aficionados a las montañas rusas y los parques temáticos, con miles de miembros y muchos socios corporativos.

Federación Internacional de Robótica
La IFR es la voz de la robótica en el mundo. Organizaciones dedicadas a la robótica de más de 20 países la fundaron en 1987 sin fines de lucro en el 17.º Simposio Internacional de Robótica. Su propósito es promover y fortalecer la industria de la robótica en todo el mundo y difundir el conocimiento sobre las tecnologías robóticas.

Federación Mundial de Disco Volador
La WFDF es la federación deportiva internacional responsable de regir los deportes con disco volador (*frisbee*), incluidas las pruebas Ultimate, Beach Ultimate, Disc Golf, Freestyle, Guts e individuales. Se compone de 103 asociaciones que representan los deportes de disco volador y sus atletas en más de 100 países.

Federación Mundial de Minigolf
La WMF es la organización que engloba a asociaciones deportivas de minigolf de todo el mundo, con federaciones de cinco continentes. Fundada en 1980, la WMF es miembro de la GAISF (Asociación Global de Federaciones Deportivas Internacionales) y de la AIMS (Alianza de Miembros del Deporte Independientes Reconocidos) en representación 65 asociaciones nacionales y más de 38.000 jugadores registrados. Los miembros de la WMF organizan más de 1.500 torneos al año.

Fédération Internationale des Sociétés Magiques
La FISM se fundó en 1948 y hoy consiste en 112 sociedades mágicas que representan a más de 80.000 magos de más de 49 países. Con sede en Lausana, Suiza, su junta directiva (el presidente Andrea Baioni y los dos vicepresidentes, Peter Din y Satoru Yamamoto) supervisa seis campeonatos continentales y gestiona el Campeonato Mundial de Magia de la FISM, donde compiten los 150 mejores magos para convertirse en el campeón mundial de la magia.

Grupo de Investigación en Gerontología
Fundado en 1990, la misión del GRG es frenar y finalmente revertir el envejecimiento a través de la aplicación y el intercambio del conocimiento científico. También mantiene la mayor base de datos de supercentenarios (personas con más de 110 años), que Robert Young, asesor sénior de GWR de gerontología, se encarga de gestionar.

Ocean Rowing Society
Kenneth F Crutchlow y Peter Bird fundaron la ORS en 1983; más tarde se unieron Tom Lynch y Tatiana Rezvaya Crutchlow. La sociedad mantiene un registro de todos los intentos de travesías oceánicas a remo, así como de grandes cuerpos de agua. También clasifica, verifica y adjudica los logros en remo oceánico.

Organización Meteorológica Mundial
Con sede en Ginebra, Suiza, este organismo de la ONU es la autoridad mundial en meteorología, climatología e hidrología, tanto en el ámbito científico como en políticas de asesoramiento. El Dr. Randall Cerveny es President's Professor de Ciencias Geográficas especializado en meteorología y clima. Ocupa el cargo de relator de meteorología y climatología extrema de la OMM desde 2007.

Parrot Analytics
La empresa Parrot Analytics es líder mundial en análisis de demanda de contenidos en el negocio de la televisión multiplataforma. Rastrea más de 1.500 millones de expresiones diarias de demanda en más de 100 idiomas y 200 países.

Sail Training International
Sail Training International es el organizador de The Tall Ships Races y una organización benéfica que promueve el desarrollo y la educación de las personas jóvenes con independencia de su nacionalidad, cultura, religión, género u origen social a través de la navegación a vela. Sail Training International trabaja con Tall Ships y las National Sail Training Organisations para ayudar a los jóvenes a aumentar la confianza en sí mismos, desarrollar una comunicación efectiva y aprender nuevas habilidades para la vida.

Sociedad Malacológica de Londres
Esta institución con sede en R.U. se dedica a la investigación y educación sobre moluscos. Es una organización internacional y está abierta a todos los interesados en el estudio científico de los moluscos. Se fundó en 1893 con los objetivos de «promover la educación, la investigación y la divulgación del conocimiento básico y aplicado de los moluscos». También publica el *Journal of Molluscan Studies*. Su presidente actual es Jon Ablett.

Unión Internacional de la Marioneta
La UNIMA es una ONG vinculada a la UNESCO. Fundada en 1929, es la organización de teatro internacional más antigua. Presente en más de 90 países, es una plataforma de intercambio y colaboración entre personas que practican este arte, trabajan en el medio o sienten pasión por él. Apoya encuentros, conferencias, festivales, intercambios y colaboraciones, favorece la cooperación con otras personas en todas las áreas del arte de los títeres, apoya el coleccionismo, la difusión de información y las publicaciones, y contribuye en la organización de cursos y talleres.

World Cube Association
La WCA rige las competiciones de rompecabezas mecánicos en los que hay que mover grupos de piezas, como el cubo de Rubik. Su objetivo es aumentar el número de competiciones y llegar a más países y gente asegurando el juego limpio y la igualdad de condiciones.

Alan Jamieson es el director y fundador del Centro de Investigación de Aguas Profundas Minderoo-UWA de la Universidad de Australia Occidental. Acumula más de 22 años de experiencia en ciencia, tecnología y exploración de aguas profundas. Autoridad mundial sobre la zona hadal, ha publicado más de 125 artículos científicos, ha participado en casi 70 expediciones y fue pionero en el diseño de módulos de aterrizaje en el fondo marino que se han desplegado más de 500 veces en las fosas más profundas del mundo.

Aimee Schofield es investigadora independiente y docente. En 2014 se doctoró en la Universidad de Manchester en Clásicos e Historia Antigua con una tesis sobre la tecnología de catapultas en la Grecia antigua. Fue miembro visitante honorario de la Universidad de Leicester hasta 2020. Su investigación se centra en la guerra de asedio en la Antigüedad, con especial interés en la tecnología militar antigua, así como en el papel que desempeñaba la mujer en la guerra en Grecia y Roma.

Colin Stuart es un escritor y conferenciante sobre astronomía que ha recibido numerosos premios. Se han vendido más de 400.000 copias de sus 20 libros en todo el mundo, con traducciones a 23 idiomas. También ha escrito más de 250 artículos de divulgación científica para distintas publicaciones, como *The Guardian, New Scientist* y *The Wall Street Journal*, así como para la Agencia Espacial Europea. En reconocimiento a sus esfuerzos para popularizar la astronomía, el asteroide 15347 Colinstuart lleva su nombre.

Emily Lakdawalla es comunicadora científica, escritora y educadora especializada en ciencia planetaria y exploración espacial. Contribuye con las publicaciones de Planetary Society desde 2002, y es editora asociada de *Sky & Telescope*. Su libro de 2018, *The Design and Engineering of Curiosity*, tendrá continuación en el volumen complementario *Curiosity and its Science Mission: A Mars Rover Goes to Work*. También tiene un asteroide con su nombre: 274860 EmilyLakdawalla.

Karl P. N. Shuker es doctor en Zoología y Fisiología Comparada por la Universidad de Birmingham, R.U., miembro de la Sociedad Zoológica de Londres, miembro de la Real Sociedad de Entomología y miembro de la Sociedad de Autores. Ha escrito 25 libros y cientos de artículos que abarcan múltiples aspectos de la historia natural. El trabajo de Karl pone el énfasis en animales raros, lo que incluye especies nuevas, redescubiertas y no reconocidas.

Matthew White es el asesor de música, críquet y tenis de GWR. Además, entre 2009 y 2023 analizó minuciosamente más de 60.000 récords publicados para verificarlos, y fue el corrector de pruebas del **anuario más vendido**. Tras formarse como periodista, Matthew logró el trabajo de sus sueños al convertirse en miembro del equipo que produjo las últimas cuatro ediciones del *Guinness Book of British Hit Singles & Albums*. También ha trabajado en proyectos para EMI, Universal Music Group y la Official UK Charts Company.

Sarah Peverley es profesora universitaria, escritora y locutora. Imparte clases de lengua inglesa en la Universidad de Liverpool, donde su investigación se centra en la cultura medieval, los primeros libros y la historia de las sirenas en la literatura, el arte y la mitología mundial. Como experta en la Edad Media y en criaturas míticas, Sarah colabora regularmente en programas de radio y televisión y escribe en prensa. Es uno de los «pensadores de la nueva generación» de Radio 3 de la BBC y miembro de la Royal Historical Society.

Rebecca Simon es historiadora de la piratería a principios de la Edad Moderna, de la América colonial, del mundo Atlántico y de la historia marítima. Ha escrito numerosos artículos y dos libros: *Why We Love Pirates: The Hunt for Captain Kidd and How He Changed Piracy Forever* (2020) y Pirate Queens: *The Lives of Anne Bonny and Mary Read* (2022). También ha compartido su experiencia en numerosos pódcast, como *You're Dead to Me*, y en documentales sobre piratas de Netflix y History Channel.

Sam Willis es uno de los historiadores más conocidos del R.U. Ha trabajado en más de 10 series de televisión para la BBC y National Geographic, y ha escrito más de 15 libros, muchos de ellos centrados en la historia marítima y naval. Sam también es el conductor de dos populares pódcast de historia: *Histories of the Unexpected* y, para los interesados en la historia marítima, *The Mariner's Mirror Podcast*.

Mara Reed es estudiante de posgrado en el Departamento de Ciencias Planetarias y de la Tierra de la Universidad de California, Berkeley, EE.UU. Cuando era adolescente, se aficionó a «contemplar géiseres» y ahora canaliza esa curiosidad hacia la investigación. Sus estudios, centrados en los factores que influyen en los cambios de intervalos en las erupciones de los géiseres, a menudo incorporan observaciones de la comunidad de aficionados a los géiseres. Mara también es asesora científica de **geysertimes.org**.

Chris Stokes fue presidente de la sección británica de la Sociedad Internacional de Glaciología y ahora es profesor en la Universidad de Durham, R.U. Está especializado en glaciares y su respuesta al cambio climático, y su investigación abarca desde el seguimiento de pequeños glaciares de montaña en las últimas décadas a reconstrucciones a gran escala de capas de hielo continentales formadas durante milenios. En los últimos 20 años, Chris ha publicado más de 140 artículos científicos y ha colaborado en varios libros.

Wesley Yin-Poole es un veterano periodista que ha trabajado en una larga lista de páginas web sobre videojuegos como Eurogamer, Digital Foundry y VideoGamer.com. Juega a *FIFA*, *Call of Duty* y a casi todos los juegos que BioWare y Bethesda lanzan, pero su verdadera pasión son los juegos de lucha, especialmente *Street Fighter* de Capcom y *Mortal Kombat* de NetherRealm. Cuando no juega a *Ultimate Team* o *Warzone*, se le puede encontrar practicando combos perfectos con su personaje favorito de los juegos de lucha, Guile.

Gracias también a...
American Coaster Enthusiasts (Derek Perry y Elizabeth Ringas); American Numismatic Society (Jesse Kraft); Marcos Aston; Iain Baird; Victoria Bartels; Beard Team USA (Bryan Nelson); beforesandafters (Ian Failes); Bellrock.org.uk (David Taylor); Benetech (Michael Johnson y Charles LaPierre); Meg Bernstein, Sabina Berretta, Bricksel (Huw Millington); British Stunt Register (Kelly Fletcher); Rosalind Brown-Grant; Bucketlist.net (Miika Hakala); Melissa Chadderton; Andy Chipling; Ben Clark; Cole Conway; Mildred Cookson; Kate Corry; Cosmic Shambles Network (Trent Burton); Martyn Davis; Dawbell (Jordan Shepley); Nicolai Lynge Drost; Wade Eastwood; Edinburgh Festival Fringe (Niki Boyle); Mohammed Ezkat; Aleatha Ezra; Basil Fairston; Steve Feltham; Peter Finer; Universidad Atlántica de Florida (Chelsea Bennice); Stephen Follows; Ghost Club (Alan Murdie y Rosie O'Carroll); Victoria Grimsell; Thaneswar Guragai; Carolyn Harris; Carsten Heer; Sven Herrmann; Hop King (Ben Hopkinson); Howard League for Penal Reform (Rob Preece); Robin Ince; Unión Internacional de Asociaciones de Alpinismo, UIAA (Rafael Jensen y Stephanie Stettbacher); MJ Johnson; Doug Jones; Anna King; Christy Kreisa (GRACE - LA, en nombre de Taurus World Stunt Awards); Matt Lodder; Monty Lord; Adam Lucas; Gabriel Margolis; Alessandro Mariani; Rick Mayston; Jonathan McDowell; Heather McFarland; Stuart McKie; Alejandro Mirabal; Mullet Fest (Melinda Murray); Dacian Muntean; Alan Murray; NASA (Fred Calef, Hallie Gengl, Andrew Good y Tammy Lee Long); National Cave and Karst Research Institute (George Veni); National Geospatial-Intelligence Agency: List of Lights, Radio Aids and Fog Signals (Robbin H Brooks); National Motor Museum (Patrick Collins, Jon Murden, Anna-Marie O'Connor); NBC Universal (Shannon Lee); Laura Neves; NOAA (Monica Allen, Laura Chaibongsai, Joe Cione, Emily Crum, Aurora Elmore, Gregory Foltz y Jenn Virskus); Octonation (Warren Carlyle); Optical Oceanography Laboratory, Universidad del Sur de Florida (Chuanmin Hu); Mark O'Shea; Caroline Overy; Merav Ozair; Schwan, Miki y Max Park; Richard Parks; Parrot Analytics (Samuel Stadler); Ellen Peltz; Antoine Potten; Propstore (Brandon Allinger, Felicity Beardshaw y Tim Lawes); Isis Prummel; Anders Rhodin; Sam Roberts; Anna Rolls; Royal Armouries (Maeve Anderson y Eleanor Wilkinson-Keys); Royal Caribbean International (Miriam Mortimer); Juan Sanchez; Joel Saunders; Dan Schreiber; Michael Scott (alias Props to History); Nancy Segal; Will Shortz; Roland Sigrist; Tina Smart; Stanley Stepanic; The Broadway League (Scalla Jakso); The IRONMAN® Group (Colby Gornewicz); The Jim Henson Company (Karen Falk y Nicole Goldman); The Numbers (Bruce Nash); Chris Thompson; Roger Tomlin; Allen Tran; Ken Trethewey; UK & International Timing Adjudication (Trevor Duckworth y Malcolm Pitwood); UK Handlebar Club (Rod Littlewood); UNIMA (Steve Abrams, Richard Bradshaw, Kathy Foley, Karen Smith y Nancy Staub); Universidad de Bolonia (Jo Hilaire Agnes De Waele); Universidad of Bristol (Dr Ben Moon); Universidad de Lund (Eric Warrant); Universidad de Reading (Paul Williams); Karin Rabe Vance; Richard Vranch; Georg Wessels; Kieran Wilson; Wonderville (Dickson Cossar, Bailey Harris-Kelly y Sean Sweeney); Greg Woolf; Asociación Mundial de Fútbol de Estilo Libre (Daniel Wood); World Jigsaw Puzzle Federation (Alfonso Alvarez-Ossorio); Consejo Mundial de Récords de Velocidad a Vela (John Reed); Asociación Mundial de Apilamiento Deportivo (Lisa Berman); Xpogo (Will Weiner); John Zabrucky.

AGRADECIMIENTOS

Vicepresidenta sénior de la edición global
Nadine Causey

Editor jefe
Craig Glenday

Director editorial
Adam Millward

Editor sénior
Ben Hollingum

Editor Júnior
Aishwarya Khokle

Editores de maquetación
Tom Beckerlegge y Rob Dimery

Corrector de pruebas y comprobación de datos
Matthew White

Editores gráficos
Alice Jessop y Abby Taylor

Directora editorial y de producción
Jane Boatfield

Directora de producción y distribución
Patricia Magill

Coordinador de producción y distribución
Thomas McCurdy

Selección de personal
Charlie Anderson

Diseño
Paul Wylie-Deacon y Rob Wilson de 55design.co.uk

Diseño de la cubierta
Rod Hunt

Índice
Marie Lorimer

Responsable de contenidos por encargo
Michael Whitty

Fotografías originales
Brien Adams, Mustapha Azab, Abdellah Azizi, Ken Blaze, Ian Bowkett, Jon Enoch, Brittany Hirst, Paul Michael Hughes, Erik Isakson, Adam Kenna, Manuel Orts Lloris, Scott Lloyd, Zach Machen, Alexandre Montesinos, Abigail Mook, Tony Noel, Wade Payne, Rod Penn, Cameron Spooner y Sammy Tillery

Ilustraciones originales
Joanna Butler, Alex Pang y The Maltings Partnership

Asesores de producción
Karolina Kelc, Kevin Sarney y Maximilian Schonlau

Impresión y encuadernación
MOHN Media Mohndruck GmbH, Gütersloh, Alemania

Director de marketing global
Nicholas Brookes

Directora editorial y de comunicación (R.U. e Internacional)
Amber-Georgina Maskell

Directora de RR. PP. (R.U. e Internacional)
Madalyn Bielfeld

Ejecutiva de RR. PP. (R.U. e Internacional)
Alina Polianskaya

Ejecutiva de marketing (R.U. e Internacional)
Nicole Dyer-Rainford

Gestor de contenidos sénior (R.U. e Internacional)
Eleonora Pilastro

Directora de RR. PP sénior (EE.UU. y Canadá)
Amanda Marcus

Directora de RR. PP sénior (LATAM)
Alice Pagán

Ejecutiva de RR. PP. (América)
Kylie Galloway

Directora de contenidos (EE.UU. y Canadá)
Aliciamarie Rodriguez

Directora de contenidos (LATAM)
Luisa Sánchez

Director global de ventas
Joel Smith

Gestora de cuentas clave sénior
Mavis Sarfo

Directora de ventas internacionales
Aliona Ladus

Reprografía
Resmiye Kahraman y Louise Pinnock, de Born Group

Coordinación editorial de la versión española
LT Servicios Lingüísticos y Editoriales, S.L.

Traducción
Montserrat Asensio, Lluïsa Moreno y Daniel Montsech

TODOS LOS DERECHOS RESERVADOS

© 2023 de la traducción española del Guinness World Records Limited: Editorial Planeta, S.A.

Esta edición del Guinness World Records se publica con el consentimiento de Guinness World Records Limited.

No se permite la reproducción o transmisión de ninguna parte de esta obra, en cualquier formato ni por cualquier medio, ya sea electrónico, químico o mecánico, incluidos la reprografía y los sistemas de almacenamiento o lectura de información, sin la licencia o autorización escrita de los titulares de los derechos.

Edición en lengua española para España, EE.UU. y América Latina distribuida por Editorial Planeta, S. A., Av. Diagonal, 662-664, 08034 Barcelona, España.

España:

ISBN: 978-84-08-27603-6
Depósito legal: B. 12.293-2023

América Latina:

ISBN: 978-84-08-27604-3
Depósito legal: B. 12.294-2023

Los récords se establecen para ser batidos (de hecho, es un requisito clave para que se reconozcan como categoría oficial). Si encuentras alguno que, en tu opinión, puedas superar, cuéntanoslo y formula una solicitud de récord. Eso sí, antes de intentarlo, debes ponerte en contacto con nosotros.

Sostenibilidad

En Guinness World Records, perseveramos en nuestro empeño por ser lo más respetuosos posibles con el medio ambiente. Como parte de ese compromiso, las páginas de este libro han sido imprimidas en un papel totalmente reciclado, fabricado al 100 % con papel recuperado y pasta destintada postconsumo. En el proceso de producción del papel no se utiliza ningún tipo de blanqueo con cloro. Cuenta con la certificación Ángel Azul y la Etiqueta Ecológica Europea.

Este papel se produce en la fábrica de Steinbeis Papier, en Alemania, que es una de las papeleras más eficientes energéticamente y de bajas emisiones de Europa. La fábrica se centra en el equilibrio ecológico en todo el proceso de producción, desde la adquisición de papel recuperado de proximidad como materia prima, hasta el proceso de producción mediante un ciclo de energía y de agua prácticamente cerrado.

GWR está comprometido con el abastecimiento ético y responsable de papel, así como de tinta. También trabajamos para garantizar que todos nuestros socios de la cadena de suministro cumplan con las normas internacionales más estrictas en materia de producción sostenible y gestión de la energía. Para más información, póngase en contacto con nosotros.

Gracias al uso innovador de la tecnología de producción combinada de calor y electricidad, se emitió hasta un 52 % menos de CO_2 en la impresión de este producto en comparación con el uso de energía convencional.

Guinness World Records Limited aplica un sistema de comprobación muy riguroso para verificar todos los récords. Sin embargo, aunque ponemos el máximo empeño en garantizar la exactitud, Guinness World Records Limited no se hace responsable de los posibles errores que contenga esta obra. Agradecemos todos aquellos comentarios de nuestros lectores que contribuyan a una mayor exactitud de los datos. Guinness World Records Limited utiliza preferentemente el sistema métrico decimal, excepto en ciertas unidades de otros sistemas de medición universalmente aceptadas y en algunos datos deportivos. Cuando se especifica una fecha, todos los valores monetarios se calculan según el tipo de cambio vigente en el momento; cuando únicamente se especifica el año, la conversión se establece con arreglo al tipo de cambio vigente el 31 de diciembre de ese año.

Al intentar batir o establecer récords se deben solicitar siempre los consejos oportunos. Cualquier tentativa de récord es responsabilidad exclusiva del aspirante. Guinness World Records Limited se reserva por completo el derecho a incluir o no un determinado intento de récord en cualquiera de sus publicaciones. La posesión de un récord del Guinness World Records no garantiza su aparición en ninguna publicación del Guinness World Records.

IMPRESO EN ALEMANIA

THE JIM PATTISON GROUP

OFFICIALLY AMAZING

Presidente mundial
Alistair Richards

Servicios profesionales
Alison Ozanne

Finanzas globales: Elizabeth Bishop, Jess Blake, Arianna Cracco, Lisa Gibbs, Kimberley Jones, Jacob Moss, Bhavik Patel, Ysanne Rogers y Andrew Wood

Partnering empresarial y marketing de producto: Sara Kali, Maryana Lovell, Aled Mann, Blair Rankin, Lorenzo Di Sciullo y Scott Shore

Departamento jurídico: Mathew Alderson, Greyson Huang, Matthew Knight, Raymond Marshall, Maria Popo y Jiayi Teng

TI y Operaciones (mundial)
Rob Howe

Tecnología digital y TI: Mike Emmott, Adeyinka Folorunso, Diogo Coito Gomes, Veronica Irons, Sohail Malik, Benjamin McLean, Ajoke Oritu, Cenk Selim, Roelien Viljoen y Alex Waldu

Dirección central de récords
Mark McKinley

Soporte de contenidos de los récords: Lewis Blakeman, Amelis Escalante, Clea Lime, Will Munford, Mariana Sinotti, Dave Wilson y Melissa Wooton

Equipo de selección de récords: Nana Asante, Olly de Boer, Megan Bruce, Dominic Heater, Hadiqa Javed, Esther Mann, Will Sinden y Luke Wakeham

RR. HH. y gestión cultural
Stephanie Lunn

Londres: Jackie Angus, Isabelle Fanshawe, Gurpreet Kaur, Monika Tilani

América: Rachel Gluck, Jennifer Olson

China: Crystal Xu, Nina Zhou

Japón: Emiko Yamamoto

EAU: Monisha Bimal

Marca y contenidos digitales
Katie Forde

Estrategia de marca, comunicaciones y diseño: Momoko Cunneen, Juliet Dawson, Rebecca Fisher, Lucy Hunter y Doug Male

Redes sociales: Josephine Boye, Lisha Howen, Dominic Punt y Dan Thorne

Contenido de la web: Sanj Atwal, Vassi Bakogianni y Vicki Newman

Estudios GWR: Karen Gilchrist y Kathryn Hubbard

Producción y licencia de contenidos: Jesse Hargrave, Aisheshek Magauina, Fran Morales, Matthew Musson, Joseph O'Neil, Catherine Pearce, Spoorthy Prakash, Emma Salt y Michael Whitty

Asesoría global
Marco Frigatti

Producción de eventos: Paul O'Neill y Alan Pixsley

Generación de demanda global: Angelique Begarin y Melissa Brown

Asesoría de Pekín
Charles Wharton

Licencia de contenidos: Chloe Liu

Editorial: Angela Wu

Comunicación de marca: Echo Zhan e Yvonne Zhang

Gestión de cuentas comerciales: Catherine Gao, Xiaona Liu, Tina Ran, Amelia Wang, Elaine Wang y Paige Wu

Marketing comercial: Theresa Gao y Lorraine Lin

Producción de eventos: Fay Jiang

Dirección de récords: Ted Li, Vanessa Tao, Alicia Zhao y Sibyl Zou

Asesoría de Dubái
Talal Omar

Gestión de cuentas comerciales: Sara Abu-Saad, Naser Batat, Mohammad Kiswani y Kamel Yassin

Marketing comercial: Shaddy Gaad

Marca y marketing de contenidos: Mohamad Kaddoura y Alaa Omari

Producción de eventos: Daniel Hickson

PR: Hassan Alibrahim

Dirección de récords: Sarah Alkholb, Hani Gharamah, Reem Al Ghussain y Karen Hamzeh

Asesoría de Londres
Sam Prosser

Gestión de cuentas comerciales: Nick Adams, Monika Drobina, Sirali Gandhi, Shanaye Howe, Nick Hume, Nikhil Shukla, Lucia Sinigagliesi y Nataliia Solovei

Producción de eventos: Fiona Gruchy-Craven

Marketing comercial: Amina Addow y William Baxter-Hughes

Dirección de récords: Andrew Fanning, Apekshita Kadam, Christopher Lynch y Francesca Raggi

Asesoría de América
Carlos Martinez

Gestión de cuentas comerciales: Mackenzie Berry, Brittany Carpenter, Carolina Guanabara, Ralph Hannah, Kim Partrick, Michelle Santucci y Joana Weiss

Marketing comercial: Alexia Argeros, Nicole Pando y Ana Rahlves

Dirección de récords: Raquel Assis, Maddison Kulish, Alba (Niky) Pauli, Callie Smith y Carlos Tapia Rojas

Asesoría de Tokio
Kaoru Ishikawa

Comunicación de marca: Kazami Kamioka y Masakazu Senda

Gestión de cuentas comerciales: Minami Ito, Wei Liang, Takuro Maruyama, Yumiko Nakagawa, Nana Nguyen, Yuki Sakamoto y Masamichi Yazaki

Marketing comercial: Hiroyuki Tanaka y Eri Yuhira

Producción de eventos: Yuki Uebo

Dirección de récords: Fumika Fujibuchi, Aki Ichikawa, Mai McMillan, Momoko Omori, Naomi-Emily Sakai, Kio Shijiki, Lala Teranishi, Aynee Toorabally y Kayo Ueda

© 2023 de la traducción española del Guinness World Records Limited: Editorial Planeta, S. A.
No se permite la reproducción o transmisión de ninguna parte de esta obra, en cualquier formato ni por cualquier medio ya sea electrónico, químico o mecánico, incluidos la reprografía y los sistemas de almacenamiento o lectura de información, sin la licencia o autorización escrita de los titulares de los derechos.

Créditos fotográficos

1 Atlantis Dubai; **2** Shutterstock; **5 (AM LAT)** Shutterstock; **7 (AM LAT)** GWR, Alamy; **5 (ES)** Alex Roca, Getty Images, Robert Young; **6 (ES)** Shutterstock, Alamy; **7 (ES)** Getty Images; **9** Glenn Gratton/GWR; **10** Shutterstock, Kat Ku/GWR, Paul Michael Hughes/GWR; **11** GWR; **12** Jess Burges Kerikeri; **13** Rachael Woosley, Abby Taylor, Alamy; **14** Thomas Pesquet/ ESA/NASA, Getty Images; **15** Shutterstock; **16** Shutterstock; **17** The Maltings Partnership/www.maltingspartnership.com; **18** Shutterstock, Getty Images; **19** Tom St George, Shutterstock; **20** Alamy, Shutterstock; **21** Shutterstock, Caroline Power; **22** Getty Images, Shutterstock, Wilson Bentley, Alamy, Konrad Steffen/University of Colorado Boulder, Dr Juerg Alean/Science Photo Library; **23** Alamy, BBC; **24** Getty Images, Science Photo Library, Alamy, Shutterstock; **25** Getty Images, Shutterstock; **26** Thea Magerand, D. V. Palcu, Arbindra Khadka/National Geographic, NOAA, Shutterstock; **27** Kenneth Libbrecht, Getty Images; **28** Kip Evans Photography, Kip Evans Photography, OAR/National Undersea Research Program (NURP); **29** Alamy, OAR/National Undersea Research Program (NURP); **30** naturepl.com, Matt Testoni, Birch Aquarium at Scripps Institution of Oceanography; **31** Alamy; **32** Alex Pang, Alamy, naturepl.com; **33** Getty Images; **34** Shutterstock, naturepl.com, Ganesh Chowdhury/Sanctuary Asia; **35** Suthep Kritsanavarin, Imago Images, Sinsamout Ounboundisane; **36** Getty Images, Alamy; **37** Getty Images, Shutterstock; **38** Alamy, naturepl.com, Shutterstock; **39** naturepl.com, Shutterstock; **40** Alamy; **41** Andrei Savitsky, Getty Images, Michael Wolf, MBARI, Jérôme Mallefet, Alamy; **42** Dr Alan Jamieson, naturepl.com, NOAA, Alamy; **43** Alamy, Dr Alan Jamieson; **44** Shutterstock, Schmidt Ocean Institute, Turbosquid; **45** Shutterstock, Turbosquid; **46** Shedd Aquarium/Brenna Hernandez, Getty Images, Shutterstock, Gomes-Pereira *et al*; **47** Alamy, Shutterstock; **48** Cats Protection, Shutterstock, Brittany Hirst/GWR, Abigail Mook/GWR; **49** Brien Adams/GWR; **50** Ian Witlen/Red Bull Content Pool; **51** Getty Images, Shutterstock; **52** Paul Michael Hughes/GWR; **53** Sue Ryder/SWNS; **54** Illustration by Joanna Butler BA(Hons) (www.medical-artist.com), Shutterstock; **55** Science Photo Library, Science Photo Library; **56** Yoni Brook, Shutterstock, Lingkopings Parachute Club/Joppe de Kort, Alamy; **57** Scott Lloyd/GWR, Getty Images; **58** Alamy, GWR, Paul Michael Hughes/GWR, Erik Isakson/GWR, Teresa Slosar; **59** Wade Payne/GWR, Ken Blaze/GWR; **60** Ranald Mackechnie/GWR, Alamy; **61** Zach Machen/GWR, Paul Michael Hughes/GWR, Alamy, Getty Images; **62** Christy Jordan, Mustapha Azab/GWR, Riccardo Cellere/GWR, Erol Gurian/GWR, Trevor Johns, Jean-François Rioux/GWR, Paul Michael Hughes/GWR, Getty Images; **63** Mustapha Azab/GWR; **64** Shutterstock, GWR; **65** Abdellah Azizi/GWR, Simon Ashton/dmg media Licensing; **66** Allison V. Smith/Guardian/eyevine, Shutterstock; **67** Jose Garcia (Garciartist) and Griffith University, Tim Maloney; **68** Sammy Tillery/GWR, Alberto Bernasconi/GWR; **69** Banijay/Mediaset; **70** John Wright/GWR, Henny Boogert; **71** Hungry Bear Media, wimhofmethod.com; **72–73** Cameron Spooner/GWR; **74** Turbosquid/Shutterstock/Gian Marco Rizzo, Getty Images, Shutterstock; **75** Shutterstock; **76** Edwin Koo/GWR, Richard Bradbury/GWR, Paul Michael Hughes/GWR; **77** Ioannis Vlachiotis; **78** Edwin Koo/GWR, Reuters; **79** MUSAN/Jason deCaires Taylor, MUSAN/Costas Constantinou; **80** Disney, Alamy, Sony Pictures; **82** Alamy, Shutterstock, Getty Images, Dick Rutan and Jeanna Yeager; **83** Shutterstock; **84** Xpogo, GWR, Ranald Mackechnie/GWR, Xpogo; **85** Maryna Cotton & Sarel van Staden, Julie Kerbel, Ian Bowkett; **86** Tony Fisher Puzzles, Moses Latigo Odida; **87** Artur Frost/Technische Universität Braunschweig, Philipp Carl Riedl/Red Bull Content Pool, Joerg Mitter/Red Bull Content Pool, Tomislav Moze/Red Bull Content Pool; **88** Shutterstock, Alamy, James Weber; **89** Robert Engelbrecht, Robert Engelbrecht, Nancy Thornton, Shutterstock; **90** Yash Moradiya; **91** Manuel Orts Lloris/GWR; **92** Dong Jianwen, Rod Penn/GWR; **93** Alamy, Elizabeth Nida Photography; **94** Shutterstock, Maryna Cotton & Sarel van Staden; **95** Nick DiGiovanni, Cheryl Clegg; **96** Shutterstock, Paul Michael Hughes/GWR, Maryna Cotton & Sarel van Staden, Ranald Mackechnie/GWR; **98** Richard Bailey; **99** Shutterstock, Adam Kenna/GWR; **102** Shutterstock, Busy Beaver Button Museum, Brien Adams/GWR; **105** Alberto Bernasconi/GWR; **106** James Dadzitis/SWNS; **108** Paul Michael Hughes/GWR; **111** Heritage Auctions, Alexandre Montesinos/GWR; **113** Alamy, Shutterstock; **114** Steve Benjamin/The Lewis Pugh Foundation; **115** Kelvin Trautman/The Lewis Pugh Foundation; **116** Alex Pang, The Five Deeps Expedition; **117** The Five Deeps Expedition; **118** Amrit Ale, Iamthanes; **119** Shutterstock; **120** Lat35, Corrina Ridgeway; **121** Danya Schwertfeger, Shutterstock; **122** Juan Enis, Deja Vu/Maggie Jackson, Shawn Heinrichs, Gabriel Leiva; **123** Marketing Adventures, Olga Ryngert-Yüjnaya/SAMOENS, Alamy, Shutterstock, Getty Images; **124** Arik Thormahlen, Richard Bradbury/GWR, Pemba Sherpa/Red Bull Content Pool; **125** Enrique Alvarez, Blue Origin, Atte Miettinen; **126** Alamy, Dick Rutan and Jeanna Yeager, Shutterstock, Getty Images; **127** Shutterstock; **128** Emirates Team New Zealand/James Somerset; **129** Benjamin Jordan & Lyndsay Nicole/Fly Monarca; **130** @slacklinepaysbasque, Chantal Grondin, Smiley Photography; **131** Quirin Herterich, Nicolas Baudier; **132** Maryna Cotton & Sarel van Staden, Ilaria Cariello Photography; **133** Jesse Major; **134** Ben Gibson/2023 HST Global Limited/Rocket Entertainment, Shutterstock, Alamy; **135** Shutterstock, Helen Maybanks/Disney; **136** Bob Marshall, Shutterstock; **137** Shutterstock; **138** Shutterstock, Alex Pang, Alamy; **139** Shutterstock; **140** Jean-Claude Golvin/Éditions Errance, Olaf Tausch, The Metropolitan Museum of Art, Shutterstock; **141** Science Photo Library, *The New York Times*, Shutterstock, Alamy; **142** Shutterstock, Alamy; **143** Getty Images, Alamy; **144** Disney/Jerry Bruckheimer Films/Infinitum Nihil/Alamy, Shutterstock; **145** Gregory Manchess, Getty Images, Alamy, Disney/Jim Henson Productions/Shutterstock; **146** Shutterstock, Alamy; **147** Shutterstock, Alamy; **148** Shutterstock, BBC, Alamy; **149** Shutterstock, Alamy; **150** Shutterstock, Alamy; **151** Shutterstock, Alamy, Lincoln Financial Foundation Collection, Roger Tomlin; **152** GWR, Alamy; **153** Netflix/Alamy; **154–155** Philipp Schmidli; **156** Fabian Oefner, Daimler AG; **157** Mercedes-Benz Group AG; **158** Shutterstock, Daniel Keating, Alamy; **159** Dreamstime.com, Alamy; **160** Getty Images, PoliMOVE, Porsche, Shutterstock; **161** Jorrit Lousberg/Light at Work Photography, Shutterstock; **162** USS *Gerald R. Ford* (CVN 78), Delphine Ménard, Allseas, Klaus Jordan, Boskalis; **163** Royal Caribbean, Royal Caribbean; **164** Svenska Ostindiska Companiet, Sail Training International, Getty Images; **165** Richard Sibley, Andre Marton Pedersen; **166** NASA/JPL-Caltech, NASA/ESA/CSA/STScI, Axiom Space; **167** NASA/Johns Hopkins APL, ASI/NASA, NASA/Johns Hopkins APL/Ed Whitman; **168** Justin Garvanovic; **170** ZARM/University of Bremen, NSO/AURA/NSF, ESRF/Stef Candé; **171** Jacqueline Ramseyer Orrell/SLAC National Accelerator Laboratory, Rubin Observatory/NSF/AURA, SLAC/Rubin Observatory, SAFRAN; **172** Shutterstock, Courtesy Saildrone and NOAA; **173** Kegan Sims/Agility Robotics, Oregon State University, Shutterstock; **174** Alamy, Shutterstock, SpaceX; **175** Shutterstock, Anderson Industries; **176** Shutterstock, @JohnPhotography, Getty Images; **177** Getty Images, Shutterstock; **178** 20th Century Studios, Mark Fellman/20th Century Studios/Disney; **179** Mark Fellman/20th Century Studios/Disney; **180** Alex Pang, Amblin/Universal Pictures/Shutterstock, Universal Pictures, Stan Winston Studio; **181** Stan Winston Studio; **182** Netflix/Alamy, Netflix/Shutterstock, HBO; **183** MGM/Universal Pictures/Alamy, Zed Jameson/BACKGRID, Splash News, Warner Bros./Alamy, Universal Pictures/Alamy; **184** John Zabrucky, Rock Island Auction Company, Shutterstock, Mark Cartwright, Alamy; **185** The Earl Hays Press, Tokyo National Museum, Shutterstock, Alamy, Bonhams; **186** HBO, Shutterstock, Netflix; **187** Warner Bros. TV/Alamy, StarPlus, Hajime Isayama, Kodansha/AOTF, HBO, Amazon Prime, Netflix, VH1, Nickelodeon; **188** YouTube, Netflix/Alamy, Ruby Okoro (@Rubyokoro), Getty Images; **189** Beth Garrabrant, Beth Garrabrant, Shutterstock; **190** Shutterstock, Alamy; **191** Hello Content, Shutterstock, Alamy, Getty Images; **192** Studio Ghibli/Alamy, The Pokémon Company, Aniplex/Alamy; **193** Fuji Television Network/Toei Animation/Alamy, Alamy; **194** Getty Images, Reiner Pfisterer, Isa Cherry, Leif Norman; **196** Shutterstock, Universal Pictures/Alamy, Alamy; **197** Alamy, Todd Rosenberg Photography, Paul Michael Hughes/GWR, Shutterstock, Getty Images; **198** Ana Dias, Brendan Meadows/WarnerMedia, Shutterstock, Alamy; **199** Ian Bowkett; **200** Getty Images, Global Creatures, Shutterstock, Disney/Alamy, Alamy; **201** Shutterstock, Getty Images, Alamy; **202** Ubisoft, Obsidian Entertainment/Games Press, Sony, Square Enix/Games Press, Cloud Imperium Games/Games Press, Games Done Quick, The Pokémon Company/Games Press, Shutterstock; **203** Greenfield Minecraft; **204** Elias Gammelgård/Red Bull Content Pool, Dale Tidy/Red Bull Content Pool, Blizzard Entertainment, Capcom/Games Press, Getty Images; **205** Colin Young-Wolff/Riot Games, Colin Young-Wolff/Riot Games, Lance Skundrich/Riot Games, Riot Games/Games Press; **206** Phillip Burgess, Shutterstock, Alamy; **207** Ranald Mackechnie/GWR; **208** Nintendo/Games Press, FuturLab/Square Enix, Hello Games/Games Press, Marvel/Second Dinner Studios; **209** Bandai Namco; **210** Devolver Digital/Games Press, Shutterstock, Microsoft/Games Press; **211** HBO/WarnerMedia, Getty Images, Niantic Labs; **212** The Bryan Museum, Getty Images; **213** Shutterstock, AGBO/Ley Line Entertainment/IAC Films/A24 Films/Alamy, Disney/Marvel Studios/Alamy, Paramount Pictures/Alamy; **214** Ranald Mackechnie/Camera Press, Getty Images, Alamy; **215** Getty Images; **216** Getty Images, Simone Castrovillari; **217** Fabio Cetti/Castrovillariphoto; **218** Getty Images; **219** Getty Images; **220** Getty Images, Shutterstock; **221** Shutterstock, Getty Images; **222** Getty Images; **223** Getty Images, Shutterstock; **224** Alamy, Getty Images, Shutterstock; **225** Getty Images, Shutterstock; **226** Shutterstock; **227** Alamy, Shutterstock, Getty Images; **228** Alamy, Getty Images, Shutterstock; **229** Getty Images, Daan Verhoeven, Alamy, Dean Treml/Red Bull Content Pool, Romina Amato/Red Bull Content Pool; **230** Getty Images, Alamy, Shutterstock; **231** Shutterstock, Alamy, Getty Images; **232** Shutterstock; **233** Shutterstock, Getty Images; **234** Alamy, Getty Images, Shutterstock; **235** Marcelo Maragni/Red Bull Content Pool, Getty Images, Shutterstock, Jamie Schwaberow/X Games; **236** Shutterstock, Alamy; **237** Shutterstock, Getty Images; **238** Marc Gewertz/NHRA, United Autosports, Getty Images, Shutterstock; **239** ONE Championship, Getty Images; **240** SWpix.com, Shutterstock; **241** Shutterstock, Getty Images, Howie Stern; **242** Alamy, Getty Images, Shutterstock; **243** Shutterstock; **244** Getty Images, Shutterstock; **245** Shutterstock; **256** Rod Hunt

Se ha hecho todo lo posible para identificar a los propietarios de los derechos de autor y obtener el permiso para el uso de las imágenes que aparecen en esta publicación. Agradecemos las notificaciones de los propietarios de los derechos de autor que puedan haber sido omitidos.

Adjudicadores oficiales

Osman Alwaleed, Camila Borenstain, Emma Brain, Joanne Brent, Jack Brockbank, Spencer Cammarano, Sarah Casson, Swapnil Dangarikar, Brittany Dunn, Kanzy El Defrawy, Michael Empric, Pete Fairbairn, Victor Fenes, Christine Fernandez, Michael Furnari, John Garland, Şeyda Subaşı Gemici, Andrew Glass, Iris Hou, Monica Hu, Louis Jelinek, Kazuyoshi Kirimura, Lena Kuhlmann, Maggie Luo, Mike Marcotte, Rishi Nath, Mbali Nikos, Hannah Ortman, Kellie Parise, Pravin Patel, Justin Patterson, Glenn Pollard, Susana Reyes, Alfredo Arista Rueda, Paulina Sapinska, Tomomi Sekioka, Brian Sobel, Hanane Spiers, Richard Stenning, Claire Stephens, Sheila Mella Suárez, Natalia Ramirez Talero, Raafat Tawfik, Anouk De Timary, Sonia Ushirogochi, Lorenzo Veltri, Xiong Wen, Peter Yang y Jacob Yip

Agradecimientos

55Design (Hayley Wylie-Deacon, Tobias Wylie-Deacon, Rueben Wylie-Deacon, Linda Wylie, Vidette Burniston, Lewis Burniston, Paul Geldeart y Sue Geldeart), Abu Dhabi Tourism (Bahaa Alameddine), All Saints' C of E Primary School Blackheath, Arizona Science Center (Guy Labine), ATN Event Staffing, Banijay Italia (Silvia Martini, Max Giammarrusti, Gabriela Ventura, Riccardo Favatto, Alessandra Gerra, Paola Spreafico y Benedetta Ferraro), Susan Bender, Brand Vista, CBBC, Cepac, Codex Solutions, Electric Robin (Ross Brandon, Bob Fletcher y Jacqui Saunders), Ezoic (Claire Johnson), Patrick Feldman, Luca Fiore, FJT Logistics (Ray Harper), GWR Hollywood (Nick Norman, Kirin Sundher, Raubi Sundher y Tej Sundher), GWR San Antonio (Sonny Marston y Davis Phillips), Imagination Station Toledo (Jim Repolsek y Andi Roman), Integrated Colour Editions Europe (Roger Hawkins y Susie Hawkins), Marcus Jacobs, Michelle Jacobs, Juliet's brownies, Left Brain Games (Andy Keplinger), James Lloyd, Alex Lopreino, Torquil Macneal, Matt Hillman Graphic Design, MediaSet Italia, Meta (Dan Biddle), Mirage Entertainment (Eric Bohnert Bones, David Draves y Debra Draves), Mohn Media (Astrid Renders, Kevin Sarney, Karolina Kelc, Maximilian Schonlau y Jeanette Sio), MSC (Steve Leatham, Andrea Correale, Matteo Mancini, Mihaela Carlan, Thiago Lucio Santos Vieira y Carlos Ponzetto), Rob Partis, Ping Leisure Communication (Claire Owen), Prestige Design (Jackie Ginger), The Production Suite (Beverley Williams), Propworks (Emma Banwell), Redhouse, Ripley Entertainment (William Anthony, Tacita Barrera, John Corcoran y Jim Pattison Jr.), Devonte Roper, The Schultz Creative (Carl Schultz y Darlene Retief), Schwa, Science North (Marc Gareau, Kris Gurnsey, Katherine Huneault y Ashley Larose), SELA (Thana'a Almashat, Ibrahim Mohtaseb y Ali Almutawakil), Snap (Lucy Luke), Steinbeis Papier GmbH, Tim Stuart, TikTok (Ella Neale), Julian Townsend, Sally Treibel, Twitter (Heather Bowen), Uplause (Veli-Pekka Marin y Jussi Marin), Zoe Vaux-Thompson, Lorna Williamson y YouTube (Camilla Krum)

Código de países

ABW	Aruba
AFG	Afganistán
AGO	Angola
AIA	Anguila
ALB	Albania
AND	Andorra
ANT	Antillas Holandesas
ARG	Argentina
ARM	Armenia
ASM	Samoa Estadounidense
ATA	Antártida
ATF	Territorios Franceses del Sur
ATG	Antigua y Barbuda
AUS	Australia
AUT	Austria
AZE	Azerbaiyán
BDI	Burundi
BEL	Bélgica
BEN	Benín
BFA	Burkina Faso
BGD	Bangladés
BGR	Bulgaria
BHR	Bahréin
BHS	Bahamas
BIH	Bosnia-Herzegovina
BLR	Bielorrusia
BLZ	Belice
BMU	Bermudas
BOL	Bolivia
BRA	Brasil
BRB	Barbados
BRN	Brunéi Darussalam
BTN	Bután
BVT	Isla de Bouvet
BWA	Botsuana
CAF	República Centroafricana
CAN	Canadá
CCK	Islas Cocos (Keeling)
CHE	Suiza
CHL	Chile
CHN	China
CIV	Costa de Marfil
CMR	Camerún
COD	República Democrática del Congo
COG	Congo
COK	Islas Cook
COL	Colombia
COM	Comoras
CPV	Cabo Verde
CRI	Costa Rica
CUB	Cuba
CXR	Islas de Navidad
CYM	Islas Caimán
CYP	Chipre
CZE	República Checa
DEU	Alemania
DJI	Yibuti
DMA	Dominica
DNK	Dinamarca
DOM	República Dominicana
DZA	Argelia
ECU	Ecuador
EE.UU.	Estados Unidos de América
EGY	Egipto
ERI	Eritrea
ESH	Sáhara Occidental
ESP	España
EST	Estonia
ETH	Etiopía
FIN	Finlandia
FJI	Fiyi
FLK	Islas Malvinas
FRA	Francia
FRG	República Federal de Alemania
FRO	Islas Feroe
FSM	Estados Federados de Micronesia
GAB	Gabón
GEO	Georgia
GHA	Ghana
GIB	Gibraltar
GIN	Guinea
GLP	Guadalupe
GMB	Gambia
GNB	Guinea-Bissau
GNQ	Guinea Ecuatorial
GRC	Grecia
GRD	Granada
GRL	Groenlandia
GTM	Guatemala
GUF	Guayana Francesa
GUM	Guam
GUY	Guyana
HKG	Hong Kong
HMD	Islas Heard y McDonald
HND	Honduras
HRV	Croacia (Hrvatska)
HTI	Haití
HUN	Hungría
IDN	Indonesia
IND	India
IOT	Territorio Británico del Océano Índico
IRL	Irlanda
IRN	Irán
IRQ	Irak
ISL	Islandia
ISR	Israel
ITA	Italia
JAM	Jamaica
JOR	Jordania
JPN	Japón
KAZ	Kazajistán
KEN	Kenia
KGZ	Kirguistán
KHM	Camboya
KIR	Kiribati
KNA	San Cristóbal y Nieves
KOR	República de Corea
KWT	Kuwait
LAO	Laos
LBN	Líbano
LBR	Liberia
LBY	Jamahiriya Árabe de Libia
LCA	Santa Lucía
LIE	Liechtenstein
LKA	Sri Lanka
LSO	Lesoto
LTU	Lituania
LUX	Luxemburgo
LVA	Letonia
MAC	Macao
MAR	Marruecos
MCO	Mónaco
MDA	Moldavia
MDG	Madagascar
MDV	Maldivas
MEX	México
MHL	Islas Marshall
MKD	Macedonia
MLI	Mali
MLT	Malta
MMR	Myanmar (Birmania)
MNE	Montenegro
MNG	Mongolia
MNP	Islas Marianas del Norte
MOZ	Mozambique
MRT	Mauritania
MSR	Montserrat
MTQ	Martinica
MUS	Mauricio
MWI	Malaui
MYS	Malasia
MYT	Mayotte
NAM	Namibia
NCL	Nueva Caledonia
NER	Níger
NFK	Islas Norfolk
NGA	Nigeria
NIC	Nicaragua
NIU	Niue
NLD	Países Bajos
NOR	Noruega
NPL	Nepal
NRU	Nauru
NZ	Nueva Zelanda
OMN	Omán
PAK	Pakistán
PAN	Panamá
PCN	Islas Pitcairn
PER	Perú
PHL	Filipinas
PLW	Palau
PNG	Papúa-Nueva Guinea
POL	Polonia
PRI	Puerto Rico
PRK	Corea, República Popular Democrática de Corea
PRT	Portugal
PRY	Paraguay
PYF	Polinesia Francesa
QAT	Catar
REU	Reunión
RDA	República Democrática Alemana
ROM	Rumanía
R.U.	Reino Unido
RUS	Federación Rusa
RWA	Ruanda
SAU	Arabia Saudí
SDN	Sudán
SEN	Senegal
SGP	Singapur
SGS	Islas Georgias del Sur y Sándwich del Sur
SHN	Santa Helena
SJM	Islas Svalbard y Jan Mayen
SLB	Islas Salomón
SLE	Sierra Leona
SLV	El Salvador
SMR	San Marino
SOM	Somalia
SPM	San Pedro y Miquelón
SRB	Serbia
SSD	Sudán del Sur
STP	Santo Tomé y Príncipe
SUR	Surinam
SVK	Eslovaquia
SVN	Eslovenia
SWE	Suecia
SWZ	Suazilandia
SYC	Seychelles
SYR	República Árabe de Siria
TCA	Islas Turcas y Caicos
TCD	Chad
TGO	Togo
THA	Tailandia
TJK	Tayikistán
TKL	Tokelau
TKM	Turkmenistán
TMP	Timor Oriental
TON	Tonga
TPE	Taiwán
TTO	Trinidad y Tobago
TUN	Túnez
TUR	Turquía
TUV	Tuvalu
TZA	Tanzania
UAE	Emiratos Árabes Unidos
UGA	Uganda
UKR	Ucrania
UMI	Islas Menores de EE.UU.
URY	Uruguay
URSS	Unión de Repúblicas Socialistas Soviéticas
UZB	Uzbekistán
VAT	Santa Sede (Ciudad del Vaticano)
VCT	San Vicente y las Granadinas
VEN	Venezuela
VGB	Islas Vírgenes (de R.U.)
VIR	Islas Vírgenes (de EE.UU.)
VNM	Vietnam
VUT	Vanuatu
WLF	Islas Wallis y Futuna
WSM	Samoa
YEM	Yemen
ZAF	Sudáfrica
ZMB	Zambia
ZWE	Zimbabue

¿DÓNDE ESTÁ WADLOW?

La cubierta de este año presenta la cuarta y última ilustración del galardonado artista Rod Hunt, que nos ha llevado a las profundidades del mar para completar el tema «Descubre tu mundo». Encuentra a Robert Wadlow nadando entre los pioneros marítimos y una multitud de animales marinos exóticos.

Desde su camarote de ilustrador con vistas a las ajetreadas aguas que rodean la isla GWR, Rod se ha esmerado en dibujar a cientos de personas, animales y objetos de récord para la cubierta de este año. Casi todos los detalles de esta obra de arte acuática están relacionados con un récord. Como colofón, Rod ha hecho que esta vez sea más difícil que nunca encontrar a la **persona más alta de todos los tiempos** y ha embutido a Robert Wadlow con sus 272 cm de estatura en un traje de buzo para protegerlo de los elementos.

Por si eso fuera poco, Rod también ha seleccionado a otros 20 protagonistas de récord que aparecen en algún lugar de la cubierta o de la contracubierta del libro, desde crustáceos colosales a máquinas de asedio medievales. ¿Cuánto tardarás en encontrarlos todos? Acuérdate de revisar las guardas para admirar todo el dibujo.

El dragón de mar más grande
Dragón marino común: 45 cm. Ver págs. 30-31

La imagen más antigua de una bruja montada en una escoba
Hereje voladora en *Le Champion des Dames*: 1451. Ver pág. 150

La mayor distancia caminando descalzo sobre bloques de LEGO®
Sonny Molina (EE.UU.): 8,89 km. Ver pág. 100

Los 20 m más rápidos dando volteretas de contorsionista
Sofia Tepla (Ucrania): 10,49 s. Ver pág. 105

La primera distancia de una maratón recorrida a pie bajo el agua
Lloyd Scott (R.U.): 9 de octubre de 2013. Ver pág. 78

Más sables tragados bajo el agua
The Space Cowboy (Australia): cuatro. Ver pág. 78

El trabuquete de madera más grande
Lobo de Guerra: 90 m. Ver págs. 136-137

Más redobles de batería en un minuto
Pritish A R (Australia): 2.370 redobles. Ver pág. 104

Más capturas haciendo malabares en un minuto (cinco bolas)
Simeon Graham (R.U.): 423. Ver pág. 108

El crustáceo marino más grande (ancho)
Cangrejo japonés: 3,69 m de envergadura de patas. Ver pág. 40

Más victorias del World Crazy Golf Championships
Tim *Ace Man* Davies (R.U.): cinco títulos. Ver pág. 88

La ascensión más rápida de los 8.000 más altos (mujeres)
Kristin Harila (Noruega): 69 días. Ver pág. 119

El espectáculo submarino de sirenas más grande
Atlantic Sanya (China): 110 sirenas. Ver pág. 81

La hoja de nenúfar más grande
Victoria boliviana: 3,2 m de diámetro. Ver pág. 47

La colección más grande de artículos relacionados con *One Piece*
Lam Siu Fung (China): 20.125 artículos. Ver pág. 193

El pirata marino con mayores ingresos
Samuel Bellamy (R.U.): 147 millones de dólares en dos años. Ver pág. 145

El pulpo más grande
Pulpo gigante: al menos 71 kg. Ver págs. 32-33

La pieza de utilería más cara vendida en una subasta
Robby el Robot: 5.375.000 dólares. Ver pág. 184

El primer mago en serrar a una persona por la mitad
P. T. Selbit (R.U.): 17 de enero de 1921. Ver pág. 198

El coche más caro
Uhlenhaut Coupé: 135 millones de euros. Ver págs. 156-157

Acerca del ilustrador
No te sorprenderá saber que a Rod Hunt le apasionan los cómics desde niño. Lo inspiraron a empezar a dibujar y, de adolescente, ya pensaba en dedicarse profesionalmente a la ilustración. A lo largo de los años, Rod ha perfeccionado su técnica. Primero reflexiona sobre el proyecto y hace esbozos sencillos a lápiz y luego desarrolla un dibujo más completo. Finalmente, lo escanea y le va dando forma capa a capa mediante programas de ilustración digital. Descubre más cosas acerca de Rod y de sus maravillosas ilustraciones en **rodhunt.com**.

DISCOVER YOUR WORLD